明英宗传

赵 毅 罗冬阳 著

人民出版社

目　　录

第一章　紫禁城的小主人 …………………………………（1）

　一、引子 …………………………………………………（1）

　二、襁褓太子 ……………………………………………（2）

　三、童昏皇帝 ……………………………………………（7）

　四、经筵与亲政 ………………………………………（16）

第二章　辅政五大臣与司礼"王先生" …………………（22）

　一、辅政五大臣与司礼"王先生" ……………………（22）

　二、张氏对三杨的支持并不坚定可靠 ………………（29）

　三、王振在正统初元"已横" ………………………（32）

　四、祁镇与三杨之分歧 ………………………………（36）

　五、三杨是太平宰相而非乱世诤臣 …………………（41）

第三章　危机四伏的时代 ………………………………（47）

　一、宦官干政 …………………………………………（47）

　二、武备废弛 …………………………………………（53）

　三、地荒民逃 …………………………………………（63）

　四、闽浙烽烟 …………………………………………（76）

　五、滇西动乱 …………………………………………（88）

第四章　土木之变 ………………………………………（100）

　一、明初的蒙古 ………………………………………（100）

　二、朝贡贸易 …………………………………………（111）

　三、土木之役 …………………………………………（122）

第五章　迁都之议与保卫北京 …………………………… （132）

　　一、迁都之议 ……………………………………… （132）

　　二、景帝登极 ……………………………………… （136）

　　三、保卫北京 ……………………………………… （139）

第六章　整饬武备与祁镇南归 …………………………… （149）

　　一、奇货与空质 …………………………………… （149）

　　二、战俘生涯 ……………………………………… （160）

　　三、英宗南归 ……………………………………… （169）

第七章　南宫复辟 ………………………………………… （177）

　　一、易太子 ………………………………………… （177）

　　二、夹缝中的于谦 ………………………………… （189）

　　三、夺门之变 ……………………………………… （200）

第八章　石、曹兴衰 ……………………………………… （219）

　　一、石、曹专权 …………………………………… （219）

　　二、石亨之败 ……………………………………… （250）

　　三、曹氏之叛 ……………………………………… （272）

第九章　励精图治 ………………………………………… （281）

　　一、君臣际合 ……………………………………… （281）

　　二、特务统治 ……………………………………… （310）

　　三、敬天勤政 ……………………………………… （332）

　　四、仁德之君 ……………………………………… （354）

第十章　朱祁镇及其时代 ………………………………… （366）

　　一、朱明王朝由盛而衰的转折时期 ……………… （366）

　　二、盖棺论定 ……………………………………… （372）

　　三、结语 …………………………………………… （376）

附录：朱祁镇大事年表 …………………………………… （377）

后　记 ……………………………………………………… （388）

第一章　紫禁城的小主人

一、引　子

明王朝自太祖朱元璋开基建国,至明宣宗朱瞻基崩逝,其间67年,享国者分别为太祖朱元璋、惠帝朱允炆、成祖朱棣、仁宗朱高炽、宣宗朱瞻基五个皇帝。这67年,被今天的史学家称为明前期。

明前期是朱明王朝继元朝而起,立纲陈纪,统一区夏,恢复经济,稳定局面,由乱而治的繁荣强盛阶段。太祖朱元璋本是淮右布衣,起自寒微,遭元季之变乱,投缗从戎,披坚执锐,亲冒矢石,南北征战,内并群雄,外驱蒙元,临民驭下,积累了丰富的治国经验,是中国封建社会史上与秦皇、汉武、唐宗、宋祖比肩齐名的较有作为的帝王之一。他在位31年,"忧危积心,日勤不怠"。继承人惠帝朱允炆长在宫闱,为皇太孙时,即得太祖着意培养,师承明初硕儒宋濂,深悉儒家修齐治平之道。虽因性格懦弱,在皇族内部争夺最高统治权的激烈斗争中失国,但仍然不失君德。成祖朱棣发迹于燕王封邸,即位之前,在诸多塞王中便以勇武善谋见称。他援引"祖训",以"清君侧"为名,在建文元年(1399)发动"靖难之役",鏖兵四载,打败了侄儿惠帝朱允炆,夺得皇冠。为避篡弑之嫌,转移国人视听,他五次亲征朔漠,建立了历代封建帝王莫敢企冀的事功和威望。仁宗朱高炽、宣宗朱瞻基父子,在成祖永乐朝即得立为

1

皇太子、皇太孙,成祖北伐朔漠,各有从征或监国的历练,深谙封建统治权术,即位之时也都分别是"不惑"或"而立"之年了。宣宗皇帝登极之初,面对汉王朱高煦的反叛,亲统六师,出征乐安(今山东广饶),很快就平定了叛乱。仁宗、宣宗在位期间,继承洪武、永乐基业,又能勤政爱民,终于玉成有明一代的"仁宣之治"。

而本传主的个人情况却迥异于乃祖乃父,非但不能光大"仁宣之治",又险些断送了朱明王朝的江山,使明王朝步入了由盛转衰的困难时期。这就是本传主、紫禁城的小主人朱祁镇——一位襁褓太子、童昏皇帝。

二、襁褓太子

祁镇的父亲明宣宗朱瞻基,生而聪颖,颇得其祖父成祖朱棣的钟爱。因此,他的父亲、当时的皇太子朱高炽也沾了不少光彩。史书记载,仁宗朱高炽身体肥硕,下肢疲软,不能骑射,成祖很讨厌这位皇长子。再加上汉王朱高煦、赵王朱高燧觊觎储位,不时进献谗言,成祖多次萌发废立之意,待瞻基降生,高炽储位乃安。明清史家记载,瞻基出生前夕,成祖朱棣梦见太祖以象征皇权的白玉大圭相授,并叮咛说:"传之子孙,永世其昌。"① 瞻基生刚弥月,成祖传谕宫中抱持来见,抚摩着爱孙头顶,高兴地说:"儿英气溢面,符吾梦矣。"稍长,则酷爱读书,"智识杰出"。② 这段文字虽不乏溢美之词,但瞻基能力超越寻常小儿是可信的。永乐九年(1411)十一月,成祖传谕,册立瞻基为皇太孙。从此,成祖巡幸征讨,瞻基每每

① 《明史》卷九《宣宗本纪》。
② 《明史》卷九《宣宗本纪》。

相从。就是在戎马倥偬中,成祖也要命令学士胡广等人为皇太孙讲论经史,悉心培养,并寄以"他日太平天子"的厚望。①

永乐二十二年(1424)七月,成祖在第五次北征的回师途中,病死在榆木川。八月,高炽即皇帝位,是为明仁宗,颁诏大赦天下,以明年为洪熙元年。冬十月,立长子瞻基为皇太子,其时瞻基已届而立之年。仁宗朱高炽在明代诸帝中是享国短暂的一位,在位时间仅长于光宗朱常洛。洪熙元年(1425)五月,仁宗染病,急忙派遣使臣赴南京召回皇太子朱瞻基,没几天,仁宗便病势危重,在北京紫禁城钦安殿内辞世。② 六月,瞻基即皇帝位,是为明宣宗,大赦天下,改元宣德。宣德年间,天下太平,海内晏安,虽曾发生汉王朱高煦之乱,但高煦很快被擒,并没酿成大乱。瞻基确如其祖所期望,算是有明一代的太平天子。他临御十年,一守成宪,国家实力强大,没有重大政治变故,是个守成君主。闲暇时,琴棋书画,聊以自娱,雅兴颇多,尤其以花鸟山水画见长,传世作品亦不算少,是位很有才情的封建帝王。

然而,宣宗的家庭生活并不十分和谐美满。永乐十五年(1417),他为皇太孙时,由乃祖乃父主持,为其择偶,选济宁(今山东济宁市)胡荣女胡善祥为皇太孙妃、永城县(今河南永城)主簿孙忠之女孙氏为皇太孙嫔。瞻基正位东宫,以胡氏为皇太子妃,孙氏为皇太子嫔。瞻基登皇帝位,册立胡氏为皇后,孙氏为贵妃。胡氏虽能谨遵妇道,然而病体缠绵,没有子嗣,为宣宗所冷落。孙贵妃亦无子,却饶有美色,为宣宗所宠爱。按照明朝的祖宗法度,只有皇后可授以金宝金册,贵妃以下则有册无宝。宣宗瞻基贵为一

① 《明史》卷六《成组本纪二》。
② 《明史》卷八《仁宗本纪》。

国之君，怎忍心薄待了心爱的女人，他亲自请求皇太后（仁宗皇后），特制金宝赐给孙贵妃，史称贵妃有宝自孙氏始，被王弇州写入《皇明异典述》。孙氏不甘寂寥清宫，也不满足已得的荣宠，为巩固提高自己的地位，于宣德二年（1427）偷偷地抱养宫人之子以为己子，这就是本传主朱祁镇。

彼时的宣宗，大婚已经八年，一直为无子而苦闷，而立之年才得爱子，螽斯不绝，国祚有承，自然喜不自胜，对孙贵妃宠眷益隆，使胡皇后惶恐不安，上表笺请求逊位，并请求宣宗早定国本（立太子）。[1] 孙贵妃伪辞说："皇后病愈，自然生子，我的儿子怎敢在皇后儿子之前册立为东宫！"[2]宣宗皇帝早已成竹在胸，胡氏既然主动逊让，那么何乐而不为呢！遂于宣德三年二月初六，举行隆重仪式，册立皇长子朱祁镇为皇太子。[3] 三月，废胡皇后，令移居长安宫，赐号"静慈仙师"，而册封孙贵妃为皇后。[4]

英宗朱祁镇的生母，是宫人还是孙贵妃，史载歧疑。王鸿绪《明史稿·列传一》记载：孝恭皇后孙氏"子宫人子，于是眷宠日重"。查继佐《罪惟录·列传二》亦载：孙贵妃"宠冠后宫，宫人有子，贵妃子之"。清代官修的《明史》《通鉴辑览》以及《纲目编》等书皆踵其说，称英宗为宫人之子。

据我们所见，对此事记载最早且最为详尽的是《寓圃杂记》一书。该书作者王锜是传主朱祁镇的同时代人，因此该书的资料更有史料价值。据王氏称："宣宗胡皇后无子，宫中（一云纪氏）有子（英宗），孙贵妃攘为己子，遂得册为皇后，而废胡为仙姑。时仁宗

---

① 《明史》卷一一三《后妃列传一》。
② 《明史》卷一一三《后妃列传一》。
③ 《明史》卷九《宣宗本纪》。
④ 《明史》卷一一三《后妃列传一》。

张后为皇太后,爱胡之贤,且悯其无辜,不使别居,令入自所处清宁宫,进膳如常仪。每朝会宴享,必命胡坐孙之上,妇姑之间,恩礼甚笃。孙常怏怏。英宗立,尊张太后为太皇太后、孙为太后。胡每事谦让,不敢居孙之右。正统七年(1442),太皇太后崩,凡六宫有位号者皆得祭奠,胡不敢与太后之列,惟与诸嫔妃同事。孙太后知而有见谴之意,胡因痛哭而殂。太后命阁下诸臣议治丧之仪,时杨士奇卧病于家,诸臣往问,士奇曰:'当以后礼殓,葬景陵。'问者曰:'此非内中所欲。'士奇遂面壁不答,惟曰:'后世骂名。'诸臣因议以嫔御礼葬。天顺六年(1462),孙太后崩,英宗尚不知己非孙所出,惟皇后钱氏(英庙后)知其详,亦不言。八年,英宗大渐,后泣诉曰:'皇上非孙太后所生,实宫人之子,久无称号。胡皇后贤而无罪,废为仙姑。其死也,人畏孙太后,殓葬皆不如礼。胡后位未复,惟皇上念之。'英宗始悟,卒如其言,遗命大行尊崇之典。"①若王锜所言不谬,则祁镇实为宫人纪氏所生。

与此意见相左的有《明书》和《明实录》等著述。傅维鳞在《明书》中记载:孙贵妃于宣德"二年十一月,生英宗皇帝"②。明朝官修《明英宗实录》亦称英宗乃孙后所生,诞日为宣德二年十一月十一日。③

无论英宗生母是宫人还是孙贵妃,这都无关宏旨,因为他的生父是宣宗皇帝当确定无疑。大家都知道,封建帝王为了使其龙脉不杂,宫廷内部实行严格的管理,皇帝、皇后、贵妃、嫔御的生活起居皆由被阉割的宦官服侍,这些去势的宦官顺从易使,绝不会危及后妃宫女的贞操,因此被选定充当封建皇统皇嗣的守护神。在偌

---

① 王锜:《寓圃杂记》卷一《胡皇后》。

② 傅维鳞:《明书》卷二一。

③ 《明英宗实录》卷一。

大的皇宫大内,除了皇帝一人之外,几乎没有第二个成年的真男人。皇帝的龙子龙孙除一人作为皇储留在宫中,接受培养教育,准备绍继皇位外,其余的都封为亲王,成年后即离宫就藩,到封国之中生活,非奉诏书,不得回京。皇帝在宫内的起居行止都由彤史详细记录,夜宿何宫、幸何嫔御、送何礼物都有案可稽。祁镇血脉何系,宣宗自然心中有数。明代列帝也并非皆后妃所生,除英宗外,神宗、光宗也都是宫人之子。皇帝随处留情,是不受任何限制的。

无论英宗祁镇是孙贵妃所生,抑或宫人所生,都不影响作为封建帝王的明宣宗对他的父子亲情。史称祁镇"天质秀杰,龙颜魁硕,迥异常伦。巾帽皆须式样加广大为之,乃克适用"。① 宣宗特别喜欢这个孩子,当祁镇刚刚生下来两个多月,便被册立为东宫太子。祁镇虽是襁褓中的太子,但宣宗却寄予着殷殷厚望。当祁镇牙牙学语时,一天宣宗抱持祁镇放到膝上,问道:将来作了天子,能使天下太平吗? 祁镇答:能! 宣宗又问:有干扰国家法纪犯上作乱的,敢亲率六师去讨伐吗? 祁镇答:敢。应答之际,声音洪亮,神采英毅,无所疑虑。② 宣宗大喜过望,感到后继有人。一日,又命将太子抱示群臣,杨士奇等趋奉说:书称汤之勇智,武王之聪明,皆本天生,今日得见太子,我等深信不疑了。③

宣宗与祁镇的关系,不是寻常人家的父子亲情,而是被神化了的一对"真命"天子之间的父子情谊。老皇帝对未来天子的希冀不仅是宗祧绵延,更主要的是国祚永享,传之久远。祁镇生于宣德二年(1427)十一月十一日,宣德三年二月初六便被立为太子,实足年龄仅有两个月零二十五天。在有明一代,是最小的一位皇储。

---

① 《明英宗实录》卷一。
② 何乔远:《名山藏》卷六一《典谟记》;《明英宗实录》卷一。
③ 《明英宗实录》卷一。

到宣德十年正月,宣宗皇帝病死时,祁镇虚岁九龄,实足年纪仅有七岁零两个月。

我们的传主,完全可以说是襁褓太子。他登极之前,出阁讲读还未及举行,是个孩童,是个文盲,是位昏然无知的储君。

三、童昏皇帝

宣德九年十二月,年仅37岁的明宣宗在人生的旅途上已迈近终点,心身疲惫,倦勤不朝,沉疴在身了。这月的初一,照惯例当享太庙。这是祭祀列祖列宗请求赐福臣民的重大典礼,必须由当今皇帝主祀。这套礼典相当繁复。太常寺等衙门事先筹备的甘苦且不用说,就是皇帝本人也要折腾几天,难以消受的。前期五日,要亲诣牺牲所视牲;前期三日,还得香汤沐浴以示虔诚,与外界隔绝往来;至期,亲读祝文,亲行奠玉帛、进俎、初献、亚献、终献、撤馔、送帝神、望燎等礼,在中和、肃和、凝和、寿和、豫和、熙和、雍和、清和、时和等乐曲中,皇帝既要显示出庄严,又要显示出虔敬,一举一止分毫不容错乱。[①] 但宣宗重病在身,不可勉为其难,只好由御弟卫王瞻埏代摄祭典。

熬过岁末,到了宣德十年(1435)正月初一,又逢正旦佳节,可宣宗病体不支,难以上朝,传谕群臣免正旦朝贺,令文武百官赴文华殿拜谒皇太子祁镇,群臣心中也自然明白拜谒祁镇的含义。正月初二,宣宗病情加重,下诏罢采买、营造诸内使,正月初三,在乾清宫去世,年仅38岁。史称宣德年间"吏称其职,政得其平,纲纪修明,仓庾充羡,闾阎乐业,岁不能灾。盖明兴至是历年六十,民气

---

① (万历)《明会典》卷八四《礼部四十二》。

渐舒,蒸然有治平之象矣。若乃强藩猝起,旋即削平,扫荡边尘,狡寇震慑,帝之英姿睿略,庶几克绳祖武者钦"。①

说宣宗"睿略",不仅在于他知人,也在于他知子。他虽曾希望儿子能成为异日的太平天子,这也仅是希望而已。儿子尚在冲龄,非但不晓朝章国故,就连起码的发蒙教育也没接受,继位后将把国家导向何方? 他心中并不托底。病痛中,难免存有隐忧。其遗诏要求"国家重务白皇太后"便是明证。②

这位皇太后,是仁宗皇后,宣宗之母,英宗时的太皇太后张氏。这位女性,在英宗正统七年(1442)前的明代政治生活中曾起过重要作用。

史家称张氏"操妇道至谨,雅得成祖及仁孝皇后欢"。仁宗为太子时,多次被汉、赵二王谗陷,"濒易者屡矣,卒以后故得不废"。高炽即帝位,张氏为皇后,"中外政事莫不周知"。宣德年间,"军国大议多禀裁决"。③ 看来,张氏是明初政坛幕后很有影响的一位女性。

宣德十年(1435)正月宣宗病故时,太子祁镇年仅七周岁零二个月,能否肩负九五之任,不能不引起人们的疑虑。一时间宫中流言顿起,纷传将立襄王朱瞻墡为皇帝,而瞻墡乃张氏所生,又颇有"令誉"。这是国运攸关的大事情。国不可一日无君是封建专制政体下臣民们共同的信条,张氏也深知其中的道理。在人言籍籍的情形下,她当即采取措施,急召诸位大臣至乾清宫,手指祁镇,涕泣交下说:"此新天子也。"于是"群臣呼万岁,浮言乃息"。④

---

① 《明史》卷九《宣宗本纪》。
② 《明史》卷九《宣宗本纪》。
③ 《明史》卷一一三《后妃列传一》。
④ 《明史》卷一一三《后妃列传一》。

正月初七日，文武百官、军民耆老人等奉表皇太子，劝祁镇早正大位。表笺内容无外"帝王相传惟重长嫡者，良以宗统相承，天理人心之攸属，国祚以之而永"，"殿下已在元良，命居大宝。夫天下臣民不可一日以无君，祖宗神器岂容一日而暂虚"一类的官样文字。[①]

初九日，祁镇谕令文武群臣说："大行皇帝上宾，遗命眇躬嗣承大统，顾当哀疚，不忍遽承。而亲王及尔文武群臣耆老奉章劝进，有进无已。天位不可以久虚，遗命不可以久违，大义所在，难于固拒。"[②]敕令英国公张辅告天地、定国公徐景昌告宗庙、太保宁阳侯陈懋告社稷，明日壬午即皇帝位。命礼部拟定登极仪注来看。

上述都是些固定程式。礼部官员拟定仪注更是轻车熟路，不费踌躇。钦天监择定初十日辰时大吉，是登极加冕的最好时光。这一来，具体办事衙门便忙碌开了。司设监在华盖殿内中央设御座、在奉天殿设宝座；尚宝司设宝案、鸿胪寺设表案于丹陛之上；教坊司设中和韶乐，因逢宣宗丧期，备而不作；锦衣卫设卤簿大驾；钦天监设定时鼓。

一切准备就绪，初十的凌晨，祁镇首先遣官祗告天地、宗庙、社稷。之后，我们的传主、七岁多一点的小皇帝祁镇便登场了。他身穿衰服（俗称孝服），满面戚容，亲诣大行皇帝宣宗几筵之前，宣告受命即位，行五拜三叩头大礼。之后改换衮服、加冕旒，到奉天殿前，设香案酒果，以登极消息告天地，再入奉天殿告列祖列宗，皆行五拜三叩头礼。旋重诣大行皇帝宣宗几筵、母后及母妃前，俱行五拜三叩头礼。接着钟鼓齐鸣，祁镇着衮服冕旒至华盖殿，接受文武

---

① 《明英宗实录》卷一。
② 《明英宗实录》卷一。

百官的朝见。文武百官着常朝服入丹墀等候。鸿胪寺官引执事官进华盖殿，传旨百官免贺（因宣宗丧期），只行五拜三叩头礼，执事官就次行礼。之后，各供事官赞请新天子升殿，祁镇由中门出，升宝座，锦衣卫鸣鞭，鸿胪寺赞五拜三叩头礼。毕，文武百官出至承天门外俟候。鸿胪寺官请颁登极诏书，翰林院官捧诏书授礼部官，祁镇由奉天殿左门出，锦衣卫先设云盖于午门前等候，捧诏书置云盖中，导引至承天门，开读登极诏。①

登极典礼过程虽然繁复，但毕竟都是程式化的礼仪，无甚实质性内容。而登极诏书倒是很能体现当时君臣们政治才干和治国理想的。不过英宗登极诏书却不能体现祁镇的才能与理想，因为他仅是个七岁多的童昏天子，诏书所体现的应该是太皇太后张氏和内阁三杨的治国方略。诏书很可能出自杨士奇的手笔，共计38款，举凡军政、民政、财政、田赋、徭役、蠲免、恤孤、屯田、土贡、匠作各个方面，无所不包。今择其要简述如下：

蠲免五款：

（1）自宣德十年正月初十以前，递年亏欠农桑诸色课程、户口食盐钞及岁造拖欠并追赔缎匹、纱罗、绸绢等项，及倒死马驼驴骡牛羊、亏欠孳牲等畜及未纳各项赃罚、冒支官钞、偷盗官粮等项，及中盐罚纳钞贯、追赃未完缎匹等项，尽行豁免。

（2）内府各监局递年派办物料，工部等衙门修造军器、乐器、船只等项，并一应买办采办生漆、银朱、皮张、竹木、柴炭等项，递年拖欠屯种子粒及鱼油、翎毛、青碌、铜铁、颜料、桑穰、席麻、竹木、芦柴、岁进野味及买办追赔胖袄、胯鞋底、试验不中式弓箭及弦并漕运漂失粮米、军器等件，悉行蠲免。

---

① （万历）《明会典》卷四五《登极仪》；《明英宗实录》卷一。

（3）光禄寺、惜薪司等衙门原坐办柴炭、芦苇、荆条等项,宣德八年十二月以前拖欠未完者,悉蠲免;宣德九年正月以后拖欠者,皆减半征收。

（4）宣德九年各地遭洪涝干旱的民田和屯田,勘察得实者,税粮及屯田子粒尽行豁免。

（5）民间一应事故人户抛荒田土,地方政府即予从实察勘上报,免除税粮。

停罢不时之征四款:

（1）各处买办诸色纻丝、纱罗、缎匹及一应物件,并续造缎匹、抄造纸札、铸造铜钱、烧造窑器、煽炼钢铁、采办黎木板,及各处烧造器皿、买办物料等件,悉皆停罢。

（2）各地闸办金银、朱砂、铜铁等课,悉皆停罢,并将坑冶封闭。

（3）各处造作,除军需外,其余尽皆停罢。今后非奉朝廷明文,一毫不许擅自科扰军民,违者治罪。

（4）各地打鹰及打捕鸟兽,采取虫鱼花草果木山石之类,诏书到日,悉行停罢。

存恤军民五款:

（1）各处逃移人户,悉宥其罪,许于所在地方赴官首告,回还原籍复业者,免其差徭二年。

（2）逃军、逃囚、逃匠人等,诏书到日为始,许两个月内赴官自首,与免本罪,不究以往,军归原伍,民还原籍,匠复本业。

（3）军民匠役人等,凡因饥窘及受官司逼迫不得已逃匿山林或啸聚为非者,诏书到日,悉宥前罪,令各复业应役,免二年差徭。

（4）各处军民有为追赔孳畜、税粮等项被官吏逼迫,不得已将儿女妻妾典卖与人者,诏书到日,官司即代为赎还。

（5）军民中有鳏寡孤独及年事高迈者，所在有司依例存恤，勿令失所。

整饬官箴四款：

（1）差出买办、造办、采办内外官员人等，有在地方私占官民田地及盖造房屋，隐占军民诸色人等作打捕户、养户等任意驱使者，诏书到日，官田民田各复其旧，房屋入官，隐占之人俱复原役。违者从重治罪。

（2）各处边将及卫所军官，务要抚恤军士，严饬武备，谨守地方。其有功及怠事者，具申报朝廷，以凭赏罚。

（3）各级政府官员，务要公勤廉慎，爱恤百姓，不许阿附势要，科扰平民。考察官员，务求实迹，以辨官员臧否。如有徇私枉法，颠倒是非者，治以重罪。

（4）各地监仓、监钞及采办、买办、造办中官内使，骚扰地方，鱼肉百姓，诏书到日，尽数撤回。①

这份诏书作为一份施政的纲领宣言，无可挑剔。它对宣德末年已露端倪的某些弊政有所厘正；对正统初元的主要社会问题也不回避，尤其对兴起不久的流民问题的对策，是得体的，可取的。

"国有长君，社稷之福。"祁镇之继位，对明朝的国运，对臣民的生计，是福是祸呢？我们不能简单地仅凭一纸诏书来判定，而必须全面地考察正统朝的大政方针及其实施情况。

祁镇即位之初，登极诏书开列各款，可能只有裁省冗费落实较好，且传为美谈。史称"英宗初即位，敕省诸冗费"，"钦天监历日五十万九千七百余本，省为十一万九千五百余本；太医院药材九万八千一百余斤，省为五万五千四百余斤；光禄寺糖蜜果品，减旧数

---

① 《明英宗实录》卷一。

三之二;其添造腌腊鸡鹅猪羊二万七千只,子鹅二千只,酥油四千斤,尽行革罢;厨役六千四百余名,拣选老疾者悉皆放回,湖广、江西等处荐新茶芽七千五百余斤,省为四千斤"。[①]

对于祁镇君臣未能落实的诏书款项,在正统初年就有人提出尖锐批评。

正统三年(1438),山东东平州(今山东东平)知州傅霖上书说:"皇帝肇登宝位,却珍奇之献,罢不急之征;命巡抚侍郎督粮储,命监察御史清军政,一切内臣悉取回京,天下官民,莫不沐浴圣泽,欢欣踊跃,以为尧舜之治复见于今日。然臣窃见徐州、临清等仓,仍用内官收粮,淮浙等处盐场,仍遣内官并锦衣卫官校缉捕。以臣愚见,各处收粮自有州县官员,巡盐已有监察御史,凡有规避,律具明宪,又何用内臣并锦衣卫官校以瘠民膏血而骇民耳目乎?"[②]

傅霖所言皆其目击亲见,该是确凿无疑。当时辽东、宣府、大同、宁夏、南京的镇守宦官也都未撤回,且权势还在不断膨胀。英宗即位之初,便任命王振为司礼监太监,取代了金英的位置。旋即又提拔宦官王振之侄王林、僧保之侄僧亮、高让之侄高玉、曹吉祥之侄曹整、蔡忠之侄蔡英,皆为锦衣卫世袭千户。祁镇对侍其青宫多年、外似忠诚、内实狡诈的王振颇有好感。因此,以王振为首的宦官势力在祁镇的庇护下,不断攫得政治权力。到正统十三年(1448),祁镇命曹吉祥、王瑾监督神机营火器,宦官取得监枪特权。十四年,祁镇又命太监金英同三法司堂上官会审重囚,届时在大理寺设三尺坛,太监奉敕而出,张黄盖,以缇骑先导,至则正中就

---

① 余继登:《典故纪闻》卷一一。
② 余继登:《典故纪闻》卷一一。

坐,刑部、都察院、大理寺堂上官只能左右列坐,好不威风。英宗又把审录重囚的权力交给了宦官。[①]

祁镇祭天告祖,登上皇帝宝座,却不能执掌皇帝的权力。对此,群臣们也确信不疑,因此纷纷请求太皇太后张氏垂帘听政、母后临朝。然而,这样做又有违《皇明祖训》。张氏为避母后临朝之嫌,便委政内阁和元老重臣。这位张氏的一些情况,前面已有所交代。据说,宣德初年军国大政多禀其裁断。张氏教导子孙也很有办法。宣德四年(1429),宣宗曾偕太后张氏拜谒天寿山长陵、献陵,宣宗亲为前导,过河上桥,亲为扶辇以行。当京畿百姓夹道拜观和陵寝附近父老童稚山呼拜迎时,张氏对宣宗说:"百姓爱戴君主,是因为君主能给他们以安定的生活,做皇帝的应该常常念及这点呀。"谒陵归来途中,路过农家,召见父老询问生产生活情况,赏赐大明宝钞。有些百姓进献蔬食酒浆,张氏取来转赐宣宗说:"这是农家的食物啊,皇帝应该尝尝。"要体味农家的甘苦。[②] 张氏这位来自下层的太后,还真的了解百姓家的甘苦。

张氏拒绝垂帘,对施政大略却有三点指导性意见,即"悉罢一切不急务,时时勖帝向学,委任股肱"。

停罢一切不急之务,基本已经照办。金银朱砂铜铁矿冶,免其课封其坑;教坊司乐工放归3800余人,光禄寺膳夫裁减4700余人。这已成为正统初元的德政,载入坟典。[③] 勖帝向学,即加强少年天子的教育辅导,使其勉为圣主明君。对此,张氏是颇费思量的。前朝已有日讲制度,对皇帝进行辅导,讲解帝王修齐治平的统治术。可祁镇不比前朝列帝,是个不谙世事的孩子,应该强化教

① 王世贞:《弇山堂别集》卷九〇《中官考一》。
② 《明史》卷一一三《后妃列传一》
③ 《明英宗实录》卷八。

育。张氏前思后想,又把未成经制的经筵制度化,选硕儒名臣定期给祁镇讲解经史。委任股肱,即将军国重任交给永乐、洪熙、宣德三朝老臣处理。

明代建文朝的"靖难之役",是明初国家政治生活中的大变故。它不仅标志着皇统由太祖长子朱标一支转移到四子朱棣一支,同时也标志着国家权力运作的执行者由开国功臣转移到靖难功臣。永乐、洪熙、宣德乃至正统朝尤为显著。

正统初年,太皇太后张氏所委任的前朝资深望重老臣有五人,即张辅、胡濙和三杨。《明史纪事本末》记载:一日太皇太后张氏御便殿,传谕英国公张辅,大学士杨士奇、杨荣、杨溥,礼部尚书胡濙来朝,小皇帝祁镇在张氏东侧站立,张氏注视着祁镇说:"此五人,先朝所简贻皇帝者,有行必与之计,非五人赞成,不可行也。"祁镇应声受命。① 太皇太后张氏、小皇帝祁镇及五大臣的这次会晤,绝非君臣间的平常见面,而是非比寻常的一次权力授受,是太皇太后张氏为祁镇亲选辅政大臣的过程。张辅是"靖难功臣",与朱棣共患难,早已把身家性命同朱棣的荣辱紧紧连在一起。胡濙在永乐初年便颇得成祖信赖,肩负着特殊使命,巡行天下近十年,查访建文帝及号称活神仙的张邋遢踪迹。三杨在永乐、洪熙、宣德三朝也是久经考验,对朱棣一系的皇统忠心耿耿。把权力交给这五个大臣,张氏是放心的。

可能在这次召见辅政五臣前,太皇太后张氏便发现了宦官在渐撺朝政,潜藏着"祸人家国"的危险性,因此也把王振召来,着实教训警告了一番。据称,王振被召来时,张氏脸色顿异,怒斥说:"你侍奉皇上起居,多不合规矩,今天应该赐你一死。"身旁的女官

---

① 谷应泰:《明史纪事本末》卷二九《王振用事》。

立即把利刃架到王振的脖颈上。祁镇一见这般阵势，生怕他的"王先生"遭到不测，马上跪下为王振求情，五大臣也跪在张氏面前替王振说情，太皇太后告诫说："皇帝年少，岂知此辈祸人家国！我听皇帝暨诸大臣贷振，此后不可令干国事也。"①

四、经筵与亲政

作为老祖母的太皇太后张氏，了解传统的儒学与治国理政教育对祁镇重要性。其实早在宣德九年（1434）十月，宣宗皇帝就召见大学士杨士奇，打算待来年春暖，安排皇太子出阁读书，以发蒙启昧。可是，未及举行，宣宗皇帝就已撒手人寰。小皇帝祁镇继位当月，三杨相继上奏，建议早开经筵，"择老成识大体者辅之"。但好事多磨，到正统元年（1436）二月，经礼部尚书胡濙题奏，张太后批准，定下经筵仪注，以英国公张辅知经筵事，杨士奇、杨荣、杨溥、胡濙同知经筵事，王直、李时勉、陈智等充讲官，举行经筵大典；每年二月至五月，七月至十月，逢二日在文华殿举行，酷暑和严冬停止。实际上，同年三月才举行了祁镇的首场经筵。此后，经筵遂成有明一代定制。②

在紫禁城宏伟壮丽、金碧辉煌的建筑群中，有个相对精雅的去处，它位于奉天门之东、会极门东南，与诸殿相比，宏伟稍逊而精雅无伦，绿色琉璃瓦屋顶，左侧是左春坊，右侧是右春坊，匾额大书"学二帝三王治天下大经大法"，这就是明代皇帝学习的地方——文华殿。文华殿内有精一堂、恭默室、九五斋，大殿之后为玉食馆、

---

① 谷应泰：《明史纪事本末》卷二九《王振用事》。
② 《明会典》卷五二《经筵》；《明英宗实录》卷一四。

刻漏房,西北为省愆居。经筵进讲在文华殿前殿,日讲在殿后穿廊。

经筵进讲之日,殿中设御座,御座之南设金鹤香炉左右各一,香炉之东稍南设御案,御案之南稍东设讲案。御案、讲案上各置讲章,镇以金尺。至期,知经筵事勋臣、同知经筵事阁臣、讲官暨九卿、鸿胪、锦衣指挥使及四品以上的写讲章官皆穿绣金绯袍,展书翰林官与侍仪御史、给事中等穿青色绣袍,肃立文华门外;二十八位大汉将军手执金瓜开路,导引小皇帝祁镇至左顺门,易冠服后,祁镇升文华殿前殿御座。诸臣由东西二门分别入殿行礼,各入班列。抬御案官举御案于祁镇面前,随即举讲案于讲官面前。这时讲官出班而立,展书官二员出班对立,讲官诣祁镇面前行礼。讲章如系四子书内容,则东展书官膝行御案前展开讲章。讲章如系经义内容,则西展书官膝行御案前展开讲章。讲官开始宣讲,讲毕退回行列。小皇帝传旨赏群臣酒饭,各官出殿拜伏于丹陛之下,旋赴左顺门以官序进餐。如逢小皇帝高兴,便命宦官掷金钱于地,令讲官任意拾取以示恩典。① 经筵进讲的讲章内容都选自四子书和经义,对一个九岁的孩子来说,无疑太艰涩太玄妙了。就算祁镇是一心向学的孩子,这种讲章也不适合他的年龄,是学不出子午卯酉的,更何况经筵仪式的繁文缛礼,早已使祁镇的童心难以消受了。这种仪式所培养的只能是一种傲慢的一意孤行的自我意识。

今天,我们已无法得知朱祁镇的文化水准究竟如何,更无从考察辅政五臣的教育效果。但是,从正统初年的朝政得失来分析,可能司礼监太监王振对英宗的影响要大于辅政五臣。祁镇对王振所安排的校阅骑射、巡幸西苑等活动的兴致远远超过经筵日讲中的

---

① 于敏中:《日下旧闻考》卷三四《宫室》;《明英宗实录》卷一四。

"子曰""周公言"等之乎者也一类的东西。

明英宗九岁登极，是孩提皇帝，朝中军国重务，多由太皇太后和三杨内阁参决，是《明实录》和《明史》等官修史书对正统初元中枢政治运行机制的基本判断。有一点需要说明，正统初年明朝中枢政治的运行，实际是依靠三杨内阁和王振司礼监两个机构维持的。这种双轨国家机器运行体制是专制政体在皇帝年幼特殊历史背景下的产物。严格地讲，在英宗亲政前，这种双轨机制就已形成。然则，是司礼监的作用大，还是内阁的作用大，一言难以蔽之。从正统初年几位朝廷高层核心人物情况分析，以王振为首的宦官势力逐渐占据上风。太皇太后张氏的政治态度倾向三杨内阁，而孩提皇帝祁镇则倒向王振一边。太皇太后张氏及三杨、张辅、胡濙等都是年至耄耋的昏昏老人，尽管三杨等都有数十年的官场历练和磨砺，也难抵王振一伙的张扬权势，何况王振背后还站着一个神圣不可侵犯的活天子呢！在英宗亲政之前内阁与王振的较量中，三杨就处在劣势。三杨的传统儒家政治伦理观念，明哲保身的处世哲学，更决定了他们不会与王振一伙彻底决裂。明王朝由盛至衰的转折，在正统初年就已形成，及至三杨去世，这种大势更不可逆转了。这是我们下章将详述的内容。

随着时光流逝，我们的传主在心理生理上都逐渐成熟起来，他要乾纲独揽，做个名实相符的"普天之下""率土之滨"的唯一主人。正统六年冬十月己丑日，北京紫禁城主建筑奉天、华盖、谨身三殿，乾清、坤宁二宫的扩建工程结束，祁镇十分高兴"赐太监阮安、僧保各金五十两，银一百两，纻丝八表里，钞一万贯。都督同知沈清升修武伯，食禄一千石，子孙世袭；工部尚书吴中加少师；各赐纻丝五表里，钞五千贯"，以其督工有力故。同年十一月初二，祁镇御奉天殿，颁诏大赦天下。诏书曰："朕以菲德祗膺天命，嗣祖宗大统,主宰天下,夙夜思念开创惟艰,继承匪易。诚以疆宇之广,亿兆之众,一人失所,过实自予。临御以来,志存安利,寝食弗忘。比者敬循祖宗之旧,建奉天、华盖、谨身三殿,乾清、坤宁二宫,礼典宜备,尚虑烦民,乃材因素有,费悉公出,人悦趋事,聿告成功,已于今年十一月初一日御正朝,临群臣,眷言居正而安,宜有及民之泽,其诸事宜条示后。"这道诏书涉及赦免罪囚、蠲除逋赋、罢不急务、抚恤鳏寡、纠正官箴、严肃风宪、招揽贤才、勾清逃军、敦厚教化、兴修水利、发展农作、祭祀神祇、旌表节孝、裁撤冗员、安插流民等项共42款,比祁镇登极诏书还要全面些、细致些,表现了英宗祁镇切盼"臻于至治"的心情。[①] 标志着英宗实质亲政的开始。

正统六年十二月出御正朝(奉天门),临群臣,颁诏天下,被我们视为英宗实质亲政的开端,还在于这一天祁镇一锤定音,解决了明朝开国以来一直悬而未决的定都问题。明太祖朱元璋建国,以应天为南京,控驭四方。然而,他对南京作为都城的地理环境、人文条件并不十分满意,始终酝酿把国都迁往西北地区或中原一带。为审慎起见,曾派遣太子朱标亲自考察中原及西北的山川形胜,为迁都做准备,遗憾的是,未及实行,太祖及太子朱标父子后先撒手而去,迁都一事遂告搁浅。

惠帝建文朝,干戈骤起,战火接天,燕王朱棣为争夺明王朝的最高统治权,与惠帝朱允炆杀得天翻地覆,根本无暇商讨迁都事宜,是可以想见的。朱棣在夺得政权后,即把北平改为北京,征发人夫匠役,着手营建,并决计迁都北京。成祖的这一决策主要从两方面考虑作出的。其一,明王朝的军事活动和部署主要是针对蒙

---

① 《明英宗实录》卷八五。

古贵族的。为表示同蒙古贵族斗争的决心和勇气,把国都置于北方的斗争第一线,是一种战略的考虑和决断。其二,北平是明成祖为燕王时的封国,可称龙兴之地,迁都这里,可以标榜朱棣之有天下,是顺天应人。基于这两点考虑,成祖于永乐十九年(1421)下令迁都北京。此次政治中心的转移,并非定都的标志。南京仍称国都,北京则称"行在",仍含临时性质,北京六部、都察院、大理寺、通政使司等衙门都冠以"行在"二字。洪熙年间,仁宗朱高炽曾一度宣布去"行在"二字,但不久便一复其旧。及至正统六年(1441)十一月初一,也就是祁镇颁布实质亲政诏书的同一天,英宗又诏令,"改给两京文武衙门印。先是北京诸衙门皆冠以'行在'字。至是,以宫殿成,始去之。而于南京诸衙门增南京二字,遂悉改其印"。① 这一举措,标志着明代两京制的正式形成,北京作为国都政治中心地位的确立,而南京便相形而退居留都的位置。

正统七年(1442),祁镇16岁。杨荣已在两年前病死,三杨内阁仅剩二杨。太皇太后张氏已是风烛残年,该给祁镇选定皇后了。五月初一,礼部恭进英宗大婚仪注,纳采问名礼、纳吉纳征告期礼、谒庙礼、合卺礼一应礼仪的程序、仪仗、卤簿等细节都分门呈上。太皇太后张氏为其孙祁镇选定的佳偶是中军都督府都督同知钱贵之女,时年16岁,与英宗同庚。五月初三,祁镇命英国公张辅为正使,少师兵部尚书兼华盖殿大学士杨士奇为副使,持节行纳采问名礼。五月初七,命成国公朱勇为正使,少保、礼部尚书兼武英殿大学士杨溥,吏部尚书郭琎为副使,持节行纳吉纳征告期礼,良辰吉日选定五月十九日。② 五月十九日这天,英宗遣英国公张辅为正

---

① 《明英宗实录》卷八五。

② 《明英宗实录》卷九二。

使,少师兵部尚书兼华盖殿大学士杨士奇、户部尚书王佐为副使,持节行发册奉迎礼,组成了浩浩荡荡的迎亲队伍,直奔钱府。册文说:"朕躬膺天命,祗嗣祖宗大位,统御天下,致理之本,肇自正家。惟夫妇之道,体乾坤之义,越稽古先,圣君明主,咸有令德,辅成于内,以兴王化之美,以厚万福之原。咨尔钱氏,生于勋门,天禀纯茂,慈惠贞淑,静诚一庄,敬承姆师,恒循礼度,敷求懿德,穆卜大同。今遣使持节,以金册金宝立尔为皇后。于戏,惟君暨后奉神灵之统,理万物之宜;惟孝惟诚,以奉九庙之祀;惟敬惟爱,以承两宫之欢;惟勤致儆戒,相成之益;惟无忘诗书图史之规,惟谦和以睦宗姻,惟节俭以处富贵;弘樛木逮下之惠,衍螽斯蕃嗣之祥;于以表正六宫,于以母仪四海。懋钦乃行,用永光华。"皇后受册宝,自其第至大内,行礼皆如仪。① 合卺礼后,文武百官及勋臣国戚,纷纷上表贺立皇后。

我们的传主已经长大,他将独断乾纲,真正成为朱明王朝第五代第六个主人。

---

① 《明英宗实录》卷九二。

第二章 辅政五大臣与司礼"王先生"

一、辅政五大臣与司礼"王先生"

我们试图通过这部传记史著较准确、较全面地反映祁镇的风貌，就必不可免地要对正统朝影响英宗和朝廷政治最大的几位核心人物作一番描述。这几位核心人物就是辅政五大臣和司礼太监王振。

从明成祖朱棣上台到明宣宗朱瞻基去世，其间共33年，是明朝社会经济迅速发展，人民生活日趋稳定的繁荣阶段。以永乐朝内阁制度建立为标志，明朝国家中枢政治运作渐趋合理。洪熙、宣德年间，内阁权力提高，制度逐步完善，终于出现了短暂而辉煌的"仁宣治世"。英宗朱祁镇以童昏嗣位，以王振为首的宦官势力急剧膨胀，朝政陷入混乱，严重的危机迫在眉睫，有明一代的历史进程进入由治而乱的转折时期。在这转折的前后两阶段，辅政五大臣尤其是内阁三杨，都是关键性人物。"仁宣治世"的出现，辅政五臣，尤其是内阁三杨，颇享美誉。而正统朝国事浊乱，我们认为辅政五大臣也难辞其咎。

辅政五大臣，都是活跃于永乐、洪熙、宣德、正统四朝政坛，对明初政局有过重要影响的声望卓著的政治活动家。

张辅，字文弼，河间王张玉长子。从燕王朱棣起兵"靖难"，力战功高，始封信安伯，旋晋新城侯，妹为成祖妃，贵为皇亲。永乐朝,以平安南功,进封英国公。虽则赳武夫,然在永乐、洪熙、宣德、正统四朝的政坛上却是德劭功高的第一人。

胡濙,字源洁,建文二年(1400)进士,授兵科给事中。永乐初年,奉成祖密诏,微服巡行天下,访查建文帝及"仙人"张邋遢遢踪迹,在外14年。还京,超拜礼部左侍郎。是成祖特殊信任的官员。宣宗即位,升任礼部尚书。到正统初年,已事五朝,是朱棣一系明代帝王颇为倚重的人物。

杨士奇,本名寓,以字行。少年丧父,随母改适罗姓。后认祖归宗,家境赤贫,立志向学,发愤读书。建文初年,以王叔英保荐,入翰林院,充编纂官。永乐初年改编修,入值内阁,充东宫官,任左中允。多次回护维持朱高炽的皇储地位。洪熙初,擢礼部侍郎兼华盖殿大学士,旋兼兵部尚书。洪熙、宣德及正统初年,一直处于内阁首辅地位。正统三年,晋少师,仍兼尚书掌内阁事。

杨荣,字勉仁,初名子荣,建文二年进士,授编修。"靖难之役",燕王朱棣入南京,荣迎谒马首说:"殿下先谒陵乎,先即位乎?"①朱棣恍然大悟,遂急驱车驾拜谒孝陵,因此受知成祖。永乐初设立内阁,简拔入文渊阁,为更名荣。仁宗即位,进职太常卿。寻进太子少傅、谨身殿大学士、工部尚书。成祖五征漠北、宣宗亲征乐安,荣皆历戎行,运筹帷幄,以善断见称。正统三年(1438),进少师,兼职内阁、工部如故。

杨溥,字弘济,与杨荣同科进士,建文朝官编修。永乐初年,为太子洗马,竭诚殚虑辅导朱高炽。永乐十二年(1414),因成祖久欲易储,遂以迎驾稽迟开罪东宫属官,杨溥被关入天牢。系狱十年,读书不辍。仁宗即位,释出狱,擢翰林学士。洪熙元年

---

① 《明史》卷一四八《杨荣传》。

23

（1425），于思善门建弘文阁，以溥掌阁事。仁宗亲授阁印曰："朕用卿左右，非止学问。欲广知民事，为治道辅。有所建白，封识以进。"①弘文阁的性质与内阁基本相同，可见杨溥与仁宗渊源之深，关系之亲近。宣宗即位，罢弘文阁，召溥内阁，与士奇、荣共典机务。宣德九年（1434）迁礼部尚书，值内阁如故。正统三年（1438），进少保、武英殿大学士，与杨士奇、杨荣并称"三杨"。

辅政五臣执掌正统朝政，是具有极大优势的。其一，三杨皆三朝重臣，是英宗乃祖乃父的旧僚，位列公孤，又是行政中枢内阁的主持人。其二，张辅爵加国公，"靖难"元勋，是朱棣一系皇权的有力支持者。胡濙，是成祖的心腹侦缉，也职列尚书。其三，太皇太后张氏是活着的祖宗，对辅政五臣倾心委任。她曾当着小皇帝祁镇的面交代说："此五人，先朝所简贻皇帝者，有行必与之计。非五人赞成，不可行也。"似乎是有此五臣辅弼，正统年间的朝政该万无一失了。然而并非如此。因为站在辅政五臣对立面的司礼太监王振，其权力和影响力，越来越为五臣所不敌。那么，王振究竟是何许人物？

历来研究宦官的学者都认为，中国封建专制主义的中央集权政治体制，使皇帝渊默九重，很少接触外廷官员，这就决定了皇帝必然倚重常侍左右的阉官。由于宦官生理的缺欠，导致心理的畸变，作威作福干起坏事，更肆无忌惮，即范晔所论，"刑余之丑，理谢全生，声荣无晖于门阀，肌肤莫传于来体"。② 明太祖朱元璋立国之初，深以汉唐宦官干政之祸为鉴，规定内官不许识字，职供洒扫驱使而已。又明令宦官不许干预政事，干预者斩首。铸铁牌立

---

① 《明史》卷一四八《杨溥传》。
② 《后汉书·宦官列传》。

于宫门之侧,以为儆戒。然而,太祖朝的宦官亦不时被委以重要使命,出使、监军,间或有之。不过,太祖朱元璋毕竟是雄才大略的开国君主,驭下严厉,在他有生之年,尚无宦官干政的迹象。而其子燕王朱棣靠武装力量夺得皇位,"靖难"期间多得建文朝阉官秘透军情,成祖登位不久,便对宦官陆续公开赋予大权,"明世宦官,出使、专征、监军、分镇、刺臣民隐事诸大权,皆自永乐间始"。① 降至宣德年间,宣宗便在大内设立"内书堂",办起了宦官学校,专选十岁上下聪明伶俐的小内使数十乃至二三百人入学,以翰林学士执教,传授《内令》《百家姓》《千字文》《孝经》《大学》《中庸》《论语》《孟子》《千家诗》之类,"凡有志官人,另有私书自读"。② 这种着意培养,目的就在于将来委以重任。

明代号称以孝治天下,以故严自宫之禁,违者皆发充净军。《明史》对王振的出身、发迹经过只简单带过,仅交代为蔚州(明代属山西大同府,今属河北省)人,余无详细说明,而私家史乘却有较明确记载。严从简说:"永乐末,诏许学官考满乏功绩者,审有子嗣,愿自净身,令入宫中训女官辈。时有十余人,后独王振官至太监,世莫知其由教职也。"③查继佐更明白记录:王振"始由儒士为教官,九年无功,当谪戍。诏有子者许净身入内,振遂自宫以进,授宫人书,宫人呼王先生"④。据严氏、查氏的记载可知,王振入宫前乃是颇知诗书的儒学教官,自宫进入大内,又授书宫人,宫人称其王先生。英宗祁镇呼振"王先生",可能就是袭用宫人对王振的称呼。明代永乐、洪熙、宣德时期,多数宦官仅能识字而不知文义,

---

① 《明史》卷三○四《宦官列传一》。
② 刘若愚:《酌中志》卷一六《内府衙门职掌》。
③ 严从简:《殊域周咨录》卷一七。
④ 查继佐:《罪惟录》卷二九下《王振》。

这样,王振便在侪辈中显示了出类拔萃的才能,在"宦海"中出人头地当为意料中事。

宣德中,这位知识型宦官"侍太子讲读,太子雅敬惮之",[①]就连宣宗朱瞻基也对其另眼相看。据说宣宗皇帝十分宠爱长随刘宁。一次宣宗上马出游,胡床被马踏折断,刘宁匍匐在地以身代床,宣宗踏其背上马。又一次宣宗泛舟西苑,不慎船倾落水,生命危在旦夕,又是刘宁急潜水中,将皇上扶掖出水登岸。宣宗为刘宁的忠诚所感动,命掌司礼监。然而,刘宁"不知书,上命王振代笔"。[②] 宣德朝王振就进入了宦官二十四衙门的首席机构——司礼监。

王振为人乖巧,善察言观色,颇具小智,既会讨皇族的喜欢,又善于逢迎儒臣们的意向。宣宗死后不久,王振便因侍祁镇东宫为局郎的关系,先金英而掌司礼监。[③] 正统初年的政坛上,太皇太后张氏可是举足轻重的人物,三杨亦是权力核心中的大臣,都是不可轻易得罪的,王振便想方设法获得这些人的好感。张氏笃信佛教,时常携其孙祁镇出紫禁城,去功德寺参禅拜佛,动经三四日不归。儒臣们大不以为然,王振就教小皇帝对张太后说:"祖母的大德,孙子无以为报,已经造好佛像一尊,请恩准安置在功德寺后宫,以稍稍酬报您老的大恩大德。"张太后听了,果然大喜,立即答应,并且让人抄写金字经书安放在东西厢房。由于佛像、经书占去了很多地方,功德寺不再适合住宿,张太后从此就不再去了。这事做得非常得体,了无痕迹,既向太后、皇帝表了忠心,又博得了儒臣的好感。

---

① 查继佐:《罪惟录》卷二九下《王振》。
② 查继佐:《罪惟录》卷二九下《王振》。
③ 夏燮:《明通鉴》卷二一。

祁镇即位时,是个九岁的孩子,天真活泼而又好动,特别喜欢踢球。这在今天看来本是无可厚非的,但在封建正统官僚士大夫眼中,却是有损君德的事情。据说有一天,小皇帝祁镇与小内使踢球,正玩到兴致处,司礼监太监王振突然走来,小皇帝便像做错了事似的停了下来。第二天清晨,祁镇驾至内阁,王振跪奏说:"先皇帝(宣宗)为一球子几误天下,陛下复踵其好,如社稷何?"一副忠君爱国的真诚面孔。小皇帝被诘问,无地自容,内阁三杨叹服不止说:"宦官宁有是人!"①王振每次奉小皇帝谕旨去内阁办事,小心谨慎,立阁外不敢入,三杨呼其入座,以示尊崇。在三杨看来,有王振这样的内臣服侍皇帝左右是让人放心的。

　　王振服侍皇帝并非步步踏在儒家君德轨迹上。他外示忠悃,内藏奸恶,干政弄权,是从祁镇登极就开始了。官修《明实录》《明史》等书对正统初年政局偏于美化。一般认为,在正统七年(1442),即太皇太后张氏逝世之前,由于她竭诚信任支持辅政五臣,司礼太监王振尚未敢过分放肆。因此,朝政稳定,"仁宣盛世"的成就得以光大,以内阁为行政中枢的国家机器还能正常运转。诸如此类的认识几经援引,遂成定评。诸如王锜说:"正统初,太皇太后张氏同听政,元老杨士奇、杨荣、杨溥居辅弼,凡朝廷大事皆白三公处分。数年间,政治清明,为本朝之极盛。"②李贽说:"正统初,英宗以幼君临御,张太后每加拥护,专任三杨……是以数年朝纲整饬,海内晏安。及太后宾天,三杨下世,振始弄权,天下遂多事。"③《明史》作者则说:"是时,王振尚未横,天下清平,朝无失

---

①　夏燮:《明通鉴》卷二一。
②　王锜:《寓圃杂记》卷一〇《王振》。
③　李贽:《续藏书》卷一〇《太师杨文定公》引《尘谈录》语。

政,中外臣民翕然称三杨。"①"三人者亦自信,侃侃行意。"②诸如此类的一些看法,基本上都是以张太后和三杨去世作为正统朝治乱的分野的标记,对正统初政片面肯定和颂扬,认为三杨等人在当时还能如同在仁宣时期一样执掌朝纲。细细按之,我们就会发现这种说法经不起史实的检验,都是旨在为张太后和三杨等避讳,有意无意把正统的所有衰微动乱说成发生在他们身后,将各种直接导致严重动荡的矛盾冲突淡化和后移,因此,都背离了史实。实际上太皇太后张氏对三杨的信赖委任程度、对王振的约束情况都是大可质疑的,王振的横肆也未必自张氏逝世而始。

杨荣死于正统五年(1440),太皇太后张氏死于正统七年,杨士奇死于正统九年,杨溥死于正统十一年,张辅死于正统十四年,胡濙死于天顺七年(1463),而酿成明代大变局的土木之役发于在正统十四年。其实,"冰冻三尺,非一日之寒",个中道理,妇孺皆知。土木之役,无非是正统朝以来奉行的一系列错误政策,以及朱祁镇为首的统治核心倒行逆施酿成的社会危机的总爆发。其恶果显露于太皇太后张氏及三杨的身后,而诱发恶果的因子却孕育在他们生前。宦官干政、武备废弛、吏治腐败、流民聚集等先兆性问题,在正统初元都相继出现了,正统初元是个关键性的转折阶段。当时上层统治集团中的各种政治力量已在重新组合,仁宣时期奉行的重大政策正在被扭曲篡改,以内阁为行政中枢的国家权力在阉宦王振的争夺下被转移。明王朝政治安定、经济繁荣、武备强大的局势在逆转、恶变。抹杀这些情况,而侈谈"天下清平,朝无失政","朝纲整饬,海内晏安",是不能令人信服的。

① 《明史》卷一四八《杨溥传》。
② 《明史》卷一四八《杨士奇传》。

二、张氏对三杨的支持并不坚定可靠

诚然,太皇太后张氏在中国封建社会的后妃中,确实不失为一位有素养、有知识、识大体的女性。她在洪熙、宣德朝的所为,已使其颇享令誉。祁镇即位之初,她对三杨在永乐年间不避斧钺、直言敢谏,回护丈夫皇太子高炽,使储位几度由危而安,常怀感激之情。在某些疑难问题上,张氏也有决断能力,对政局很有影响。对她的决断能力,三杨是早有领教,在内阁代拟宣宗遗诏时专门写入了"大事白皇太后行",①这在明代各帝临终遗诏中是绝无仅有的。它说明三杨深知张氏这位老妇人的德才威望,很希望将其倚为小皇帝登极后朝政平安过渡的支柱。

许多史籍皆载,在正统初元,张氏对王振等宦官势力的膨胀极力裁抑,曾在内阁与司礼监的冲突中表示过支持三杨等辅政大臣的倾向。这种支持是否坚定、是否可靠呢? 请看正统二年(1437)二月初,连续发生的曾引起朝野震惊的两个事件:

"上之初即位也,太皇太后悉委政内阁,而三杨皆累朝元老,振心惮之,未敢逞。太后尝遣振至内阁问事,士奇拟议未下,振辄施可否,士奇愠,三日不出。太后闻之怒,立鞭振,仍令诣士奇谢罪,且曰:'再尔,必杀无赦。'"②这是第一件事。

"一日,太后御便殿,召英国公张辅,内阁杨士奇、杨荣、杨溥,尚书胡濙入朝。太后左右女官杂佩刀剑,侍卫凛然。上西向立太后旁,五臣东面稍下。……有顷,宣太监王振至,俯伏。太后颜色

---

① 《明史》卷一一三《后妃列传一》。
② 夏燮:《明通鉴》卷二二。

顿异,曰:'汝侍皇帝起居多不律,今当赐汝死。'时女官加刃振颈,上跪为之请,五臣皆跪。太后曰:'皇帝年幼,岂知此辈自古祸人家国! 我听帝暨诸大臣贷振,此后不得令干国事也。'振自此稍敛戢。已而太皇太后病,遂跋扈不可制矣。"①这是第二件事。

这两个事件颇具戏剧色彩,太皇太后张氏板起严厉的面孔,杀气腾腾,一方面在警告王振,另一层用意是在管教小皇帝祁镇。似乎张氏确是王振的镇石、内阁三杨的后盾。我们以为,有关这两个事件的记述颇多气氛渲染,并不十分可信。以太皇太后的身份地位,要杀个奴才宦官易如反掌,发下一道懿旨便可把王振押赴西市了,何必如此张大其势。同时,这两个事件的内涵是丰富的,它们折射出正统初年明代政坛的基本格局和矛盾冲突。第一,它们反映了以三杨为首的元老重臣和以王振为首的宦官势力,在正统初年就已关系紧张,并发展到表面化的程度。王振干政,来势逼人,是三杨等元老所不能接受的。太皇太后在这场矛盾冲突中支持元老派,因此有鞭责及拟处死王振的记载。第二,太皇太后鞭责王振可能确有其事,而欲诛王振则非其初衷,初衷只是警告而已。不然,祁镇及辅政五臣跪请后,张氏怎么会立即送下顺水人情,且对王振根本不作降职、调离的处分呢? 第三,在王振为首的宦官势力同三杨等辅政大臣的冲突中,两种势力各有依恃。辅政五臣有太皇太后的依恃,王振却有英宗做靠山。

三杨等不敢赞许诛杀王振,是他们政治上软弱的表现。他们知道,如果真的赞同将王振处死,无异于宣布在政治上与祁镇分道扬镳,在感情上与祁镇决裂,其后果不堪设想。五臣之所以违心跪请宽大王振,主要是为身家计。"诸臣阿顺幼主,为身后计,故而

① 夏燮:《明通鉴》卷二二。

30

隐忍保全"，①可谓公允之评。这幕闹剧过后，实质性效果几乎是零。太皇太后此举并未能遏制王振权势的扩张，也没有对朱祁镇起到管束的效果。

事实上，三杨等辅政五臣要继续推行仁宣时期的方针政策，要继续职、权、责相称地主持用人行政，将希望寄托于一个信奉释教颐养深宫的老妪身上，打算依靠太皇太后的支持和信赖"侃侃行意"，其基础是脆弱的。张氏年届垂暮，是会随时崩倒的靠山。而王振的后台朱祁镇则处于成长成熟的发展阶段，是王振之流足资倚仗的有力后台。其后的史实证明，太皇太后张氏对三杨等顾命大臣的支持是有限的，她虽然申斥王振"此后不得令干国事"，但王振在她面前仍干预国事如故，使正统初元政局急遽恶化。王振之嚣张，甚至把文章径直做到了三杨身上来。

《明史纪事本末》载：正统"四年冬十月，福建按察佥事廖谟杖死驿丞。丞故杨溥乡里，佥事又士奇乡里也。溥怨谟，论死。士奇欲坐谟因公杀人。争议不决，请裁太后。振曰：'二人皆挟乡故，抵命太重，因公太轻，宜对品降调。'太后从之，降谟同知"②。

这段文字告诉我们，王振并没因两年前受到太皇太后的申斥而有所收敛，他仍在干预朝政，甚至在太皇太后张氏面前，公开干预朝政，且意见被太皇太后采纳。杨溥与杨士奇在对廖谟的处理上的争论，本属阁臣中的正常分歧，但经王振的拨弄，却收到了一石二鸟的效果。其一，王振把矛头公开指向二杨，降低了二杨的威信，动摇了张氏对二杨的信任。其二，王振的意见被张氏采纳，则显示了王振自己的政务才能。据称"自是，振撼阁臣过，侵其权，

---

① 《明史纪事本末》卷二九《王振用事》。
② 《明史纪事本末》卷二九《王振用事》。

自士奇以下，皆莫能难也"。① 可见，太皇太后张氏并非三杨等顾命老臣的可靠支柱，在某些问题的处理上她倒向了王振的意见。

三、王振在正统初元"已横"

正统初元指太皇太后张氏去世前的七年。大量史实告诉我们，王振在正统初元并非"未横"，而是"已横"。还是宣宗朱瞻基死去不久的宣德十年（1435）九月，王振便较金英捷足先登，被任命为司礼监太监，位列宦官二十四衙门之首。司礼监太监在明代有"内相"之称②，是十分重要的职位。这一任命的出台，想必得到了太皇太后和辅政五臣的首肯。当月，王振便利用常侍英宗左右的机会，怂恿小皇帝祁镇出面搞了不少活动，以抵制辅政五臣的辅佐意见。"时辅臣方议开经筵，而振乃导上阅武将台，集京营及诸卫武职试骑射，殿最之。有纪广者，尝以卫卒守居庸得事振，大见亲昵。遂奏广第一，超擢都督佥事。自此招权纳贿，诸大臣自士奇以下，皆依违莫能制。"③对此事的严重性，不可忽视。因为当时大丧之后，祁镇尚在幼年，可塑性很大，引导小皇帝向哪个方向发展，实质上是一场争夺控制最高统治权力的斗争，三杨和张辅等分任知经筵事、同知经筵事等职，完备了给小皇帝提供正式教育的经筵制度，向祁镇灌输儒家传统思想，希望他将来成为圣君明主。在亲政之前，将国家行政交内阁主持，待英宗成长起来后，实现权力平稳过渡。而王振则期望祁镇能听凭自己摆布，充当傀儡，立即出面

---

① 夏燮：《明通鉴》卷二二。
② 刘若愚：《酌中志》卷二《忧危竑议后纪第二》。
③ 夏燮：《明通鉴》卷二一。

主持国事，以便自己假手皇权以肆其虐。事实说明，小皇帝朱祁镇在正统初年基本是沿着王振设计的路子走下去了。

正统元年十二月，兵部尚书王骥、侍郎邝埜被捕入狱，原来是王振耍的政治手腕。当时王振干预国事，担心朝臣不服，便想方设法叫群臣畏惧自己。适逢兵部尚书王骥等讨论边防军备，五天没有回奏，王振抓住这个机会，教小皇帝祁镇召见王骥，当面斥责曰："卿等欺朕年幼耶？"当天，把王骥、邝埜逮捕关入监狱，[1]叫群臣出了一身冷汗。

没过多久，右都御史陈智弹劾英国公张辅回奏稽迟，又弹劾六科、十三道不能举奏。祁镇释张辅不问，希王振意，迁怒科道官，将监察御史、给事中分别廷杖二十。这一举动，实际是煞了风宪官的锐气，长了王振的威风。"自是言官承振风旨，屡撼大臣过，自公、侯、驸马、伯及尚书、都御史以下，无不被劾，或下狱、或荷校，甚至谴谪，殆无虚岁。"[2]如果上面史料所记不虚，那么王振之横乃是与祁镇登极同步开始，可谓来势汹汹。王振在被太皇太后张氏鞭责和声言处死之前，已经能够假皇权以肆虐，随意贬斥、逮系、杖责、荷校朝中勋贵大臣了。兵部尚书、侍郎非一般官僚可比，回奏稍迟亦非囚禁之罪，王振竟唆使祁镇将他们逮捕关押，无非是借此立威。更有甚者，张辅乃永乐、洪熙、宣德三朝勋臣之首领，"靖难"功臣，爵拜国公，位晋太师，妹为成祖妃，崇冠朝班，又是太皇太后张氏钦点的辅政五臣之一。王振竟敢打击排陷张辅，正说明其权势显赫已凌驾于勋旧大臣之上，足可以威慑群臣了。

事过一年，到了正统三年（1438）。这年七月，王振唆使小皇

---

① 夏燮：《明通鉴》卷二三。

② 夏燮：《明通鉴》卷二三。

帝祁镇连二连三地惩治了一批大臣。户部尚书刘中敷,侍郎吴玺,刑部尚书魏源、侍郎何文渊等皆被关入监狱,就连顾命大臣礼部尚书胡濙也难逃厄运,六部尚书竟一半被囚待罪,王振的气焰是何等张扬。魏源被释放不久,又于同年十二月与都御史陈智一起被捕。论者曰:"时上严绳臣下,大臣下狱以为常,源一岁两系,论者皆以为王振作威之渐云。"①正统六年(1441),再次逮捕户部尚书刘中敷、侍郎吴玺、陈瑞,"系狱论斩","诏荷校长安门外,凡十六日,始释之,仍得其官"。但事后不久,又因诏问马驼刍荥数,户部刘中敷等不能对,王振言于上,祁镇被激怒,又将刘中敷、吴玺、陈瑞关入监狱。一年后,中敷被罢为民,吴玺、陈瑞被发配边疆。② 兵部侍郎于谦奉命巡抚晋豫,抚恤流民,操持国事,很受倚重。然而,于谦为人耿直,不媚权贵,"每入京师,无私谒,王振衔之",借端迫害,"下法论死",差点送了命。

王振这个奴才,与小主子祁镇配合默契,一唱一和,把勋臣佐僚全不放在眼里。王振在正统初元"已横",依仗的全是小主子朱祁镇。朱祁镇对王振尊崇备至,称"先生"而不名,王振更以"周公辅成王"自许。正统六年底,三殿二宫落成,祁镇大宴百官。按照朝章惯例"宦官虽宠,不得预王庭宴"。开宴之日,百官毕集,盛况空前,小皇帝祁镇此刻心中记挂着他的"王先生",王太监能否接受这一惯例,便派使臣去王振宅邸看个究竟。使臣见到王振正在盛怒之中,叫嚷:"周公辅成王,我独不可一坐乎?"使臣将情况回奏,祁镇为之"蹙然,乃命东华开中门,听其出入。振至,问故,曰'诏命也。'至门外,百官望风拜,振悦"。③ 祁镇可以因王振之故更

① 夏燮:《明通鉴》卷二三。
② 夏燮:《明通鉴》卷二三。
③ 《明史纪事本末》卷二九《王振用事》。

改祖宗旧制,杨士奇、杨溥、张辅、胡濙对此也只能装聋作哑,听之任之了。"时上倾心向振,公侯勋戚咸呼振曰'翁父'。工部郎中王祐以谄事振,骤擢本部侍郎;都御史王文、陈镒俱跪门俯首;兵部侍郎徐晞屈膝,寻擢尚书。一时士大夫廉耻道丧,相与恬然。"①王振之猖獗可知!

以上事情皆发生在正统六年之前,太皇太后张氏健在,三杨(杨溥已故)仍在内阁,王振即已经大横特横,肆无忌惮了。当时"阉竖擅权肆横,流毒方深"是正确的认识。②

王振实开启明代宦官专擅国政之先河,可称之为刘瑾、汪直、魏忠贤之流的先辈。由于王振气焰熏灼,朝中相当一部分无耻官僚,望风承旨,如蝇趋臭,聚集在其周围,甘心受其驱使,充当搏击善类的喉舌、鹰犬,形成了一股不可低估的恶浊势力。"于是府、部、院诸大臣及百执事,在外方面官,俱赍金进见。每当朝觐日,进见者以百金为恒,千百者始得醉饱出。"③

三杨为首的顾命大臣,对司礼监渐侵内阁职权、对王振权势的膨胀基本上蒿目无策,又不敢和衷共济,与之拼死一搏。三杨对正统初元政局仅是常怀隐忧而已。杨士奇常怀去志,逃避现实,只能一再表白"不敢内非类之交",④算是与王振划清界限了。杨荣则无可奈何地讲"自愧乎进无所补,退不我从",⑤对王振持保守官位的立场。三杨等辅政大臣持盈保泰忧谗畏讥的心态非常明显。夏

① 夏燮:《明通鉴》卷二三。

② 夏燮:《明通鉴》卷二三。

③ 《明史纪事本末》卷二九《王振用事》。

④ 杨士奇:《自题侍教象赞》,《东里续集》卷四五。

⑤ 杨荣:《七十岁自赞》,转引自韦庆远:《三杨与儒家政治》,《史学集刊》1988 年第 1 期。

燮指责他们"不免阿容守位","老将及之,尤不过浮沉自全而已"。[1] 李贽则批评更为尖锐,曰:"窃思三杨辅政之初,一几也。不深思熟虑,身任其责,唯阳敛阴施,掩人耳目。虽曰自保,其实误国。"[2] 王振在正统初元"已横",辅政五臣实难逃其责。

四、祁镇与三杨之分歧

正统年间朝政接连失误,终于导致了灾难性的土木之变。史学家多将此变故归罪于王振,这基本是对的。但仔细想来,又不尽然。王振诚然奸恶,确实起过极坏的作用,但毕竟是个四品太监,而英宗祁镇作为国家首脑,顽固支持王振之流的各种倒行逆施,才酿成了严重的后果。因此,祁镇应负更主要的责任。

朱祁镇其人,生于深宫,长于大内,幼年嗣位,本身并无实际政治军事才能。但祁镇无知而又偏偏好大喜功,这是致命的弱点。他根本不具备其高祖朱元璋、曾祖朱棣的雄才大略,却极力追求弄兵耀武,一再轻开边衅,奢望建树军功;他不具备其祖朱高炽、其父朱瞻基的胸襟容量,一意委任三杨,反而限制内阁职权,将其部分权责转移到司礼监。朱祁镇是个庸碌而好自用,执拗而自以为英明的人,王振正是利用他这种童稚任性、喜谀好胜的弱点而进行诱惑和操纵,引导他逐步摒弃了仁宣时期与民休息、维持稳定的基本国策。严格地讲,有明一代不肖之君,应自祁镇为始。

小皇帝朱祁镇与三杨等辅政大臣在正统初元朝章国策的决定上就存在着严重分歧,这主要表现在对经筵进讲、麓川之役及对宦

---

① 夏燮:《明通鉴》卷二三。
② 李贽:《续藏书》卷一〇《杨文敏公》。

官的不同态度上。

为争取小皇帝祁镇的支持,使其勉为圣君,辅政五大臣绞尽脑汁,要以传统儒家的理想塑造祁镇。正统元年(1436)二月,行在礼部尚书胡濙进经筵仪注,把经筵制度化规范化。据胡濙讲,在此之前兵部尚书兼华盖殿大学士杨士奇、少傅工部尚书兼谨身殿大学士杨荣、礼部尚书兼翰林院学士杨博就联名疏请早开经筵,三杨讲:"伏惟皇上肇登宝位,上以继承列圣,下以统御万邦。然其根本在致力于圣学。自古圣贤之君,未有不由讲学而能致治者。《书》曰:'王人求多闻,时惟建事。学于古训,乃有获。'又曰:'仆臣正,厥后克正。仆臣谀,厥后自圣。后德惟臣,不德惟臣。'由是观之,凡经筵讲读之官,左右侍从之人,必皆选正人用之,君德庶有成也。"①在辅政五臣看来,欲使祁镇勉为圣君,达到天下大治的目的,其手段只有使其致力圣学。开经筵的目的十分明确。为了使少年天子更多地接受正人君子的影响,经筵讲官及左右侍从之人都要以正人君子充任。祁镇便命令张辅等推举经筵讲读官,报来审批。结果,以张辅知经筵事,杨士奇、杨荣、杨溥同知经筵事,少詹事兼侍读学士王直,少詹事兼侍讲学士王英,侍读学士李时勉、钱习礼,侍讲学士陈循,侍读学士苗衷及翰林春坊等衙门儒臣分直侍讲。又以太子太保成国公朱勇,少保兼工部尚书吴中,吏部尚书郭琎,礼部尚书胡濙,兵部尚书王骥,刑部尚书魏源,都察院右都御史顾佐为侍班。② 看来经筵活动的主持人都是辅政大臣,参与这项活动的也多为正统初的儒学名臣。自正统元年二月为始,除盛夏严冬外,每月逢二必行,风雨无阻,完全是按照辅政大臣们编定

---

① 《明英宗实录》卷一四〇。
② 《明英宗实录》卷一四。

的程序进行,讲章都是《尚书》《大学》的内容。这种活动直到三杨辞世,都不曾停止,而效果如何,则另当别论。

经筵之始,英宗是个十岁的孩子,具有寻常少年的一切身心特点。而他又是大明王朝的唯一主人,终日生活在皇宫大内,言行起居有种种清规戒律,辅政大臣们千方百计约束他的自由。可以想见,对一个童心未泯的孩子来说,最有诱惑力的恐怕不是儒家经典之类的说教,外面世界的花红柳绿更有吸引力。他对辅政五臣的经筵约束必然产生逆反心理,君臣的分野此刻已经种下。因此,当王振一伙以驰骤出游、弯弓射箭等方式争夺少年天子时,便很使祁镇开心。经筵尚未开,王振便导上"阅武将台,命诸将骑射,以三矢为率"①。祁镇玩得开心,与王振关系日益密切,对辅政五臣日益疏远。王振以司礼监太监的身份干预朝政,侵越内阁职权,祁镇一再给宦官荣宠、殊遇,诸如颁赐银印、免死诏等,英宗宠信和重用宦官比他的祖辈们走得更远。有祁镇撑腰,王振才敢肆无忌惮地对三杨说"朝廷事赖三位老先生。然三公亦高年倦勤矣"②,希望三杨谢政致仕,将一切权力拱手相送。

正统初年,在王振为首的宦官势力与三杨内阁的较量中,英宗越来越倾向于宦官势力。宣德十年(1435),英宗即位不久,就把极善权术又能取悦皇帝的王振任命为司礼监太监。紧接着,宦官势力一天天抬头,监军、镇守、守备、监枪、监仓等重任接连委派,太监郭敬镇守大同,王彦镇守辽东,王景弘、袁诚、刘宁先后守备南京,张福、林寿先后镇守陕西,银名镇守河南,张溥镇守山西,王贵镇守甘肃,来福镇守宁夏,赵琮镇守宣府,刘永诚镇守甘肃,吉祥、

① 《明史纪事本末》卷二九《王振用事》。
② 《明史纪事本末》卷二九《王振用事》。

萧保先后镇守云南,杨宜镇守开原,袁尧民镇守吉林船厂,李德监京通二仓。又特命内官提督神机铳炮,把当时以最先进的火器装备的神机营也交给太监吉祥、王瑾控制。① 每有大征讨,祁镇必以宦官监军或径以宦官率军远征。他诏派太监吴诚、吉祥监军征麓川,又派太监钱僧保率军出喜峰口、刘永诚率军出刘家口、曹吉祥率军出界岭口征伐兀良哈,王弇州称此为"内官总兵之始"②。正统初元,宦官分掌军权是很典型的,许多宦官都建立了军功,气焰就更加嚣张了。就连司礼监的小火者也敢到尚书门下请托办事。一人得道,鸡犬升天,王振、曹吉祥、钱僧佩、高让、来福等宦官的侄子、养子、兄弟等也都被英宗授以锦衣卫指挥、指挥佥事、副千户、百户等世职。③

检阅《明英宗实录》,俯拾可见祁镇优容、褒奖宦官的记载。王振竟同英国公张辅同样受奖,并敢与之分庭抗礼,争夺财产,韦力转同都督总兵官石亨同等受赐。④

辅政五臣对王振等宦官势力的膨胀,看在眼中,急在心中。杨士奇在祁镇重用宦官之始,曾上疏谏阻,希望祁镇能防微杜渐,近君子,远奸佞。其疏言:"自古圣贤之君,左右使令必用正人。今皇上富于春秋,凡起居出入,一应随侍及使用之人","皆宜选择行止端庄,立心行己正当者,使在左右。庶不正之言,不正之习,恶皆屏远,不得以上惑聪明。此事关系最重。""如或其人举动轻佻,语言亵慢,立心行己不正者,皆宜早去之。若不早去,随侍既久,情意

① 《明英宗实录》卷一七二。
② 王世贞:《弇山堂别集》卷九○《中官考一》。
③ 《明英宗实录》卷一三七、卷一三九。
④ 《明英宗实录》卷一七五。

相洽，不觉其非，言听计从，后来欲去，其势难矣。"①

这是正统初元，士奇面对宦官势力骤胀请求祁镇和太皇太后"万万留意"的问题。他作为辅政大臣、内阁首辅，只是指出问题所在，除陈请外，再就一筹莫展了。对英宗祁镇来说，则是言者谆谆，而听者藐藐，一意反其道而行，宦官的权势在他怂恿下已非阁臣所能制，终致王振"视勋戚如奴隶，目天子为门生"②，祸人家国，几乎断送朱明江山。这是我们下章将要叙及的内容。

正统初元三杨与祁镇的另一重要分歧，表现在对麓川之役的态度。

麓川远在西南边陲，其宣慰使思任发在宣德年间已经叛附不常，当时朝廷执行以抚为主的政策，多次派人赍敕戒谕，敦促思任发停、攻略相邻土司的土地，放还劫掠人口，思任发虽未十分帖服，但也未成大患。正统二年（1437），思任发又兴兵侵扰邻境，都督方政、黔国公沐晟先后率兵讨伐，均溃败，方政战死，沐晟畏罪暴卒。正统六年（1441），祁镇下诏书"大举征麓川"，以兵部尚书王骥总督军务，太监吴诚、吉祥监军，"大兴诸道兵十五万，转饷半天下"，开始了旷日持久、耗损国力的"麓川之役"。史称此役之兴"皆王振主之也"③。在是否应该倾全国之力用兵一隅的问题上，翰林院侍讲刘球上疏反对，主张继续以抚谕手段谋求和解，认为"王师不可轻出，蛮性不可骤驯，地险不可用众，客兵不可久淹"，轻率发动大战役，会牵动全国局势④。杨士奇也苦口婆心劝告祁镇："今麓川拒命，臣亦深切恶之，非欲释其罪，但思古人有言，兵

---

① 《杨文贞公文集》卷一《计议除授方面等官疏》。
② 夏燮：《明通鉴》卷二三。
③ 夏燮：《明通鉴》卷二三。
④ 《明史》卷一六二《刘球传》。

者凶器,战者危事,自古圣帝明王皆不轻用兵,恐害及无辜,有伤天地之和气也。又虑用兵远方,虽有将有兵,而粮食不足,猝难为力,亦所当计。况彼烟瘴之地,大军难以久驻,而贼得窥伺官军进退以为出没,急难成功。臣倦倦愚忠,非敢为缓兵之计,但愿大兵之行,必出万全。"①

杨士奇这番建议,并不能表明其反对麓川之役的坚定态度,只能表明其首鼠两端、可进可退、明哲保身的灰暗心理。原则上不同意麓川用兵,把不利条件摆出来,但又表示此番意见"非敢为缓兵之计,但愿大兵之行,必出万全",即如果皇帝执意兴师,能缜密筹划就可以了。这正是他在官场历练数十年,又年届垂暮,锐气尽消,不敢与祁镇、王振抗争到底的表现,与宣德年间力诤罢兵交趾的士奇简直判若两人!

五、三杨是太平宰相而非乱世诤臣

我们在前面用了大量篇幅讨论了辅政五臣在正统初元的作为,总体认识是:三杨乃太平宰相而非乱世诤臣。正统初元,明王朝由治而乱,三杨膺辅政之重托,睹王振之猖獗,历国事之日非,他们一筹莫展。所能做的仅是委婉劝告,根本不敢冒着丢宫、廷杖、荷校、坐牢的危险向朱祁镇冒死谏诤,同王振为首的恶势力拼死一搏,这不能不说是三杨为政的一大缺失。以三杨的地位和资望,若协调一致,冒死一诤,完全可能除掉王振,但他们却不敢如此而行。当王振羽翼丰满后,他们浮沉自保,很有误国之嫌。杨士奇、杨荣、杨溥在王振横肆后,都曾上疏告退,奉行明哲保身的信条,根本放

---

① 杨士奇:《论遣将征剿麓川疏》,《东里别集》卷三。

弃了"导君以正"的愿望和责任。

我们说三杨是太平宰相,而非乱世诤臣,主要是指他们在君主较为英明或不甚荒唐的时候,还能够议论风发,以自己的理想、行为影响君主决策,"导君以正"。当君主荒唐,依信邪佞之时,他们便锐气尽失,不敢批逆鳞、诤君德,所能施展的对策只是缄默自保。有时甚至不顾现实,庸俗吹捧皇帝圣德隆盛,故意文饰太平。三杨是明初文坛"台阁体"的开创者和创作健将,他们的"台阁体"诗文,除歌功颂德、粉饰太平之外,几乎没有什么实质性内容。他们的诗文,对正统时期尖锐的社会矛盾、平民百姓的疾苦皆避而不谈,与于谦写下的现实主义的诗篇不能同日而语。于谦的《荒村》写道:"村落甚荒凉,年年苦旱蝗。老翁佣纳债,稚子卖输粮。壁破风生屋,梁颓月堕床。那知牧民者,不肯报灾伤。"①这简直是对"四海讴歌乐治平"的嘲讽。

三杨位高爵崇,时时处处考虑的是如何保持恩宠、地位和权力,决不肯涉险做诤臣。对此杨荣说得很坦直:"事君有体,进谏有方,以伸直取祸,吾不为也。"②这同于谦那种"粉骨碎身全不怕,要留清白在人间"③的忘我献身的精神和胆气相较,不禁黯然无光。

三杨明哲保身,不敢有所作为,可能与他们分别授人以短有关。杨荣,有决断才能但不能持廉,这原是老问题,他家中良马颇多,皆边将馈送,王振正好借此发难。正统五年(1440)七月,杨荣回乡省墓,王振便抓住其接受靖江王朱佐敬馈赠一事,要求查办。

---

① 于谦:《荒村》,《忠肃集》卷一一。
② 《明史》卷一四八《杨荣传》。
③ 于谦:《石灰吟》,《元明事类钞》卷二二。

杨荣道经武林驿，忧愤而死。① 杨士奇素以清正公允著称，但教子无方，授人以口实。其长子杨稷为害乡里，作恶多端，也难怪王振借此发难，压制士奇。关于士奇纵子作恶一事，李贤述之最详："士奇晚年，溺爱其子，莫知其恶，最为败德事。若藩臬郡邑或出巡者见其暴横，以实来告，士奇反疑之，必以子书曰：'某人说汝如此，果然，即改之。'子稷得书，反毁其人曰：'某人在此，如此行事，男以乡里故，挠其所行，以此诬之。'士奇自后不信言子之恶者。有阿附誉子之善者，即以为实，然而喜之。由是，子之恶不复闻矣。及被害者连奏其不善之状，朝廷犹不忍加之罪，付其状于士奇。乃曰：'左右之人非良，助之为不善也。'而有奏其人命已数十，恶不可言，朝廷不得已，付之法司。"②杨稷横行乡里，擅杀人命，士奇不会一无所闻。杨稷案发那年，士奇还曾回乡省亲，住过一段时间。杨稷罪恶昭彰，被告发后，王振立即借机攻击士奇，祁镇"封其状示士奇"③以示信任，将杨稷逮捕系狱，士奇更加"钳口闭户"，④少说为佳了。他根本不敢与王振摆开壁垒交锋。

辅政五臣之中，杨溥是学究型的官僚，生性淡泊，无争无为。他的作为也仅是襄助士奇、杨荣辅佐国是，当士奇、杨荣无作为建树时，他亦自保而已。至于张辅、胡濙二人，则是才疏学浅，空负辅政之托。

张辅的勋阶、地位，在正统年间可说是无与伦比的。然而毕竟一介武夫，没有什么治国才能。不仅个人无大建树，而且与其他大臣也不十分协调，甚至在某些重大决策上站到了祁镇和王振一边。

---

① 《明史》卷一四八《杨荣传》。

② 李贤：《古穰杂录摘抄》，见《纪录汇编》卷二三。

③ 《明史》卷一四八《杨士奇传》。

④ 《明史》卷一四八《杨士奇传》。

正统六年（1441）春，祁镇受王振怂恿，决定兴师麓川，用兵南疆。华盖殿大学士兵部尚书杨士奇疏陈不应轻易出师，宜以招抚手段解决麓川问题。行在刑部右侍郎何文渊上疏，反对倾国力于一隅而招致天下骚动。奏疏说：蛮夷慕义之心终不可泯灭，宜宽其斧钺之诛，而令云南总兵官都督沐昂量调官军于金齿卫且耕且守，令云南都指挥使司、布政使司、提刑按察使司委派官员赴麓川宣扬圣化，促其稽首来王。① 可以说，何文渊的奏疏是极有见识的。祁镇将文渊奏疏交给英国公张辅、兵部尚书兼大理寺卿王骥讨论，张辅却说思任发"纠集丑类，屡抗王师，虽蒙贷罪施恩，彼却怙终稔恶，释此不诛"，"不惟示弱外邦，且贻患边境"。② 张辅的意见，无疑迎合了王振一伙宦官欲建功边陲的心理，更促进了祁镇最后兴师麓川决定的作出。张辅贵为国戚，爵拜太师，但他才具能力都很平庸，为宦官势力所轻视，在朝政决断中所起的作用与其身份很不相称，王振的党羽宦官喜宁竟敢与其分庭抗礼。喜宁侵占张辅田宅，张辅不从，喜宁弟喜胜率净身家奴（阉割的家奴）毁张辅佃户居室，殴打张辅家人之妻堕胎而死，张辅无奈，诉诸法司。英宗祁镇竟宥喜宁不问，而罚宁弟以赀赎罪，净身家奴戍广西南丹卫。胜不服，诉张辅亦擅收净身人为奴，英宗祁镇亦宥张辅不问，将辅净身家奴发配南丹卫。张辅与喜宁打个平手，我们怎能希望张辅裁抑王振，在朝政决策中发挥顾命大臣的作用呢！

再说胡滢。胡滢，武进（今江苏武进）人。生而发白，弥月乃黑。与杨荣、杨溥同科进士。因历事四朝，颇受成祖、宣宗信赖，故正统初元荣膺顾命之任。他虽受信赖，却无政绩才情可言，与三杨

① 《明英宗实录》卷七五。
② 李贽：《续藏书》卷一三《靖远侯王忠毅公》；《明英宗实录》卷七五。

并列,实滥竽其间耳。庸庸碌碌无大臣体,却有江湖术士之风。任礼部尚书期间,先后三次丢失礼部大印,在明代九卿中是绝无仅有。外藩进献麒麟、白鹦鹉,胡濙上表称贺,此"国家亿万年太平之征"①,不察问题,不见危机,专门文饰太平。胡濙事君不依学术,而依江湖术数,他不像中国传统的儒士,倒颇类江湖骗子。正统六年(1441)四月旱蝗并发,胡濙上疏说:"今年四月以来,亢阳不雨,蝗蝻为患。揆之天意,验诸人事,皆由臣下才德疏庸,政事缺失,有乖阴阳之和,以致下累民生,上贻圣虑。臣不胜惶悚。乞令文武百官,自本月初七日为始,斋沐思过,仍令大臣于在京各寺观行香,及道录司慎选道流,尽诚祈祷,庶几少回天意。"这是何等荒诞不经之言!倒是祁镇的认识高出胡濙一筹,批示道:"应天以实,不以文。今上天降灾,在修德以弭之,岂区区祷祠所免也。不必行。"②一场劳民伤财于事无补的祈祷闹剧才没出台!胡濙又曾推荐道士仰弥高畅晓阴阳,深悉道法,使令守御边关,为时人所讥笑。③

　　江西南城县人龚谦,善妖术,通左道,喜欢勾引妇女,自称张神仙法孙。通过其所勾引的妇女曹氏,龚谦认识了胡濙,并成为知己。胡濙便荐举龚谦做了钦天监的天文生,改名龚益之。可这位龚益之偏偏不争气,多次冒用胡濙的名字,骗人钱财。东窗事发,祁镇发龚益之铁岭卫(今辽宁铁岭市)充军,龚益之仍然往来胡濙府邸,京城士论大哗。④

　　胡濙任礼部尚书期间,从容进谏的无非是些禁止军民穿衣戴

---

① 《明英宗实录》卷四七。
② 《明英宗实录》卷八〇。
③ 《明史》卷一六九《胡濙传》。
④ 《明英宗实录》卷一六八。

帽习尚胡俗之类琐碎事情。他看到汉族军民有人崇尚少数民族服饰，竟奏报说："以中国之人效犬戎之俗，忘贵从贱，良为可耻！"①请求厉禁。识见浅陋，确实昏聩。

景泰初年，祁钰采纳黄竑佞言，欲废太子见深而立己子见济，这是景泰朝各种政治纷争的厉阶，胡濙率先上疏奉迎景帝说："陛下膺天明命，中兴邦家，统绪之传，宜为圣子，黄竑奏是。"②激化了景泰朝政治纷争。胡濙这等人物，根本不能"导君以正"，太皇太后张氏以其为辅政大臣，一开始就是错误的选择。

---

① 《明英宗实录》卷九九。
② 《明史纪事本末》卷三五《南宫复辟》。

第三章　危机四伏的时代

一、宦官干政

王振弄权干预朝政,当然不是太皇太后和三杨谢世以后的事。三杨和太皇太后在世之时,王振便做过一系列试探,在个别交锋中三杨已渐落下风,内阁职权渐被司礼监侵夺。王振在正统初元就已横肆,这是我们已交代过的问题。

自从正统六年(1441)十一月英宗颁诏天下,改铸两京衙门印,宣告亲政之日为始,王振的权势更加膨胀,军国大政几乎全部操在手中。小皇帝已经长大成熟,开始亲政,名义上的太皇太后和三杨裁决国政的时代也就结束,而与小皇帝十余年来关系最密切、影响最深刻的王振的权势自然也随之提高一步。英宗亲政之时,东杨杨荣已死去一年有余,三杨内阁便告残缺,正统七年太皇太后张氏驾崩,九年西杨杨士奇辞世,十一年南杨杨溥死去,三杨内阁灰飞烟灭。后进的阁臣曹鼐、张益资望较浅,难以服众,资历稍深的王文早已拜倒在王振的权杖之下,"内阁权一归振。"[①]

王振是个权力欲极强的人,三杨和张氏虽已死去,然而要独掌朝政仍有一定阻力。那些不肯向阉宦势力低头的士大夫还没完全俯首就范。王振为建立个人淫威,钳制舆论,不择手段摧折朝臣中

---

① 　查继佐:《罪惟录》卷二九下《王振》。

的反对派。对见而不跪、不礼、恃傲、詈骂者，上至尚书、侍郎、祭酒、驸马都尉等朝廷文武大员，下至知府、知州、锦衣骑校及中官中的异己者，稍有得罪，一概绳之重典，荷校、廷杖、械系、谪戍，乃至磔死，不泄愤不止。

当时的官僚士大夫，行止卓然，不肯摧眉折腰谄事权阉者，多被王振构陷。国子监祭酒李时勉，是著名儒臣，教授培养国子监生尽职尽责，年高德劭，很受监生爱戴。王振过生日，群臣争先献上贺仪，独时勉不往，王振心中怨恨。一天，王振到国子监公干，时勉不为之屈膝，王振十分恼火，一直寻隙报复，罗织罪名。国子监彝伦堂有古柏数株，传为许衡所植，荫翳如盖，郁郁苍苍，妨碍监生班列，时勉令伐其旁枝，"振遂诬以伐官木，私家用"，以百斤重枷荷校国子监门外，十六日始放回。①

明代是中国封建专制主义发展的重要时期，封建皇帝曾以廷杖羞辱惩罚臣下，百官庶僚动辄被杖，血溅龙庭，这是大家比较熟悉的。作为羞辱处罚官僚士大夫的手段，除廷杖外，还有荷校。荷者，负担也；校者，枷也。荷校即以枷加颈之谓。史称此法古已有之。唐代酷吏横肆，创"凤凰晒翅""猿猴献果"诸名色，逼供案犯政敌。宋代"天禧中河决渭台，齐鲁承其敝，朝廷遣兵数万人，塞其横流，千里之民皆奔走负薪刍，邑官荷校以督其事"。② 明代正统年间，荷校始滥，祁镇、王振经常以此手段摧折羞辱官员，且花样翻新，创重枷名色。③ 时勉乃七旬老人，盛夏酷暑荷百斤重枷，不死已算万幸，后来罢职还乡。

大理寺卿薛瑄，是明代著名理学家，为人耿介，不肯向恶势力

---

① 《明史纪事本末》卷二九《王振用事》；查继佐：《罪惟录》卷二四《锦衣志》。
② 范仲淹：《范文正公集》卷一三。
③ 沈德符：《万历野获编》卷一八《立枷》。

低头,有"薛夫子"雅号。他与王振是老乡。正统八年(1443)召为大理寺右少卿,第二天转左少卿,曾作《大理寺箴》自警。时中官王振权倾一时,欲邀公拜其门,公正色曰:"安有受爵公朝,拜官私门邪!"事过不久,与王振相遇在街上,同行众官纷纷跪地行礼,独有薛瑄体不稍屈,卓然而立。王振大为光火,唆使御史构陷薛瑄受贿鬻狱,都御史王文"谄事振,乃诬公出入人罪"。判了死缓,关在监牢。将临刑,大臣代为申救,被罢官放归故里。①

监察御史李俨,"在光禄寺监收祭物,太监王振过之,怒俨应对不跪,遂下锦衣卫狱。已而谪之",戍铁岭卫(今辽宁铁岭市)②。驸马都尉焦敬,乃皇家乘龙快婿,因待王振不稍屈礼,被"荷校长安门"。③ 王振之嚣张,已全然不把皇亲国戚放在眼中。

宦官势力的急剧膨胀,在正统朝后期呈不可逆转之势,一些无耻的官僚士大夫,纷纷拜倒在王振门下,趋炎附势,取媚权阉,以求仕途发达。徐曦、王文、王佑之流,皆成王振鹰犬。王佑谄事王振,王振矫旨将王佑由工部郎中破格提升为侍郎。据说有一天王佑私谒,王振见王佑美而无须,问道:王侍郎何无须? 对曰:"老爷所无,儿安敢有。"④一时传为笑柄。这件事虽未必真实,却反映了正统后期王振气焰的嚣张程度。朱勇是"靖难"功臣,爵封成国公,是正统朝的勋臣第二人,"有所建白,膝行而前"⑤,在王振面前,完全是一副奴才相。

正统八年(1443)八月二十四日,一阵疾风骤雨电闪雷鸣摇撼

---

① 李贤:《薛文清公神道碑》,载《薛瑄全集》下册。

② 《明英宗实录》卷一二二。

③ 《明史》卷一二《英宗后纪》。

④ 《明史纪事本末》卷二九《王振用事》。

⑤ 《明英宗实录》卷一八〇。

着北京城,紫禁城奉天殿鸱吻被震雷击碎,祁镇和王振倒行逆施,心中有鬼,以为是上天示警。英宗连忙下诏书辍朝三日,禁屠17天,遣官祭告昊天后土,表示敬谨修省,不敢怠荒国政。这种所谓的灾异示警,也给臣下们奉陈规诲,匡正君德以极好的机会。曾反对兴麓川之师而得罪于王振的翰林院侍讲刘球再次上疏。他讲:昨天雷震奉天殿鸱吻,皇上素服辍朝,下躬己修省之诏,令群臣各修职事。如此,足以答天意而弭灾异。但是,我以为当前君臣修省当先行十宗大事而不可稍缓。其一,勤圣学以正心德;其二,亲政务以总权纲;其三,任贤德以重大臣;其四,选礼臣以隆祀典;其五,严考课以督吏治;其六,慎刑罚以免冤抑;其七,罢营作以苏人劳;其八,修荒政以悯民穷;其九,息兵威以重民命;其十,修武备以防外患。① 这就是有名的《修省十事疏》。刘球的十条意见,极有针对性。勤圣学以正心德,要英宗专心学术,视政之余勤御经筵日讲,少到苑囿巡幸以免荒废学业,表示了对王振等导上阅武及外出巡游的不满。亲政务以总权纲,要求祁镇效法太祖、成祖,政自己出,权不下移,有疑难不决之事则召机务大臣商榷之,而自折其衷,这是对王振揽权、太阿倒执现状的强烈抗议。息兵威以重民命,再次直谏扩大麓川用兵的错误决策,并指出许以土地与缅甸、木邦交换思任发或令其助剿,更是灭一麓川而生二麓川。因而刘球要求召还蒋贵,停发湖广、四川、贵州之兵。修武备以防外患,讲得更明白,蒙古贵族是明朝的主要敌人,应该全力防患,不可疏忽。

王振见到这份奏疏,暴跳如雷,必欲置刘球于死地而后快。"振百求所以死球不得。会翰林修撰董璘乞改太常卿事神"②,而

---

① 《皇明经世文编》卷三一刘忠愍公《修省十事疏》;《明英宗实录》卷一〇五。
② 查继佐:《罪惟录》卷一三上《刘球》。

刘球疏中尝言"太常不可用道士,宜以进士处之"①,王振遂诬奏刘球与董璘同谋,上疏为董璘制造舆论,将二人并逮投入诏狱,捆缚于暗室之中。锦衣卫指挥马顺依附王振,受王振指使欲杀刘球。一日王振视察监狱,手牵恶犬,勒令刘球屈膝下跪,刘球不应,振捶其头说:总揽朝纲,今日如何?刘球厉声回答:忠臣之言就是这样。刘球又注视王振与恶犬说:刘球果若辜负国家,请食我肉。马顺手刃刘球,肢解之,恶犬不食其肉,蒲包包裹,埋锦衣卫后空地,上报说刘球病死狱中。朝廷群臣被王振淫威慑服,无敢争者,无敢辩者,无敢为刘球鸣冤者,皆重足屏息,深恐大祸降临自己头上。只有一位送饭老人,在狱门痛哭刘学士;又有姚江(今浙江余姚市)成布衣在龙泉山设位为文哭祭:"万古兴亡泪满笺,一坛遥忆祭忠年。大书笔在凭谁执,高调歌沉待我传。无地可投湘水裔,有天应照越山颠。布衣悯世尤堪吊,何处松楸是暮田。"②明末清初历史学家查继佐评论说:"刘侍读'总揽乾纲'四字,为土木以前安邦定命最要第一语,而乃以杀身乎!桀犬吠尧,振犬乃不吠球。独是老人之哭饭狱门,与成器(成布衣)之位祭龙泉山顶,千古两酸鼻。"③

按着明代制度规定,皇族,包括皇帝、太子、亲王、郡王、公主、郡主的日常生活都要由宦官服侍,公主的丈夫驸马都尉也不例外。宣宗长女、英宗长姊顺德公主,正统二年(1437)下嫁石璟,随嫁到石璟府中的有位小宦官叫吕宝,刁钻狡诈,被石璟斥骂,这当视为正常情况。这件事被王振所知,认为石璟伤其同类,竟把石璟关入锦衣卫监狱。这事发生在正统九年,英宗亲政之后。正统十年

①　焦竑:《玉堂丛语》卷四《忠节》。
②　郑晓:《今言》卷三。
③　查继佐:《罪惟录》卷一三上《刘球》。

（1445），锦衣卫卒王永对王振的行止看在眼里，恼在心里，他写了封匿名信揭发王振的罪恶，贴在闹市，结果被逻校侦破。英宗见有人攻击他的"王先生"，这还了得，立即下令磔王永于市，不覆奏。

王振的羽翼更加丰满，顺之者昌，逆之者亡，权倾朝野，门生天子，奴隶勋戚，他几乎成了明王朝的最高统治者。

正统十一年，祁镇特赐王振敕书，辞极褒美，兹录于后：

> 朕惟旌德报功，帝王大典。忠臣报国，臣子至情。尔振性资忠孝，度量弘深。昔皇曾祖（成祖）时，特用内臣，选拔事我皇祖。教以诗书，玉成令器。眷爱既隆，勤诚弥笃。肆我皇考，以尔先帝所重，简朕左右。朕自春官，至登大位，几二十年。尔夙夜在侧，寝食弗违，保护赞辅，克尽乃心，正言忠告，裨益实至。特兹敕赏，擢尔后官。《诗》云"无德不报。"《书》曰"谨终如始。"朕朝夕念劳，尔具体至意焉。[1]

这道敕书，反映了祁镇与王振关系之渊源有自，非同一般。二十年朝夕在侧，已深结主知，远非三杨等顾命大臣可比。王振之"擅杀剚威，概置不问"，原因就在这里。然而，对王振的嚣张横肆我们又不能过多地指责年轻皇帝朱祁镇，在制度上去探寻原因可能更有意义，更令人信服。

我们知道，中国的封建帝王，除开国君主外，他们都生在深宫、长在深宫，与世隔绝。那种钟鸣鼎食一呼百应的生活条件、那种竭力突出唯天子一人独尊的繁文缛礼，固然培植了他们唯我独尊唯我为是的优越心理。同时，我们还必须看到，君主的心理成长与常人又大相径庭，有着无可弥补的缺失，即缺少常人的母爱与父爱，这是致命的东西。皇子出生（尤其是要立为太子的皇长子）后，不

---

① 《明史纪事本末》卷二九《王振用事》。

能同生母(尤其是妃嫔宫人所生的皇子)生活在一起,而由专门征自民间的乳媪哺育,由专门的宫人和宦官服侍。作为皇帝的父亲,有数不清的军国重务和后宫佳丽需其操持,很少有暇顾及皇子的成长。这种缺少父爱母爱的皇家龙子龙孙,心理成长受到困扰,形成情感转移,往往对长期服侍他们的乳媪、阉官产生恋母、恋父的情感。熹宗封乳媪客氏为奉圣夫人,英宗视王振如翁父,就是这种情感转移的结果。专制君主对他们非但不予奴视,反而母视、父视,言听计从。这种情况又往往在皇帝少年登极时更具普遍性,英宗、武宗、熹宗朝都有类似故事。

王振在正统年间这种几乎反奴为主的微妙地位,不仅浊乱了朝政,而且很轻松地达到了怂恿祁镇亲征的目的。

二、武备废弛

善使兵者,不废农事与训练,同时收取足兵足食的双重效益。明王朝开国之前即厉行寓兵于农的军屯政策,且耕且战,武装力量发展壮大很快,削平割据山头,驱逐蒙古贵族在中原的统治。天下一统后,明太祖朱元璋于洪武二十六年(1392)在总结历代兵制成败利钝的基础上,遵循唐代府兵制"寓兵于农"的精神,在全国推广卫所制度。其设施大略是因地制宜,一郡设所,连郡设卫。卫设指挥,所有千户、百户,各卫所联比成军,分别统于都指挥使司。都指挥使司长官都指挥使,是地方最高军政长官。全国的都司卫所隶属于中央的五军都督府。前、后、中、左、右五军都督府的长官为左、右都督。为防止军权过于集中,又以六部中的兵部与五军都督府相制衡。兵部长官尚书"掌天下武卫官军选授简练之政令",五军都督府负责卫所军之训练。遇有大征伐,则由皇帝在五军都督中任命统帅,挂将军、大将军印率师出征,部队由各卫所抽调军士联合组成。战事平定后,将军缴印内府,出征战士各归原来所在卫所。[①] 卫所制度的要害有两点。第一,军不私将,将不专军,便于专制君主自操军权;第二,养兵而不耗财,可以减轻国家财政中的军费负担。明朝军队的战斗力来自"寓兵于农"的卫所制度,那么,正统年间武备废弛的原因,自然要从卫所制度本身及与之相关的军屯制度中去探讨。

明初武臣权力最重,为防止武臣专恣,出兵作战多用文臣参赞军务。英宗正统以后,文臣地位渐渐提高,征伐时由文臣出任总督或提督军务,负责经划军中一切,武臣只负披坚执锐冲锋陷阵的作战职责,[②]自此遂成定制。

明代北边防御蒙古的军事任务最重,"九边"重镇的设立正是这一战略考虑的结果。因此,各镇总兵官多以五军都督府勋臣出任,并渐成固定之员,常常冠以镇守名分。其下设参将、分守、守备等职,还有与主将同守一城的协守。这样总兵官一职后来便凌驾于都指挥使之上,变成了地方的最高军事统帅。可是,遇有战事之时,朝廷又以兵部侍郎、都察院副都御史等大员出任巡抚,兼治一方民政军务,事毕复命。后来,巡抚职侵地方,不仅原来的三司成为其属下,就是勋臣总兵官也须唯命是从。经此两度变更调整,地方的军政机构显得更加臃肿而叠床架屋,卫所制度已失去其原来的精神。更为严重的是,皇帝为了控制军队,防止其异动,又钦差宦官出任各镇镇守太监,直接监督地方文武的活动,径直向皇帝密报。一些镇守宦官假借皇权,役使军民,压制将帅,涂炭地方,搞得

---

① 《明史》卷七六《职官五》。

② 吴晗:《明代的军兵》,见《读史札记》,第99页。

54

军民怨声载道。地方各镇军事指挥权的极度分散,极大地削弱了卫所军的作战能力和应变机制。

士兵是军队战斗力的最活跃因素。明代卫所军的来源约略可归为四类:从征、归驸、谪发与垛集。孙承泽对前三类卫所军有较明确的描述,从征与归附军士皆为明朝立国前后的旧军,从征为朱元璋在淮西起兵时的义军旧部;归附则是战争中收编的敌对一方的部队;而谪发纯系罪人充军。① 而垛集则是明代卫所军的最主要部分,是立国后自民间征发而来。《明史》载“明初垛集令行,民出一丁为军,卫所无缺伍,且有羡丁。……成祖即位,遣给事中等官分阅天下军,重定垛集军更代法。初,三丁已上,垛正军一,别有贴户。正军死,贴户丁补。至是令正军贴户更代,贴户单丁者免,当军家蠲其一丁徭。”②无论卫所军来源何自,一旦为军,则世世子孙皆入军籍,不得变更,如若脱籍避役,则清军、勾军紧随。

卫所军生活异常艰苦,月粮过低,又常被军官克扣,难以养家糊口。《明实录》载“军士家口及置买军装俱仰给月粮”③,月粮又不敷应用,所以正军服役期间所需诸多费用,往往靠家中余丁提供。军人不堪忍受苦难,便纷纷逃亡。军人逃亡的现象当然不是自正统年间而始。洪武时期因军官科敛军士,逃亡情况就已发生,太祖曾惩罚军官,体恤军士。这是载入《大诰武臣》的一段记载:

> 这伙官人如此科敛害军。那小军每(们)每一月止关得
> 一担儿仓米,若是丈夫每不在家里,他妇人家自去关呵,除了
> 几升做脚钱,那害人的仓官又斛面上打减了几升,待到家里,
> 酾(音伐,指毛粮碾成米、面)过来呵,止有七八斗儿米。他全

① 孙承泽:《春明梦余录》卷四二。
② 《明史》卷九二《兵志四》。
③ 《明英宗实录》卷八一。

家大大小小要饭吃,要衣裳穿,他那里再得闲钱与人。这千百户每,直这等无仁心,他关了许大俸钱,倒又去科敛害军。科这穷军每的钞,回家买酒买肉吃呵,便如将他身上的血来吃吃一般。①

军士的月粮不足赡养家口,作战时的行粮也难以饱腹。洪武、永乐时期卫所军逃亡现象就很严重,至英宗正统年间,逃亡情况更是不可收拾。

在明代四种来源的卫所军中,从征和归附之军资历较深,又多少立有战功,国家建立卫所之时多出任各级军官,处境自然优于普通军士。而谪发和垛集军是强制从军的,他们被威令所迫,离开自己所习惯了的土地和家族,到遥远而陌生的环境中去,替统治阶级服务,子子孙孙永远生活在艰辛困苦之中,逃亡的情况就更严重了。章潢说:"国初卫军籍充垛集,大县至数千名,分发天下卫所,多至百余卫,数千里之远者。近来东南充军亦发西北,西北从军亦多发东南。然四方风土不同,南人病北方之苦寒,北人病南方之暑湿。逃亡故绝,莫不由斯。道里既远,勾解遂难。"②

正德时王琼对卫所军逃亡现象有过较客观的分析。他认为明初经大乱之后,民多流离,失去恒产,乐于从军入伍。同时明初法令严密,卫所军逃亡现象不太严重。后来,吏治渐坏,法令渐弛,政府不能约束官员,卫所军苦于被官校剥削、虐待,又迫于乡土之思,遂相继逃亡而不可收。③ 卫所、都司军官的腐败是军人逃亡的主要原因之一。

宣德九年(1434)二月,行在兵部右侍郎王骥言:"中外都司卫

---

① 《大诰武臣·科敛害军第九》,载杨一凡:《明大诰研究》,第437页。
② 章潢:《图书编》卷一一七。
③ 《明经世文编》卷一一一王琼《清军类序》。

所官,惟知肥己,征差则卖富差贫,征办则以一科十,或占纳月钱,或私役买卖,或以科需扣其月粮,或指操备减其布絮。衣食既窘,遂致逃亡。"①

正统二年(1437)十月,直隶巡按御史李奎报告:"沿海诸卫所官旗,多克减军粮入己,以致军士艰难,或相聚为盗贼,或兴贩私盐。"②

正统五年三月,宁夏总兵官都督史昭奏称,庆阳卫定边营署都指挥佥事张通"肆为贪虐,致军士五百余人逃窜"③。

正统十四年十二月,兵科给事中刘斌惊呼:"近数十年典兵官员既私役正军,又私役余丁。甚至计取月钱,粮不全支。是致军士救饥寒之暇,尚何操习训练之务哉!"④

军士的生活是相当窘困的。正统末年,巡按御史张鹏出按北边重镇大同、宣府,他亲眼目击两镇军士敝衣不能遮体,糙食不能果腹,患病无药无医,病死无棺木收殓,⑤欲使他们安心效命于行伍是不可能的。正统三年兵部有个统计:"天下都司卫所发册坐勾逃故军一百二十万有奇,今所清出十无二三。到伍未几,又有逃故。"⑥按此估算,逃军可占正军总数的百分之五十左右,这是何等惊人的数字。对此严峻问题,祁镇并非不闻不问,他在登极诏、亲政诏及其他诏书中,都提及解决军士逃亡的问题,然则却没抓到症结所在,只是一味强调清军勾军,而没能足够重视解决军政败坏的问题。十年之后,即正统十三年(1448)情况也不见根本好转。是

---

① 《明宣宗实录》卷一〇八。

② 《明英宗实录》卷二六。

③ 《明英宗实录》卷六五。

④ 《明英宗实录》卷一八六。

⑤ 《明史》卷一六〇《张鹏传》。

⑥ 《明英宗实录》卷四六。

年,兵部奏报:"在京在外各卫所军伍,自正统十三年四月以前造册送部转发清勾军士共六十六万六千八百有奇,今清军御史盛琦等止清出六万一千二百人。其未清出之数,较之已清出者殆十倍之。"①这一严重问题不得解决,与各级军政长官直接相关。一些军官对逃军非但不予约束追究,且故意放纵,引为利源。因为一来可以干没逃军月粮,二来又可向逃军及其家属索取贿赂,中饱私囊。在京卫所的"指挥、千户、百户竟有二百二十二受赂放军"的,②府军前卫指挥佥事鹿麟受赃枉法,一人"卖放操军三十九名"③,陕西都指挥佥事陈玘也因大批卖放操军被揭发。④ 正统年间,山东巡按御史李纯曾视察某百户所,照军制规定该有旗军 120 人,可逃亡的结果,仅剩 1 人。⑤

卫所旗军不仅严重缺额,而且在伍旗军之精壮者又多被军官占役,既荒废了操练,又影响了军屯的收入。宣德十年(1435)五月,宣府镇卫指挥姚升"私役军人出境捕鱼"⑥,被降职。大同左副总兵都督佥事"曹险隐军伴六百人,占种军田二十余处"⑦,被总兵官都督方政劾奏。三个月之后,这位总兵官方政也因"私役精锐军",被英宗申斥⑧。尽管英宗叮咛再三,禁止私役军士,可各级军官私役军士却依然如故。

魏国公徐显宗擅役军士 100 名,被六科十三道交章论列,⑨镇

---

① 《明英宗实录》卷一七〇。
② 《明英宗实录》卷一二一。
③ 《明英宗实录》卷一一四。
④ 《明英宗实录》卷六八。
⑤ 《明英宗实录》卷四七。
⑥ 《明英宗实录》卷五。
⑦ 《明英宗实录》卷九。
⑧ 《明英宗实录》卷一二。
⑨ 《明英宗实录》卷六八。

守延绥都督佥事王祯"私占官军三百五十余人"①,左军都督府左都督刘聚之子占"役官军造私居第",辽东守备都指挥佥事李弼"匿占操军",被属下揭发。②

正统八年(1443)一月,英宗敕谕参赞宁夏军务右副都御史金濂,指出"总兵等官私役精壮官军四千余名,托为围子手名色,全不差操。其下因而仿效,以致边备废弛"。③ 祁镇已认识到了军官私役军士的严重后果。

卫所军大批逃亡,所余精壮军士多被军官占役,不消说守备乏人,就是军屯也难维持了。明初,在建立卫所制的同时便厉行军屯制度,规定边地卫所军三分守城,七分屯种;内地卫所军二分守城,八分屯种。每军受田五十亩,官给耕牛农具籽种,教其种植方法,复其租赋。初期亩税一斗。建文朝定科则,军田五十亩正粮十二石,贮屯仓,听本军自支。余粮为本卫所官军俸粮。永乐时期东自辽左,西至甘肃,北起宣大,南到滇蜀,在在兴屯。④ 养兵数百万,军费基本由屯田收入支付。屯田收入不足,又佐以开中之法,国家利用控制在手的食盐专卖权,召商屯垦边塞,令商输粟边仓发给盐引,按引支盐,边储丰足,商人贩盐亦获厚利。军屯制度是卫所制赖以存在的经济基础,军屯制度的破坏,必然动摇卫所军制。军屯的破坏,非自正统朝而始。由《明实录》可知,宣宗宣德后期,军屯的破坏已相当严重,正统朝时英宗便面临着这样个破敝不堪的军屯乱摊子。宣德六年(1431),山西巡按御史张勖反映情况说:"大

① 《明英宗实录》卷一一三。
② 《明英宗实录》卷一五五。
③ 《明英宗实录》卷一〇〇。
④ 《明史》卷一七七《食货志一》。

同屯田多为豪右占据。"①正统时,陕西左参政年富奏称,诸边将校占垦腴田在三四十顷的,为数很多。② 像大同左副总兵曹险"占种军田二十余处"③的为数也已不少。军屯被军官豪门占种,军士被军官役使,屯田子粒收入大幅度减少,无法满足军需,政府不得不按年拨补边费年例银便是有力的说明。据明代后期户部尚书毕自严讲,正统十二年(1447)由朝廷拨给辽东银十万两,给宣大银十二万两,称年例银。④ 年例银的多少,与军屯的破坏程度与军费支出的大小成正比。

军队的战斗力又体现在器械装备方面。正统朝卫所军器械装备的情况怎样? 也应该属于我们考察的范围。概括地说,一是缺少器械装备,二是不堪使用,这是基本情况。

正统初年,陕西沿边各卫所官军"缺少军器以千万计"。⑤ 正统末年,广州卫所"补造军器多不堪用"⑥,器械装备的破敝和缺少,使卫所军不堪临阵对敌,战斗力明显降低。造成这种情况的最直接原因仍是吏治和军政的败坏。正统二年(1437),镇守陕西副都御史陈镒写给英宗的一份报告说:"臣省视临边屯堡,军士披执器械皆不坚利。初给料造甲,每副铁四十斤,造完得二十余斤。今较军士衣甲,重不过八九斤,至以皮叶辏成者。如此,何以御敌?"请将监造官置于法,英宗阅后,批准了这份报告,⑦惩处了克扣物料分润自肥的监造官和工匠,以期收到儆戒将来的效果。结果如

---

① 《明史》卷一五七《柴车传》。

② 《明史》卷一七七《年富传》。

③ 《明英宗实录》卷九。

④ 毕自严:《石隐园藏稿》卷六《议覆屯田疏》。

⑤ 《明英宗实录》卷二五。

⑥ 《明英宗实录》卷一六二。

⑦ 《明英宗实录》卷三七。

何？请看下面史料。正统四年（1439），工部反映说：去年（正统三年）军器局打造盔甲军器六万四千多件，皆发给神机营及总兵官任礼所辖卫所，将士反映"多不如法"。^① 正统五年春，广西庆远卫奏报："军器局造弓箭、眉针、木翎、铳箭等器不切于用"^②，个中奥秘十分清楚。正统四年十月，巡按直隶监察御史李果奏疏称："成造军器，各处卫所官吏视为泛常，甚有恣肆贪婪侵克物料者。夫物料皆民所出，倍取诸民苟于成造，则兵无实用，民遭横毒。况各卫军器初无定数，任其自造。军匠与物料众者，军器反寡。乞敕该部于天下卫所置其军匠多寡，定与物料则例，使各如数造之。"^③李果的奏疏揭示军器不堪使用的原因除管理不当外，往往是官吏"恣肆贪婪侵克物料"造成的。

卫所军士不仅军器不堪使用，还缺少必备的军装衣帽，不能避雨御寒。英宗登极之初，情况就相当严重了。镇守蓟州总兵官都督同知王彧报告沿边操备守关官军缺少衣甲，^④镇守大同太监郭敬、总兵官方政奏报镇虏卫官军出境巡哨缺少衣甲鞋帽四万余件，^⑤兵部报告京军三千、五军、神机营官军缺少战马二万七千八百多匹。^⑥ 类似的情况报告，雪片般飞送祁镇案上。官军缺少衣帽鞋袜，甚至衣不蔽体，何以捍御大明江山，小皇帝见了这些奏报，眉头紧锁，想来想去还是交给主管部门解决吧。工部接到皇帝的谕示，组织人力清仓查库后一份报告又送封祁镇手中："天下岁造军士衣靴，运纳东西广备库。迩来点视所贮，短窄纰薄不堪用者十

---

① 《明英宗实录》卷五〇。

② 《明英宗实录》卷六三。

③ 《明英宗实录》卷六〇。

④ 《明英宗实录》卷二二。

⑤ 《明英宗实录》卷二四。

⑥ 《明英宗实录》卷二四。

三四万"①，真叫人触目惊心！

卫所军士缺少战斗军械、缺少鞋帽胖袄，不能简单归因于财政困难。最主要仍是此时军政吏治败坏、人为的结果。各级军官不仅侵吞物料，还冒支盗取边仓军粮，使得军士的行粮、月俸稽迟不发，战士叫苦不迭。正统初年，镇守山西都督佥事李谦汇报：山西官军二十七个月未给俸米，军士情绪不稳，有哗变之忧。② 沿边军储仓中的粮食哪里去了？ 原来被各级军官贪占盗卖了。《明英宗实录》记载了许多军官贪盗仓粮的案件，我们仅举几例来说明问题。正统三年（1438），西宁卫掌卫都指挥佥事穆肃与镇抚李恒互相勾结，冒支兰县仓官军俸粮八千一百一十余石，没露一丝马脚。后来因分赃不均，相互攻讦，才东窗事发，双双败露。③ 正统四年末，万全右卫指挥使王祥、怀安卫指挥使楚祯合伙盗卖仓粮二万多石。④

军官侵吞军士粮饷、布花，战士生活困窘，怨声鼎沸，逃亡不绝，直接影响卫所军的作战能力，到了非解决不行的程度。正统十年（1445）祁镇发出诏书，申严克扣旗军之禁令："自今官旗克减军人月粮、布花者，戍边。克减纱绢、苏木、胡椒等物者，止运炭、运米，复还职役，在本卫所听调杀贼，不许管军。情重者，仍具实奏请。"⑤这是个积重难返的老大难问题，并不因皇帝的一道谕旨而迎刃解决，军官们的贪婪本质也不会因此而改变。旗军被军官占役，酷似主仆，在向私人家丁转变；旗军粮饷布花被克减，无生活保

① 《明英宗实录》卷二五。

② 《明英宗实录》卷二。

③ 《明英宗实录》卷四〇。

④ 《明英宗实录》卷六〇。

⑤ 《明英宗实录》卷一二六。

障,形似乞丐,在困苦中挣扎。这样的军队会有战斗力吗？在明代卫所军中,最艰苦、最危险、责任最重大的莫过于侦察兵——夜不收,他们是军队的耳目,经常单兵行动,深入敌人腹地,昼伏夜行,刺探敌方军情。可他们的月粮才四斗,经多员边将呼吁增至五斗,在寒冬腊月,深入敌后执行任务,爬冰卧雪,备尝艰辛,常因缺少高质量的防寒军装被冻掉手足耳鼻而致残。一般战士更是食不果腹,欲叫他们奋勇杀敌而不提高待遇、不解决将领们克扣粮饷布花的弊端,是根本违背人道主义原则的。

武备废弛,在正统年间愈演愈烈,英宗没有振衰起堕的措施出台,土木之役临敌对阵,卫所军士没有临阵倒戈,已经是不幸中的万幸了。

三、地荒民逃

明代的田土户籍问题,是个极其复杂的问题,一直是学者们高度关注的研究领域。

明朝立国后,经过 20 余年的休养生息,到洪武二十六年(1393)统计,全国十二布政使司(云南布政使司无田地数字,未计入)及应天等十八府州田土合计 8499374 顷,①户 10652870 户,②降至弘治十五年(1502)天下田土止存 4228058 顷。③ 所以嘉靖八年(1529)霍韬奉命重修《明会典》所讲"自洪武迄弘治百四十年,天下额田已减强半,而湖广、河南、广东失额尤多。非拨给王府,则

---

① 《万历会典》卷一七《户部四》。
② 《万历会典》卷一九《户部六》。
③ 《明史》卷七七《食货志一》。

欺隐于猾民"①已成定论。然而对《明会典》《明史》所记载的田土数字的巨大变动，有些学者已经表示了怀疑。

我们检索《明实录》时发现，明代田去其半，并非始于孝宗弘治年间，而是始于英宗正统年间。宣德十年十二月，户部公布天下户9702495户，田地4270172顷。② 从洪武二十六年到宣德十年仅仅四十年，田地竟失额半数，其中大有可疑之处。姑且不去讨论明代田土统计方法等技术土的问题，也不去发掘明代疆域管理的体制问题。有一个基本前提，即田地失额的趋势是不容否定的，"非拨给王府，则欺隐于猾民"是国控田地减少的原因也是不容否定的。正统年间是流民形成的重要阶段，成化年间爆发的持续数十年之久的流民运动，正统朝君臣应负一定的责任。

英宗正统朝虽然没有像弘治、正德、万历朝那样，出现封建贵族大地产恶性膨胀的局面。但是，王公勋戚奏讨、占夺官民田地的事情还是时有发生的，英宗对这种倾向没能引起足够警惕，没能予以禁止，甚至有时采取了姑息态度。宣德十年(1435)三月己卯，祁镇钦赐永和王朱济烺交城、祁县地八十八顷有余，作为放牧草场。同月丙申，英宗又从宁化王朱济焕之请，以山西太原县古城田六十余顷赐王。③ 正统十二年(1447)二月，御用监太监喜宁奏讨河间府青县地四百一十五顷之多，祁镇很为难。不允吧，喜宁是亲信贴身宦官，侍奉自己尽心尽责，拒绝了会伤他的心；答应吧，这可是不小的数字，会不会引起外廷的非难？折中办理吧，祁镇派户部作了一番勘察后，赐给喜宁七十九顷零八十亩。④ 英宗赏赐宗室

① 《明史》卷七七《食货志一》。
② 《明英宗实录》卷一二。
③ 《明英宗实录》卷三。
④ 《明英宗实录》卷一五〇。

贵戚土地的数量、次数远不及孝宗、武宗、神宗之甚,但要知道这是开启先河的时代,对后代影响是很坏的。

钦赐、奏讨田地,从程序上讲还有一定的合理性。而宗室贵胄那种明火执仗占夺官民田地的行径则更令人发指了。正统二年四月,监察御史李彝等在南京对宦官、外戚占夺田产的情况作过调查,发现宦官、外戚共霸占田地六万二千三百五十亩,房屋一千二百二十八间。① 宁化王为其母造坟,按制度规定用地周围四十五丈,结果用地周围一百五十五丈,远远超过规制,监造官又强占坟垣外地十七顷之多。② 正统三年十二月,驸马都尉赵辉奉诏赴扬州烙马,听其伯父赵穆嘱托逼取民田三千余亩为己业,又纵其堂兄赵鼎殴死平民。赵辉逼取民产殴死平民在地方引起轩然大波,情况传到北京,六科给事中、十三道监察御史等风宪官交章弹劾赵辉,祁镇却命宥赵辉不问。③ 正统四年(1439)闰二月,陕西咸宁县民徐四入京奏告说,秦愍王坟园在其家田宅附近,看坟内使强占其家田地四十亩,请求还田于民④,祁镇未作处理。祁镇之姑宁国大长公主营建坟茔,占官民田一百八十七亩,引起较大反映,祁镇对其姑不予责问,下令免被占官民田地租税。这样处理问题是很糊涂的。免被占田地租税,就是皇帝承认了强占的合理性,而小民却丧失了田地正常收入,这就是小民从当朝皇帝那儿讨来的公道。⑤

鉴于社会各阶层对封建贵族扩大地产的强烈不满,祁镇在正统五年十月,命令行在户部检视各亲王郡王刍牧地,查得共占民人

① 《明英宗实录》卷二九。
② 《明英宗实录》卷四四。
③ 《明英宗实录》卷四九。
④ 《明英宗实录》卷五一。
⑤ 《明英宗实录》卷五七。

庄宅田地三千余顷。① 这仅是亲郡王畜牧地一项侵占民田的调查统计情况，该说够严重的了。平民百姓芸芸众生，失去田地也无处控告，公道是没处讨的，只好把反抗的怒火埋在心头。

权贵势豪以各种方式兼并土地，平民百姓占有的产业在逐渐减少。可是，在赋役负担上，平民百姓的负荷却越来越重。明朝廷曾给予社会的特权阶层以优免赋役的权利，从一品命官到两榜缙绅免粮多少、免役多少，皆有明确的法令性规定。② 而实际上，他们所享有的特权，要比法令规定优厚得多。"包揽""赔纳""花分""诡寄"等手段，都是特权阶层坑害平民、转嫁赋役负担的惯用招法。这些招法在正统年间就都已出现。

英宗登极不久，南京应天府送上一份报告，反映在徭役负担上官府差贫放富的弊端。报告说：洪武年间上元、江宁两城坊长、厢长、甲长之役，俱取殷实户金充。而今每遇造册，官吏则朦胧受贿，编畸零户为大户使应此役，致使负累失所逃亡者甚多。江宁、溧水等县"豪猾又有洒己官粮入他户者，有移他人甲首在己户者"。③此则谓之"飞洒""诡寄"。国家赋役不能减征，每县每坊每厢赋役原有定额，豪猾飞诡部分，只好由平民赔纳。所以越是缙绅乡宦众多的地方，无告的平民负担就越重。正统三年，山西代州府繁峙县有一份报告，反映该县居民徭役特重，无法承担。大略讲：繁峙县"地在五台山之阴，霜雪先降，岁时少丰。编民二千一百六十六户，逃亡者居其半数。现在者又用六十人供柴炭，一百人监厂，二十五人修坛场，一百人采秋青草，三百人充荆越等处巡检司弓兵。

---

① 《明英宗实录》卷七二。

② 《万历会典》卷二二《户部七》。

③ 《明英宗实录》卷六。

又不时有军需供给、传递往来,以是民甚艰苦,不能聊生"。① 赋役过重、赋役不均,当平民无法生存的时候,必然抛家弃产流移他乡。逃者已矣,见存者还要代纳逃者税粮,赔纳弊政又把见存者逼上了绝路。这是明朝官员无法回避的现实:"逃民皆因贫困,不得已流移外境。其户下税粮,有司不恤民难,责令见在里老、亲邻人等代纳。其见在之民,被累艰苦,以致逃走者众。"②

勋贵势要兼并土地,豪猾大姓飞诡为奸,平民百姓产去税存,赋役负担越来越重,是自耕农破产流移的主要原因之一。这是人祸所致。而正统年间华北、西北、山东地区频繁的自然灾害,更使小民生计如沸鼎同煎,这是造成此时流民大批出现的自然因素。

《明史·五行志》是被治明史者忽视了的篇章。只要我们翻阅《五行志》,就不得不承认正统年间水、旱、蝗、疫等自然灾害对华北、西北、山东光顾得太多了。

正统三年,西安、延安、平凉、庆阳、临洮、巩昌六府及秦州、河州、岷州、金州四州大雨雹,自夏至秋连续发生,秋成大减,个别府州绝收。五年四月,平凉诸府大雨雹,伤人畜庄稼;六月,山西行都司及蔚州连月兼旬大雨雹,深尺余,庄稼绝收;八月,保定府大雨雹,积冰水尺余深,年成大减。③ 这是雨雹之灾。

正统二年(1437)四月,北畿、山东、河南发生蝗灾。五年夏,顺天、河间、真定、顺德、广平、应天、凤阳、淮安、开封、彰德、兖州蝗蝻遮天蔽野,青山被吃光了,庄稼被吞净了。六年夏季,顺天、保定、真定、河间、顺德、广平、大名、淮安、凤阳蝗灾。英宗下了

① 《明英宗实录》卷四五。
② 《明英宗实录》卷六六。
③ 《明史》卷二八《五行志一》。

命令,叫各地官员率众捕蝗,并派出御史监督敦促,灾情刚被控制,彰德、卫辉、开封、南阳、怀庆、太原、济南、东昌、青州、莱州、兖州、登州各府又普遍爆发蝗灾。七年五月,顺天、广平、大名、河间、凤阳、开封、怀庆、河南诸府蝗灾。八年夏,两畿蝗灾。正统十二年夏,保定、淮安、济南、开封、河南、彰德各府蝗。① 此蝗灾之大要。

正统元年闰六月,顺天、真定、保定、济南、开封、彰德六府水灾。正统二年(1437),凤阳、淮安、扬州府及徐州、和州、滁州、河南布政司开封府等,成为淮河、黄河泛滥的重灾区,漂没居民禾稼不可计数;仅河南开封府就淹没官田民田七万一千三百四十多顷。② 同年九月,黄河在阳武(今河南原阳)、原武、荥泽决口,沿河一片泽国,湖广布政司沿江六县被长江洪水吞没。三年,黄河在阳武决堤,沁水在武陟(今河南武陟)决堤,漳水在广平、顺德(今河北邢台市)决堤,白河在通州(今北京通县)决堤。四年五月,京师大水;七月,滹沱河、沁水、漳河暴涨,饶阳、献县、卫辉、彰德堤岸全被冲毁;八月,白沟河、浑河泛滥,冲决保定安河堤,同月,苏州、常州、镇江三府及江宁五县大水,淹死男女百姓甚众;九月,滹沱河在深州(今河北深县)决堤,百里方圆一片汪洋。五年五月,江西江溢;七月,河南河溢;八月,潮水冲决萧山海塘。六年五月,泗州水溢丈余,漂没庐舍,淹没农田;七月,白河冲毁武清、漷县堤岸二十二处,民舍田园多被淹没;八月,宁夏久雨不歇,内涝严重,冲坏屯堡墩台甚多。八年六月,浑河在固安(今河北固安)决口;八月,台州、松门、海门等处海潮泛涨,冲毁城郭、官亭、民舍不可统计。九

① 《明史》卷二八《五行志一》。
② 《明英宗实录》卷三九;《明史》卷二八《五行志一》。

年七月,扬子江沙州潮水溢涨,高一丈五六尺,淹死民众一千余人;闰七月,北直隶顺天、河间、保定、真定、顺德、广平、大名七府及应天、济南、岳州、嘉兴、湖州、台州俱大水,河南山洪灌入卫河,卫辉、开封、怀庆、彰德卫所城及民居全被淹没。十年三月,汾水在洪洞县(山西今县)决堤;五月,福建大水,冲坏延平府卫城,淹没三县民房田地,人畜漂没者不可计算;七月,延安卫大水,冲坏护城河堤;九月,广东卫所遭大水袭击;十月,黄河在山东境内金龙口泛涨,冲决阳谷(今山东阳谷)堤岸。十一年六月,浑河在固安泛涨,淹没禾稼农舍,南北两畿、浙江、河南大雨,弥月不停,江河水位暴涨;同年,太原、兖州、武昌府俱受水灾,大片农田绝收。正统十二年春季,赣州、临江大水灾;五月,吉安江水泛滥,淹没农田。十三年六月,广大名河决堤,灾区三百余里,冲坏庐舍二万区,死者千余人;同月,河南、济南、青州、兖州、东昌诸府黄河决口;七月,宁夏大水,黄河冲决汉唐二坝,在八树口决堤,漫曹州、濮州,洪峰抵东昌,冲毁沙湾堤。正统十四年四月,吉安府、南昌府、临江府水灾,坛庙、公廨、民舍俱毁。① 这是水灾的简略情况。

正统年间旱灾也很严重,见于记载的有:正统二年(1437),河南布政使司所属开封、彰德、卫辉、南阳、汝宁、归德、河南、怀庆、汝州八府一州春季大旱,与河南相毗邻的北直隶顾德府、山东兖州府夏季大旱无雨,夏收锐减。三年,南畿、浙江布政使司、湖广布政使司、江西布政使司皆大旱。四年,直隶、陕西、河南及太原、平阳春季大旱。五年,江西夏秋亢旱;南畿、湖广及四川布政司五府,自六月至八月三个月不雨。六年,陕西经年大旱;南畿、浙江、湖广、江西府州县春夏两季大旱,夏收绝收。七年,南畿、浙江、湖广、江西

① 《明史》卷二八《五行志一》。

数省二十余州县大旱不雨。十年夏,湖广布政司大旱。十一年,湖广布政司及四川重庆等府夏秋两季亢旱不雨。正统十二年,南畿及山西、湖广等七府,夏季大旱。十三年,直隶、陕西、湖广等七府州,夏秋大旱。正统十四年六月,顺天、保定、河间、真定等府大旱不雨。①

《明史·五行志》的记录告诉我们,正统十四年间,蝗蝻、水涝、亢旱等自然灾害席卷了华北、西北、湖广地区,特别是河南、山东、陕西、山西布政司,灾情尤重。明王朝虽然派出巡抚、巡按分行地方,赈济难民,但毕竟是杯水车薪,仍有许多自耕农、佃农在自然灾害袭击下破产,沦为游食四方的流民。

本来,朱明王朝立国之初,通过迁徙富民、摧抑强宗和鼓励流民开垦无主荒地即为己业等措施,建立起自耕农占人口绝大多数的农业经济结构,这是社会安定、经济恢复发展的基础。据洪武三十年(1397)户部调查奏报:全国有田七顷以上的富户(除云南、两广、四川外)共一万四千二百四十一户。富户(即大地主)所占土地仅为全国田总数的八十分之一,大地主户仅占全国户数的七百四十八分之一,②可见自耕农数量的绝对优势。自耕农是明初社会安定和经济发展的一大要素。然而,自耕农的经济基础是脆弱的、不稳定的。当贵族大地主土地兼并日趋严重,赋役负担极不平均,花分、诡寄、赔纳等弊政纷纷出台,再加上连年不断的自然灾害,必然造成自耕农的破产,使自耕农同生产资料相脱离。破产的农民为生计所迫,多变为流动于四方趁食讨口或聚保垦田的流民。个别破产农民,则向豪民借债,企盼侥幸度过天灾人祸,谁知这是

① 《明史》卷三〇《五行志三》。
② 《明太祖实录》卷二五二。

自投虎口的选择。正统十三年(1448)六月,浙江按察使轩輗曾指出"各处豪民私债,倍取利息,至有奴其男女,占其田产者"①,那些想靠举债度日的自耕农,亦不免被逼上绝境,加入流民的行列。"豪民私债"已成为重要的社会问题,我们将另文论述。

明代流民问题,在宣德年间就已酝酿,至宣德末年渐露端倪。英宗正统年间,是明代流民聚集发展的重要阶段,地荒民逃的现实越来越困扰着正统朝君臣们。

宣德十年(1435)一月,祁镇刚刚登极,顺天府知府李庸奏称:直隶霸州、东安等州县逃民二万七千一百五十九户,②超过在籍户数半数以上。接着大名府浚县奏报,县有逃民一千七百八十三户,所欠税粮草束无处催征,③请户部垂断。正统三年(1438)正月,行在户部奏直隶清苑县民人逃移五百九十多户,遗下秋粮四千五百七十余石,草一万零三百四十多束,无从征派。④ 正统五年正月,行在都察院右佥都御史张纯疏言:顺天、保定、河间、永平四府所属霸州、文安、保安、固安、房山等州县有饥民一万多户,⑤二月,行在大理寺少卿李畛统计直隶真定府所属州县有饥民三万四千八百八十户,⑥甚至天子脚下的北京城聚集了大批饥民乞丐,正统四年腊月一个风寒雪骤的夜晚,"连日寒冻,死者颇多"。⑦

正统四年闰二月,山西按察司佥事刘翀奏报,山西府州县逃徙人户众多,抛荒田地少者千百余亩,多者达一二万顷,"在籍人民

---

① 《明英宗实录》卷一六七。
② 《明英宗实录》卷一。
③ 《明英宗实录》卷二。
④ 《明英宗实录》卷三八。
⑤ 《明英宗实录》卷六三。
⑥ 《明英宗实录》卷六四。
⑦ 《明英宗实录》卷六二。

类多贫困"①,仅临晋一县逃民就有四千五百七十多户②。正统五年春正月,经过明王朝地方政府和钦差巡抚大员的努力,在直隶真定府所属冀州等22州县并山西太原府所属代州等94州县共招抚逃民三万六千六百四十户,巡抚河南山西兵部侍郎于谦抚定豫、晋、直三省流民三万四千二百三十户。③ 可见晋、冀、豫流民之多。

山东布政使司的情形也很严峻。正统十二年(1447)六月,巡按山东监察御史史濡奏报,兖州府所属沂州累年旱涝,民饥逃移者五千五百多户④。同年九月,地方官报告,山东济南、青州、莱阳、登州四府所属20州县逃户甚多,抛荒田地二万一千九百八十顷。⑤ 诸城一县逃户二千四百多,遗下税粮草束无从办纳。⑥

地处西北黄土高原、土质贫瘠的陕西布政使司的情况更不美妙。正统三年,镇守陕西右副都御史陈镒汇报:平凉、凤翔、西安、巩昌、汉中、庆阳等府,连年旱涝,"老稚多至饿死",地方政府赈济已用官粮三十一万七千六百四十多石,仍然杯水车薪,不能解决问题,民众纷纷流移他乡,有司不能禁止。⑦ 据赴陕公干的国子监生王玙亲历亲见,其道经巩昌(今属甘肃省)宁远、伏羌二县,"见民俱食树皮草根,有妇饿死涧旁,其孩提犹呱呱哺乳,民困至此",令人酸鼻⑧,起义造反都是情理之中事,何况流移!

一场颇具规模的流民运动首先在华北、西北地区形成。

---

① 《明英宗实录》卷五二。
② 《明英宗实录》卷三八。
③ 《明英宗实录》卷六三。
④ 《明英宗实录》卷一五五。
⑤ 《明英宗实录》卷一五八。
⑥ 《明英宗实录》卷一六五。
⑦ 《明英宗实录》卷四七。
⑧ 《明英宗实录》卷六八。

按着于谦的分析，"逃移之民"是为"躲避粮差"①，恰与流民自白相印证。河南邓州流民马贵曾给英宗上疏自陈说："臣等三百五十余户原居山东、山西，因地狭民众，徭役繁重，逃移至此。"②于谦在正统年间，巡行豫、晋、陕诸省十余年，不避谗言不辞辛苦，深入基层，抚插流民，他所说的情况当是可信的。

正统时期小农的处境确实困窘不堪，在天灾人祸交逼下，已失去了维持最低生活水平的起码条件，尤其晋、冀、鲁、豫人民处境更为凄惨。正统九年(1444)十一月癸巳。山西布政司治下一个柴夫，姓王名涣，走入京师，闯长安右门，且走且哭且笑，呼喊"我处百姓，饿者饿死，逃者逃尽"，要求缚见当今皇帝，有所陈说，被校尉拿下，祁镇降旨："下锦衣卫禁锢之"。③ 试想，一个樵夫，如果真还能有一线生路，何至于进皇城告御状，讨个坐牢挨板子的结局！

平民百姓的流徙，还与官风不正直接相关。大学士兵部尚书杨士奇的长子杨稷横暴乡里，擅杀数命，百姓对其恨之入骨。工部侍郎王佑的儿子王銮在乡作恶多端，民愤极大。④ 最为严重的是现任文武职宫中，有许多人为官一任，作恶一方，激化了人民群众与政府的对立情绪，加深了小民的苦难。据王骥奏称，贵州地方民众被卫所军官凌辱，无所控告，流移失所。他讲"各卫所官军欺其愚蠢，占种田地，侵夺妻女，遂至不能聊生，往往聚啸为盗"。他还列举真人实事加以说明，安庄卫镇抚卢聪及普安卫镇抚何鉴最为

① 《明英宗实录》卷六三。
② 《明英宗实录》卷一五一。
③ 《明英宗实录》卷一二三。
④ 《明英宗实录》卷一六八。

暴横,民众分送"芦里虎""何净街"的绰号。①明王朝的某些监察官员对小农的悲惨处境也是目见耳闻的。正统十二年(1447)闰四月,十三道监察御史陈璞等奏报"山东、湖广等布政司、直隶淮安等府州县,连被水旱,人民艰难,或采食野菜树皮,苟度朝昏,或鬻卖妻妾子女,不顾廉耻,或流移他乡,趁食佣工。骨肉离散,甚至相聚为盗"。②

天灾人祸频频袭扰下的小农,采野菜剥树皮终非救荒之上策;卖儿鬻女,亦仅救朝昏而已,为了全家老少能够活命,不得不忍痛含悲,离乡背井,浪迹四方。山西饥窘,则流移河南趁食,陕西灾荒,则逃往湖广讨口,中州绝收,则赴齐鲁谋生。正统年间流民之众,活动地域之宽,都是前所未有的;其所带来的田地抛荒,赋役无着诸问题,也是严峻的。于谦、陈镒等中央派出的大员不时把情况反映给中央政府和皇帝。英宗祁镇不是明主,但他对流民问题的认识是明彻的,处理是得体的。

正统四年三月初一,祁镇御奉天殿,颁诏大赦天下,诏书有一款专门谈及处置流移人户问题说:"各处逃移人户,悉宥其罪,许于所在官司附籍纳粮当差;有愿回原籍复业者,免其粮差二年,户下拖欠税粮等项,悉皆蠲免。"③这可能就是正统朝处理流民问题的基本原则和指导性方针。正统五年(1440)四月初一,英宗在一份诏书中对一些原则加以具体化阐释:"递年逃民户下拖欠税粮马草及一应物件,自正统四年十二月以前除已征纳在官外,其未征纳者,悉皆蠲免,不许重科。有司官吏人等敢有故违,处以

---

① 《明英宗实录》卷一〇一。

② 《明英宗实录》卷一五二。

③ 《明英宗实录》卷五三。

重罪。各处抚民官,务要将该管逃民设法招抚,安插停当。明见下落,其逃民限半年内赴所在官司首告,回还原籍复业,悉免其罪,仍优免其户下一应杂泛差役二年。有司官吏里老人等并要加意抚恤,不许以公私债负,需索扰害",又申明"今后逃民遗下该纳粮草,有司即据实申报上司,暂与停征,不许逼令见在人民包纳"。①

　　人们会说,正统四、五年时英宗还是个孩子,没有亲政,这些原则和方针未必都是祁镇的主意。那么,再让我们看看亲政后的英宗是怎样处理流民问题的。正统十年(1445)八月,于谦有份处理流民的报告书送达御前,祁镇在报告上批示道:"民流徙而至于非为者,亦安集失其道耳。今岂可徒致意于防范之严,而不加优恤哉。其自明年为始,免逃民复业者粮差三年。"②总体上讲,正统年间的流民问题已相当严重。但英宗及其臣僚们所实行的以抚恤为主的对策是较为得体的,没有过分激化流民与政府的对立情绪。与成化年间派兵押解流民回籍的强迫性措施相比,无疑是明智的。于谦等巡抚大吏也都能不辞辛苦,尽心安抚,尽力防范,才使流民未成大乱。当河南逃民众多时,于谦在南阳专委同知汪庭训、汝宁专委通判周海,陈州亦专委知州一人,陈州项城与凤阳交界处增设两巡检司,以专人专官办理流民事宜。③当襄汉交界处流民聚集时,镇守陕西右都御史陈镒奏准河南、陕西、湖广三司长官要亲赴流民聚集地办公,妥为抚恤。④使得荆襄地区流民在正统年间没闹出太大动乱来。

---

①　《明英宗实录》卷六六。
②　《明英宗实录》卷一三二。
③　《明英宗实录》卷一三二。
④　《明英宗实录》卷一三四。

四、闽浙烽烟

　　封建大地产的不断扩张,一片片官田、民田被勋戚地主鲸吞蚕食。失去土地的广大农民,有的沦为流民,有的沦为佃户。苛重的地租剥削,繁重的徭役征发,赔纳等弊政的实行,如条条枷锁都套向农民的颈项。福建南靖县"境内田亩归他邑豪者十之七八,土著之民大都佃耕自活"。① 自耕农佃农化的趋势已经出现。而地主对农民的地租剥削又日益加重,江苏武进地主李盛对佃户每亩征租一石六斗,②租额高达田地收成的50%以上,甚至有达百分之七八十。

　　广大农民在封建剥削下,生活异常困苦。正统年间,山东、河南、陕西、北畿等地的人民"佣丐衣食以度日,父母妻子啼饥号寒者十有八九"。③ 山西平定、岢岚、朔、代等州,寿阳、静乐、灵丘等县人民"往往载幼小男女,牵扶瞽疾老赢,采野菜煮榆皮而食,百十为群,沿途住宿,皆因饥饿而逃者"。④ 劳动人民生活如此痛苦,造反起义,以武装斗争批判这黑暗社会,都是合乎情理的。

叶宗留起义

　　明王朝规定贵金属金银等矿皆为官矿,由国家经营开采,严禁民间私盗矿脉。明朝初年,曾有明令,交易中禁止使用金银等贵金属作流通手段。仁宣时期,由于农业、手工业的恢复发展,封建的

---

① 顾炎武:《天下郡国利病书》卷九四《福建》。
② 乾隆《太湖备考》卷一五《补遗》。
③ 《明英宗实录》卷三四。
④ 《明英宗实录》卷六六。

商品经济渐趋繁荣,海外贸易和国内大宗交易的发达,白银便成为价值尺度,在社会流通领域普遍使用。正统元年(1436),经副都御史周铨、江西巡抚赵新、户部尚书黄福的疏请,英宗批准将南畿、浙江、江西、湖广、福建、广东、广西两税米麦四百余万石,每石折银二钱五分,每年得银一百余万两,入皇帝直接掌握的内承运库,谓之"金花银"。^① 从此,白银逐渐取得了法币的地位。

然而,贪婪的明朝统治者,仍把银矿视为个人利源所在,多次颁布禁采令,加重对"盗矿"者的处罚。正统三年,英宗下令"福建、浙江等处军民私煎银矿者,正犯处以极刑,家口迁化外。如有逃遁不服追问者,量调附近官军剿捕"^②。正统五年,又下令浙江、福建等地若有聚众输采银坑者,"调军捕获,首贼枭首示众,为从及诱引通同有实迹者,连当房家小,发云南边卫充军"。^③ 接着又划定封禁山区,驻军防守。浙江、福建、江西三布政司交界处的仙霞岭,就是当时封禁区域之一。

英宗即位之初,曾下诏书封禁所有矿冶,理由是矿脉渐竭,得不偿失,且开矿难免刁民聚集,易生事端。然而,几乎与下诏封禁矿冶的同时,又下令在江南数省征收"金花银",白银逐渐取得法币的地位,这似乎是极矛盾的事情。正统后期,因国家财用紧张,廷臣纷纷建议弛矿禁,开利源。正统九年,英宗采纳了御史孙毓、福建参政宋彰、浙江参政俞士悦的建议重开银场。同年闰七月初一,祁镇命户部右侍郎王质"往福建、浙江重开银场",令"福建岁课银二万一千一百二十两余,浙江岁课四万一千七十两余。盖虽比宣德时减半,而比洪武时已十倍矣。至于内外官属供亿之费,殆

---

① 《明史》卷七八《食货志二》。
② 《万历会典》卷三七《金银诸课》。
③ 《万历会典》卷三七《金银诸课》。

过公税。阙后民困而盗益众"。① 由于矿禁已开,便有大批矿徒及无以为生的流民聚集于闽浙矿区。正统十一年,福建矿区便有流民三千五百三十九户,男女八千三百零九口之多;②浙江温州、处州二府所辖的丽水、平阳等县原来关闭银矿48处,奉命重新开采,矿徒流民聚集甚多,但"各坑矿脉微细,用工艰难,得银数少,累民赔纳"③。这便种下了矿工反明起义的因子。

叶宗留,浙江庆元(浙江今县)人,家贫,以盗矿为生。正统七年十二月,宗留与丽水陈善恭等聚众开采福建宝峰场银矿,明朝责令浙江、福建地方政府予以驱逐。正统十二年(1447)二月,矿禁已开,宗留聚众掘少阳矿坑,历经数月,所获甚微,弃之而去。同年九月,宗留再到云山,遍掘各坑场,无所得,乃回庆元老家。不久,又聚众去政和开采少亭坑,所得亦不抵所用。开采银矿,已无法维持这帮穷苦矿徒和流民的生计,他们不得不设想用武器的批判来改变贫富不均的冷酷社会现实。宗留对同伴们说:"以吾之众,即索金于市易耳,何至自疲山谷间,常苦不自给也。"④同伴们皆愿跟从。当时有众数百人,攻政和县城,"还庆元,号召得千余人",延聘龙泉良葛山叶七为教头,训练部众,教以战阵,军威渐强,乃"由浦城劫建阳,所过焚掠,从者益众。遂掠建宁,官民皆逃匿。分众截车盘岭,铅山惴恐,行旅断绝。"⑤义军声威大振。福建、浙江、江西三布政使司交通冲要地带被义军控制后,宗留称"大王",传写

---

① 《明英宗实录》卷一一九。
② 《明英宗实录》卷一四八。
③ 《明英宗实录》卷一五五。
④ 《明史纪事本末》卷三一《平闽浙盗》。
⑤ 《明史纪事本末》卷三一《平闽浙盗》。

檄文,流劫金华、武义、崇安、建阳、铅山诸县。①

正统十三年(1448)四月,福建沙县邓茂七起义,自称"闽王",东南震动。英宗派都督刘聚任总兵官,陈荣为副总兵,陈诏、刘德新为左右参将,金都御史张楷监军往讨。官军道经浙江时,遭到叶宗留起义军的阻击,不能入闽。张楷所部明军在广信逗留不敢前进。福建遣使催促张楷速行入闽,浙江藩臬二司则请张楷便宜行事,移兵围剿叶宗留。江西御史韩雍也说:"宗留近在咫尺,门庭之寇,皆国家事,岂可划疆而计耶?"②张楷举棋不定,不知何去何从。此时,随军指挥戴礼愿往剿叶宗留,张楷令其率五百人往。都督副总兵陈荣对张楷说:"受朝命讨贼,今延平事急,而铅山不通,大军密迩二寇,逗留不进,乃遣一步将往,朝廷知之,何以逃罪耶?"张楷被陈荣批评后,乃修改作战方案,派陈荣率军两千及戴礼部往讨叶宗留。明军与义军战于黄柏铺,双方死伤相抵,不分胜负。叶宗留身穿红色战袍率队而前,不幸中流矢牺牲。③起义军失去领袖后撤往山中,公推叶希八为首领,继续斗争。义军劫车盘岭,悉众驻守十三都,欲回军浦城。陈荣、戴礼会合官军,决计搜山剿灭义军。当官军进军至玉山十二都,中了义军埋伏,陈荣、戴礼皆被义军杀死。张楷不敢再战,间道进入福建,会合刘得新部官军取道走建宁。

叶宗留牺牲后,义军分为两大支,一支由叶希八率领,一支由陈鉴湖率领,二支队伍声势浩大,众至数万人,与福建邓茂七义军"互为声援,此入彼出",使官军两线作战,疲于奔命。陈鉴湖率义

① 《明英宗实录》卷一七二。
② 《明史纪事本末》卷三一《平闽浙盗》。
③ 《明史纪事本末》卷三一《平闽浙盗》。

军攻克浙江松阳、龙泉后，"自号太平国王，改泰定元年"。但此后不久，陈鉴湖被官府诱降，这支义军解体。丽水县丞丁宁派里老人王世昌赴义军，诱鉴湖投降，许以高官厚禄，鉴湖不察其中阴谋，投降了官府。鉴湖进京，被囚禁于锦衣卫狱，后被处磔刑、割肉喂狗。叶希八所率义军占据云和山，继续与官军周旋。因福建邓茂七起义失败，失去呼应援助，在官军步步围剿下，处境困难，势力渐衰，只好退据铜塘且耕且战。后来叶希八与陶得二所部义军会合，进攻浙江处州、金华、衢州及江西广信、永丰、上饶等地，杀死水丰知县邓颙。英宗命张楷速由福建入浙江，官军先抵衢州，次抵处州，与义军摆开战场，双方互有杀伤，胜负平手。但义军粮饷渐乏，难以继续相持。千户沈俊向张楷讲，其部下多为丽水鲍村人，而亲友兄弟多有被挟持陷于贼中者。有何受等三名明军战士，在阵前敌军中见到了自己的亲属，亲属讲义军厌战情绪很大。可派这三人到义军中去招降，做分化瓦解工作。张楷批准了沈俊的建议，命何受三人带上榜文入山。何受等三人反复以成败祸福晓谕义军，言辞十分诚恳。张楷又以老母及全家百口的性命为誓，诱义军出降。陶得二、叶希八、杨希、陶秉伦等人出降，张楷发给路帖令其归籍复业。陶得二复生疑俱，拥部众而去。直到景泰元年（1450）再次就抚。张楷回京复命之时，已是土木之役以后，我们的传主朱祁镇已成为瓦剌部"体面"的阶下囚。[①]

邓茂七起义

在浙江矿徒叶宗留起义的第二年，即正统十三年（1448）四月，福建爆发了邓茂七领导的农民起义。

---

① 《明英宗实录》卷一七八；《明史纪事本末》卷三一《平闽浙盗》。

邓茂七,江西建昌(今江西永修西北)人,佃农出身。初名邓云,"豪侠为众所拥"。杀人亡命,进入福建,至宁化县,依附豪民陈正景,易名茂七。茂七经常聚众集会,远近农民、商贩多往依附,影响不断扩大。

正统十二年(1447),御史柳华巡按福建,传檄闽省各府州县强化治安,令村落乡里各设隘门望楼,"编乡民为什伍,茂七与弟茂八皆编为长"。① 柳华"编乡民为什伍"的本意是组织地主武装,协助官军剿捕"矿盗",邓茂七被编为总甲,便控制了一部分乡兵、民壮武装力量。茂七不是大明王朝的顺民,也不是地主阶级利益的维护者,他并不为明王朝的统治效力,而是利用身任总甲的方便条件,组织农民进行反抗封建地主剥削的合法斗争。宁化县的地主豪绅除向佃户征收正额地租外,还利用超经济的强制,逢年过节逼迫佃户向地主缴纳鸡鸭等,名之为"冬牲"。佃户缴纳地租,还必须亲自送到地主家粮仓。茂七组织佃户一致行动,"令毋馈,而田主自往受粟。"②地主们便到地方政府控告茂七聚众抗租,骚扰地方。县衙门振出巡检到基层搜捕,被茂七等杀死数人。上级衙门调三百官军来镇压,又被茂七打得大败,斩杀殆尽。于是茂七"刑白马,歃血誓众,举兵反"③,自称"闽王"。远近乡民及游兵散勇皆举金鼓器械响从,义军很快发展到数万人。茂七的同伴陈正景率部攻略上杭,被明朝推官王得仁击败。正景被擒,械送京师,斩于西市。茂七的起义军队伍却发展壮大,占据杉关,攻取光泽,顺流而下,攻克邵武,旋破顺昌,明朝地方政府昔日的威风在义军面前一扫而光。这时,尤溪(今福建尤溪)炉主薛福成号召"炉丁"

① 《明史纪事本末》卷三一《平闽浙盗》。
② 《明史纪事本末》卷三一《平闽浙盗》。
③ 《明史纪事本末》卷三一《平闽浙盗》。

及贫苦农民起义,占领尤溪城。遂与茂七义军会师,攻克沙县,茂七自称"铲平王",表示了与不平等的社会现实战斗到底的气概。

御史丁宣偕同福建布政使、按察使至延平,商定扑灭起义的方案。派遣同知邓洪等率二千官军赴沙县讨伐,结果官军全部被歼。硬的不成,丁宣又施展软的手段,派人到义军中招抚,令义军"解散得免死"。茂七笑着回答使者说:"吾岂畏死求免者! 吾取延平,据建宁,塞二关,传檄南下,八闽谁敢窥焉!"遂杀来使,率义军进攻延平,在城外大败官军,都指挥范真、指挥彭玺皆被义军杀死,遂包围延平。御史张海与参议金敬登城楼招谕义军投降,有位身着红衣的义军将士回答说:"我等俱是良民,苦被富民扰害,有司官吏不与分理。无所控诉,不得已聚众为非。乞奏闻朝廷,倘蒙宽宥,即当自散。"既而退去复来说:"我等家产破荡已尽,乞免差役三年,庶可生聚。"①这番对话表明茂七起义与富民的扰害及地方差役繁重有直接关系。

邓茂七起义的消息传到北京,英宗立即召集九卿商讨对付农民军的办法。当祁镇派出以张楷为监军,以都督刘聚为总兵官、都督陈荣为副总兵官的明朝军队奔赴福建时,邓茂七的起义军已经占据延平,并迅速向四方发展,茂七亲率主力向建宁进发。张楷等明军主力被浙江叶宗留义军拖住不能自拔。

邓茂七遣部将陈敬德、吴都总等由德化、永春、安溪进军,直指泉州府。知府熊尚初与义军战于五陵坡,兵败被执而死。邓茂七自将主力义军直逼建宁,知府张瑛率典史郑烈、乡兵吴保等,与都指挥徐信合兵,乘雾攻破义军营寨,茂七起事以来第一次受挫。张瑛因功被英宗提升为福建右布政使,专办征剿义军等项事务。

---

① 《明英宗实录》卷一七〇;《明史纪事本末》卷三一《平闽浙盗》。

正统十四年（1449）正月，英宗焦急地盼望着浙闽方面的捷音，可消息总让人失望。闽师久无成功，邓茂七的势力仍在发展壮大，不派出更强大的军事阵容似乎就解决不了问题了。祁镇乃命宁阳侯陈懋为征南将军，保定伯梁瑶、平江伯陈豫为左右副总兵，都督范雄、董兴为左右参将，尚书金濂总督军务，太监吉祥、王瑾提督神机铳炮，[1]御史张海、丁宣纪录战功，发京营及江西、浙江诸处卫所军讨伐邓茂七。

在征南将军陈懋抵闽之前，张楷在浙江围剿义军已经得计，便抽出手来对付福建义军。张楷故技重施，首先诱降了茂七起义军中意志薄弱者黄琴等 30 多人，防守沙县的起义军将领张繇孙到延平向官军投降，张繇孙又引罗汝先等诣张楷军营投降。罗汝光等愿做内应赎罪，献计说："贼败后，皆据险自卫，必欲取之，吾为公说令攻城，公悉大军击之，吾为内应，可覆也，"计遂定。[2] 这年二月，张繇孙、罗汝先等诱邓茂七攻延平，张楷部署浙江官军埋伏于后坪、南京官军埋伏于后洋、江西官军埋伏在沙溪之南，而以福建官军出战诱敌。官军佯败，义军追击中伏，损失惨重。官军乘胜进击，擒数十人，茂七在战斗中中流矢而死，官军割其首级驰送京师，向祁镇报功。

此时，陈懋所部官军亦到达福建，义军与官军力量对比悬殊。茂七侄儿邓伯孙及妻"女将军"廖氏收集义军残部，退守山砦，坚持斗争。后来，邓伯孙中了明军离间计，误杀骁勇善战的另一义军首领孙留孙，义军内部发生猜忌分裂，一些人投降了明军。最后，邓伯孙及其妻廖氏战败被杀，起义失败。八闽大地的一场蔓延八

---

① 《明英宗实录》卷一七二。
② 《明史纪事本末》卷三一《平闽浙盗》。

府二十余县农民反抗斗争暂告平息。①

黄萧养起义

当叶宗留、邓茂七在浙闽举行武装起义的同时,广东又爆发了黄萧养领导的农民起义。

黄萧养,广州府南海县(今属广州市)人。广东沿海和山地地区人民生活十分艰苦,反抗地主阶级剥削压迫的斗争此起彼伏,从不间断。明朝政府把反抗者概称"山海盗",黄萧养就是这群"山海盗"中的一员,被地方政府逮捕关押在广州监狱,据说与黄萧养关押在一起的"山海盗"有数百名之多。他们在狱中联合起来,"贿狱吏得携物出入",并同狱外的伙伴取得联系,把刀斧等武器暗中运进监狱。正统十三年(1448)九月,在狱外同伴的接应下,黄萧养与同牢难友成功地组织了集体越狱,并攻入广州军械局夺得大批武器,举行了武装起义。黄萧养振臂一呼,"山海盗""赴之者如归市",旬月间起义队伍发展到一万余人。② 第二年六月,起义军分水陆两路围攻广州城,自"制云梯、吕公车冲城"③,镇守广东的明朝安乡伯张安急忙率水军前来镇压,义军在阽船澳迎战官军,"官军不能支,退至沙角尾",义军穷追不舍,大败官军,安乡伯张安落水而死。④ 都指挥王清闻讯"自高州率舟师赴援,至广州沙角尾,水浅胶舟"。义军扮成逃难平民,乘小船载柴薪鱼盐等物,迎面划去。王清问他们"萧养所在,言未出口,伏兵出薪中",跳上王清战船,尽杀官军,将王清活捉。从此,官军退缩在广州城内,凭

---

① 《鸿猷录》卷九《平福建盗》。
② 毛奇龄:《后鉴录》卷八《羊城古钞》卷四。
③ 屈大均:《广东新语》卷七《黄盗》。
④ 《明史》卷一四六《张兴传附张安传》。

险自守,不敢出战。城上官军,见义军"刃矢森发,相顾涕泣而已"①,一筹莫展。起义队伍发展壮大到十余万人,黄萧养乘时建立了政权,自称广阳王,增筑南汉离宫为行宫,授官百余人。②

黄萧养的义军队伍发展如此迅速,同广东地区日益紧张的阶级关系是紧密相关的。广东沿海各县乡,皆有沙田。所谓沙田,乃海滨地区因水刷浪涌,淤积而成的新的田地,即所说的"皆海中浮土,原无税业"的新田。③ 此种新田在顺德、新会、香山尤多,占有这种沙田经济效益是相当可观的。其一是依时秧莳,八月熟者称小禾,十月熟者称大禾,收获颇多。其二是七八月间赴沙田塞水或塞篊箔,捕鱼、虾、蟛、蛤、螺之类海鲜,腊之以干,所得"有不可胜食者"。广州豪民、地主对此早已垂涎三尺,红了眼睛,他们采用"占沙"和"抢割"手段,与穷苦小民争夺沙田的收益。所谓"占沙"就是豪民、地主"影占他人已熟之沙田为己物者";所谓"抢割",即沙田"秋稼将登"时,豪民地主"统率打手,驾大船,列刃张旗以往,多所杀伤",将沙田所种夺为己有。④ "占沙"和"抢割"严重激化了广东沿海一带的阶级矛盾,已成为不可小视的社会问题。因此,当黄萧养首先倡义时,被压迫被剥削的穷苦农民自然闻风景从。

参加黄萧养起义军的基本群众,还有水乡少数民族"疍家"。疍家生于舟船,长于江海,漂泊天涯,"捕鱼为业"⑤,社会地位极其低下。明朝统治者视之为"贱民",不准登陆,不准科举,无享受教

① 《羊城古钞》卷四。
② 屈大均:《广东新语》卷七《黄盗》。
③ 《皇明经世文编》卷一八八霍韬《书沙田事》。
④ 屈大均:《广东新语》卷二《沙田》。
⑤ 顾炎武:《天下郡国利病书》卷一○四《广东八》。

育的权利,只有岁纳"渔课"的义务。① 渔课的繁重和政治的歧视,使疍家日子过得十分凄惨,"男子冬夏止一裤襦,妇人量三岁益一布裙"。② 黄萧养起兵后,疍家渔民纷纷参加义军,助攻广州城。黄萧养义军中强大的水师就是以疍家为骨干的。

此外,在广东山区居住的苗瑶少数族人民也参加了黄萧养义军队伍。正统十三年十二月,瑶族人"赵音旺等率众张旗帜,鸣钲鼓",进攻泷水、电白等县,自称"天贤将军",与汉人吴大甑在高要聚众万余人,"叛应黄萧养"。③

在蓬勃发展的黄萧养义军面前,明王朝的统治者感到力不从心。特别是土木之变发生时,广东的义军正方兴未艾,明王朝已无暇南顾。一直到景泰元年(1450),明王朝才派右佥都御史杨信民巡抚广东,着手解决黄萧养义军。杨信民曾任广东布政使,为官一方,颇有令誉。他到粤后,贯彻以抚为主的方略,分化瓦解义军。同时,明王朝又派都督同知董兴率江西、两广官军前去镇压。景泰二年(1451),明王朝才通过剿抚并施的手段平息了黄萧养起义。

总之,正统末年,英宗祁镇君臣确实面临着如蜩如螗的全国动乱局面。旷日持久的麓川之役已进行了近十年,尚没看到最后胜利的希望,思任发、思机发父子虽被重创,但官军所付出的代价更为惨重。由于官军军纪不良,特别一些军官诬良为盗,杀戮无辜,冒滥军功,使西南地区的少数民族与明王朝的对立情绪更趋高涨,广西、贵州、云南、四川的苗瑶壮等少数民族亦不断掀起反抗斗争。

特别是当浙江叶宗留、福建邓茂七、广东黄萧养等反明武装起

---

① 顾炎武:《天下郡国利病书》卷一〇四《广东八》。
② 屈大均:《广东新语》卷一四《舟楫为食》。
③ 《肇庆府志·事略》,转引自汤纲、南炳文:《明史》上册。

义爆发后,引起连锁反应,西南、东南的动乱连成一片。官书《明实录》对此记载不绝于笔。正统八年(1443)末,安远侯柳溥奏报:广西岑溪及广东泷水二县瑶民骆宗安等二百余人劫杀岑溪县连城,又火焚官仓。英宗命柳溥及广东都司遣官军捕治。① 广西浔州瑶民蓝受二等持所居大藤峡石门山险峻,招集山老山丁,或三百或五百杀劫抢掠,累年不休。② 正统十一年二月,广东瑶民八百余人肆掠石城、遂溪诸县,都指挥使何贵、署都指挥佥事张玉、左布政使吴扬、左参政龚簧等不能协力剿捕,被巡按监察御史弹劾。③ 正统十三年五月,广东都指挥佥事姚麟报告,泷水、信宜、化州、廉州等处"瑶贼"连年出没,官军多"遇警恬怯"。④ 同年六月,广西总兵官安远侯柳溥再次告急,言"蛮贼纠合群丑,时于浔梧等处恣肆掠夺",地方不支,欲调官军、土兵在秋后捣穴犁庭。⑤ 旋即广东又告危急,瑶民攻破电白县城,烧毁公廨衙门,高州、肇庆等府瑶民闻风响应。⑥ 四川按察副使李匡奏报,蜀地"旱饥连年,盗贼尤众"。⑦ 正统十四年(1449)三月,江西龙南县蔡妙光聚集二百余人,称"天生帝主东殿国王",攻破龙南县城,劫掠财物。⑧ 同年四月,贵州按察司副使李睿汇报"贵州诸苗连结,动以万计,攻劫贵州、湖广一路边城屯堡,势甚猖獗,官军数少,守御不敷,请调四川、云南、湖广官军、土兵会同剿捕"。⑨ 同月,福建海贼陈万宁攻广东

---

① 《明英宗实录》卷八五、卷一〇七。
② 《明英宗实录》卷八九。
③ 《明英宗实录》卷一三八。
④ 《明英宗实录》卷一六六。
⑤ 《明英宗实录》卷一六七。
⑥ 《明英宗实录》卷一六七。
⑦ 《明英宗实录》卷一六八。
⑧ 《明英宗实录》卷一七六。
⑨ 《明英宗实录》卷一七七。

潮阳县,劫官库银钞,杀主簿邓选,守备指挥高亮畏缩不敢赴战,陈万宁攻入漳州、潮州。① 正统十四年五月,江西南安府道人罗天师,称"弥勒佛",谋聚众起事。同月,贵州镇远府洪江等地苗民首领金台招集苗众,称"顺天王"等号,杀官军,攻城堡,四川播州所属谷龙等寨苗民群起呼应,势将蔓延。英宗祁镇下令官军克期剿灭,"稽迟推调,必置重典。官军有功者升赏,退缩者以军法从事"。②

正统末年,全国各地潜伏的危机接踵爆发,祁镇君臣苦于应付,焦头烂额。仍然是一波未平,一澜再起。万乘之尊的大明天子朱祁镇的厄运即将临头了。

五、滇西动乱

英宗正统十四年以前,最为斫丧国力的事件莫若"麓川之役"。麓川为滇西之地,地理位置在今天云南省西部腾冲县西南,是少数民族聚居的地方。其首领思任发叛附无常,明朝乃兴麓川之师,旷日持久地打了十余年之久。史称"兴麓川之师,西南骚动","以一隅骚动天下。"③这一事件的起因是多方面的。其一,麓川宣慰使思任发叛附无常,袭扰邻境,多次打败明朝驻守官军,英宗祁镇和廷臣一派官员认为"麓川负恩怙恶,在所必诛"。④ 其二,镇守云南的黔国公沐晟曾派兵讨伐,作战不利,暴死军中。其弟沐昂代镇云南,袭封黔国公,欲为其兄报仇,奏报朝廷极力促成出兵

---

① 《明英宗实录》卷一七七、卷一七八。

② 《明英宗实录》卷一七八。

③ 《明史》卷三〇四《王振传》,卷一七一《王骥传》。

④ 《明史》卷三一四《土司二》。

云南,使官军愈陷愈深,欲胜不能,欲罢不可,战争拖了下去。其三,当时朝中司礼监太监王振干政,贪功名图利禄,为固位邀宠,力赞其议。其四,负责全国戎攻,素称"刚毅有胆,畅晓戎略"的兵部尚书、宿将王骥颇思效命疆场,欲图侯伯之封。[①] 其五,对这次大规模军事行动持异议的大学士杨士奇年届垂暮,沉浮自保,对自己的观点持之不力,不敢与祁镇、王振公开对抗。反对这场战争的侍讲刘球,惨罹显祸。从此再无人敢持异词。基于这些原因,便种下了西南边陲持续十余年的战乱,大大斫损了明王朝的综合国力。

明太祖朱元璋开国定基,平定四方。在云南方面,只有百夷部长思任发的父亲思伦发不曾归服,后来百夷部内部权力财产纷争,思伦发为其部属刀幹孟驱逐,思伦发走南京归服乞援,太祖朱元璋不计前嫌,派兵护送其回归故土,因置平缅宣慰使司,任命思伦发为宣慰使。分其地设孟养、木邦、孟定三府隶属云南布政司;设潞江、干崖、大侯、湾甸四长官司。永乐元年(1403),孟养、木邦升为宣慰司。洪武十七年(1384)八月,思伦发遣使刀令孟赴南京,贡献方物,并缴上元朝所授宣慰使印。太祖朱元璋诏改平缅宣慰使司为平缅军民宣慰使司,赠给思任发朝服冠带。不久,改平缅军民宣慰使司为麓川平缅军民宣慰使司,以思伦发兼统麓川之地。[②]

麓川平缅军民宣慰使司北邻干崖宣慰司、盏达付宣慰司,西北方是孟养宣慰司,南面是木邦宣慰司。滇西百夷部少数民族各部族姓氏以刀、罕、囊、怕为多,崇尚佛教。明朝初年,社会发展尚处于刀耕火种阶段,农业生产很不发达,贸易活动基本上以物易物,交换中偶尔以海贝充当等价的媒介物。明王朝在这一地区实行因

---

① 《明史》卷一七一《王骥传》。
② 《明史》卷三一四《土司列传二》。

俗而治的政策,沿袭宋元以来的土官土司制度。各部族的首领接受明朝的封号官爵管辖其地,并向中央政府贡献方物特产,中央王朝在各宣慰司、付宣慰司、长官司征收象征性的赋役差发银、差发马。① 但因各部族刚刚迈进人类文明的门槛不久,互相间你攻我杀,抢掠土地人口的事情经常发生。

思任发病死后,其长子思行发袭麓川平缅军民宣慰使之职。永乐十一年(1413),思行发奏请以其弟思任发代替自己的职务,明朝中央政府批准了他的请求。思任发历任之初,恪遵藩礼,每年遣使向中央政府贡献方物特产、象、马及金银器皿,关系熙熙融融。

宣德三年(1428),思任发率土兵夺南甸州及腾冲之地,云南三司请求发兵问罪,镇守云南的黔国公沐晟也以"任发侵夺南甸、腾冲之罪不可宥,请发官军五万及诸土兵讨之。帝以交趾、四川方用兵,民劳未息,宜再行招谕"②否决了云南三司及沐晟的意见。正统元年(1436),思任发奏称,其地为木邦宣慰司所侵,百姓稀少,所欠差发银二千五百两无从措办,英宗祁镇特旨免征。其时恰逢缅甸宣慰新加斯为木邦宣慰所杀,思任发乘机侵占其地,遂欲尽复其父故地,称兵扰边,侵孟定府及湾甸等州,杀掠民众。南甸知州刀贡罕奏报麓川夺其所辖罗卜思庄等二百七十八村。沐晟奏报说:"思任发连年累侵孟定、南甸、干崖、腾冲、潞江、金齿等处,自立头目刀珍罕、土官早亨等相助为暴,叛形已著。近又侵金齿,势甚猖獗。已遣诸卫马步官军至金齿守御,乞调大军进讨。"③正统三年(1438)四月,朝命选将,廷推右都督方政、都督佥事张荣往云南,协同镇守云南右都督沐晟率兵讨伐,以太监吴诚、吉祥监军。

① 沈德符:《万历野获编》卷三〇《土司》。
② 《明史》卷三一四《土司列传二》。
③ 《明史》卷一〇《英宗前纪》,卷三一四《土司列传二》。

从此,西南边疆烽火历十余年不息。

官军进抵金齿,思任发遣其部将缅简断江立栅而守,官军不能渡。思任发未叛之时,其部将思任发曾拜谒沐晟,沐晟很赏识宝玉的机智勇敢,收为义子。至此,沐晟计议通过宝玉说服思任发归降,便派指挥车琳谕刀宝玉投降,思任发佯装允降,沐晟轻信其言,无渡江进攻之意。思任发部将缅简多次挑战,方政恼怒,造船60艘,准备渡江直取敌寨,沐晟认为不可行。方政不胜愤怒,乘夜独自率领部众渡江进攻缅简,简败走景罕寨,指挥唐清再败缅简。接着指挥高远等又在高黎贡山下败思任发军队,斩杀3000余人,乘胜深入,逼思任发于上江。上江是思任发的重要基地,防御严密,关隘险峻,官军涉远强攻,疲惫不堪,犯了兵家大忌。方政意识到处境的险恶,急向沐晟求援,而沐晟怒政不听节制,擅自渡江,没有立即派出援军。时间过了数日,才派了小股援军,至夹象石地方逗留不前。方政孤军追敌至空泥,才知沐晟不能鼎力驰援,但为时已晚。思任发伏兵四起,驱象阵冲击,官军情势危殆,方政急遣其子方瑛说:"你急速归营,战死是我的本分!"[1]于是策马突阵奋战而死,随征官军全部被歼。沐晟得知方队全军覆灭的消息,已是正统四年(1439)三月暮春时节,正是瘴厉毒气多发的时候,沐晟担心官军难以支撑,便下令焚烧江上积蓄,仓促奔还永昌。英宗派遣使臣责问沐晟兵败原因,又拨湖广、贵州、四川军士五万助剿。[2]沐晟担心英宗追究其坐视不救方政之罪,暴卒于军中。思任发进犯景东、孟定,杀大侯知州刀奉汉等,攻破孟赖诸寨。

败报传到北京已是两月以后,英宗当然不会认输,在他治理范

---

① 《明史纪事本末》卷三〇《麓川之役》。

② 《明英宗实录》卷五四。

围内,不允许有一点不恭和不驯。祁镇立即作出反应,以沐昂为左都督挂征南将军印,右都督吴亮为副将军,马翔、张荣为左右参将,进讨思任发。正统五年春二月,官军进抵陇把,这里距离思任发大寨路程甚远。右参将张荣先令都指挥卢钺击敌,结果又吃败仗,张荣丢弃兵符军器大败而逃,沐昂不能援救。官军乱了阵脚,只好退回金齿。英宗降敕切责沐昂,逮捕右都督副将军吴亮、左参将马翔审讯。秋七月,恩任发屯兵孟罗,大肆杀掠邻境部族,占据者章硬寨,沐昂率都指挥方瑛、柳英发动一场攻坚战,思任发败走。事过不久,思任发派遣流目陶孟、忙怕等人到北京朝贡,礼部商议减其赏赐和接待礼节,请英宗批示,祁镇说:"彼来虽缓我师,而朕不逆诈"①,还有点天朝大国皇帝的气度。

这便是麓川之役的第一阶段。战争至此,是否可以适可而止呢? 我们认为该适可而止了,这是明智的选择。明廷倾十万之兵力(云南地方军队与川、黔参战军队之和)于一隅,并没取得辉煌战绩,而思任发又遣使纳贡修好,双方都有台阶可下。可明朝中央政府还想大举用兵,殊不知是国力难支的。正统四年七月,沐昂奏报征麓川在潞江剿杀蛮寇有功官军八千三百六十四名,请求升赏。英宗立即批准,发给彩缎绢纱厚赏,极其慷慨大方。② 正统五年二月己丑,英宗"敕云南总兵官左都督沐昂、副总兵右都督吴亮、左参将都督佥事马翔、右参将都督佥事张荣,得奏尔等领军征剿麓川叛寇思任发,已抵陇把地方,去贼巢甚近,未能成功而还,何以慑服叛寇之心! 敕至,尔昂仍在云南总兵镇守,翔协赞军务。亮即驰驿赴京计议边务。荣失误事机,法本难容,今特宽贷,亦令还京。尔

① 《明英宗实录》卷五四。
② 《明英宗实录》卷五七。

昂等严饬金齿哨备官军谨慎防守,遇有警急,相机调度,毋致疏虞,仍提督云南都布按三司转运粮饷,赴金齿仓收贮备用。务在斟酌人力,体量事情,俾人不劳而粮饷足,庶副委任之重。"①祁镇这道敕旨,标志着麓川之役第一阶段的结束,吴亮、张荣被调回京,沐昂、马翔继续筹饷整军驻守金齿,我们的传主,还想把这场战争持久地打下去。然而,在中央统治集团内部一场剿抚之争正在酝酿。

在中央统治核心内部,王振欲立边功固位,力主继续征剿麓川,英国公张辅、宁远伯兵部尚书王骥持同样主张,少年天子朱祁镇从来就没放弃继续用兵的打算。顾命大臣杨士奇、杨溥、礼部尚书胡濙在这个问题上多半态度暧昧,明哲保身。杨士奇虽想罢兵,却持之不力。主张以招抚解决问题的代表人物行在刑部右侍郎何文渊和翰林院侍讲刘球,与王振、张辅、王骥比起来人微言轻。

正统六年(1441)春,在大规模出师麓川之前,何文渊上疏讲:"唐虞之时,有苗弗率,帝舜命禹徂征三旬,苗民逆命。帝乃诞敷文德,舞干羽于两阶七旬,有苗格然。彼不臣于大禹徂征之时,而来格于帝文德诞敷之日,此其慕义之心终不可得而泯灭也。今麓川叛寇思任发逞凶造祸,反道败德,朝臣合词请兵征讨。臣窃以为麓川之在南陲,一弹丸之地而已,疆里不过数百,人民不满万余,以大军临之,同往无不克。然得其地不可居,得其民不可使,何若宽其斧钺之诛,兴我羽旄之舞。命云南总兵官都督沐昂量调官军,同佥都御史丁璿于金齿操备,且耕且守。仍令云南都布按三司各委堂上官一员,躬诣彼处,宣扬圣化,使之感虞舜之敷德,同有苗之格心,计不劳征伐而稽首来王矣。如是而更冥顽弗率,然后命昂等调发官军,相机剿绝,岂徒王法之所不容,而亦神人之所共怒也。"

---

① 《明英宗实录》卷六四。

何文渊的主张是攻心为先,宣扬德化,晓以祸福,如梗顽不化,再行加兵,是先教后诛的政策。祁镇看罢奏疏,眉头紧锁,怒火中烧,然而却没发作,把奏疏交给兵部再议。

行在兵部尚书兼大理寺卿王骥及英国公张辅等人讨论认为,如按何文渊意见处理麓川,"不惟示弱外邦,徂贻患边境"①,给予彻底否决。

正月十七日,英宗便下令任命定西伯蒋贵佩平蛮将军印充总兵官,都督同知李安充左副总兵,都督佥事刘聚充右副总兵,都指挥官聚充右参将,都指挥佥事冉保充右参将,行在兵部尚书王骥总督军务,太监曹吉祥监军,户部侍郎徐曦督理粮饷,调发南京、四川、湖广、贵州卫所官军 15 万征讨思任发,择日出发。② 这将是更大规模的厮杀。明英宗对此事的后果、影响是缺乏缜密思考的。

大兵出动之前,翰林侍讲刘球上著名的《谏伐麓川疏》,力主罢兵,以抚谕解决问题,分析入情入理。刘球说:"天子之驭夷狄,必宽宥于其小,而谨防于其大,所以适缓急之宜,为天下久安计也。故周伐崇,不克即退,修德教以待其降。至于玁狁,则命南仲城朔方以备之。汉征南粤不利,即为罢兵,赐书以通好。至于匈奴,虽已和亲,犹募民徙居塞下,入粟实边,复命魏尚守云中以拒之。以成周、西汉之力,破灭崇越,易如振槁,皆释而不诛,惟汲汲玁狁、匈奴之备何也? 盖不穷兵于小敌以伤生灵,惟防患于大寇以安中国也。今麓川残寇思任发,本依山负谷羁縻纳贡之夷,边将失驭致勤大兵,虽未歼厥渠魁,亦多杀其群丑。皇上念此小夷,僻居南微,灭之不为武,释之不为怯。特降玺书,原其罪恶,使得自新,是即周、

---

① 《明英宗实录》卷七五。
② 《明英宗实录》卷七五。

汉修教赐书之意也。奈何边将不能宣达圣意,欲屯十二万兵于云南以急其降,不降则攻之,而不虑王师不可轻出,夷性不可骤驯,地险不可用众,客兵不可久淹,是皆兵法所忌也。况江南近年水旱相仍,军民俱困,若复动众,恐致纷扰。臣窃以为终宜缓诛如周、汉之于崇越也。至如北虏、犹古獯狁、匈奴,世为边患。今虽少抑,然部曲尚强,戎马尚众,未可保其终不寇边。居安思危,此维其时。乃欲移甘肃守将以事南征,恐沿边将士意谓朝廷必以此虏为不足虑,遂生怠心,弛其边防,卒然有警,恐致失措。窃以为宜防其患,如周、汉之于獯狁、匈奴也。伏望皇上罢大举之议,惟令大臣推选谋将,辅以才识大臣,仍举内外文武之臣,无分见任谪降,但有才干者十数人,随往云南。量调见操官军,分屯于金齿等处要害之地,如赵充国屯田湟中以降叛羌故事,且耕且练,广其储蓄,习其水土,固结木邦诸夷以为我援。一则乘间觇寇虚实,不时进攻;一则因便谕以祸福,抚其向化。明加赏罚,责以成功。如此,将不烦大兵,而寇自可服。至于西北边境及今无事,宜敕诸将及参赞文臣巡视,塞垣当筑者筑之,沟涧当浚者浚之,城堡烽?当增修者皆修之。仍勤训练、广储蓄、利器械、严守望,凡备边之事,悉令修举以防不虞。是诚国家万万年太平计也。"①

刘球讲古证今,分析中肯明确,指出明王朝防御的重点在西、北蒙古,而不在滇南麓川。对思任发不宜大举兴师,而应屯田以待,且耕且练,晓以祸福,抚其向化。刘球是苦口婆心,而祁镇终不为所动。据明人记载,刘球"上此疏,王振不从。其后北边空虚,酿土木之变者,亦半系于此"②。当然,刘球此后不久,祸及碎尸,

　　① 《皇明经世文编》卷三一刘球《谏伐麓川疏》。
　　② 《皇明经世文编》卷三一刘球《谏伐麓川疏》上陈子龙批语。

与《谏伐麓川疏》得罪王振亦有极大干系。

从正统六年（1441）春季开始，麓川之役的第二阶段就开始了。在这阶段中，有三次大的战役。第一次战役起自正统六年春，至正统六年十二月结束；第二次战役起自正统八年夏五月，至正统九年春季而止；第三次战役起自正统十三年三月，迄正统十四年春季止。

正统六年春季王骥、蒋贵受命陛辞，英宗亲赐骥、贵等金兜鍪细铠弓矢蟒衣，以壮行色。官军抵麓川，思任发率众三万，至大侯州，打算攻打景东、威远，兵部郎中侯璡、都指挥马骥、卢钺迎敌，王骥等遂进军金齿，攻破镇康，收降思任发部将陶孟、刀门俸；继破昔剌寨，移军攻孟通。王骥与随军将士誓师，分三路进攻思任发：参将冉保自缅甸趋孟定，会合木邦、车里之师；王骥与蒋贵居中路，挥师向腾冲挺进；太监曹吉祥、副总兵刘聚自下江、夹象石合攻，径抵上江。上江，是思任发的主要基地，险要难攻，连攻二日不克。会天大风，王骥定计火攻，于是攻克上江寨，斩刀放戛父子，生擒刀门项，刀招汉合家自焚。是役，先后斩敌五万余人，自然难免祸及无辜。思任发退据木笼山，以二万众列七营固守，刘聚、宫聚分攻不下。王骥、蒋贵自中路进军，左右夹攻，克木笼山，斩敌数百级，乘胜追至马鞍山，破思任发象阵，斩杀十余万众，麓川大震。

十二月，王骥、蒋贵会合木邦、车里、大侯之兵合攻麓川，积薪焚毁敌栅，思任发抵抗不住，携妻子间道逃往缅甸。王骥班师回京，叙平麓川功，英宗晋升蒋贵为定西侯，岁禄一千五百石，王骥升靖远伯，赐貂蝉冠，岁禄一千二百石。随征官军升赏有差。①

思任发败走缅甸，官军亦撤退。思任发势力复出攻掠各地。

---

① 《明英宗实录》卷八七；《明史纪事本末》卷三〇《麓川之役》。

思任发子思机发复据有麓川者蓝等地，并遣使入朝，贡献方物乞降，廷议抚之，王振坚执不可。英宗谕王骥等曰："卿为朕再行。"①

正统八年（1443）五月，英宗再命定西侯蒋贵为平蛮将军充总兵宫，都督冉保、毛福寿充参将，右金都御史程富督理粮饷，发兵五万征麓川，转饷士卒五十万。② 这就是麓川之役第二阶段的第二次战役。此次问题更趋复杂化，缅甸宣慰司控制思任发居为奇货，要挟土地。木邦也以助剿为名，要求分润利益。明英宗也确实犯了个错误。当蒋贵陛辞时，祁镇谕之曰："兹以麓川叛寇思任发窜伏缅甸，其于思机发复据麓川侵扰，待命尔再率师征剿，务在殄灭穷寇，宁靖边方，其合行事例，悉如初征。该载未尽者，仍与王骥等计议便宜处理，毋怠毋忽。"又敕曰："缅甸得思任发已久，如拒执不遣，就令木邦等处夷兵剿之，缅甸地方与有功者。思机发据孟养，若孟养头目能执之来献，重加升赏，旧任宣慰子孙俾之承袭管领部属；如固拒不从，党蔽贼徒，即调夷兵进取，有功者亦以地方与之。然此非可遥度，今付尔贵及骥审度机会，计虑周密而行，斯事惟尔二人知之，勿轻泄之。"③英宗所称"惟尔二人知之"的"斯事"，显系加兵缅甸、孟养之事，而非"与地"之事。因为我们的传主，在同日给缅甸宣慰使司宣慰使莽德剌的敕谕中，已明确表示若能执思任发以献，"足以广尔土保尔安"。④ 在给木邦军民宣慰使司宣慰使罕盖法、孟养宣慰使司首领的敕谕中亦有"尔即起集夷兵至贡章，与官军约进，追逼缅甸将思任发解来，及剿捕思机发兄

---

① 《明史纪事本末》卷三〇《麓川之役》。

② 《明英宗实录》卷一〇四。《明史纪事本末》卷三〇《麓川之役》载："正统七年冬十月，复命定西侯蒋贵、靖远伯王骥征麓川、缅甸。"不知所据何典。且云："八年春二月，定西侯蒋贵、靖远伯王骥军至金齿。"

③ 《明英宗实录》卷一〇四。

④ 《明英宗实录》卷一〇四。

弟","成功所得地方即分拨与尔管属"的许诺。①

这次出兵历时最久,虽有木邦等兵相助,亦久持不下。缅甸宣慰司扣留思任发不予执送,要求以孟养、戛里地方互易,木邦则以助战求麓川之地。正统八年、九年,官军两度与缅甸宣慰司交兵江上,八年俘得思任发妻子,九年俘获思机发妻子,战事仍无结局,英宗召王骥还京。思机发退据孟养,负固对抗。②

正统十年冬十二月,英宗发下谕旨,遣使臣赴缅甸索思任发。云南千户王政奉敕书,带着礼物谕缅甸宣慰使卜剌浪马哈省,索思任发。卜剌浪马哈省不同意立即交还。适逢连续两日白昼晦暗,太阳无光,术者占曰:"天兵将至",卜剌浪马哈省大惧,将思任发等32人交给王政。思任发数日不食,濒死,王政斩其首级,函送北京。③英宗下令将麓川宣慰使司更名陇川宣慰使司。

思机发占据孟养,曾派遣其弟来京朝贡谢罪。英宗和王振则坚持必须思机发亲诣京师请罪,方可饶其罪过,思机发惧祸而未成行。正统十三年(1448)春三月,英宗命靖远伯王骥提督军务,都督宫聚任总兵官,张轨、田礼为左右副总兵,方瑛、张锐为左右参将,率南京、云南、湖广、四川、贵州卫所官军及士兵十三万征剿思机发,命户部右侍郎焦宏督饷,以孟养旧宣慰使刀孟宾为响导,十月官军抵金沙江。思机发以西岸立栅以待,官军造浮梁以渡,攻破敌栅,进军孟养。思机发聚众鬼哭山、芒崖山立寨固守,皆被攻破,斩获无数,思机发不知所终。(或曰死于乱军中)官军越过孟养抵达孟那。孟养在金沙江西,去麓川千余里,思机发余部震恐曰:

① 《明英宗实录》卷一〇四。
② 《明史纪事本末》卷三〇《麓川之役》。
③ 《明史纪事本末》卷三〇《麓川之役》。

"自古汉人无渡金沙江者,今王师至此,真天威也。"王骥还军,部众复拥立思任发幼子思禄,再占孟养。王骥担心师老兵疲,恐有不测,又自度思禄终不可灭,乃与思禄相约,许以土目名义管理诸部,仍居孟养,于金沙江立石为界,誓曰:"石烂江枯,尔乃得渡。"[1]思禄受命。王骥班师回京,以大捷奏报英宗。英宗下诏书增王骥岁禄,赐铁券,子孙世袭伯爵。后人评论:"麓川之役,大费财力,骚动天下。比再出兵,益复虚耗。"[2]谁料,王骥未及回京,便受命转战广西、湘西,办理苗、瑶、壮族骚动。事未靖,土木之变竟然陡发,证明了刘球八年前的预言:"麓川荒远偏隅,即叛服不足为中国轻重。而脱欢、也先并吞诸部,侵扰边境,议者释豺狼攻犬豕,舍门庭之近,图边徼之远,非计之得也。"[3]

① 《明史纪事本末》卷三〇《麓川之役》。

② 郑晓:《今言》卷四。

③ 《明史》卷一六二《刘球传》。

第四章　土木之变

一、明初的蒙古

　　洪武元年(1368)明太祖朱元璋在南京即皇帝位,旋即命将出兵,徐达率师北伐,元顺帝妥懽帖睦尔见大势已去,无法在中原继续维持统治,率领后妃臣妾逃离大都(今北京市),返回漠北。从此以后,蒙古各部的势力此消彼长,虽没能重建对中原的统治,但活动在辽东、漠北和漠西的蒙古势力,一直是明王朝生存发展的巨大威胁。明朝的边防、军备的核心,始终放在对付蒙古贵族的基本点上。明初分封秦、晋、燕、宁、辽、岷等边塞诸王分镇边关险要,建立"九边"重镇屯驻卫所精兵以及洪武时期的命将北伐、永乐时期成祖五征漠北,宗旨全在对仲蒙古族的袭扰,保障边境的安宁。

　　洪武初年,元顺帝妥懽帖睦尔恓恓惶惶由大都逃往上都(今内蒙古开平),企图以此为据点,徐图兴复。洪武二年(1369),明太祖朱元璋派大将常遇春与李文忠率军八万往攻开平,在全宁打败元丞相也速,进攻大兴州,擒丞相脱火赤,从新开岭直取开平,俘斩宗王庆生及平章鼎住,元顺帝逃往应昌(今辽宁克什克腾旗西达来诺尔附近)。据《蒙兀儿史记》载,元顺帝居应昌,恓恓惶惶,抑郁不乐,尝作歌曰:"失我大都兮,冬无宁处。失我上都兮,夏无以逭暑,惟予狂惑兮,招此大侮。堕坏先业兮,获罪二祖。死而加我恶谥号,予妥懽帖睦尔奚词以拒。"①这哀婉凄恻的歌声,道出了蒙古贵族"无可奈何花落去"的颓然情调,也反映了蒙古贵族不甘失去往日天堂,企图卷土重来的心境。

当然,明朝的统治者是不允许其卷土重来的。洪武三年正月,明太祖命徐达为征虏大将军,李文忠、邓俞为左副将军,冯胜、汤和为右副将军,统领大军兵分两路,往征沙漠。西路军由徐达率领,"自潼关出西安,捣定西,以取王保保"。东路军由李文忠统率,"出居庸,入沙漠,以追元主"。② 西路军在沈儿峪口大败元将王保保(即扩廓帖木儿),擒元郯王、文济王及国公阎思孝等官1865人,俘获将校士卒8万余人。东路军攻破应昌,获元主孙买的里八剌(此时元顺帝已死)并后妃、宫人、诸王及省院轵官,元太子爱猷识理达腊奔和林。

洪武五年(1372)正月,朱元璋复命徐达为征虏大将军,李文忠、冯胜为左右副将军,各带兵五万,三路出师往征沙漠。徐达的中路军在岭北遭到扩廓帖木儿与贺宗哲的顽强抵抗,死亡将士数万人,徐达不敢继进,"敛兵守塞"。③ 冯胜的西路军,进至亦集乃路(今甘肃额济纳旗),元守将卜颜帖木儿以城降,明军进抵瓜州、沙州而还。李文忠的东路军出应昌,进至胪朐河,"人持二十日粮,兼程而进,至土剌河","复进至阿鲁浑河",直到称海(今蒙古国西南部)而还。④ 此次出征,各路均无大功而有巨挫。因此,太祖朱元璋对之赏罚俱不行。洪武二十年(1387)九月,盘踞金山的纳哈出已归顺明朝,朱元璋任命蓝玉为征虏大将军,唐胜宗、郭英

---

① 屠寄:《蒙兀儿史记》卷一七《妥懽帖睦尔本纪》。
② 《明太祖实录》卷四八。
③ 《明史》卷一二五《徐达传》。
④ 《明太祖实录》卷七八。

为左右副将军,率兵"肃清沙漠"。第二年四月,蓝玉率明军自大宁至庆州(今内蒙古林西),直抵捕鱼儿海(今贝尔湖),杀元太尉蛮子,元主脱古思帖木儿逃走,[①]俘获其次子地保奴、吴王朵儿只、代王达里麻及官校三千余人。明军这一胜利,对蒙古贵族打击极其沉重。从此以后,蒙古势力日趋衰微。元主脱古思帖木儿在捕鱼儿海遭到蓝玉部队袭击后,欲往和林依附丞相咬住,行至土剌河,被部将也速迭儿勒死。从此,蒙古内部群龙无首,失去了统一的行政号令,各部互争雄长,相互火并,"部帅纷孥,五传至坤帖木儿,咸被弑,不复知帝号"。有个叫鬼力赤的,杀坤帖木儿自立,"称可汗,去国号,遂称鞑靼"[②],蒙古陷入分裂状态。

当时,蒙古分裂为三大部:活动于辽河、西辽河、老哈河流域(今吉林、辽宁境内)的兀良哈部;活动于鄂嫩河、克鲁伦河流域和贝加尔湖一带的鞑靼部;活动于科布多河、额尔齐斯河流域及其以南准噶尔盆地的瓦剌部。永乐年间,三部中以鞑靼部为最强,瓦剌部次之,而兀良哈部与明朝关系较为密切。洪武二十二年(1389),明朝分置朵颜、泰宁、福余三卫,安置兀良哈部众,故兀良哈部亦称兀良哈三卫。

明成祖永乐初年,蒙古三大部之间不断攻伐,纷争不已。鞑靼部的"鬼力赤与瓦剌相仇杀,数往来塞下"。同时,鞑靼部蒙古贵族各集团间也互相攻掠。永乐三年(1405),知院阿鲁台杀鬼力赤,迎立元皇室后裔本雅失里为可汗。不久阿鲁台被瓦剌部击败,徙居胪朐河(今蒙古国境内克鲁伦河)流域。[③] 永乐八年,成祖朱

---

① 《蒙古源流》称元太子爱猷识理达腊死于洪武十一年,弟脱古思帖木儿继立。而《明史·鞑靼传》则称脱古思帖木儿为爱猷识理达腊之子,今存疑待考。
② 《明史》卷三二七《鞑靼传》。
③ 《明史》卷三二七《鞑靼传》。

棣亲率五十万大军出塞征鞑靼,兵锋至斡难河,"本雅失里弃辎重孳畜,以七骑遁"。鞑靼部经这次重创,"众溃散",本雅失里与阿鲁台,君臣始各为部,①鞑靼部势力大减。永乐八年(1410)冬,阿鲁台向明朝贡马称臣,第二年接受了明王朝和宁王封号。本雅失里在永乐八年溃败后,惶惶不宁居止,永乐十年被瓦剌部马哈木所杀,从此鞑靼部众全归阿鲁台统御。到永乐十九年,阿鲁台的鞑靼部因"生聚蕃富,遂桀骜",复多次兴师骚扰兴和等地,构成对明王朝的威胁。明成祖朱棣遂于永乐二十年、二十一年、二十二年三次亲征鞑靼,予以沉重打击,最后阿鲁台被瓦剌部脱欢袭杀,②鞑靼势力遂衰微。

永乐初年,瓦剌部尚不甚强大,经常遭到鞑靼部侵扰。明成祖即位便遣使告谕瓦剌部,要求通贡敦睦,相安无事。永乐六年(1408)瓦剌部首领之一马哈木首先向明朝贡马请封。第二年,明成祖册封瓦剌部三个首领:马哈木为顺宁王,太平为贤义王,把秃孛罗为安乐王。永乐初元,明王朝把鞑靼部作为重点打击对象,忽略了瓦剌部,瓦剌部势力逐渐强盛起来。自永乐十年瓦剌部袭杀鞑靼可汗本雅失里后,多次要挟明朝财物、扣留使臣,并南下袭扰。永乐十二年,成祖亲率大军出征瓦剌部,兵锋直至土剌河(今蒙古国境内图拉河),马哈木战败逃走,不久死去,其子脱欢在永乐十六年袭顺宁王封号,对内兼并诸部,对外收罗鞑靼部众,其势渐强,遂成为明朝北部、西北部的最大威胁。

宣德九年(1434),脱欢袭杀鞑靼部首领阿鲁台,"悉收其部"③,势力发展到鄂嫩河、克鲁伦河流域及贝加尔湖一带。正统

---

① 《明史纪事本末》卷二一《亲征漠北》。
② 《明史》卷三二八《瓦剌传》。
③ 《明史》卷三二七《鞑靼传》。

初年,脱欢又攻杀瓦剌部"贤义、安乐两王,尽有其众"。① 于是,蒙古族两大强部瓦剌、鞑靼部众皆归属于脱欢麾下。脱欢"欲自称可汗,众不可。乃共立脱脱不花,以先所并阿鲁台众归之"②,而"自为丞相"③。脱脱不花系元皇室后裔,多数蒙古人都以为只有成吉思汗黄金家族的子嗣为可汗才是名正言顺,其他家族出身者为可汗便有篡逆之嫌疑。所以各部族首领在混战中夺得权力后,往往都拥立元皇室后裔为傀儡,而这些傀儡又成为各派势力权力争夺的牺牲品。脱欢拥立脱脱不花,只是为了协调众议,"实不承其号令"④,指挥瓦剌、鞑靼部众的权力紧紧操在自己手中。

脱欢的野心与才干同样大。正统二年(1437)十一月,脱欢率众屯驻饮马河,并纠结兀良哈三卫并野人女真欲犯边境。小皇帝朱祁镇命缘边诸将议战守之策奏闻,总兵官、都督陈怀、谭广、李谦、王彧等各上奏疏,一致认为"胡寇出没不测,难以常法取胜","惟守为上策。宜于沿边要害,各置军马,而聚兵以守总会。仍遣勇敢头目不时巡行,遇贼入寇,彼寡我众则相机剿杀,彼众我寡则坚壁清野。"⑤祁镇以为众帅意见很好,批准照奏实行。正统四年七月,当瓦剌部众屡犯宣府、大同、宁夏等镇时,英宗朱祁镇给宣府、大同等处总兵官谭广等敕书说:"即今瓦剌胡寇谲诈多端,常遣人来兀良哈处,纠合贼徒,窥伺边境。延安、绥德、宁夏自六月以来,累瞭见境外烟火,此必鞑贼哨探路径,欲为鼠窜之计。尔等宜

---

① 《明史》卷三二八《瓦剌传》。
② 《明史》卷三二八《瓦剌传》。
③ 《明英宗实录》卷五五。
④ 《明史》卷三二七《鞑靼传》。
⑤ 《明英宗实录》卷三六。

严谨堤备。如贼少,可击则击之;贼众,则固守城堡,不可轻与争锋。"①这便成了正统朝对瓦剌斗争的基本指导性方针。这种方针是否错误呢?我们以为并不错误。根据正统朝的国家财力和军队状况仅能如此。但是"固守城堡"需要有具体可行的得力措施,不然的话,所谓的固守就成了单纯的消极防御,必然助长瓦剌部南下的气焰。这是被后来的历史证明的。

明英宗正统四年(1439),脱欢病死,他的儿子也先(亦作额森)嗣立,自称太师淮王。也先个人能力和野心都超过他的父亲,"脱脱不花具空名,不复相制"。② 向明朝朝贡时,脱脱不花和也先各自遣使,即《明史》所称"主臣并使",明王朝要两厢应酬,赏赐相当丰厚。

明王朝自仁宣时期起,对蒙古的政策已经发生转变。由洪永时期长驱直入、犁庭扫穴以攻为守的方针,转变为慎守九边、互市往来以守为攻的方针。特别是英宗正统年间,由于决策错误,经年对麓川用兵,无暇北顾;财政困难,无力北顾,文恬武嬉,无能北顾。对瓦剌奉行的是一条消极防御的方针,也先利用时机极力扩张势力范围。

也先势力向外扩张,目标十分明确地指向"九边"一线的东西两翼。首先是向西翼发展。在明甘肃卫、甘州以西,明初先后设置沙州、赤斤、曲先、阿端、罕东、哈密诸卫,安置归附蒙古及回部部众。这些卫的少数民族首领与明关系十分亲密,接受明朝册封管理,屏翼九边的西端,维护着中央王朝与亦里把里及西亚各国的联

---

① 《明英宗实录》卷五七。
② 《明史》卷三二八《瓦剌传》。

系通道。瓦剌部的策略是"结婚沙州,赤斤蒙古诸卫"①,破坏明与沙州、赤斤蒙古的联盟。到正统九年,也先竟公开宣布建立甘肃行省,并授予罕东诸卫都督讷格(即喃哥)等平章之职。② 正统十年(1445),也先发兵裹胁沙州、罕东及赤斤蒙古围攻哈密卫,俘虏了明朝册封的忠顺王倒瓦塔失里的妻子、母亲,逼迫忠顺王到瓦剌部就范。倒瓦塔失里数次派使者向明朝告急求救,而英宗朱祁镇却站在超然的第三者立场上,一味"敕令诸部修好"③,既不谴责也先的扩张行径,也不发一兵一卒对哈密给予支援。倒瓦塔失里在求救不应的情况下,三年后被也先武力胁迫至瓦剌,从此哈密卫便被也先控制。瓦剌部在征服役使西北诸部的同时,势力也在悄悄向东发展,下一个目标便是兀良哈三卫。

前文已有交代,蒙古兀良哈部主要活动在今辽宁、吉林和内蒙古自治区东部,与明朝关系较为融洽。洪武二十二年(1389)广明朝置朵颜、泰宁、福余三卫,安置兀良哈蒙古,以各部首领世袭卫所世职。兀良哈三卫农业、手工业并不发达,逐水草而居的游牧生活仍是其最主要的生活方式。各别部族的散骑游勇,亦有逼近明边盗掠生活资料的事件发生,尤其是灾荒岁月,更为常见。但总体而言,与明朝的关系还是好的。但是,不知确因何故,正统九年(1444)英宗祁镇作出错误决定,派兵讨伐兀良哈三卫。《明史纪事本末》载:正统"九年秋七月,兀良哈入寇。命成国公朱勇等率诸军二十万,分道出塞击之。朱勇同太监钱僧保由中路出喜峰口,兴安伯徐亨同太监曹吉祥由南路出刘家口,左都督马凉同太监刘

---

① 《明史》卷三二八《瓦剌传》。
② 《明通鉴》卷二三。
③ 《明史》卷三二九《西域传》。

永诚由北路出界岭口,都督刘怀同太监但住由西北路出古北口。逾滦河,渡柳河,经大小兴州,过神树,破福余于全宁,复破泰宁、朵颜于虎头山,所掠万计。而都督杨洪出黑山,俘斩安出部。各论功加秩。三卫从是寝衰,然怒中国刺骨,因纠也先入寇,为之乡导矣"①。《明英宗实录》对此语焉不详。较《明史纪事本末》成书更早的王世贞《三卫志》、叶向高《四夷考》、严从简《殊域周咨录》等书对这次军事行动都有较详记载,然而对出师时间、各路将帅配备、进军路线及战绩等记述颇多歧疑。日本学者和田清对有关问题曾一一考辨,澄清了不少疑难。② 当然,对正统九年的战役的进剿追击范围,《明史纪事本末》是过分夸大了,"三卫从是寝衰"亦不可信。但是,三卫"怒中国刺骨,因纠也先入寇,为之乡导"却是可信的。这次战役导致了明与兀良哈部宗藩关系的破裂,成为瓦剌东侵臣服兀良哈和兀良哈导也先南牧的契机。正统九年的战役,是血气方刚亲政不久的明英宗受宦官王振、曹吉祥贪功野心的煽惑,在无准备情况下的一次鲁莽出师,后果的严重性与五年后的土木之役一线相通。

正统十一年(1446),瓦剌太师也先开始实施东进方略,率骑兵攻打兀良哈三卫,并派使臣到大同城要求明朝提供军粮,试探明朝对其东进的态度,指名要见明朝大同镇守太监郭敬。消息传递到北京后,英宗祁镇给郭敬的指示仅五个字:"毋见,毋予粮"③,既不谴责也先的侵扰扩张活动,也不派兵援助兀良哈三卫,竟然坐视也先"破兀良哈,胁朝鲜"。④ 瓦剌这次东进,给兀良哈三卫的创伤

---

① 《明史纪事本末》卷二〇《设立三卫》。

② [日]和田清:《明代蒙古史论集》一三《关于正统九年征兀良哈》。

③ 《明史》卷三二八《瓦剌传》。

④ 《明史》卷三二八《瓦剌传》。

确实太严重了,人畜被杀被掠,幸存者逃到深山远避。三卫在瓦剌骑兵蹂躏下,丧失抵抗能力,只好屈从就范,受也先控制。这样一来,也先的势力范围西起今日的新疆、青海、甘肃,向东扩展到辽东地区,直至朝鲜半岛北部,鞑靼、兀良哈三卫皆在控驭之下。这是继大元帝国之后所出现的又一蒙古贵族的封建政权。也先势力的扩张,必将危及明王朝的安宁,明王朝一些较有见识的官员已意识到这一点。

蒙古各部与明王朝的关系从来就没十分和谐。从和宁王到脱欢,从阿台到朵斤只伯,与明王朝都是打打和和,和和打打,对抗超过和平。蒙古各部的首领,有时今天接受明朝封号,明天即带兵犯边;明王朝有时今天接待蒙古朝贡使团,明天就命将出师致讨。对于来自蒙古的威胁,明朝的某些廷臣和边将是有所警觉的,但却没能引起明英宗的足够重视。正统八年六月,翰林院侍讲学士刘球上疏言事,第十款为修武备以防外患,刘球讲:"《大易》有曰'思患而预防之,盖能防患于前,斯可无患于后。'今北房比年来贡之人,有增无减,其包藏祸心,诚所难测。东西二边亦数有警,不可不预防之。"①刘球分析指出,明朝的边患在北不在南,威胁来自蒙古而不是麓川。刘球因触怒王振等宦官集团,被罗织罪名投入锦衣卫狱,王振唆使其死党马顺将刘球杀死肢解。阴杀刘球祁镇是不会知道的,但是逮捕刘球却是祁镇同意的。这就明确表达了英宗对刘球指出的边患在北不在南的态度。

正统十二年(1447)二月,巡抚大同宣府右副都御史罗亨信等奏称:"达贼也先自去年秋抢掠兀良哈得志回还,累来窬探不绝,

---

① 《明英宗实录》卷一〇五。

料必扎驻不远,决有伺隙为患之意。"①再一次敲响警钟。罗亨信说大同左右参将分守东西二路,所统兵马分散且数量较少,请求将山西、河南操备下班官军暂留,以加强防备。英宗批复,敌人已经远去,没有接受这番建议。紧接着大同左参将都督金事石亨又言:"也先屡犯边,及秋尤可虑。"②瓦剌势力不断增强,也先野心不断膨胀,在在昭彰,不可否认。大举犯边,势所必然,英宗再也无法否认严酷的现实。正统十二年闰四月,我们的传主在给辽东提督军务右都御史王翱、总兵官右都御史曹义的敕书中指出,也先遣使赴兀良哈迫取粮食,而陈兵广宁、开原境外相胁,包藏野心。"也先今者犹在境外,夏深草茂秋高马肥之时,必复来胁兀良哈同来犯边,尔等宜严切隄备。"③认识总算提高了一步。

因也先率军渐逼边境,同年九月英宗敕谕沿边总兵官各陈御敌长策良法。大同总兵官武进伯朱冕、侍郎沈固等条上御敌六议,一议守、二议战、三议劫、四议追、五议选兵、六议车战。议守方法是每年深秋,多遣间谍出境缉探,一得声息即令军民急收田禾搬运窖藏,尽驱男妇老弱入避城寨,使敌骑到来无所掠夺;议战方法是将大同三路分守,贼势小则一路自出御敌,贼势大则三路并出互相应援;议劫方法是,敌骑昼则纵横驰逐,夜则随处屯宿,选勇敢官军伺机乘隙,夜劫敌营;议追方法是,敌骑入境得利则负重行动迟缓,不得利则人疲马困,我军或据险设伏遏其归路,或分兵追击以蹑其后;议选兵方法是,将现在备操官军按材力的不同,分为首拨和次拨两批,加强训练,遇敌先发首拨,继发次拨,将帅则要身先士卒,

---

① 《明英宗实录》卷一五〇。
② 《明英宗实录》卷一五二。
③ 《明英宗实录》卷一五三。

因机制变,以图戎绩;议车战方法是实行车战古法,行军则以车载衣粮,驻屯则以车结营阵,战车、小火车各依式依数造制。祁镇见到这份奏疏,认为切实可行,下令有关衙门全部采纳实行。[①] 至于具体实施情况如何,我们便不得而知了。最起码,在检索正统朝有关史料时,我们从未见到制造和应用战车、小火车的记录。

也先迟早会大举南侵,这种趋向到正统十二年(1447)已经明朗,明朝君臣也已无法回避。这一敌情,也被来自瓦剌内部的情报证实。正统十二年十一月,瓦剌部也先帐下的阿儿脱台因与平章克来苦出素有嫌怨,恐被加害,南逃归降明朝。阿儿脱台反映,也先谋划大举入侵明朝,强迫其主脱脱不花可汗出兵。脱脱不花可汗称,我等服用多资大明,不忍逆天道而为。也先则声称,可汗不为,我将自为,"纵不得其大城池,使其田不得耕,民不得息,多所剽掠,亦是以逞"。[②] 这份情报确实可信,十分重要。可能对明朝君臣加强北边军备有一定促进作用。那么,瓦剌铁骑为什么在正统十二年、十三年没有大举入犯呢? 其一,是由于瓦剌内部的意见尚不统一,步调还不协调。脱脱不花可汗的实际权力虽然远不如太师也先,但他是瓦剌部的名义之主,是黄金家族的后裔,在蒙古族中仍有较大的影响。也先大举南侵的方案,若没有脱脱不花可汗的首肯,对各部族的总动员一致行动不利。所以,也先要等待,等待内部意见统一,步调一致才好大举南下。其二,也先要大举进攻明朝,既要选择适当的机会,更要有堂而皇之的借口。可明王朝在与瓦剌部的朝贡贸易中,对瓦剌部首领也确实不薄,尽管瓦剌朝贡使团成员一增再增,由几十人增至几百人,乃至几千人,可明王

---

① 《明英宗实录》卷一五八。

② 《明英宗实录》卷一六〇。

朝一直以礼相待,回赐也尽量从优。也先在注视着明朝方面,寻找兴师的借口。

二、朝贡贸易

经过洪武朝、永乐朝多次北伐朔漠,蒙古的鞑靼部、瓦剌部,尤其鞑靼部损失惨重,加之鞑靼部和瓦剌部之间的对抗,鞑靼部无可奈何地衰落下去。迨至明宣宗宣德年间,瓦剌部的脱欢遂恃强称雄。脱欢死后,其子也先自称太师淮王,整饬内政,强化军备,实力更趋雄厚,俨然以继元帝国之后再度兴起的蒙古大帝国自期。

明初的瓦剌部蒙古,同其他各部的情形一样,虽处于封建社会,然而政治、经济、文化各个领域都不甚发达。氏族社会的残余、部族社会的流风遗韵仍十分强大,军事上对外征服和防御外侮很难区别,经济上共同使用牧地,共同进行围猎。汗、诺颜等部族首领既具有政治、经济、司法首脑的地位,又兼家长的身份,游牧地、狩猎地、战利品的分配由其而定,所属部族的纳贡、从军的义务亦由其指导。

北返朔漠的蒙古部族的社会经济有一致命的弱点,就是社会经济部门单一,生产分工很不发达,手工制造业水平低下,农耕经济极其有限,且呈现蜕化的趋势。这不能归咎于蒙古人民,而主要应在自然地理和全球气候方面探求原因。首先,蒙古部族活动的自然环境恶劣,不宜农作,在当时人的印象中"沙漠""朔漠"就是蒙古的代名词,其自然地理条件之差可以想见。其二,明朝初年,恰值太阳能活动的"斯波勒最低限",全球气候变冷,蒙古各部所活动纬度直接限制了农耕经济的发展,甚至难以保持原已达到的水平。农业经济有限,且呈衰退趋势,游牧和狩猎几乎成了其社会

111

经济生活的全部内容。这样一来,各部族自我提供的仅是动物性衣食资源,而植物性衣食资料乃至生活中其他必需的手工业品则需通过对周边的贸易或掠夺方式来获取。而明蒙间的贸易活动的规模、频率、货物量等都直接受明蒙关系的影响,特别是主动权往往被明王朝所控制。掠夺的形式可靠性极不稳定,许多情况下又是得不偿失,但又不得不实行。当然重占中原,以主人的身份君临天下,问题就彻底解决了。基于这点考虑,我们以为像也先那样蒙古首领一定经常幻想重温其先世的迷梦。

包括瓦剌部在内的蒙古各部族蒙民,都十分迫切地需要明朝的粮食、茶叶、酒类、香料、铁器等生活必需品,更需要明朝的棉布、绸缎和其他工艺品,部族的上层分子需求尤为急迫。获取这各种物品的合法途径有二:一是马市贸易,二是朝贡贸易。固定的马市贸易,在明初明蒙关系紧张的情况下,尚难以实行。正统初年,明与蒙古关系虽然仍很紧张,但大规模的军事交锋已告过去,开设马市已成可能;正统三年(1438)四月二十四日,行在刑部尚书魏源等因为瓦剌遣使臣贡马,援引辽东开原成例,条上六事,内容为"置马市,选贡马,输贡具,严禁约,择通事,设牙行。"①英宗批示"马市劳民,不必置。待远人从厚,贡马不必选"。② 英宗的意见是开马市劳民扰军,不能开;瓦剌等部进贡马匹不要筛选,一概接收给以重赏,厚待远人是大朝大国的美德。这种意见是否正确,由下面的史实去回答。没过几天,同月三十日,巡抚大同右佥都御史庐睿奏请"大同宜立马市,庶远人驼马军民得与平价交易,且遣达官指挥李原等通其译语,禁货铜、铁、兵器"。③ 这次祁镇却予以批准

① 《明英宗实录》卷四一。
② 《明英宗实录》卷四一。
③ 《明英宗实录》卷四一。

实行,从此,明朝与蒙古的大同马市贸便开始了。朝贡贸易作为一种经济文化交往的形式、政治上的宗藩关系的征象,自永乐朝马哈木、太平、把秃孛罗作为瓦剌部首领时就已开始,而这种朝贡贸易的大规模展开却在明英宗正统朝。

　　明王朝对外藩朝贡使团原无明确的人数限制,来朝的季节和进京路线(即贡道)也无明确规定。据说朝贡使团中往往混有不逞之徒,沿途为非,骚扰地方,甚至有侮辱妇女、杀人越货的事情发生。对此类问题,朝廷官员曾提出许多建议。正统二年冬十月,行在兵部奏:"兀良哈及鞑靼、女真人等来朝贡者,进马或三五匹,动辄三四十人,有回至中途复来者。多有不逞之徒,诡冒其间,引诱为非,俱无公文照验,道经城镇关隘,总兵镇守等官略不谁何,一概纵放,所过凌辱驿传,骚扰军民,需索剽夺,其害非一,乞禁止之。"英宗认为兵部所奏甚是,给辽东、宣大等处总兵官下了一道敕命:"今后外夷以事来朝者,止许二三人或四五人,非有印信公文,毋辄令入境。"①看来周边少数民族使团,骚扰军民,凌辱驿传,种种越轨的非法行为具有某种普遍性,正统二年(1437)行在兵部的报告反映了这方面的问题。我们的传主,十岁的祁镇对这份报告"是其言",表示首肯,并敕令"今后外夷以事来朝者,止许二三人或四五人,非有印信公文,毋辄令入境"。对人数越来越多的朝贡使团也限制明确了:人数不许过五十。能否限制了瓦剌贡使入贡的情况呢?为叙述便捷,且能有总体把握,我们根据《明英宗实录》的资料,绘制了正统朝瓦剌使团朝贡情况一览表。

---

　　① 《明英宗实录》卷三五。

瓦剌使团朝贡情况一览表

年月日	使团首领及人数	贡献方物及赏赐
宣德十年八月辛酉	瓦剌顺宁王脱欢遣臣知院昂克自夏来京	贡献方物。明朝赏赐不清
宣德十年九月己丑	瓦剌顺宁王脱欢等遣使臣月鲁花来朝	贡献马匹及貂鼠皮、青鼠皮。明朝在礼部赐宴并赐彩币等物
正统元年八月乙亥	瓦剌顺宁王脱欢遣使臣阿都赤来朝	贡驼马并方物。赐宴并赐彩币有差。明朝赐阿都赤等十一人都指挥佥事并赐冠带
正统元年十月戊子	瓦剌顺宁王脱欢遣使臣速檀等来朝	贡马匹、方物贺万寿节。赐宴并彩币
正统元年十一月辛酉	瓦剌顺宁王脱欢遣使臣来朝	贡马,赐宴并赐彩币
正统二年三月丁未	瓦剌顺宁王脱欢遣使臣来朝	贡马驼、方物。赐宴并赐彩币
正统二年八月辛未	瓦剌顺宁王脱欢遣使臣阿都赤等267人来朝	贡驼马。赐宴及彩币。升阿都赤都督同知
正统二年八月戊申	瓦剌使臣皮儿马黑麻来朝	贡马。赐宴并彩币
正统三年三月戊子	瓦剌使臣到大同。敕命只准正使、副使3—5人到京。	贡马,并请求合兵夹攻朵儿只伯
正统三年十月丙寅	瓦剌顺宁王脱欢遣使臣阿都赤等来朝	贡马1583匹,驼3只,貂鼠等皮2932张。赐宴并织金文绮毡帽彩币有差
正统三年十二月戊寅	瓦剌顺宁王脱欢遣使臣克来忽赤等来朝	贡马。赐宴并彩币
正统四年十月丁亥	瓦剌脱脱不花可汗等遣使阿都赤一千余人来朝	贡马3725匹,驼13只,貂鼠皮3400张,银鼠皮300张。赐宴并彩币
正统五年十一月癸卯	瓦剌脱脱不花可汗遣使臣卯失剌等男妇644人来朝	贡马1674匹,银鼠皮320张。赐宴并彩币衣帽有差

年月日	使团首领及人数	贡献方物及赏赐
正统六年五月戊戌	瓦剌太师也先遣使臣扯列巴失等来朝	贡马驼，玉石等物。赐宴并彩币等物
正统六年十月癸酉	山西大同知府栾埴奏称：瓦剌贡使道经大同，今岁来使二千四百人，在府六十天，通费羊五千有奇，他物称是	
正统六年十月甲申	瓦剌脱脱不花可汗遣使臣阿都赤等2190人来朝	贡马2537匹，貂鼠银鼠皮21200张。赐宴并金织袭衣等物
正统六年十一月己亥	瓦剌脱脱不花可汗使臣阿都赤等来朝	贡马匹方物
正统七年正月戊寅	敕谕瓦剌朝贡使团人数不许过300人，过者于猫儿庄等候不得入关	
正统七年二月乙卯	总督大同等处粮储侍郎沈固称：瓦剌太师也先遣使臣脱木思哈等二千二百余人，在大同逗留，行粮刍豆共费三十一万石。	
正统七年十月戊戌	瓦剌贡使至关2000余人，续至者又100余人	英宗特旨准赴北京
正统七年十一月癸亥	瓦剌脱脱不花可汗及也先太师使臣卯失剌等2302人来朝	贡马2537匹。宴赐如例
正统八年九月丙寅	敕谕瓦剌使臣朵脱儿、把失罕、皮儿马黑麻在大同等候官员接待。使臣共283人	贡马多瘦小不堪。赐宴并彩缎绢帛有差
正统九年三月甲寅	瓦剌太师也先遣贡使察力把失等来朝	贡驼马，玉石等。赐宴并赐纡丝袭衣彩缎等物有差
正统九年十月癸丑	瓦剌脱脱不花可汗、太师也先贡使卯失剌等1867人来朝。	贡马3092匹
正统九年十一月甲申	瓦剌太师也先遣使臣失连帖木儿等来朝	贡驼马。赐宴及彩币表里等物

年月日	使团首领及人数	贡献方物及赏赐
正统十年九月壬辰	瓦剌来朝正使皮儿马哈麻、副使完者帖木儿至大同,十二月至京	贡马 800 匹,青鼠皮 130000 张,银鼠皮 16000 张,貂鼠皮 200 张。英宗命马收其良者,青银鼠皮各收 10000 张,余令自卖
正统十年十月庚申	敕谕瓦剌太师也先,朝贡使者只准大同一路来京	
正统十一年十月戊戌	瓦剌来朝正使孛端、副使失兰火者等至大同	
正统十二年正月己卯	瓦剌脱脱不花可汗朝贡使臣孛端,太师也先使臣把伯,回回阿里锁鲁檀等 1165 人来朝	赐宴于礼部
正统十二年九月丁巳	瓦剌脱脱不花可汗、太师也先朝贡使臣皮儿马黑麻等 2149 人来朝	命宴于大同。命骁骑右卫副千户马青奉使瓦剌
正统十二年十一月甲辰	瓦剌贡使皮儿马黑麻等 2472 人来朝	贡马 4172 匹,貂鼠、银鼠皮 12300 张
正统十三年三月己亥	敕谕严禁将弓箭、军器等物与瓦剌使臣交易,违者论死。以瓦剌使臣收买军器故	
正统十三年十一月壬寅	瓦剌脱脱不花可汗并太师也先遣使臣完者帖木儿等来朝	贡马驼并方物。赐宴并袭衣钞币等物有差。贡使续贡马 124 匹,驼 3 只
正统十三年十二月庚申	瓦剌脱脱不花可汗、太师也先并买卖回回阿里锁鲁檀等来京朝贡,自报贡使 3598 名	明朝按人赏给完毕。会同馆核查使团人数只有 2524 名。其中脱脱不花可汗使团自报 471 名,只有 414 名;也先使团自报 2257 名,只有 1358 名;买卖回回使团自报 870 名,只有 752 名

(以上资料皆引自《明英宗实录》)

从表中我们可见,瓦剌部的朝贡使团来京常不依时,使团的人数不仅超过明朝的规定,且大有继续增加的势头。这种趋势反映了蒙古部族社会经济的单一性和对明王朝的某种经济依赖性,同时也反映了瓦剌部封建领主在经济上的贪婪性。明王朝为什么要接受这种并不等价的朝贡贸易呢?其一,是想过朝贡贸易满足瓦剌部首领的一些经济需求,换取边疆的安宁;其二,通过贸易,维持对周边部族的宗主地位,尽而满足其天朝大国、万方来朝的虚荣心理。不断增加的瓦剌朝贡使团,加剧了明王朝的经济负担,带来的边防和社会治安方面的麻烦,一天甚于一天地困扰着英宗君臣。

瓦剌部朝贡使团自正统初元起,人数便常常有数百人之多,且脱欢部族与脱脱不花部族各遣使团,分别朝贡。正统四年,脱欢死去,也先继其父控制瓦剌部自称太师,朝贡使团人数突破千人。《明英宗实录》记载:"瓦剌等处脱脱不花王等遣都督阿都赤等千余人来朝,贡马三千七百二十五匹,驼一十三只,貂鼠皮三千四百,银鼠皮三百。赐衣帽靴袜钞币有差。"[1]有一点必须交代,瓦剌使团的贡品极其单调,只是马、驼、貂鼠皮、银鼠皮。这类贡品并不是真的作为贡品无偿送给明朝,明朝是要按时估给价的。贡品之外的所携物品,则在会同馆或大同至北京沿途交易货卖。使团一般都是深秋或初冬入境来朝,数百人、数千人一住就是一个冬季,到来年初春才启程返回。其间礼部的接待宴赏都十分隆重丰厚,沿途府县卫所的生活供应不可计数。使团的正副使及主要成员,都被明王朝加官晋职,有的成员多次来朝,加衔至都督、都督同知等,明王朝要依据加衔不同分别给以赏赐,职衔越高,赏赐越厚。使团春季回归,英宗一定要派出回访使团,携带赏给也先太师、脱脱不花可汗、伯颜帖木儿、知院阿剌及他们夫人的大批礼品,与朝贡使

---

① 《明英宗实录》卷六〇。

团偕行。仅据正统六年春明朝回访使团所赐礼物统计:赐可汗脱脱不花五色彩缎并紵丝蟒龙直领褶襈曳撒比甲贴里一套,红粉皮圈金云肩膝襕通袖衣一,皂麂皮蓝条铜线靴一双,朱红兽面五山屏风坐床一,锦褥九,各样花枕九,销金凉伞一,油绢雨伞一,箜篌火拨思二弦一付。赐太师也先蟒龙缎一,麒麟等兽缎四,五色缎五十,彩绢一百二十。其他首领、妃嫔各有所赐。[①] 稍不餍足,则向回访使团强行勒索。正统五年(1440)十月,行在金吾左卫带俸指挥康能奉敕随瓦剌使团回访,脱脱不花、也先、伯颜帖木儿等受赐后"复固索所与诸酋长者",康能等"不得已,借众官军彩缎六百六十八表里,三梭布五千八百七十匹与之"[②],造成亏空,康能回京还得打报告,追加回赐礼物,以补偿借用缎匹,搞得明朝君臣大为头疼。

可能赐者愈厚,来者愈多的缘故,待到正统六年(1441)十月,瓦剌朝贡使团竟然增至2400余人,给山西大同府带来巨大压力。知府栾瑄向祁镇奏报说:"瓦剌使臣朝贡道经大同,递年宴劳供馈所需米麦牛羊诸物,俱系山西行都司并本府给官钱市用。自正统四年以后",使臣逐年增多,"今岁使臣至者二千四百人,在府约六十余日,通费羊五千有奇,他物称是"[③],而从大有仓所支米麦尚未计算在内。正统六年瓦剌使团往返,仅大同一处供给米麦粮豆就达三十一万石之多。[④] 此时已经亲政的英宗对此事颇为关注,很想扭转这种局面。正统七年正月,祁镇给大同总兵官武进伯朱冕、参将都督同知石亨的敕书指示:"往者瓦剌遣使来朝,多不满五

①　《明英宗实录》卷七五。
②　《明英宗实录》卷七二。
③　《明英宗实录》卷八四。
④　《明英宗实录》卷八九。

人。今脱脱不花、也先所遣使臣动以千计,此外又有交易之人。朕虑边境道路军民供给劳费,已令都指挥陈友等赍敕往谕瓦剌,令自今差遣使臣多不许过三百人,庶几彼此两便。此后如来者尚多,尔等止遵定数容其入关,余令先回,或令于猫儿庄俟候使臣同回,从彼自便。故预敕尔知之。"①由正副使陈友、王政交给脱脱不花、也先的敕书则说:"此后可汗及太师所遣使臣不宜过多,仅可一二百人,庶彼此两便。若来者过多,只照定数入关,余驻猫儿庄,或欲先回,或候使臣同回,听其自便。"②两道敕的基本精神是一致的,但所规定的使团人数却有差异,前者"多不许过三百人",后者"仅可一二百人"。可能是英宗信心不足,留有余地吧。瓦剌部首领们能否把英宗的敕书视为金科玉律照办不误呢? 还是个未知数。

瓦剌部的也先、脱脱不花正在窥视明朝的意向,你限制我使团人数,我偏扩大使团人数,看你如何开销。正统七年(1442)九月,瓦剌部又派出了 2000 余人的朝贡使团,浩浩荡荡开向大同镇,大同守将和地方官不知怎样办,只好以八百里驿递把情况飞报北京,堂堂大明天子朱祁镇却首先软了下来,一改初衷,不敢坚持敕书的规定了。祁镇给瓦剌使臣卯失剌、字端的敕书说:"尔等敬天道尊朝廷,不远数千里,奉使来朝,朕深嘉悦",先来一通自我解嘲,自我安慰。接着说:"已遣内官林寿及敕缘边镇守总兵等官如例馆待,遣人护送来京。然去年因使臣及贸易人众,其中有纵酒越分,缘边殴伤军夫者。今年春敕谕,今自后少遣人来,亦敕大同总兵镇守官,除正副使定数外,凡从人及贸易之人,悉留猫儿庄。今闻尔处遣来之人,仍复过多,朕念天寒远来,若处之边地,必致失所。特

① 《明英宗实录》卷八八。
② 《明英宗实录》卷八八。

令总兵等官俱纵尔等来朝,俟来春同归。"①又谆谆告诫沿边将领,整搠士马,申明号令,毋纤毫疏虞,"庶不启彼轻视之心"。② 这种朝令夕改,姑息迁就,本身就是示弱瓦剌,还能"不启轻视之心"吗!继瓦剌二千人朝贡使团入关后,又有一百余人自称也先差来使臣,叩关要求入贡。大同总兵官武进伯朱冕不敢擅自拒纳,飞报朝廷,英宗批示曰:"得奏知瓦剌使臣续有至关者,尔等疑弗纳。然彼既远来,理须从宜宽待。敕至,即启关纳之,同前使发遣来京,馆谷之例,一准前敕。"③此次也先和脱脱不花联合差遣的朝贡使团,两次入关者计二千三百零二人,贡马二千五百三十七匹,④明王朝依旧礼遇之。

继此之后,使团人数非但没减,反而呈增加趋势。正统九年(1444)十月一千八百六十七人来朝,正统十二年春一千一百六十五人来朝,同年九月二千一百四十九人来朝,同年十一月二千四百七十二人来朝。正统十三年十二月,瓦剌部脱脱不花可汗、也先太师并买卖回回阿里锁鲁檀遣使三千五百九十八名来朝,礼部已经按使团自己呈报人数给赏,而负责接待工作的会同馆核查后发现使团人数实际只有二千五百二十四人,虚报一千零七十四人。其中也先使团虚报人数八百九十九名。⑤

瓦剌朝贡使团人数剧增,所带来的不仅是明王朝财力不支的单纯经济问题,还有更棘手的一系列问题。据英宗写给瓦剌也先太师的书信披露,正统七年来使中有人在大同驿站伤残明朝服役

① 《明英宗实录》卷九六。
② 《明英宗实录》卷九六。
③ 《明英宗实录》卷九七。
④ 《明英宗实录》卷九八。
⑤ 《明英宗实录》卷一七三。

军人陆弘得肢体,又有四人在驿前迫狎妇女,殴伤百户晏昱之母。更有甚者,竟有不法来使在京城会同馆衙门前醉酒抢夺明军武器,殴伤明军,既危害社会治安,又大伤明朝国体。① 瓦剌朝贡使团中,可能绝大多数人纯粹出于经济目的来京,但不能否认其中确有一部分人却另有一番居心,有人乘机窥伺沿途山川关隘、军马布置情报,有人乘机交换明朝弓矢、军器挟带出境。易换弓矢军器,有两种用途,一是作为狩猎经济的生产工具;一是作为战争征讨的武器,对明朝边境构成威胁。在中世纪时代,热兵器尚远远没能普及,弓矢便是主要的战争工具,"私易"弓矢,显然违犯明朝禁令。明朝巡抚大同宣府右佥都御史罗亨信的一份报告讲:"瓦剌贡使至京,官军人等亡赖者以弓易马,动以数千。其贡使得弓潜内衣箧,逾境始出。"②正统八年(1443),瓦剌贡使出境,"行里内多有盔甲刀箭及诸违禁铁器"③,英宗命令宣府、大同、独石口等处总兵官、参将等认真盘查,严厉禁止。但效果不佳。正统十一年,瓦剌使团私下进行军用物资交易的活动更加严重,不仅弓矢、刀剑等冷兵器,就连被明王朝视为高精尖的热兵器铜铳也被瓦剌使臣私带出境。英宗在给大同总兵官武进伯朱冕的敕书中承认:"瓦剌使臣多带兵甲刀矢铜铳诸物,询其所由,皆大同宣府一路贪利之徒私与交易者。"④违禁的私下交易屡禁不止,从明朝方面探究原委,主要是军纪、政纪败坏,一些人贪利资敌所至。英宗心中晓然,"在京口外官员军民人等,往往通诸匠作,私造军器等物,俟瓦剌使臣回归,于闲僻之处私相交易,甚至将官给军器俱卖出境。该管官司

---

① 《明英宗实录》卷八八。
② 《明英宗实录》卷九七。
③ 《明英宗实录》卷一一一。
④ 《明英宗实录》卷一三五。

纵而不闻,又所在头目有假以送礼为名,将箭头贮于酒坛,弓张裹以他物,送与使臣"①,特命锦衣卫指挥同知、千户郑宣等人领旗校自居庸关至宣府大同等瓦剌使臣经过去处巡缉盘查。

英宗尚不知贪利资敌的正是他所亲信的大宦官王振、郭敬一伙。王振握有东厂的指挥大权,厂卫一家的锦衣卫旗校怎敢太岁头上动土,侦缉"王先生"! 王振也不愿终止这非法交易而断了财源,他的私党大同镇守太监郭敬"岁造箭镞数十鏖遗其使,恃王振庇之,故上不之知,知亦不问也"。② 豺狼当道,安问狐狸! 镇守太监尚敢资敌如此,军士私易之滥可想而知。

英宗为禁绝瓦剌使团与明朝军民的违禁贸易,正统十三年正月公布了军民有"将弓箭军器与虏使交易,违者处死"的法令,③可王振一伙仍我行我素,置若罔闻。军纪、政纪的败坏已到不可收拾的地步。

在这朝贡贸易中,明王朝的布帛、绸缎、香料、瓷器及大量的工艺品、生活用品流入漠北,明王朝的弓矢、盔甲、刀枪、铜铳、火药、硝磺等军用物资也源源流向瓦剌部。瓦剌贡使深入京畿各地交易货卖,不仅得知明朝虚实,而且沿边山川形胜亦完全暴露无遗。

也先正拭目窥视,寻找大举入犯的借口。不久,这堂皇的口实也得到了。

三、土木之役

正统十四年(1449)土木之役的发生,有其历史的必然性。自

---

① 《明英宗实录》卷一三七。

② 夏燮:《明通鉴》卷二三。

③ 《明英宗实录》卷一六二。

正统四年夏四月,瓦剌太师顺宁王脱欢病死,其子也先嗣位①以来,势渐盛强,多次进犯塞北。瓦剌部的势力不断向外扩张,首先臣服了鞑靼蒙古,继而分化了河西三卫,最后征服了兀良哈蒙古,势力推进辽东,压迫女真各部,威胁朝鲜安全。明王朝长城一线的任何一个隘口要塞,随时都会遭到瓦剌铁骑的冲击。也先大举入侵,仅是迟早的问题。自也先嗣位,至正统十四年春,瓦剌大举入寇的军情不时由九边传报北京,真真假假,虚虚实实,把明朝君臣将校都搞疲沓、麻痹了。在这种不战不和、不好不坏的氛围中,通过慷慨赐予的朝贡贸易,明王朝同瓦剌部勉强维持了近十年的相对平静,也先终于抓到了大举入侵的口实,打破了沉静。

《明史纪事本末》记载:正统"十四年春二月,也先遣使二千余人进马,诈称三千人。王振怒其诈,减去马价,使回报,遂失和好。先是,也先遣人入贡,通事辈利其贿,告以中国虚实。也先求结婚,通事私许之,朝廷不知也。至是贡马,曰:'此聘礼也。'答诏无许婚意,也先益愧忿,谋寇大同"②。这段史料反映的两个主要问题,都是也先入侵的借口,其一是"减去马价",其二是"答诏无许婚意"。我们检索《明英宗实录》,正统十四年春二月没有也先遣使入贡的记载,当是正统十三年十二月遣使入贡之误,此次入贡实来二千五百二十四人,虚报三千五百九十八人,贡马瘦小,减少马价无可指责。拒绝和亲之事,抑或有之,但也不是明王朝的最高统治者拒婚,而是英宗不知此事。况也先也应清楚,通事绝无许婚的权力。据说此事发生在正统十二年,"通事马云、马青先奉使迤北,

---

① 《明英宗实录》称也先于正统四年嗣位。而《明史纪事本末》卷三二则称正统八年脱欢死,也先嗣。今存疑待考。
② 《明史纪事本末》卷三二《土木之变》。

许也先细乐伎女,又许与中国结婚,皆出自指挥吴良"。① 所以,这两点都只不过是也先的借口而已。

明朝某些有识边将没有估计错,瓦剌骑兵入犯的时间将选择在秋高马肥之时。

六月十七日,英宗已经得知瓦剌计划攻掠大同的情报,派驸马都尉西宁侯宋瑛总督大同三路军马,加紧训练,授权筹谋防御和作战方略,如果遇到入侵,即领兵"相机剿杀"。

瓦剌南下进攻的风声越来越紧。

六月三十日午后,英宗在左顺门上晚朝,让太保成国公朱勇挑选京军马步精锐45000人,由平乡伯陈怀、驸马都尉井源等统领,增强大同、宣府的防卫。其中3万人开赴大同,15000人开赴宣府。

七月初一日,守备偏头关都指挥使杜忠奏报"瓦剌虏寇欲来犯边,其势甚众",英宗得知军情后,马上"命兵部即移文山西都司,令将偏头关下班官军催促限七月以里到关防守,仍命忠将两班官军如法操练备贼"。② 瓦剌骑兵此行来势汹汹,大有摧垮明王朝九边防线,重新入主北京的势头。七月十一日,瓦剌骑兵分道刻期入犯,"也先寇大同,至猫儿庄","脱脱不花王寇辽东,阿剌知院寇宣府,围赤城。又别遣人寇甘州"。其中以也先一路兵锋最锐,明朝大同右参将吴浩率兵迎战,兵败而死。③ 军情吃紧的消息传报京城,"太监王振劝上亲征"④,祁镇遂令群臣计议亲征事宜。群臣对英宗的草率决定大为惊愕不解,吏部尚书王直率廷臣合章劝谏:

---

① 《明史纪事本末》卷三二《土木之变》。
② 《明史纪事本末》卷三三《景帝登极守御》。
③ 《明英宗实录》卷一八○。
④ 《明史纪事本末》卷三二《土木之变》。

"臣闻边鄙之事，自古有之，惟在守备严而已。圣朝备边最为严谨，谋臣猛将，坚甲利兵随处充满，且耕且守，是以久安。今丑虏无知，忽肆猖獗，违天悖理，自取败亡。陛下慎固封守，益以良将，增以劲兵，加以赏赐，申以号令，俾审度事势，坚壁清野，按兵蓄锐以待之，彼前不得战，退无所掠，人困马乏，神怒众怨，陛下得天之助，将士用命，可图必胜，不必亲御六师，以临塞下。况秋暑尚盛，旱气未回，青草不丰，水泉犹涩，人畜之用实有未充。又车驾既出，四方若有急务奏报，岂能即达，其他利害难保必无。且兵凶器，战危事，古之圣人敬慎而不敢忽。今以天子至尊，而躬履险地，臣等至愚，以为不可。惟在端居穆清，坐运神算，有功者必赏，有罪者必诛，则人人尽力，成功不难。伏惟陛下实宗庙社稷之主，万邦黎庶之所依归，诚不可不自重也。愿留意三思，俯察舆情。"

王直等人委婉劝阻英宗，一腔忠君爱国热情，讲得入情入理。而英宗怎样回答呢？英宗说："卿等所言，皆忠君爱国之意。但虏贼逆天悖恩，已犯边境，杀掠军民，边将累请兵救援，朕不得不亲率大兵以剿之。"[1]英宗亦振振有词，一国之君就应该义不容辞地肩负起保护社稷苍生的重任！是亲征还是不亲征，孰是孰非？我们以为这取决于国力军备及部署如何，亲征本身无可厚非。

大家都不会忘记，英宗的高祖朱元璋南征北讨，在马上为儿孙们争来了朱明王朝这份基业；曾祖朱棣五次亲征朔漠，追剿故元蒙古贵族残部，披坚执锐，亲冒矢石，建树了赫赫武功。成祖的御用长矛佩以号带，至今还奉挂在午门的五凤楼。英宗多次登楼，抚矛追昔："金钟鼍鼓大十围，震击元来闻百里。紫电清霜森武库，高幢大蠹纷无数。中有神祖手执戈，摩挲黯黯生云雾。赤缨玉勒间

① 《明英宗实录》卷一八〇。

驼鞍,岁久神物何婆珊! 传是文皇渡江日,万斛载宝来长安。祖宗英谟久不灭,辉煌重器遗宫阙。千秋万代付神孙,张皇庙算恢光烈。"[1]多么令人神往的皇皇业绩! 祖宗的雄风似乎仍在祁镇的脉管中鼓荡。自然,我们的传主也不会忘记,乃父朱瞻基将其爱抚于膝上,意味深长地问道:"敢有干扰国家法纪犯上作乱的,敢不敢亲帅六师致讨"时,他坚定果断的"敢"字对答。乃父不就曾亲统六师,一举荡平了汉庶人之乱吗! 父祖们的赫赫武功,对我们23岁的传主的吸引力是何等之大!

英宗之所以不能审时度势,草率决定亲征,同伴其青宫、服侍其长大的太监王振的怂恿关系更大。我们已经交代,英宗正统年间是明王朝的多事之秋,征麓川、平闽浙、远征兀良哈、戡定湖广苗瑶动乱,一系列军事活动,哪一宗都有宦官参与其间。王振的侪辈曹吉祥、吴诚、亦失哈、韦力转等人都建立了军功。要巩固地位、膨胀权力、把持朝政,非建立军功不可! 瓦剌骑兵既已杀来,真是天赐立功固宠的好时机,何不劝动对自己言听计从的少年皇帝御驾亲征。驱逐瓦剌来犯之敌,保境安民的功劳岂不记在我王振名下! 什么兵凶战危,有五十万京军随征,危险怎么会落在我王振头上!

七月十五日,英宗命御弟郕王朱祁钰留守京师,驸马都尉焦敬辅政。命太师英国公张辅,太保成国公朱勇,镇远侯顾兴祖,泰宁侯陈瀛,恭顺侯吴克忠,驸马都尉石璟,广宁伯刘安,襄城伯李珍,修武伯沈荣,建平伯高远,永顺伯薛绶,忠勇伯蒋信,左都督梁成,右都督李忠,都督同知王敬,都督佥事陈友安,朵儿只,户部尚书王佐,兵部尚书邝埜,刑部右侍郎丁铉,工部右侍郎王永和,都察院右副都御史邓启,通政使司右通政龚全安,左参议栾恽,太常寺少卿

---

① 于慎中:《钦定日下旧闻考》卷三三《宫室》。

126

黄养正、戴庆祖、王一居,大理寺右寺丞萧维桢,太仆寺少卿刘容,鸿胪寺掌寺事礼部左侍郎杨善,左寺丞张翔,翰林学士曹鼐等俱扈驾从征。① 点拨京军精壮五十万人准备行粮辎重,出师迎敌。十五日这天,前方战况愈见吃紧。宜府总兵官都督杨洪奏报,瓦剌军队围攻马营已经三日,敌军断绝河水,明军营中无水,难以支撑。大同的情况更加糟糕,总督军务西宁侯驸马都尉宋瑛、总兵官武进伯朱冕、左参将都督石亨与瓦剌骑兵战于阳和后口,各路明军悉受监军太监郭敬所制,漫无约束漫无纪律,全军覆没。宋瑛、朱冕俱战死,石亨奔还大同,仅以身免。②

亲征命令发出的第三天,即七月十六日,英宗偕王振率领各部院寺的官员及京军主力仓促就道。这天傍晚,车驾驻磨家岭。十七日,驻跸龙虎台,夜一鼓时分,军中惊扰,六师刚出国门,便呈风声鹤唳之状。十九日,车驾过居庸关,随征群臣请求停止前进,英宗不予采纳。二十日,车驾抵榆林站。二十一日,大军行至怀来城西。二十二日,大军到达雷家站。二十三日,车驾抵宜府。这天,风雨突至,在凄风苦雨中挣扎行进的将士,因粮饷不足,疲惫不堪。前线军情更为吃紧,群臣请求驻跸,王振大怒,俱令掠阵。二十四日,车驾抵鸡鸣山,山势陡峭,悬崖壁立,军士惊惧。英宗此时将军事指挥大权尽付王振,王振更肆作威福,成国公朱勇等奏事,皆膝行而前。王振命令户部尚书王佐、兵部尚书邝埜管老营,王佐、邝埜先行,振勃然作色,令二人跪于草丛之中,至日暮方释还。钦天监监正彭德清乃是王振党羽,见军情孔棘,劝振说:"象纬示警,不可复前。若有疏虞,陷乘舆于草莽,谁执其咎?"翰林学士曹鼐说:

① 《明英宗实录》卷一八〇。
② 《明史纪事本末》卷三二《土木之变》;《明英宗实录》卷一八〇。

"臣子固不足惜,主上系天下安危,岂可轻进!"王振听后答:"倘有此,亦天命也!"①英宗君臣连同五十万明军的身家性命全在王振把握之中,他不顾舆情,命令军队继续前进。

七月二十五日,车驾次万全峪。二十六日,抵怀安城西。二十七日,大军行至天城西。二十八日,车驾达阳和城南。这里是大同官军与瓦剌骑兵交战的战场,明军将士伏尸满野,随征众将士触目心寒。二十九日,车驾至聚落驿。八月初一,大军行抵大同,王振还打算继续北行。八月初二,大同镇守太监郭敬向王振密报驸马都尉井源及西宁侯驸马都尉宋瑛全军覆没的消息,并劝说:"若行,正中虏计,振始惧。"自出居庸关以来,连日非风即雨。到了大同,骤雨忽至,人皆惊惧,王振遂议旋师。②

英宗命令"广宁伯刘安充总兵官,都督佥事郭登充参将,镇守大同",把在阳和后口战败而逃的参将石亨降为为事官,"俾募兵自效"。③ 对大同战守稍事安排后,便于八月初二起驾东还。是夜驻营双寨儿,风雨雷电交作,军士目击前线惨败,营中彻夜惊乱不止。我们的传主此刻才感到,亲征并不像阅武一样从容不迫,自然,年青的皇帝亦寝不安席。殊不知厄运即将临头。

当商议撤军路线时,大同参将郭登嘱学士曹鼐,车驾东还,应该从紫荆关入,路径便捷,可保无虞。但这种意见却被王振否决。王振祖籍大同府蔚州(今属河北),欲邀英宗驾幸其故里,以光耀门楣,张扬威势,车驾便向蔚州进发。行四十里后,王振又担心大队人马会践踏其禾稼,临时改变主意,复转旆而东,向宣府行进。这恐怕便要虚掷半日时光。在军情急如星火的时刻,半天时间可

① 《明英宗实录》卷一八〇。
② 《明史纪事本末》卷三二《土木之变》。
③ 《明英宗实录》卷一八一。

能就决定了全军的生死存亡。八月初三,车驾行至滴滴水。初四,大军抵洪州方城,初五,至白登,初六,行抵怀安城西。八月初七,"车驾回至宣府,虏踵至,埜再上章,请疾驱入关,严兵为殿,皆不报"。无奈,邝埜诣行殿恳求,王振雷霆万丈,怒斥说:"汝腐儒安知兵事,再言必死。"①八月初十,车驾行至宣府东南,十一日,抵雷家站。十二日,车驾将要起行,夜不收(侦察兵)飞报瓦剌骑兵紧蹑其后,下令原地扎营,派遣恭顺侯吴克忠断后拒敌,克忠迎敌力战殁于阵。是日天色将晚,吴克忠败没的消息传到大营,英宗又派遣成国公朱勇、永顺伯薛绶带领官军四万赴战。朱勇、薛绶行至鹞儿岭,冒险而进,遇到敌军伏击,全军陷没"无只骑回"。②八月十三日,车驾行抵土木堡,当时尚未黄昏,土木堡北距怀来城仅20里,随征众臣建议入保怀来,可凭城垣而守以防不测。这是切实可行又较稳妥的建议,然而,王振却以千余车辎重踽踽在后,决定驻师以待。驻营地又没细细斟酌,旁无水泉,又当瓦剌进军的要冲。十四日里,瓦剌骑兵循踪追及,铁壁合围,明军乱作一团。营地高而无水,掘井二丈仍不见水,将士饥渴两日,战斗力更加降低。瓦剌骑兵切断官军营地南方15里的溪流,50万明军更是饥渴难挨。当日,瓦剌骑兵自土木堡旁麻峪口攻入,守口明军在都指挥郭懋率领下力战拒敌,一夜间瓦剌将士越聚越多,明军防线势如累卵。

八月十五日,祁镇意欲车驾起行,怎奈敌军四方紧围,明军无力突围,只好下令止行坐待援军。此时,瓦剌使臣来营议和,身陷绝境的英宗君臣似乎抓到了一条生机,怎能放过? 未审其中之诈,

①《明英宗实录》卷一八一。
②《明英宗实录》卷一八一。

急召学士曹鼐草敕与和,并遣通事二人与瓦剌使臣偕去叩见也先。[1] 王振立即矫旨令六师移营就水,回旋之间,行列已乱,官军急先奔进,势莫能止,"虏骑蹂阵而入,奋长矛以击我军,大呼解甲投刃者不杀,众裸袒相蹈藉死蔽野塞川。虏丛入中军,宦侍虎贲矢被体如蝟",英宗"与亲兵乘马突围不得出,虏拥以去"。[2] 这是明朝官员刘定之所记述的当时情形。司礼监太监王振被樊忠所杀。从征的太师英国公张辅,泰宁侯陈瀛,平乡伯陈怀,襄城伯李珍,遂安伯陈埙,修武伯沈荣,都督梁成、王贵,户部尚书王佐,兵部尚书邝埜,吏部左侍郎兼翰林学士曹鼐,刑部右侍郎丁铉,工部右侍郎王永和,都察院右副都御史邓启,翰林侍读学士张益,通政司左通政龚全,太常少卿黄养正、戴庆祖、王一居,太仆少卿刘容,尚宝少卿凌寿,给事中包良佐、姚铣、鲍辉,中书舍人俞拱、潘澄、钱昺,监察御史张洪、黄裳、魏贞、夏诚、申祐、尹竑、童存德、孙庆、林祥凤,郎中齐汪、冯学明,员外郎王健、程思温、程式、逯端,主事俞鉴、张瑭、郑瑄,大理寺左寺副马豫,行人司正尹昌,行人罗如墉,钦天监夏官正刘信,序班李恭、石玉等皆死,[3] 从征50万京军精锐伤亡过半,骡马20余万并衣甲、器械、辎重尽为也先所得。

自正统十四年(1449)八月十五日始,我们的传主——堂堂大明帝国的英宗皇帝便成了瓦剌的俘虏。阶下囚生活为期虽不长,仅一年光景,但也确实够难熬了。

土木之役,明军因何如此惨败? 第一,土木之败有其必然性。朱明王朝降至正统年间,文恬武嬉,晏安已久,边帅、监军、监枪等

① 刘定之《否泰录》与《明史纪事本末》卷三二《土木之变》皆云四万官军,与《明英宗实录》卷一八一所记稍异。
② 刘定之:《否泰录》。
③ 刘定之:《否泰录》。

官员侵吞屯田,私役军士,行伍脱籍,官侵月粮,军械失于更新,士马失于训练,武备废弛相当严重,猝遇强敌,吃败仗是意料中事。第二,正统年间,政治走向腐败,宦官势力抬头。王振"倖边功以邀富贵",[①]固荣崇,年青皇帝朱祁镇对之言听计从,不听群臣劝告,造成亲征的失误。不懂军事的祁镇和王振在这次军事行动中,犯了兵家大忌,既不知己之弱,又不知敌之强,准备不足,仓促出师,失败在所必然。第三,仓促出兵,准备不足,犯了冒险主义错误,仓皇撤退,又犯了逃跑主义错误;行军、驻营、战守、和议,都证明英宗君臣缺少起码的军事、外交常识,被也先得隙乘之。失败得如此惨痛,却有很大的偶然性,皇帝被捉更在意料之外。

---

① 刘定之:《否泰录》。

第五章　迁都之议与保卫北京

一、迁都之议

祁镇仓促亲征，兵败土木，身陷北庭的惨败有如晴天霹雳，震撼着全国，震撼着明王朝。北京紫禁城内外，上自皇太后、皇后，下至留守的文臣、武将，惶惶然乱作一团，不知所措，大有南宋末年历史即将重演的迷惑。

英宗八月十五日被俘的消息，十六日就反馈到北京。"十六日，上在雳营，手书遣使与怀来守将，言被留，且索金帛。怀来城闭不可入，缒而登。复遣人送至京师，以其夜三鼓从西长安门入报。"①皇太后孙氏、皇后钱氏本想封锁祁镇被俘的信息，以安定人心，并抱着侥幸心理，打算用金银珠宝赎祁镇回京。因此，连夜搜刮宫内金银珠宝、文绮彩缎等珍贵财物，以八匹健马驮负，在十七日派太监送往居庸关外也先军营。当然，她们妇姑的如意算盘必然打错，瓦剌军对财物照收不误，而朱祁镇却被也先由宣府转移到大同。②

八月十八日凌晨，百官齐聚阙下，"颇闻败报，私相告语，愁叹惊惧"，出宫之后，土木之役中侥幸余生的残兵败卒已陆续出现在

---

① 刘定之：《否泰录》。
② 袁彬：《北征事迹》。

132

北京街头,但见"军士奔归,疮残被体,血污狼藉"。① 土木惨败的消息已在京城传开,是无论如何也封锁不住的了。皇太后孙氏不得不在同日再召百官集于阙下,宣布了败报,回避了英宗的下落,命祁镇的异母弟郕王朱祁钰监国(祁钰母吴贤妃,时年二十二岁),权总万机,于午门南面而坐接见百官。皇太后又下懿书,立祁镇之子朱见浚为皇太子。皇太后这两项决定更证实了英宗被俘的传闻,"内外汹汹不自保"。② 到八月二十一日,皇太后正式公布了英宗被俘的消息,召集群臣商议战守之策,"群臣聚哭于朝",一筹莫展。③ 翰林侍讲徐有贞急忙出班,鼓吹天命惑乱人心说:"验之星象,稽之历数,天命已去,惟南迁可以纾难",④提出了逃跑主义的方案。这种意见,很能代表达官、富户、巨贾的利益。

徐有贞,原名徐珵,苏州府吴县(江苏今县)人。宣德八年(1443)中进士,选庶吉士,授编修。"为人短小精悍,多智数,喜功名。凡天官、地理、兵法、水利、阴阳、方术之书,无不谙究。"⑤是位既具备传统儒士的能力又颇带江湖术士色彩的封建官僚。他于"天文、风角、占验尤精究不倦",有人批评说:"此岂公职耶?"有贞却含笑回答:"待职而后习,则已晚矣!"不仅不以此为嫌,反倒颇为自得。⑥ 有贞是位急功近利,权力欲极强的人。然而他的仕途却不顺利,久居下僚,直到正统十二年(1447)才迁侍讲。为求仕进发达,他不时以不可知的术数天命之说耸人听闻。正统十四年

---

① 刘定之:《否泰录》。

② 刘定之:《否泰录》。

③ 《明英宗实录》卷一八一。

④ 《明史》卷一七一《徐有贞传》。

⑤ 《明史》卷一七一《徐有贞传》。

⑥ 付维麟:《明书》卷一二三《徐有贞传》。

秋,见荧惑入南斗,私下对朋友刘溥说:"祸不远矣",又急令妻子携家眷南归,妻子不悦,则说:不归,不为汉人妻矣,暗示大难将临。当也先率瓦剌骑兵入塞,祁镇决计亲征,大军临行时,有贞指天象对亲近者说:"兹行也,必败。上不归矣!"[1]英宗北狩,是天象与人事的偶然巧合,也正因此,土木之变后,有贞名噪一时。有贞侍君不得人臣之道,英宗亲征时,他并不直言谏诤,仅在背地散布失败情绪。当英宗北狩,国运危殆,郕王集群臣商议对策时,他又故技重演,枉言天命历数,鼓动南逃,更暴露了其"倾险躁进,每欲以智数立功名",希冀柄用的骗子原形。[2]

所幸,朝臣中还有于谦这样的干国英才,"救时宰相"。徐有贞南迁之议刚刚讲完,立即遭到兵部侍郎于谦的坚决反对。于谦大声陈述:"言南迁者可斩也。京师,天下根本,一动则大事去矣。独不见宋南渡故事乎!"[3]于谦一语中的,谈到了要害。于谦的意见是正确的。如若南迁都城,必然助长也先的气焰,在刚刚战败,兵损将折,群情危疑的情况下,九边、北京都将不守,华北、西北将沦于蒙古铁骑蹂躏之下,最好的局面只不过划淮或划江分治而已;如若放弃抵抗,实行南逃,英宗就没有回归的希望,北宋徽、钦二帝的下场就是祁镇的结局。于谦的意见,得到吏部尚书王直、内阁学士陈循的支持,"辅郕王居守"的太监金英对徐有贞"大声叱之",轰出大殿。[4] 在于谦、王直、陈循、商辂、王竑等一班官员爱国热情激励下,皇太后孙氏和郕王朱祁钰才消除犹豫不定的心态,决心保

---

① 焦竑:《国朝献征录》卷一〇《武功伯徐有贞传》。
② 徐有贞:《武功集》提要。
③ 《明史》卷一七〇《于谦传》。
④ 查继佐:《罪惟录》卷二九《金英传》。

卫北京,并把战守重任托付于谦,谦"亦毅然以社稷安危为己任"。①

于谦,字廷益,号节庵,浙江钱塘(今浙江杭州市)人。七岁时,有个僧人说他是"他日救时宰相也"。青少年时代的于谦就满怀救国救民的远大抱负,家中收藏着文天祥的画像,喜欢诵读文天祥的诗文,仰慕文文山那种"殉国忘身,舍生取义"的爱国精神②。永乐十九年(1421)于谦中进士,宣德朝任御史。后来曾巡按江西,昭雪冤狱,巡抚晋豫,安抚流民,政绩斐然,很孚众望。正统十二年晋升兵部右侍郎。土木之变突发,君俘国辱,明王朝眼看就要重蹈赵宋覆辙,他不想让历史悲剧重演,奋然肩负起挽狂澜于既倒的重任,从受命膺负战守重任,到十月初瓦剌骑兵再次大举进犯,在短短的40天里,与主战派官员们一道,雷厉风行地刷新内政,整饬武备,识拔人才,加强防务,使死气沉沉的封建国家重又振作起来。于谦的最大贡献在于把官民将士从惊慌失措的失败主义情绪中拯救出来,使之焕发精神,同仇敌忾共赴国难。当也先带领瓦剌骑兵在十月初兵临北京城下时,所面对的已不是君昏臣暗、武备废弛、毫无战斗力的大明帝国,阻在他面前的是座众志成城的钢铁堡垒。也先的讹诈诡计无从施展,强攻硬打更无便宜可赚,只好垂头丧气返回漠北,并且要重新认真地考虑同明朝的关系问题。

土木之役,明朝"京师劲甲精骑皆陷没,所余疲卒不及十万,人心震恐,上下无固志"。③ 于谦受命主持军务的第二天,便立即奏请郕王朱祁钰调南北两京、河南备操军,山东及南京沿海备倭

---

① 《明史》卷一七○《于谦传》。

② 《于忠肃公集·拾遗》,转引自叶盛:《水东日记》。

③ 《明史》卷一七○《于谦传》。

军,江北及北京诸府运粮军以及宁阳侯陈懋率往浙江、福建剿捕起义军的明朝官军急赴北京回防。同时又下令移通州仓粮储入北京。通州,在北京东60里处,是京杭大运河北端的重要城镇,每年由运河北运的漕粮有很大部分收储在通州仓,由户部仓场侍郎负责管理收支。土木之役后,通州仓积粮尚多,有人担忧通州难以守御,积粮必为也先所掠,因此建议焚毁。当时正在北京公干的应天巡抚周忱提出异议,他说:通州"仓米数百万,可充京军一岁饷,弃之可惜,不如令自取之"。① 于谦十分赞赏这一方案,即刻奏准朱祁钰,调集顺天府五百辆大车运通州粮进京,并鼓励"运粮二十石纳京仓者,官给脚银一两"。又令"文武京官自九月至明年五月粮,预于通州取给,军人给半年"粮。② 差出都御史陈镒、都督同知武兴、都指挥杨节具体负责运粮事宜,而新选丁余、旧操舍人、守城匠人、门军伙夫及民壮乡男自愿报效运粮者,分别给以白银和布匹的赏赐。由于决策果断,措施得力,通州仓粮储很快便运入了北京。各地勤王军队陆续开往北京,城内又有较充足的粮食储备,人心渐趋安定。八月二十一日,于谦被任命为兵部尚书。③

二、景帝登极

正统十四年(1449)八月二十三日,朱祁钰御午门左门代理朝政,右都御史陈镒联合群臣启奏郕王说:"王振倾危社稷,构陷乘舆,请族诛以安人心",以平民愤,④向王振及其死党展开彻底清

---

① 夏燮:《明通鉴》卷二四。
② 《明英宗实录》卷一八一。
③ 《明英宗实录》卷一八一。
④ 夏燮:《明通鉴》卷二四。

算。陈镒措辞激昂，众情亢奋。而身任监国的朱祁钰尚在犹豫之间，并无明确答复，只是敷衍道："汝等所言皆是，朝廷自有处置。"言未毕，百官一齐跪倒在地，痛哭不起，坚请严惩王振一伙欺君祸国的阉宦。锦衣卫指挥、王振死党马顺上前叱骂驱逐群臣，越发激起群臣的愤怒。大家对马顺为虎作伥害死刘球一案，早有耳闻，对其恨入骨髓。此刻，见其仍然气焰嚣张，已再无法忍受。给事中王竑上前扯住马顺的头发，撕咬他的肉，怒斥说："若曹奸党，罪当诛，今尚敢尔！"①群臣蜂拥而至，拳脚齐下，马顺即刻毙命。群臣又索要王振党羽宦官毛贵、王长随，太监金英见众怒难平，事情万分急迫，便从宫门的缝隙中把二人推出，顷刻二人又被打死。愤怒的群臣把三具尸体拖出，陈列于东安门外示众，军民犹争击尸体发泄郁积心胸的愤恨。过了不久，又有人把王振侄儿锦衣卫千户王山捆缚而来，众争唾骂，一时"朝班大乱，卫卒声汹汹"。郕王祁钰哪里见过这等场面，一时间不知所措，乱了方寸。马顺、毛贵、王长随固然死有余辜，难抵其罪。然而，臣下们在廷陛之上公然动武，毕竟是非正常的无秩序行为，怎样收场呢？大臣们都束手无策。祁钰面对怒不可遏的群臣，目击血渍斑驳的宫廷，十分害怕，站起身子，想不宣而散，退避回宫。这样，群臣的过激举措在日后就不好交代了。于谦立即"排众直前"，拦住祁钰，请他当众宣告："顺等罪当死"，殴毙马顺等的官员一概"不论"，②祁钰得到提示，也悟出了其中道理，立即照此宣告，并下令把王山押付西市，凌迟处死。王振家族无分老少皆斩。抄没王振家产，"得金银六十余库，玉盘百，珊瑚树六七尺高者二十余株"。③ 一系列非常事件，都在仓促

① 《明史》卷一七七《王竑传》。
② 《明史》卷三〇四《王振传》，卷一七〇《于谦传》。
③ 《明史》卷三〇四《王振传》。

间发生,于谦当机立断,处理得体,使情势很快安定下来。混乱中,于谦袍袖被扯裂。当风浪平息,于谦徒步走出左掖门时,资深望重的吏部尚书王直上前握住于谦的手,以敬佩的口吻说:"国家正赖公耳。今日虽百王直何能为。"①不久,大同镇守太监郭敬、钦天监监正彭德清从大同逃向京城,也受到应得的处罚。从此,王振一伙恶势力敛迹,抗战派正气得以伸张。

皇帝是封建君主政治体制中的国家元首,中枢决策的核心。祁镇被捉俘虏,明王朝的君主政体便失去了灵魂。虽然郕王祁钰以监国身份总理朝政,但终究没有皇帝的名分,对内对外都是不利的因素。对明王朝内部来说,缺少皇帝的权威,推行政令总有窒碍,尤其在强敌凭陵的非常时期,于战时的紧急动员布置十分不利;对外部而言,明王朝不另立君主,朱祁镇就仍是当朝皇帝,而当朝皇帝朱祁镇正被控制在瓦剌部手中,被也先居为奇货,成为双方政治、军事、外交较量中的筹码,被瓦剌利用进行多方要挟。

立谁为君?从血统名分上看,英宗长子、宣宗长孙、新立的东宫太子朱见浚应为第一人选。然而,见浚是三岁孩子,无法胜任军国重务。第二位人选,是英宗异母弟、仁宗次孙、身任监国的郕王朱祁钰。祁钰年方22岁,正春秋鼎盛,是英宗伯仲之中唯一之人。于谦等人已成竹在胸,八月二十九日,联合诸位大臣启奏皇太后孙氏说:"国有长君,社稷之福",请以祁钰即皇帝位以安人心。皇太后也早已认识到此举的必要性,便同意群臣的请求,发下懿旨令祁钰继承乃兄皇位。可是,当群臣把太后旨意转告祁钰时,他却惊恐不止,逊让再三,并退避到郕王藩邸。群臣苦口婆心一番劝勉,郕王仍百般摇头,于谦正色进言,点明成破利钝说:"臣等诚忧国家,

---

① 《明史》卷一七〇《于谦传》。

非为私计",①祁钰才接受了皇太后的懿旨。九月六日,祁钰即皇帝位,遥尊乃兄祁钰为太上皇帝,以明年为景泰元年。明王朝失君得君,至此,保卫北京的信心更加坚定。

三、保卫北京

于谦八月二十一日升任兵部尚书,受命于危难之际,他深知肩上责任的重大。

明王朝在永乐初年创立内阁,阁臣参与机务,奉陈规诲,以备顾问。降至仁宣时期,阁权已崇,三杨及蹇义、夏原吉等人在朝政的决策中确曾发挥过重要作用。迨至正统年间,王振为首的宦官势力台头,逐渐侵夺阁权,内阁在国家决策过程中的作用日渐式微。三杨陆续辞世,后进的曹鼐、马愉等人因资历较浅,内阁对中枢决策的影响更加减小。土木之役,随征的曹鼐等人死于行间。于谦受命之初,内阁几乎成为空白,本该成为六卿之首的吏部尚书王直,因年迈而又对于谦的才具心悦诚服,逊居下位,便自然形成了以于谦为核心的中枢政务参决群体。

于谦面临的最主要任务,就是如何粉碎瓦剌骑兵对北京的冲击。因此,我们不能不述及北京的形胜。

《畿辅通志》称:"燕地方千里,带甲数十万,此天府之国也。……居庸障其背,河济襟其前,山海扼其左,紫荆控其右。……京东之外镇营、蓟、辽阳也,京西之外镇宣、大、偏头也,京东之内险山海,京西之内险居庸、白羊、紫荆、倒马、雁门、龙泉

---

① 《明史》卷一七〇《于谦传》。

也。"①《大明一统志》记载北京形势说：京师"左环沧海，右拥太行，北枕居庸，南襟河济，形胜甲天下"②。根据这类权威性著作的记载及瓦剌骑兵犯边的进军路线来看，宣府、大同乃京师之屏障，居庸关、紫荆关、倒马关、白羊口乃燕都之咽喉。欲保卫京师，则必须强化这些雄关重镇的防务。有识于此，于谦以朝夕必争的效率调整了这些险关巨障的防务安排。

于谦首先奏请景帝，封镇守宣府总兵官杨洪为昌平伯，仍镇宣府。杨洪"为人机变敏捷，善出奇捣虚"，"善骑射，遇敌辄身先突阵"，"以敢战著名"，是位后起的将才。英宗祁镇在土木驿被瓦剌围困，朝中以此攻击杨洪坐视乘舆陷敌而不救，"有以毁之者"③。于谦不畏人言，为其请封伯爵，将宣府防务交其全权布置。并且奖谕宣府大同巡抚右副都御史罗亨信。土木之败后，宣府成为一座孤城，危在旦夕，"人情汹俱，有议弃宣府城者，官吏军民纷然争出。亨信仗剑坐城下，令曰：'出城者斩'。又誓诸将为朝廷死守，人心始定。"④也先曾挟持英宗三次进攻宣府，令杨洪、罗亨信开启城门，亨信回答十分坚决："奉命守城，不敢擅启"，予以拒绝。杨洪、罗亨信表率军民誓守孤城，"外御强寇，内屏京师"，⑤功不可泯。

史称"京师以宣、大为障，而宣府又以大同为障"。⑥ 其地位之重要胜于宣府，所属有大同五卫、阳和五卫及东胜五卫，计十五卫，

① 《畿辅通志》卷六七《关隘一》。
② 《大明一统志》卷一《京师》。
③ 《明史》卷一七三《杨洪传》。
④ 《明史》卷一七二《罗亨信传》。
⑤ 《明史》卷一七二《罗亨信传》。
⑥ 《皇明世法录》卷六二。

防区辽阔。① 是也先犯边必经之地,战略地位十分重要。于谦将大同防务交给了郭登。郭登,字元登,开国功臣武定侯郭英之孙,"幼英敏。及长,博闻强记,善议论,好谈兵",曾任锦衣卫指挥佥事。正统十四年(1449)英宗亲征,扈从至大同,超拜都督佥事,充参将,协助广宁值总桑官刘安镇守大同。② 八月二十一日瓦剌骑兵拥朱祁镇至大同城外,郭登"闭门不纳",祁镇派袁彬对郭登说:"朕与登有姻娅,何外朕若此!"郭登答曰:"臣奉命守城,不敢擅启闭",③袁彬以头触门大呼,广宁伯刘安、给事中孙祥、知府霍宣出城来见,献蟒龙袍。祁镇又索取大同库金一万两及朱冕、宋瑛及宦官郭敬的家产分送也先和伯颜帖木儿,瓦剌骑兵在大同城西驻扎到二十三日才离去。④ 当时大同"军士多战死,城门昼闭,人心汹汹",郭登"修城堞,缮兵械,拊循士卒,吊死问伤,亲为裹创换药",深得士兵拥戴。郭登慷慨激昂对军民说:"吾誓与此城共存亡,不令诸君独死也。"⑤而广宁伯总兵官刘安却置边防重务于不顾,一心乘国难之时升官发财,借口汇报军情,九月初五竟然擅离大同前线奔回京师,说什么英宗朱祁镇答应升他侯爵。于是文武大臣及六科给事中、十三道御史交章弹劾刘安"擅离信地,径赴阙庭。崇无智谋,莫救邦家乏难。不由朝命,自加封爵之荣;宜正典刑,以为后戒"。⑥ 刘安非但没获加官晋爵,结果却被下狱囚禁。

郭登被任命为总兵官后,更加奋勉自励。他刚刚上任时,大同

---

① 顾祖禹:《读史方舆纪要》卷四四。

② 《明史》卷一七三《郭登传》。

③ 《明史纪事本末》卷三三《景帝登极守御》。

④ 袁彬:《北征事迹》。

⑤ 《明史》卷一七三《郭登传》。

⑥ 《明英宗实录》卷一八二。

"士卒堪战者才数百,马百余匹"。经他数年整饬后,"马至万五千,精卒数万,大同兵遂为天下最"。[①] 不仅保卫了大同,而且使大同成为对瓦剌战争中塞上最强大的军事支撑点。

土木之变后,国家处于危机的非常时期,于谦识拔人才也不拘一格。八月二十五日,经他力荐,破格提升广东东莞县河泊所闸官罗通任兵部郎中,镇守居庸关。派遣四川按察使曹泰守紫荆关。"会同卑职,守备关隘,抚恤军民"。[②] 其余"大小关隘,但可通人马之处,或塞或守,塞则积木石,守则锋利器械"。[③] 京城外围防御基本部署停当。

对北京的防务,于谦更加着意。

北京,乃故元旧都,然规制未备。明初对北京城垣的营缮扩建是从洪武元年(1368)开始的。徐达取大都,命华云龙经理元朝故都,增筑城垣。[④] 永乐十八年(1420),工部营缮司郎中蔡信重修,益加壮观宏丽。[⑤] 宣德九年(1434),都督佥事王或督官军民壮再修城垣。[⑥] 正统元年(1436)十月,修筑城楼,至正统四年完成,"修造京师门楼、城濠、桥闸,完正阳门正楼一,月城中左右楼各一,崇文、宣武、朝阳、阜城、东直、西直、安定、德胜八门各正楼一、月楼一,各门外立牌楼,城四隅立角楼。又深其濠,两涯悉甃以砖石。九门旧有木桥今悉撤之,易以石,两桥之间各有水闸。"至此,"焕然金汤巩固"。[⑦] 正统十年(1445),又由阮安、朱勇、沈荣督工,将

① 夏燮:《明通鉴》卷二四。
② 《明英宗实录》卷一八一。
③ 《明英宗实录》卷一八四。
④ 孙承泽:《春明梦余录》卷三。
⑤ 孙承泽:《春明梦余录》卷三。
⑥ 《明宣宗实录》卷一一一。
⑦ 《明英宗实录》卷五四。

城垣加以砖甓。至此,北京城已成为亚洲范围内的巍然坚城,足以抵御蒙古骑兵的潮水般冲击。

明初地方设立卫所,中央有五军都督府分别统辖卫所军。京军则分三大营:五军营、三千营和神机营。此制大备于永乐时期。"居常五军肄营阵,三千肄巡哨,神机肄火器。"①仁宣之世,"狃于治平",营制已敝,②土木之役,京军精锐亡佚殆尽,新调集的备倭军、运粮军、备操军及各地卫所的勤王军虽补充了大三营缺员,但各营"不相统一,每遇调遣,号令纷更,兵将不相识"③。如此,京营统帅非将才出任不能统驭,于谦经过周密思索,选中了身陷废籍的大同参将石亨统率京营。石亨,陕西渭南(陕西今县)人,方面伟躯,美髯及膝,袭世职任宽河卫指挥金事。"善骑射,能用大刀,每战辄摧破",正统三年充左参将,佐武进伯朱冕守大同,升都督金事。正统十四年(1449),以败兀良哈功,进都督同知。史称正统年间"边将智勇者推杨洪,其次则亨。亨虽偏将,中朝倚之如大帅"。④ 十四年八月,也先入寇攻大同,石亨与西宁侯宋瑛、武进伯朱冕与敌战于阳和北口,瑛、冕兵败战死,石亨单骑逃归大同,亲征的英宗予以降职处分,令募兵自效。因其有军事才能,国家又值多事之秋,于谦向祁钰力荐,晋升都督,任总理京营要职。接着于谦又推举辽东都指挥范广为副总兵,协助石亨佐理京营。

当于谦竭诚殚智整饬内政、加强战备之际,瓦剌骑兵在也先率领下果然卷土重来了。也先的设想是,凭手中奇货朱祁镇对明朝进行要挟,轻取北京,逼明南迁。

---

① 《明史》卷八九《兵志一》。
② 《明史》卷八九《兵志一》。
③ 《明史纪事本末》卷三三《景帝登极守御》。
④ 《明史》卷一七三《石亨传》。

正统十四年十月初一，也先与脱脱不花分率瓦剌骑兵挟持英宗至大同，"诡称奉上皇还。"镇守大同总兵官郭登严阵以待，"遣人谢曰，赖天地宗社之灵，国有君矣!"①也先见大同守备甚设，不敢轻易发动进攻。绕道而过向明朝腹地进军，郭登立即将瓦剌来犯的军情驰送京师。初三，瓦剌前哨骑兵二万人抵达紫荆关北口，另一路瓦剌军则从古北口进入长城。初四日，瓦剌军三万人过顺圣川、洪州堡进攻居庸关，见居庸不可骤下，乃转攻居庸关西南的白羊口、紫荆关。宣府总兵官杨洪将敌情星夜飞报北京。初八，瓦剌军破白羊口，守将谢泽力战而死。初九，也先率主力抵紫荆关，亲自督军进攻。投降瓦剌的明朝宦官喜宁献计，引导瓦剌军由山间小路越过山岭，腹背两面夹攻关城，守备都御史孙祥、都指挥韩清战死，紫荆关陷落。瓦剌骑兵便由白羊口、紫荆关两路向北京逼近。②

明朝君臣早已接到郭登、杨洪传递的敌情报告，北京即行戒严。初五，景帝诏诸王遣兵入卫京师，初八，诏命于谦提督各营军马，诸将士皆受于谦节制。又将成山侯王通、广宁伯刘安开释出狱，令协守京城。当景帝召集文武群商议具体战守方略时，又出现了分歧。成山侯王通建议挑筑北京外城濠以应对敌军；总理京营总兵官石亨则提议"毋出师，尽闭九门，坚壁以老之"；于谦则坚主出城列阵迎战敌军，他的理由是"贼张甚矣，而又示之弱，是愈张也"。③太监金英与于谦意见相合，主张死守北京，甚至对群臣说："死则君臣同死。"于谦的意见得到景帝的支持，"固守之议始决"。④

① 夏燮：《明通鉴》卷二四。
② 《明史纪事本末》卷三三《景帝登极守御》。
③ 夏燮：《明通鉴》卷二四。
④ 夏燮：《明通鉴》卷二四。

于谦分遣诸将率兵二十二万列于京师九门之外：总兵官石亨与副总兵范广、武兴列阵德胜门，都督陶瑾列阵安定门，广宁伯刘安列阵东直门，武进伯朱瑛列阵朝阳门，都督刘聚列阵西直门，副总兵顾兴祖列阵阜成门，都指挥汤节列阵宣武门，都督刘得新列阵崇文门，都指挥李端列阵正阳门，皆受石亨节制。[1] 于谦把兵部日常事务交侍郎吴宁处理，自己亲披甲胄，赴德胜门外石亨军，以迎敌锋。各门守军布营停当后，下令"悉闭诸城门"，以示背水一战的决心，又申严军纪"临阵将不顾军先退者，斩其将；军不顾将先退者，后队斩前队。于是将士知必死，皆用命"[2]。于谦对将士们进行战前动员，"泣以忠义谕三军，人人感奋，勇气百倍"。[3] 在瓦剌骑兵逼近城下前，四方勤王之师陆续抵京，宁阳侯陈懋率浙江军入卫，宣府总兵杨洪率军二万，辽东副总兵焦礼、施聚率军三万，永平参将胡镛带军二万入援。监察御史白圭、李宾、夏裕等又从直隶、山东、河南、山西各府招募民壮到听候调用。

十月十一日，瓦剌骑兵直扑北京城下，列阵西直门外，置英宗朱祁镇于德胜门外空房中看守。当天，明都督高礼、毛福寿在彰义门北袭击瓦剌军，杀敌数百人，夺回被掠民众千余人。

也先看到明军阵容严整，没敢贸然发动进攻。采纳喜宁的计策，在十二日率兵拥祁镇登上土城，声称邀明朝迎英宗回宫，借机试探明朝虚实，并进行讹诈。景帝及于谦君臣明知其诈，又不能慢待了太上皇帝，只得升通政司左参议王复为右通政、中书舍人赵荣

---

① 《明英宗实录》卷一八四。

② 《明史纪事本末》卷三三《景帝登极守御》。

③ 袁彬：《北征事迹》。

为太常寺少卿,遣复、荣出城朝见太上皇,进献羊酒。① 也先让祁镇带刀坐帐内,自己和伯颜帖木儿等全副武装,披甲胄张弓矢,引王复、赵荣入见。也先拒受羊酒,取看番字文书,令祁镇取看汉字文书,对王复说:"尔小官,可令胡濙、于谦、王直、石亨、杨善等来"②,并向明朝索要大量金帛财物。王复、赵荣回报,景帝和部分廷臣有些动摇,一厢情愿打算与瓦剌媾和,派人征求于谦意见,于谦回答说:"今日止知有军旅,它非所敢闻。"③于谦的坚定态度,使景帝放弃了幻想,君臣协调一致挫败了也先的讹诈阴谋。

十月十三日,也先率兵发起总攻,于谦、石亨率明军与敌激战于德胜门外。瓦剌军进抵北京城下后,曾派游骑到德胜门窥探明军军情,于谦判断瓦剌军可能要从这里进攻,指示石亨预设伏兵于路旁空房之内,而派少量骑兵诱战,旋伴装败退,瓦剌军以万骑尾追,待瓦剌军逼近时,神机营火铳、火炮一齐向敌发射,明伏兵也突起夹攻。副总兵范广"跃马陷阵,部下从之,勇气百倍",④瓦剌骑兵被打得大败。素有"铁元帅"之称的瓦剌骁将、也先的弟弟平章孛罗卯那孩,就死在范广部炮火之下。也先在德胜门外吃了一场败仗,自然不会就此罢手认输,随即掉转兵锋指向西直门,明军守将都督孙镗率军迎战,这一仗打得十分残酷。孙镗斩瓦剌军前锋数人,敌军稍向北退却,孙镗率队追击,瓦剌援军将孙镗围在核心,孙镗尽力拼杀,但因兵力单弱,渐渐不支,退到城边,势危殆。西城监军程信开门放孙镗入城,瓦剌军威大张,人心益危,程信趋镗再

---

① 《明英宗实录》卷一八四称复荣出见太上皇在十月己未,即十二日。而《否泰录》则记作十月十七日。此处从《实录》。

② 刘定之:《否泰录》。

③ 夏燮:《明通鉴》卷二四。

④ 《明史》卷一七三《范广传》。

战,关闭城门。孙镗率军附城死拼,幸亏程信、王通、杨善等在城上发炮相助,毛福寿、高礼率军赴援,石亨也赶来助战,瓦剌骑兵在三面受敌的情况下,才被迫退出战场。

西直门战斗,虽然双方死伤相当,但却暴露了明军防务中的一些问题。于谦发现了问题,对西直门和彰义门之间的防御力量作了补充和加强,并要西门守军协调步骤,配合作战。派佥都御史王竑往毛福寿、高礼处提督军务,与孙镗屯兵一处,指示若遇紧急情况,要"互相应援,不许自分彼此,失误军机"。① 瓦剌军在德胜门、西直门攻进没能得手,便在彰义门发起冲击。于谦命副总兵武兴、都督王敬、都指挥王勇率军往彰义门迎战。明军"俱以神铳列于前,弓矢短兵次之"②,队形战阵及热兵器、冷兵器的配置是适当的,较轻松就挫败了瓦剌的前锋。明军见初战得胜,有数百骑兵想要争功,擅自由后队跃马冲出,撞乱了阵角,同时也使火器失去了对敌人的攻击力,瓦剌骑兵乘机反扑,明军退败,武兴中流矢而死。瓦剌军追至土城,土城一带居民自发组织起来,投入抗敌卫国的战斗,他们"升屋号呼,投砖石击寇,哗声动天"③,阻遏了瓦剌军的凶猛攻势,王竑、毛福寿闻讯赶来助战,瓦剌军不敢恋战,退回营地。

也先这次南下,原以为明军不堪一击,北京唾手可得。谁知,连攻五天,尽皆败衄。明王朝在土木之变后,失君得君,新皇已立,也先以英宗为奇货要索财物的阴谋也被识破。也先沮丧,部众兵疲,北京城却岿然不动。就连围攻居庸关的瓦剌骑兵也毫无战绩,连攻七天仍未得手。明朝守将罗通不负期望,利用天寒的自然条

① 《明英宗实录》卷一八四。
② 《明英宗实录》卷一八四。
③ 《明史》卷一七〇《于谦传》。

件,"汲水灌城,冰坚不得近",①不但数次击退敌军对关城攻势,还三次率军出击,斩获颇多。

也先在前阻坚城北京,后有大同、宣府及居庸等重镇雄关的情况下,忧心归路被切断,遂于十五日在北京城外拔营北遁。一路掠良乡,焚昌平天寿山明长陵、献陵、景陵寝殿。杨洪率军追击,在霸州败瓦剌军,俘虏敌军48人,夺回被掠人口一万多人。② 孙镗、范广又在固安追败瓦剌军。到十一月初八,瓦剌军退回塞外,北京城解除戒严。

---

① 《明史》卷一六〇《罗通传》。
② 《明史》卷一七三《杨洪传》。

第六章　整饬武备与祁镇南归

一、奇货与空质

当明朝五十万精兵在土木堡彻底崩溃之际,朱祁镇在亲兵簇拥下还试图闯出重围,但大势已去。最后的一线希望也归于寂灭了,我们的传主还要摆出天朝大国皇帝的尊严以别于寻常战争俘虏。你看他,下得马来,盘膝面南而坐,还有位太监服侍身旁。这是战场,而非紫禁城内,一切身份都要服从实力。一名瓦剌骑士飞驰而至,目光立即落到祁镇一身非同平常的衣服上,他强索英宗衣甲,祁镇不给。骑士正欲手刃之而剥其衣。恰在此时,骑士之兄亦飞马赶到,见英宗举止坐立非同凡响,便对其弟说:"此非凡人,举动自别"①,暂勿加害,拥之出雷家站,见也先之弟赛刊王。祁镇与赛刊王不曾谋面,但知是位首领,便问道:"子其也先乎? 其伯颜帖木儿乎? 赛刊王乎? 大同王乎?"②赛刊王闻听他说出众首领的名字,便知其绝非一般战俘,必是明朝要员,急驰马往见也先,汇报说:"部下获一人,甚异。得非大明天子乎?"③也先召来两名曾出使明朝的朝贡使者,一个是哈巴国师,另一位是哈者哈里平章,二

---

①　《明史纪事本末》卷三二《土木之变》;杨铭:《正统临戎录》。

②　杨铭:《正统临戎录》。

③　杨铭:《正统临戎录》。

人见过后回禀也先,确是大明皇帝。[1] 也先被这意外的胜利所震动,立即召集大小头目说:"我常告天,求大元一统天下,今果有此胜。"捉到大明天子,将怎样处置呢? 其中有位名乃公的,高声说道:"天以仇赐我,不如杀之。"伯颜帖木儿闻言大怒,连呼也先"那颜"(华语"大人"),摧乃公面令其出去,尽而力陈:"两军交战,人马必中刀箭,或践伤压死。今大明皇帝独不践压中刀箭,而问那颜、问我等,无惊恐怨怒。我等久受大明皇帝厚恩赏,虽天有怒,推而弃之地下,而未尝死之,我等何反天! 那颜若遣使告中国,迎返天子,那颜不有万世好男子名乎?"[2]一席话语惊四座,成败利害自分明,在场的瓦剌首领皆点头称是。

我们必须向读者交代,伯颜帖木儿主张不杀祁镇完全可能,但在此时就主张"遣使告中国,迎返天子",是不符合逻辑的,必是后来修史者臆断的产物。伯颜一席话因何产生了不杀之效果,那却要在瓦剌部当时的文化、经济和敌对双方的军事情势寻绎原因。首先,蒙古民族是一个以游牧狩猎为主的北方民族,农耕尚少。游牧、狩猎的生活来源极不稳定,受自然条件限制极大,不得不把与明朝的马市贸易与朝贡贸易作为衣食等生活物资的重要补充手段。杀了英宗,则是自绝这种重要的生活来源。第二,蒙古民族民风质朴,文化相对落后,敬天尚佛是其基本宗教信仰,行军、作战及其他重大决策,都要参以天的意志,即烧羊胛骨,以巫者观其纹理判定吉凶祸福。当然,在兵凶战危的沙场上,明军几乎全军覆没,尸横遍野,而大明皇帝独能安然无恙,大为怪异。这自然使他们想到天未绝明。杀掉大明天子,便是悖天而行,上天将要示惩。第

---

① 杨铭:《正统临戎录》。
② 《明史纪事本末》卷三二《土木之变》。

三,也先并非头脑简单的等闲之辈,他雄吞各部,号令朔漠,自知并非完全取决于天意,亦在人谋也。大明天子虽然一战成擒,而大明王朝依然存在,大明的军事实力仍然存在,能否实现"大元一统天下"尚未可知。杀掉大明皇帝,便是自绝明朝,一统计划若不能实现,恐怕局促漠北也要不得安宁。就目下而言,最高明的处理方法,莫过于把其居为奇货,用为与明朝军事对峙和外交周旋的一个筹码,为自己更重大的目的服务。既然利害分明了,祁镇便被送到伯颜帖木儿大营,由其监护。

俘获明英宗的意外胜利,并没促使也先作出立即向北京推进的决策。也先决策的失误,给明王朝以调整内政、更新人事、动员全国军力物力、加强边备一月有余的时间。如果也先径直挥师北京城下,明王朝将不知伊于胡底!然而,英宗必定是奇货,捉到他不能不加以利用。不挥师北京,也要挟持之去宣府、大同索要厚贿,或借机赚开宣府、大同城门亦未可知。

正统十四年(1449)八月十六日,即英宗被俘的第二天,也先胁迫英宗来到宣府城南。祁镇按照也先的意图传谕:"杨洪、纪广、朱谦、罗亨信开门来迎驾",城上守军回答:"所守者皆皇上城池,天暮不敢开门,杨洪已别往。"[1]祁镇再命袁彬上前叫门,大门仍不启动。袁彬喊破嗓子仍然无用。城上总兵太监等官不认识袁彬,"放枪要打"。[2]也先无奈,向北涉过宣府河驻营。据说这天夜里暴雨骤降,雷电击死也先坐骑青膳马,瓦剌部众都很惊恐。祁镇刚刚被俘,摸不清也先将会把他如何处置,夜里不能成眠,命袁彬出帐观察瓦剌军队动静,袁彬见红光万道,覆盖英宗寝幄不散。也

① 《明英宗实录》卷一八一。

② 杨铭:《正统临戎录》。

先帐下有欲谋害英宗者,见此异状,乃不敢造次。第二日清晨,也先亲自来到寝帐,送来熟食和寝具。八月二十三日,也先拥英宗到大同城下,需索金银彩币,相约达到数目便放回英宗。祁镇仍是按照也先的意图,命令守将开门,都督郭登闭门不纳,英宗大动肝火,传旨说:"我与登有姻娅,登因何如此见外于我。"①郭登回答:"我奉命守城,不敢擅自启闭城门。"袁彬以头触城门大呼,广宁伯刘安、给事中孙祥、知府霍宣相约一同往见,按祁镇意见搜得武进伯朱冕、西宁侯宋瑛、镇守太监郭敬的家赀金银一万两及蟒衣彩缎分送也先、大同王及伯颜帖木儿,并置酒犒劳瓦剌骑兵。祁镇又欲索大同库银奉赠也先,守将未敢遵命。祁镇嘱咐大同守将说:"秋稼未收,军士久饥,可令刘以入城。"又说:"也先声言归我,情伪难测。"②这反映了祁镇当时的心境,虽然"情伪难测",但是幻想并没破灭。

我们以为,英宗在刚刚被俘的时候,对自己的性命及安全无法把握,基于这种担心,他遣使北京、大同、宣府等处,索取金银珠宝、蟒服彩币以结纳也先,虽属资敌,但还情有可原。而传谕宣府、大同守将开门来迎则是大错特错的。过分珍重个人安危,而置国家的、民族的根本利益于不顾,只有封建专制君主才这样思考和处理问题。对于这点,明朝的守将们看得十分清楚。当也先挟持英宗来大同索贿,声言足额则放还英宗时,郭登即明确指出:"此绐我耳! 莫若以计伐其谋,劫营夺驾入城,此为上策。"③以钱帛厚贿也

<hr>

① 系指郭登祖父武定侯郭英与太祖朱元璋的姻亲关系,英妹系太祖妃,二人郎舅关系为第一层。后来二人的儿女又结亲,加上一层亲家关系。郭登长祁镇两辈。

② 《明史纪事本末》卷三二《土木之变》。

③ 《明史纪事本末》卷三三《景帝登极守御》。

先,贪欲永远不能餍足。郭登募得壮士 70 人,激以忠义,约以高爵,饷以美食,令奋勇执弓刀,乘隙拥上入城。据说,当天夜里,瓦剌驻军在大同城西 20 里处,郭登遣人密告袁彬,欲派夜不收(侦察兵)五人,化装入敌营奉祁镇到石佛寺礼佛,令勇士乘机拥英宗入城。袁彬把这一安排转告英宗,英宗感到成功的可能太渺茫,不成将危及生命,便说:"我命在天,若为此,万一不虞,乃自取也。"坚执不从。① 也先在大同索要了大量金银彩缎,皇太后孙氏把在宫中刮得八驮金银珠宝也送到瓦剌军中,也先确实体会到了祁镇在自己手中的价值,焉有轻易放还之理,便下令拔营,拥英宗向塞外而去。

此行,过猫儿庄、威宁海子、柳源县、黑河、八宝山、九十九个海子,历苏武庙、李陵碑,到八月二十八日到黑松林,这里便是也先的老营。也先这次没有兵发北京,而是回到老营,究其原委,恐皆出于军事上的考虑。其一,这次入犯明疆,兵分三路,可能原定方案仅是分头扰边,抢掠一番即达目的,没作进攻北京的安排。俘虏英宗,事出意外,临时决定进攻北京,恐三路统帅无法协调。其二,也先将英宗居为奇货,打算赚开宣府、大同城门,但没达目的,一军深入直趋北京,担心为明军所乘,强攻感到力不从心,后撤又忧虑归途被宣、大所阻。其三,退回老营,可以动员更多的兵力,也可和另两路统帅协调行动,卷土重来,直逼北京。后来情况的发展证实了我们推断的可信。

十月初,也先果然纠合各部,一路而来,目标直指北京。当然,也先还是会充分利用手中的奇货的。十月初七,也先拥祁镇到大同东门,事先已知道明朝另立新君,派知院阿剌及叛阉喜宁和被扣

① 《明英宗实录》卷一八一。

留的明朝指挥岳谦到城下，声言"送上皇回京，著不得正位，虽五年十年务要仇杀"。也先并不愚笨，他企图通过英宗与景帝两皇并立，分化明朝。岳谦密报敌情叵测，知府霍宣从水窦出城来见，拉着祁镇马缰，献上肥鹅美酒。英宗密谓霍宣："汝去与郭登说，固守城池，不可开城门。"①祁镇吃一堑长一智，上次也先没有兑现送还诺言，使他认识到这次也先也缺少诚意。故此，叮咛郭登固守城池，勿开城门。当也先亲至城下，进行要挟时，郭登干脆回答："赖天地祖宗之灵，国有君矣。"②无疑宣告也先手中奇货已成空质。也先自知大同城难以邃下，挟英宗向明腹地挺进。初九，瓦剌骑兵至广昌(今河北涞源)，直扑紫荆关，破关而入，过易州、良乡，十一日兵至北京城下。当瓦剌军拥祁镇行次卢沟桥时，英宗又见卢沟晓月，遥望京师，感慨万千，他命袁彬作书三封，奉皇太后孙氏及景帝祁钰并谕文武群臣，通报虏情，要他们固守社稷。又派岳谦同也先使臣纳哈出至彰义门外喊话，岳谦被明军所杀，纳哈出奔回，也先遂列阵城外准备进攻。明朝君臣严为守御，于谦、石亨率京军三大营及勤王部队列阵八门以待，根本不买要挟账。双方相峙数日，杀伤相抵，明军略占上风。特别是明军的火炮给瓦剌骑兵极大杀伤，万余名蒙古骑士丧生北京城外。也先见无便宜可占，怏怏撤走。

也先这次撤军，走得并不从容，在明军的追击下，颇有些仓皇，绕过大同，落荒而走。这下可苦了祁镇。时届十月下旬，塞上连日大雪飞扬，天气寒冷，山高路滑，祁镇骑的马匹两鼻衄血，足力不支，行进更加艰难。祁镇饿了啃口马肉干，渴了饮瓢山泉水，锦衣

① 《明英宗实录》卷一八四。
② 《明史纪事本末》卷三三《景帝登极守御》。

玉食的大明天子如何消受得了。寒风中,祁镇浑身萧瑟,抖作一团,心身俱个凉透。哈铭向伯颜帖木儿讨来一辆勒勒车,套上一头骆驼,代替坐骑,行军时让祁镇坐在车内,将个猫皮褥荐既用来垫坐,又用来遮寒,遇上险途,袁彬执控,哈铭紧随,一路颠沛,一路艰辛,恓恓惶惶,十月十六日总算退到了也先老营。①

也先此次南侵,乃喜宁为其谋主。

喜宁原打算,挟持英宗要挟明朝君臣,不战而赚下北京,不成也可掠得大批财富。现实告诉喜宁,这个方案无法实现。明朝已立新君,军队和防务也作了调整,在北京的城下对抗中,瓦剌骑兵无上风可占。在撤军过程中,又被明军一路穷追,石亨、石彪叔侄率明军追至清风店,大败瓦剌军,夺回被掠人口万余人。② 郭登又率军追至栲栳山,以少胜多,弄得瓦剌损兵折将。③ 在败退途中,喜宁又向也先建议,赚下西安,拥立英宗为傀儡皇帝,与北京政权对立,再徐徐向东或向南发展。据哈铭记述,也先退军至八宝山、大青山、沈塔处时,"太监喜宁来与爷爷(祁镇)计议,要和也先领人马请爷爷同去到甘州,教刘、马太监,毛忠都督等接了爷爷,将一带人马收拾夺了陕西,爷爷坐了,去取南京等语。后太监(喜宁)去后,是铭(哈铭)奏说,天道寒冷,着不得马,冻了头脸手脚时,到那里他也不肯出来迎接。"④看来这个方案,英宗并不接受。可能也先也失去了兴趣。

于谦组织领导的北京保卫战,取得了胜利,挫败了也先妄想轻取京师的迷梦,使明王朝走出了危机。也先手中的祁镇,由奇货变

① 杨铭:《正统临戎录》。
② 《明史》卷一七三《石亨传》。
③ 《明史》卷一七三《郭登传》。
④ 杨铭:《正统临戎录》。

成了空质。然而,"土木之变"给明朝的创伤还不能在短时间内平复。继续整饬武备,团结内部的任务,仍沉重地压在于谦的肩头。

北京保卫战后,一些官僚忌妒于谦,有意贬低保卫京城的战绩,有的人甚至罗织罪名,弹劾于谦。侍讲学士刘定之上疏说:"德胜门下之战,未闻摧陷强寇,但迭为胜负,互有杀伤而已。虽不足罚,亦不足赏。乃石亨则自伯进侯,于谦则自二品晋一品,天下未闻其功,但见其赏,岂不怠忠臣义士之心乎!"①副都御史罗通上言:"韩信起自行伍,穰苴拔于寒微,宜博搜将士如信、苴者与议军事。若今腰玉珥貂,皆苟全性命保爵禄之人,憎贤忌才,能言而不能行,未足与议也。"②刘定之的奏疏,直言不讳,弹劾于谦、石亨无功拜爵。而罗通的奏疏,则含沙射影,攻击于谦等不懂军事,嫉贤妒能,持禄保位。罗通是于谦从寒微中识拔的人才,这怎不叫于谦心寒。国难当头,重任在肩,于谦以身许国,团结好内部要紧,于谦计较不了这许多。记得当北京保卫战结束,景帝论功行赏,加谦少保总督军务时,于谦讲了句掷地有声的铿锵壮语:"四郊多垒,卿大夫之耻也,敢邀功赏哉!"③于谦已把全身心交给了国家,还何恤人言。

当然,对王振余党企图向抗战派的反扑,于谦还是坚决抵制的。景泰元年(1450)四月,镇守浙江太监李德上疏,追论群臣怒毙马顺一案说:"诸臣擅杀马顺,同于犯阙,贼臣不宜用。"④把矛头指向王竑等人,景帝将奏章交付廷议,于谦据理驳斥,祁钰才说:

---

① 夏燮:《明通鉴》卷二五。
② 夏燮:《明通鉴》卷二五。
③ 《明史》卷一七〇《子谦传》。
④ 《明史》卷一七七《王翱传》。

"诛乱臣以安众志,廷臣忠义,朕已知之,卿等勿以德言介意。"①击退了王振余党的反扑,维护了抗战派的团结。

北京保卫战后,对下一步的战守方略,廷臣中存在严重分歧。户部尚书兼翰林学士陈循主张把能征惯战的将领和精锐部队都留在北京,于是宣府总兵都督杨洪及其子杨俊和居庸关守将罗通都被调到京城。而当时一些将领以为打了胜仗,有了资本,只想升官晋职,在京享受,派遣去镇守边关,却赖在北京不走。都督顾兴祖等人,"虽承差遣,尚未启行"。"宣府、居庸兵将俱无","紫荆、倒马、白羊等关,虏贼退后,几及一月","尚未设守"。② 北京外围关隘防御又复空虚,敌骑仍可直突北京城下。对此情势,于谦忧心忡忡,十一月十五日上疏指出:"宣府者,京师之藩篱,居庸者,京师之门户。未有藩篱门户之不固,而能免盗贼之侵损者也。"③他请求祁钰召集五府,六部、六科、十三道大臣集思广益讨论防务。廷议时,兵科都给事中叶盛讲:"固当保卫北京,尤宜整饬边关",他援引历史教训警告道:"以往事言之,独石、马营不弃,则乘舆何以陷土木,紫荆、白羊不破,勋房骑何以薄都城。"④历史教训必须记取。在于谦等人吁请下,祁钰对北京及其外围防务加以重视,派遣左都督朱谦、都督同知纪广、都督金事杨俊往镇宣府,右金都御史王蛇、都指挥同知夏忠往镇居庸关;又派遣金都御史萧启、都指挥金事董宸赴河间府,金都御史祝暹、都指挥金事赵瑄赴保定府,右金都御只陈矩、都指挥金事葛旺赴真定府,一文一武加强京西、京南府县防务,敕谕各官"往彼镇守,提督各府并各卫官,抚安人民,

① 夏燮:《明通鉴》卷二五。
② 《明英宗实录》卷一八五。
③ 《明史》卷一七〇《于谦传》;《明英宗实录》卷一八五。
④ 《明史》卷一七七《叶盛传》;《明英宗实录》卷一八五。

操练军马,修理城池,坚利器械",警惕也先卷土重来。①

也先每次进犯内地,往往都有事先安插内地的间谍提供明朝的军事情报,有的坐探或径自引导瓦剌骑兵内侵。对瓦剌的用间,于谦也采取了对策,密令侦察擒捕。正统十四年十月,擒杀跛儿干,十一月擒杀安孟哥等三人。景泰元年(1450)闰正月,于谦授计侍郎王伟,擒斩瓦剌间谍小田儿于大同道。这些人,都是瓦剌部的重要间谍,他们或充也先的向导,引军入侵,或杂于商贾使者中"来晌虚实",向瓦剌提供情报。② 经过于谦等人的努力,到景泰初,重要坐探多被打掉,使也先失去了无数双安在明朝腹地的眼睛。

北京保卫战结束后,在明朝某些官员中对如何处理明蒙古关系存有糊涂认识。有人抱定"款虏"议和的主张,企图以此结束冲突,大同参将皇亲许贵的意见很有代表性。他上疏说:瓦剌派了三个人来大同,邀朝廷派使去讲和,我方应"遣使赗币,以款寇兵,而徐为讨伐计"。③ 于谦答复:"我与彼不共戴天,理固不可和。万一和而彼肆无厌之求,从之则坐敝,不从则生变,势亦不得和。贵为介胄臣,而惟怯如此,何以敌忾,法当诛。"④祁钰根据于谦的提议,下令切责许贵。从此,边将人人主战守,没有再讲和议的了。

读者可能要问,明朝与瓦剌部终究还是议和了。那么,于谦反对当时议和,专讲战守,高明之处何在? 这道理既简单又复杂。首先,瓦剌在北京之战中虽然吃了几场败仗,但损失并不严重,也先想轻取北师希望还没最后幻灭,议和的愿望并不真诚,明朝若遣使

① 《明英宗实录》卷一八五。
② 《明史纪事本末》卷三三《景帝登极守御》。
③ 《明史纪事本末》卷三三《景帝登极守御》。
④ 《明史》卷一七〇《于谦传》。

议和,毫无主动而言。其次,也先太师仍视祁镇为奇货可居时。"腆币"议和,也先必然多方要索,以填无厌欲望,纵然明朝付出再重的代价,祁镇回归也将遥遥无期。

与许贵"款房"意见相左,还有一种冒险主义的主张,代表人物是都督金事杨俊。他上疏"请大举出塞,大同、宣府列营坚守为正兵,独石、偏头乘间设伏为奇兵,悉发京营与诸镇兵,出塞逐北,而犁其王庭,可以得志"。于谦批评这种意见说:"报仇雪耻,臣等职也。顾兴兵举事,系社稷安危,即如俊所言,万一我军出塞,贼以偏师缀我,而别遣部落,间道乘虚入寇,是自撤藩篱,非万全计。臣愚未见其可。"[①]景帝支持于谦,否决了杨俊的提案。

杨俊的建议又因何不可行呢?我们以为除于谦所讲之外,还有这样几项原因。其一,正统末景泰初的财政、军备等综合国力大不如昔,如果像永乐时期那样大举出师漠北,明王朝实无其力。此一时彼一时也。其二,对于一个幅员辽阔,几乎无城郭大邑的游牧民族,这种大举兴师致讨,并非上策,很难收到犁庭扫穴的预期效果,且常常得不偿失。其三,明朝刚刚经历土木惨败,国力军力大耗。经过于谦的整饬,元气虽有恢复,但军民中尚有恐惧畏战情绪。倘若以新败之师,长途奔袭,必然给瓦刺部可乘之机。无论是奔袭得手,还是奔袭失利,也先都将把英宗牢牢控制,决无放还的可能。所以,于谦以北京为中心,以宣府、大同、居庸、倒马、白羊、紫荆等关为屏障的大区域防御战略是正确的。

也先的瓦刺骑兵在北京城下受挫,兵力损失不大,退回塞外稍事休整,便又派出部队侵扰明朝边境,企图与明朝再决高低。景泰元年(1450)闰正月,派遣瓦刺军三万多人进入宁夏,抢掠人口及

---

① 《明史纪事本末》卷三三《景帝登极守御》。

马牛羊等牲畜，接着进攻大同。大同总兵官郭登侦知敌人驻营沙窝，即率骑兵主动出击，身先士卒，奋勇进攻，诸将继进，呼声震天撼地，遂大破其众。追击四十余里，又斩瓦剌军二百余人，夺回被掠人畜。明朝边将自土木败后，多畏缩不敢与瓦剌骑兵交锋。而这次战斗，郭登以"八百人破敌数千骑，军气为之一振"。① 郭登晋升定襄伯。同年二月，叛阉喜宁被擒杀，也先十分恼火。三月，多路进犯。也先与赛刊王进犯大同、阳和，大同王进犯偏头关，答儿不花进犯乱柴沟，铁哥不花进犯八里店，铁哥平章进犯天城，脱脱不花进犯野狐岭、万全，②这次举动虽则不小，因各处明军严阵以待准备充分，各路均无战绩退回。后来瓦剌部分道扰边也都被明军粉碎，朱谦败敌于宣府，杜忠败敌于偏头关，王翱败敌于辽东，马昂败敌于甘肃。各边修城堡，练精锐，防务大备。石亨佩大将军印巡边，石彪、杨俊亦间或出击，拦击敌骑，③也先一筹莫展。

也先自从俘虏了朱祁镇，原以为奇货可居，欲扣作人质，使明朝关隘不攻自下，并可向明朝大量要索金银财物。谁料想，于谦主持朝政后，新君已立，边备大修，部署得力，着意战守，每当也先以"送驾"为名进行讹诈时，都被于谦以"社稷为重，君为轻"的儒家信条碰回。④ 原来也先手中的奇货，此刻竟成空质，以故"始谋归太上矣"⑤。

二、战俘生涯

正统十四年（1449）八月十五日，祁镇被瓦剌俘虏，从九五之

① 《明史》卷一七三《郭登传》。
② 《明史纪事本末》卷三三《景帝登极守御》。
③ 《明史纪事本末》卷三三《景帝登极守御》。
④ 《明史纪事本末》卷三五《南宫复辟》。
⑤ 《明史纪事本末》卷三三《景帝登极守御》。

尊降为战俘,何啻从天堂跌入地狱。其间的惊惧、恐惑、凄凉自不必言。刚刚被捉,又搞不清也先的意向,心中不免惴惴。他才二十出头的年纪,上有太后老母,下有刚出生不久的儿子,后宫妃嫔如云,他渴望寻常人家的天伦之乐;他才亲政八年,臣民亿万,一呼百应,钟鸣鼎食,何等气派,出则卤簿大驾,入则锦衣玉食,他更留恋这帝王生活!当他听说也先将送他回京时,便头脑发热,失去了理智,不能辨别也先的阴谋,竟毫不负责地给怀来、大同、北京写信,要求厚赏瓦剌,派人来迎,殊不知是开门揖盗!当祁镇把从大同取来的金银、蟒服、彩缎、酒器及皇太后由京城运到的八驮珍宝奉献给也先,也先却只字不提送英宗还京之事,这不禁使英宗更加黯然神伤。八月二十三日由大同北行,一日工夫便到了蒙古地界,一路辗转,或北或西,艰辛备尝。这是八月末九月初的深秋,朔风骤起,黄沙满天,草枯树黄,此行北去,家国愈来愈远了,好不凄惨苍凉,九月十六日,到达也先老营,明朝使臣季铎也自北京而至,带来了给也先的礼物和皇太后给英宗的御寒衣裘。使臣没被允准面见祁镇,只好转告祁镇:御弟郕王祁钰已于九月初六即皇帝位,尊您为太上皇,文武百官奉上皇长子为东宫太子。不知我们传主听到这一消息的反响如何,是忧?是喜?还是兼而有之?这是事实,无须俘虏皇帝决断,承认就是了。祁镇令袁彬修书三封,一封给御弟祁钰,同意禅位;一封给圣母皇太后,存问安康;一封给文武百官,绝也先辟地之心。可能是也先此时已决策再度南下,明使季铎匆匆离去。

第二天,即九月"十七日到断头山,住五日",也先每日给祁镇送来野味。二十二日复又北行二日,也先突然命令南行,"着厮杀马,五更时分起营,至暮驻扎。二十八日到大同。"①此次南行,迅

① 袁彬:《北征事迹》。

疾异常,五天行抵大同城下,不消说瓦剌骑兵的疲敝,祁镇更是苦不堪言。祁镇虽也曾轻裘肥马驰骤射猎,但这风驰电掣般的急行军可不曾经历。不管多么劳顿,毕竟是南行,离自己的家国越来越近,心里还不断燃起希冀。也先不是答应奉之还京吗?是希望,还是失望?凭它去吧。十月十一日到了北京城下,也先却把他看押在德胜门外的空房中,不予放还,以其做人质要挟明朝君臣,自己的城垣、自己的宫室都近在咫尺,然而却可望不可归。连续五六日的厮杀,人喊马嘶,箭矢如蝗,炮声震耳,谁胜谁负并不了解。只知道十六日又被挟持到易州,走蔚州,过阳和,向北撤退,十一月十六日回到也先老营时,[①]已是滴水成冰的隆冬时节。

祁镇身边只有三人侍奉,一个是袁彬,一个是杨铭,另一位便是卫沙狐狸。袁彬,江西人,历任锦衣卫校尉。土木之败,为瓦剌部下回回赛伙剌所俘,在雷家站遇到祁镇,祁镇喜欢他能够书写汉字,留在身边。[②] 杨铭(原名哈铭),正统十三年(1448)二月曾同其父杨只(原名哈只)做通事,随金吾左卫指挥使王喜往瓦剌部公干。十四年春二月;父子二人又任通事,随指挥吴良赴瓦剌赏赐也先、脱脱不花、伯颜帖木儿,因双方关系破裂,被扣留瓦剌军营,英宗因其通晓蒙古语,要到身边服侍。[③] 卫沙狐狸,不知所出,仅知服侍祁镇周到尽心。[④] 史称,英宗北狩,历时一年,往复“出塞,上下关坂,昼夜渡涧河,涉险冒冻,周旋无矢,唯赖三人”。“冬夜卤帐,彬与铭尝陪寝,彬胁隰上皇足,而铭或睡熟,手加上皇胸,上皇俟其转侧,徐下之。卫沙狐狸往返取水负薪,皆叩头白也先。也先

---

① 袁彬:《北征事迹》。
② 查继佐:《罪惟录·列传》卷一六《袁彬》。
③ 杨铭:《正统临戎录》。
④ 《罪惟录·列传》卷一六《袁彬》称其为“沙狐狸”。

异之,得三人名,喜。彬为人温美、多计数,善言笑,时时为隐语。而哈铭、卫沙狐狸亦能谐谑以悦卤(虏),卤益安上皇,上皇亦借以稍破岑寂。"①君臣四人苦中寻乐,关系很是和谐。

在老营,祁镇驻帐苏武庙。不知此地是否真有苏武庙一类的历史遗迹,大凡苏武当年曾历经这里。漠北深冬,天寒地冻,英宗君臣赖以御寒的仅窝几帐房千顶,几人挤在一起席地而卧,虽有袁彬以肋温足,英宗也常常子夜难眠。冬夜苦长,祁镇常出帐仰观天象,指点袁彬等说:"天意有在,我终当归",②君臣聊以自慰。据袁彬记述:"也先等人待祁镇还较客气,每二日进羊一只,七日进牛一只,逢五逢七遣十作筵席,逐日进牛奶马奶。也先每宰马设宴,仙(先)奉上酒,就自弹虎拨思儿喝曲,众达子齐声和之。得知院、大同王、赛罕(刊)王跪奉上酒。"③这段记载,是袁彬日后的追记,自然难免对英宗的恭维。但总体而论,也先对祁镇并不苛刻。祁镇虽是俘虏,但对方还能以礼相待。也先并不糊涂,是有头脑的政治、军事首领,瓦剌部既然无力吞掉明朝,那么就终归无法断绝与明的经济文化联系,这样一来,如何处置、对待祁镇都将是影响瓦剌与明朝关系的重要因素。据袁彬记载,也先还要把妹妹嫁给祁镇,结成郎舅关系,但被祁镇婉言拒绝。

祁镇在苏武庙驻扎近四十天,十二月初在老营起帐,往来扎驻,景泰元年(1450)正月初一,是汉族传统的新春佳节,也称"正旦"。这一年又闰正月,春节自然要隆重庆祝一番了。祁镇羁留朔漠,遥望南天,怆然涕下。他慎终追远,念及列祖列宗,便亲手在白纸上写了表文,权代黄绫祝文,宰羊一只,祝告天地,行十六拜大

---

①　查继佐:《罪惟录·列传》卷一六《袁彬》。

②　袁彬:《北征事迹》。

③　袁彬:《北征事迹》。

礼,算是对祖宗略尽孝悌之情。这个正月过得很寂寞,既无除夕的隆重庆典,也无上元节的鳌山灯火,更无宫廷的堂会戏。常常是和袁彬、哈铭面对青灯打发时日。

二月初一,也先请祁镇到其帐中,奉酒弹唱,又令"三妻皆出叩头,献铁脚皮"。① 顾名思义,我们揣度铁脚皮可能是御寒暖足的东西。

好歹算熬过了漫长的冬日,挨到了春天。可漠北的春天,无花无绿,满目黄沙,依然春寒料峭。大自然的转机来了,人的命运转机是否也随之而至?祁镇切盼朝廷使臣到来。听说脱脱不花可汗、阿刺知院早有议和使臣赴京,也先太师也曾答应送其还京,并扶其重登九五。就是条件要得高了些,必须高级别使臣奉表迎驾,还要带来丰厚的礼物,御弟是否答应?也先已把意见转告明朝,御弟能否念及手足之情快快遣使来迎?祁镇似很有宋靖康之后,徽钦北狩,议及迎复时高宗之忧。景泰元年(1450)六月二十六日,瓦剌使臣参政完者脱欢等五人奉蒙古文书表至京请和。景帝御文华殿,文武大臣恳请差人往瓦剌营地奉迎太上皇还京,景帝同意遣使,但对迎复却不积极。

经过几番商议,升礼科给事中李实为礼部右侍郎任正使、罗绮升大理寺右少卿任副使、马显升指挥任通事,组成使团。景帝钦给帐房、马匹、食物,敕书准备启程。七月初一陛辞,景帝御左顺门,召李实、罗绮面谕:"尔每(们)去脱脱不花可汗、也先那里,勤谨办事,好生说话,不要弱了国势。"②李实携带景泰皇帝给脱脱不花王、也先太师、阿刺知院敕书三道,每人三百两白银和二十四表里

---

① 李实:《北使录》。
② 李实:《北使录》。

彩缎,同完者脱欢等一行21人,即日启程。经过居庸关、怀来、雕窝堡、独石卫、毡帽山、兴和卫东珂边、昂棍冈儿、失剌失簿秃,七月十一日到达也先驻帐地,地名失八儿秃。也先接见了使臣,同意来日往见英宗,且风趣地说:"大明皇帝与我是大仇,官领军马与我厮杀。天的气候(意志),落在我手里。众人劝我射他,我再三不肯,他是一朝人主,特着知院伯颜帖木儿吾早晚恭敬,不敢怠慢。你每(们)捉住我时,留得到今日吗?"[1]

第二天,李实、罗绮等人在瓦剌骑士引导下到伯颜帖木儿驻帐地朝见太上皇帝,献上带给祁镇的绅丝四匹和粳米、鱼肉、楪杪(即果脯)、烧酒、器皿等物。李实、罗绮亲见,祁镇身边只有校尉袁彬、丁余刘浦儿、僧人夏福三人,所居者系围帐布帏,席地而寝。另有牛车一辆,马一匹,移营迁帐时使用。祁镇已近一年未见故国人,来闻故乡音,李实、罗绮虽是陌生小臣,但仍倍感亲切。人是故乡亲呀!祁镇似有委屈,感情潮水破堤而出,向李实倾吐胸臆:"比先,我出来非为游猎私己之事,乃为天下生灵躬率六军征讨以迤北。不意被留在此,实因王振、陈友、马清、马云所陷。也先实意送我回京,被喜宁引路,先路紫荆关,抢杀人民,拥至京师,喜宁不肯送回。后至小黄河,也先欲送回,又被喜宁阻住。在口乾又要送回,又被他阻挡。"[2]祁镇为其亲征辩护,强调动机是好的,为奸臣所误,身陷北庭,这种认识是真诚的。但他声言也先去年十月便诚心送其回京,只因被喜宁所阻没能成行,是完全错误的。祁镇衣履破旧,询问李实是否带来了衣帽,当李实给以否定回答时,祁镇暗自神伤。他叮嘱李实道:"你每(们)回去,上复当今皇帝并内外文

---

① 李实:《北使录》。

② 李实:《北使录》。

武群臣,差来迎我,愿看守祖宗陵寝,或做百姓也好。若不来接取,也先说今人马扰边,十年不休。"①李实有首《七律》描述这次君臣会面的凄凉情景:"重整衣冠拜上皇,忽闻天语倍凄凉。腥膻满腹非天禄,野草为居异帝乡。始信奸臣专国权,终教胡虏叛天常。只今来使通和好,翠辇南还省建章。"②

李实、罗绮别过上皇,向也先透露了迎接祁镇南归的意图,也先回答:"大明皇帝敕书内只说讲和,不曾说来迎驾。太上皇帝留在这里,又做不得我每(们)皇帝,是个闲人,诸事难用。我还你每(们),千载之后,只图个好名儿。尔每(们)回去奏知,务差太监一二人、老臣三五人来接,我便差人送去。"③为表示送回英宗的诚意,也先立即遣尚书土木军偕副使罗绮同往大同,调回扰边骑兵。李实南归,向英宗辞行,祁镇再三叮咛:"你每(们)回去,上复圣母太后,当今皇帝,也先要者,非要土地,惟要蟒龙织金彩缎等物,可着早赍来。"④祁镇此刻正心急如焚,切盼早日回到北京。从这些叮嘱,我们发现,祁镇对自己回归似有忧心,忧心所自不在也先,而在御弟景泰皇帝。

英宗在漠北期间,基本上是虚掷光阴,无所事事。要说他对北京保卫战还有什么贡献的话,那就是他参与并指导实施了智擒喜宁的计划。喜宁,原明朗宫内御用监太监,从征至土木堡,与英宗一同被擒。《罪惟录》称他"故彝种也",《明英宗实录》说他是"降虏"。被瓦剌骑擒获后,即向也先投降,尽泄九边及京师虚实。正统十四年(1449)八月,也先挟持英宗多处索取厚贿,又企图赚下

---

① 李实:《北使录》。
② 李实:《北使录》。
③ 李实:《北使录》。
④ 李实:《北使录》。

宣府、大同等城,点子都出自喜宁。喜宁颇得也先信任,成了位摇羽毛扇的人物。祁镇在漠北苦苦挣扎,与之荣辱与共的是袁彬、哈铭。喜宁非但不服侍英宗,反而经常破坏祁镇与袁彬君臣的和谐气氛,甚至欲置袁彬于死地。正统十四年十月,喜宁劝也先"挟上皇要京师,不得志","复欲拥趋宁夏,彬与铭止上皇勿行。"①喜宁恨袁彬、哈铭入骨,多次在瓦剌部各首领面前谗陷袁彬、哈铭,因也先对二人印象较好,计不得售。一天,喜宁伙同几名瓦剌骑士将袁彬骗到芦苇荡中,用皮条捆个结实,行将活剥。幸亏忠勇伯密令人往告英宗,英宗派哈铭找也先求情,才救了袁彬一条性命。

祁镇"以喜宁数导诱也先扰边",且危及其君臣的安全,乃定计除之。借北京久无信息,欲差人回京问候并索取春衣为名,遣袁彬到也先处说:爷爷有旨要差夜不收总旗高斌、②太监喜宁同瓦剌使臣纳哈出回京,也先不察其中有计,依请面行。喜宁多次导引也先犯边,北京方面也有所察觉,只是他随瓦剌骑兵同来同去捉他不到。祁镇致景帝书讲了喜宁些好话,像是为其申请赏赐,骗过了喜宁。祁镇又命袁彬密写喜宁谋叛各种罪行,函藏于木片内,系于高斌腿上,令其到宣府时与总兵等官合作相机擒拿喜宁。③ 景泰元年二月十二日,先头瓦剌使团三人行至万全右卫。十四日又有五十余人近边墙而行,独有一人到城下说话,此人便是总旗高斌,自称回北京奏事。总兵官朱谦已知此行的目的,委托宣府右参将相机依计而行。杨俊连夜四更赶到宣府右卫城内。十五日,杨俊令都指挥江福,内官阮华州、陈纶到使团必经的野狐岭埋伏人马。巳时,有瓦剌骑士一千余人近边南行。高斌走到城下,杨俊问喜宁来

---

① 查继佐:《罪惟录·列传》卷一六《袁彬》。
② 《明英宗实录》作"高斌",《罪惟录》称"高磐"。
③ 袁彬:《北征事迹》。

了没有,高斌回答在后边队伍中。杨俊叫高斌去通报喜宁,官军们已备好酒席礼物,请使团入城一叙,喜宁怀疑有诈,拒绝入城。杨俊又叫高斌去说,不劳太监及使团入城,只到城下一会,备下薄酒,备表心意,喜宁才领了数名瓦剌骑士来到城下。杨俊"出关用言绐诱近前,官军奋勇一齐突出,喜宁并贼人火洛火孙"被擒。[1] 袁彬这样记载这段史事:高斌与杨俊密约,当在城下向喜宁进酒时,城上放短枪为号,火铳一响,随行几个瓦剌骑士惊逃,高斌奋起抱住喜宁,滚下城壕,遂将其擒获。[2] 同行的正使纳哈出逃回,报知喜宁被擒的消息,也先气沮,英宗听后却喜出望外说:"干戈久不息,人民被害,皆喜宁所为。今后边防宁靖,我南归亦有日矣。"[3]

喜宁被解到北京,六科十三道交章弹劾其"以小人而为大奸,挟外寇而为内患,滔天之罪既著,赤族之戮宜加。喜宁猥以俘虏,荐沐宠荣,受列圣之深恩,居太监之重任。而乃欺天负国,背义忘恩,属奸臣之不轨,致上皇之蒙尘。喜宁回自虏中,诈传诏旨,妄指迎驾为名,索要朝廷金帛。既而乘机复往,主令贼首以来侵扰我边境,犯我京畿。上而宗庙震惊,下而军民荼毒。虽天威所加,而数万之众遂遁,奈生灵受害而千古之恨难消。兹者天厌祸乱,鬼启其衷,喜宁又以打话为由,送驾为说,欲乘间而入寇,被守将擒来。臣窃惟喜宁近侍内臣也,本朝廷腹心,反为丑虏腹心;本丑虏仇敌,反为朝廷仇敌;凡也先敢尔跳梁,皆喜宁为之向导"[4]。喜宁罪大恶极,被磔于市,三日而亡。这份廷臣弹劾章奏,是对喜宁的总清算,记入《明英宗实录》,却不谈英宗用计智擒之事,仅说"被守将擒

　① 《明英宗实录》卷一八九。
　② 袁彬:《北征事迹》。
　③ 《明英宗实录》卷一八九。
　④ 《明英宗实录》卷一八九。

来"，似应予以辨正。

智擒喜宁计划的筹谋和实行，始于英宗和袁彬，而非始自于谦。这在袁彬的记述中可得到明证。《明史纪事本末》则以为智擒喜宁的动议始于于谦，这是不太可能的。喜宁的各种倒行逆施，皆肇端于被瓦剌俘获之后，始于漠北，而对这些情况洞若观火的，恐怕应该是身在朔漠的祁镇、袁彬君臣。虽然喜宁导也先多次入寇，焚掠紫荆关，但北京君臣也仅是有所了解而已，定计擒喜宁的确是祁镇君臣，参将杨俊等仅是配合实施而已。擒喜宁的地点在宣府右卫城，而不在宣府城。这点也应予以澄清。

三、英宗南归

也先放英宗南归，是经过与明朝一番实力较量后的明智选择。明朝重振边备和京防，瓦剌骑兵突至宣府、大同、北京城下皆无建树；中断双方马市和朝贡贸易，使在经济生活上对中原依赖过多的瓦剌部损失惨重；特别是明朝文武拥立郕王即皇帝位，失君得君，专务战守，祁镇在也先手中由奇货变为空质。杀掉他，无疑宣告明蒙关系彻底破裂，送还他，便可做个顺水人情。要说也先真正敲定送还英宗的主意，应该在景泰元年（1450）四月之后，这个月行军尚书虎察被明军擒斩。[①] 五月阿剌知院遣使贡马请和，实际是"也先欲和，耻屈意，阴使阿剌来言"[②]，试探明朝意向。礼部请太常寺少卿许彬、锦衣卫都指挥同知马政翻译书柬，辨别和议之诚伪。许彬等奏报"也先果欲议和罢兵，且奉还上皇"。[③] 景帝听后神色不

---

① 《明英宗实录》卷一九一。

② 《明史纪事本末》卷三三《景帝登极守御》。

③ 《明史纪事本末》卷三三《景帝登极守御》。

怿，问尚书陈循："也先可和耶？"陈循答："遣使而备之"，景帝降玺书厚赐阿剌知院。却数落"也先挟诈，义不可从。即阿剌必欲和好，待瓦剌诸部北归，议和未晚。不然，朕不惜战也"①。这种态度，在也先无真诚和意时，无疑是正确的，但是当也先真想议和并欲送还英宗时，便不可取了。正因为景帝忧虑皇兄回京后皇位的归属，才造成瓦剌使团迟迟不能北返复命。

转眼到了六月，吏部尚书王直上疏："也先遣使请上皇还京，盖上下神祇阴诱其衷，使之悔悟。伏望皇上许其自新，遣使臣前去审察诚伪。如果至诚，特赐俯纳，奉迎上皇以归，不复事天临民，陛下但当尽崇奉之礼，庶天伦厚而天眷益隆。"道理讲得够清楚的，景帝听后酸溜溜地说："卿言甚当。然此大位非我所欲，盖天地祖宗文武群臣之所为也。自大兄蒙尘，朕累遣内外官员赍金帛迎请，也先挟诈不肯听。若又使人往，恐假以送驾为名，羁留我使，率众来犯京畿，愈加苍生之患。卿等更加详之，勿遗后患。"②

秋七月，也先以屡次和议不成，又叫知院阿剌修书，遣参政完者脱欢等五人到北京请和。礼部尚书胡濙请求派出使臣迎上皇南归，景帝不允。第二天，祁钰御文华殿，召文武群臣谕之说："朝廷因通和坏事，欲与寇绝，而卿屡以为言，何也？"吏部尚书王直回答："上皇蒙尘，理宜迎复。乞必遣使，勿使有他日悔。"景帝听后郁郁不乐："我非贪此位，而卿等强树焉，今复作纷纭何！"③群臣不知何以对答。于谦从容对曰："天位已定，宁复有他。言和者，觊以解目前而得为备耳。"景帝戚容稍霁曰："从汝，从汝。"④这才有

① 《明史纪事本末》卷三三《景帝登极守御》。
② 《明史纪事本末》卷三三《景帝登极守御》。
③ 《明史纪事本末》卷三三《景帝登极守御》。
④ 李贽《续藏书》卷一五《经济名臣于忠肃公》。

李实、罗绮、马云使团偕完者脱欢漠北之行,然则给也先等人的敕书只讲议和而不谈奉迎之事。

在李实一行没有返回北京之前,脱脱不花可汗又遣使臣皮儿马黑麻来京请和,右都御史杨善、中书舍人赵荣、指挥王息、千户汤胤积慨然请命,组成答谢使团,偕皮儿马黑麻出使瓦剌,景帝所给敕书仍只是议和一项内容,而不及迎复英宗之事,也不给杨善等金帛彩缎,作为赏赐也先的礼物。杨善典卖家产,又借贷于宦官,购买绮绣、师比、阿锡、女红、线扣之类以为赏格。[①] 祁镇之所以能与杨善一道同归,除明朝与瓦剌双方实力消长的因素外,全凭杨善锐健的谈锋和外交上的成功。

杨善一行出塞后,也先派他所亲近的田民做馆伴迎接使团,且打探明朝情形。二人饮酒帐中,田民对杨善说:"我亦中国人,被留于此。前者土木之役,六师抑何弱也?"杨善说:"当是时,六师之劲悉南征,而中贵人振欲邀太上幸故里,止扈从,一不为备,故溃。虽然彼幸而胜,未见为福。今者南征之士悉归,可二十万;又募中外材官技击,得三十万;悉教以神枪、火炮、药弩,射命中,百步之外洞人马,复穿七札。又用言者计,沿边要害,皆隐金椎三尺,所值蹄立穿。刺客林立,夜度营幕若猿猱。而皆已矣,置之无用矣。"田民问:"何以言无用?"杨善答:"和议成,方且欢饮若兄弟,而又何用!"田民将这番对话全部告知也先。[②]

杨善八月初二来到也先老营拜会也先,妙语连珠,左右逢源,应答使也先极其满意。也先问因何薄给马价,杨善答:"往时外使不过三十人,今多至三千人,即稚子亡弗赍者,金帛器服络绎载道,

---

① 李贽《续藏书》卷一五《经济名臣于忠肃公》。

② 《明史纪事本末》卷三三《景帝登极守御》。

而岂得言薄。"也先又问："然则奈何留我使？予我帛时剪裂,幅不足者？"杨善答:"帛有剪裂不足者,通事为之也,事露而诛之矣。即所进马有劣弱,而貂皮敝,岂太师意耶？至使臣所从人为奸盗他所,或遇害,中国留之何用!"问市釜薄裂事,善答:"此小民市易,朝廷岂知。"也先问:"上皇还,更临御否？"杨善答:"天位已定,不得再易。"也先问:"古尧舜禅让故事不可再行吗？"杨善答:"尧让位于舜,今日兄让位于弟",正合古训。也先被说得心悦诚服。平章昂克问:"想要迎复上皇,带来什么厚礼？"杨善答道:"若带厚礼来迎,后人将以为你们贪图厚贿才送归上皇。今天我什么也没带来,若放上皇南归,将来写入史册,岂不是千古美名。"也先认为杨善讲得句句在理,首肯然之。伯颜帖木儿提议留下杨善一行,再遣使去北京,要求景帝君臣同意英宗重新登皇帝位。也先说:"从前我们要明朝派大臣来迎,大臣来了不让迎还,是不守信誉。"于是引杨善拜见祁镇,决定送英宗南归。①

连续四天,也先、伯颜帖木儿分别设宴款待英宗和杨善,杨善彬彬有礼服侍祁镇,不稍有怠,也先感慨大明乃礼义之邦。八月初六,杨善奉英宗南归,也先率众渠帅送驾半日路程,临别,也先下马解所佩弓箭战裙献上皇,诸渠帅罗拜挥泪而回。伯颜帖木儿连送两日,初八至野狐岭小息,伯颜进帐献酒,屏退左右对哈铭说:我们也先太师顺乎天意,敬事皇帝一年了。"皇帝此来,为天下也,归时还当作皇帝,即我主人,有缓急我可以告诉。"车驾起行,伯颜又送出野狐岭口,祁镇揽辔缓行,与伯颜帖木儿慰藉话别,伯颜痛哭而回,仍命五百骑送驾到京城。②

---

① 《明史纪事本末》卷三三《景帝登极守御》。
② 《明史纪事本末》卷三三《景帝登极守御》。

此番南归，祁镇心情如何？材料阙如，不见记载。可以想见，祁镇心情复杂，喜悦、忧伤兼而有之。一别年余，重归故国，叫人喜悦，皇位他属，旧梦难温，使人忧伤。离别伯颜南行数里，忽然数十骑人呼马嘶从后追至，祁镇大惊失色，是也先变卦了？他再也不敢向往那鼙鼓旌旗千军万马的军旅生涯，更对战俘生活心存疑惧。担惊是多余的，原来是平章昂克猎得一獐，驰使来献，祁镇受之，使者返回。十一日驻扎万全左卫演武亭，十二日驻宣府南城，十三日驻跸宣府，十四日行抵怀来。祁镇修书两封，一给皇太后，一给景帝，遣中使陈容驰送京城。十五日至唐家岭，繁荣兴盛的北京城放眼可望，金碧辉煌的紫禁城就在足下，但对一个失国之君来说，心潮起落，难以名状。在唐家岭祁镇又遣使回京，诏告文武群臣避位之由。而此时的御弟景泰皇帝心情也不平静，朝堂上正围绕迎驾礼仪展开一场唇枪舌剑。

祁镇南归的消息，最迟杨善在八月初九已遣人快马驰递京城。八月十二日英宗至宣府南城，景帝派太常少卿许彬来迎。工部尚书高谷、给事中刘福讲："奉迎上皇礼不宜薄。"礼部连日商议仍悬而未决。千户龚遂荣投书高谷称：上皇之出，以宗社故，非游猎也。都人闻上皇还，无不欢喜雀跃，迎复礼宜厚，今上（景帝）亦当避位恳辞，然后复位，否则将贻后世讥笑。而王文对上皇回归似大不相信，厉声说："孰以为来耶？黠寇不索金帛，必索土地耳！"①礼臣经几番重议提出迎接朝见仪注如下：

A. 礼部堂上官一员至龙虎台迎接。

B. 锦衣卫差堂上官一员，带领官校执丹陛驾并抬辇轿至居庸关迎接。

① 《明史纪事本末》卷三三《景帝登极守御》。

C. 光禄寺差官牌校尉抬酒饭至龙虎台、清河二处侍候。

D. 各衙门官至土城门外迎接，行叩头礼。

E. 总督并各营总兵官俱于教场门口迎接，行叩头礼。

F. 太上皇帝车驾从安定门至东安门外，于东上北门南面坐，皇帝出见毕，文武百官行五拜三叩头礼，太上皇帝由东上南门入南城大内。①

景帝看了这份仪注安排表，批示"虏人谲诈，未全凭信，欲备大礼迎接，恐堕贼计"，因此只准用车马迎接，"待伺真伪之情"。决定居庸关接驾用轿千乘，马二匹，将丹陛驾移到安定门。② 对这过于从简的仪注，廷臣接受不了，祁钰又不让步。景帝对迎复英宗入城本来就是大不情愿的，更何况还担心祁镇南归将危及自己的至尊地位。幸好待避京外心绪焦躁的祁镇在八月十五日递入京城的几封书信缓和了僵持局面，也给景帝吃了一粒定心丹。

写给文武群臣的避位诏书称："朕以不明，为权奸所误，致陷于虏廷。已尝寓书朕弟嗣皇帝位典神器，奉钦宗祀，此古今制事之宜，皇帝执中之道也。朕今幸赖天地祖宗之灵，母后、皇帝悯念之切，俾虏悔过，送朕还京。郊社宗庙之礼，大事既不可预；国家机务，朕弟惟宜。尔文武群臣务悉心以匡其不逮，以福苍生于无穷。朕到京日，迎接之礼，悉从简略。布告有位，咸体朕怀。"③

写给群臣的谕旨说："朕以眇躬，昔受先帝遗命，祖宗鸿业，俾付于朕，深惟负荷之恩，朝夕惶惧，以图治理。去年秋，丑虏傲虐，背恩负义，拘我信使，率众犯边，有窃神器之意。朕不得已亲率六师往问其罪，不意天示谴罚，被留虏中。屡蒙圣母上圣皇太后、皇

---

① 《明英宗实录》卷一九五。

② 李实：《北使录》。

③ 李实：《北使录》。

帝贤弟笃念亲亲之恩,遣人迎取,上赖天地大恩、祖宗洪福,幸得还京。尔文武群臣欲请重以迎接之礼,朕辱国丧师,有玷宗庙,有何面见尔群臣,所请不允。故谕。"①

景帝闻知这二道诏旨,心神稍稳,马上批示道:"悉遵行。今言太薄,则讥乎朕。事既行定,不许妄言。钦此。"②太上皇帝作出了让步,群臣只好拾阶而下,景帝也算找到了奉迎从简的依据。英宗在八月十五日总算进了北京城。百官迎接于安定门,祁镇乘丹陛驾自东安门入,景帝出迎拜,英宗答拜,兄弟相见,仿唐天宝之乱后玄宗、肃宗禅让之礼,各叙授受之意,逊让良久。自然,这是事先安排好的套路。实际上,在温良恭俭让背后,各有心腹事,皇兄祁镇不愿逊位,皇弟祁钰防嫌更密;不然何有后来的"夺门之变"。③

固定程式都已走过,祁镇被送入南宫的崇质殿。作为太上皇帝,从此开始了七年寂寥难挨的幽禁生活。

英宗从被俘到进入南宫,整整是一年。

祁镇幽禁的南宫究系何处?各种史籍记载颇不一致,名称各异,似有辨析必要。《明史纪事本末》与《明英宗实录》所记相同,"景泰元年八月丙戌,上皇至自迤北,入居南宫。"④《明宫史》载:"自东上南门迤南,街东曰永泰门。门之内,街北则重华宫之前门也。其东有一小台,台上有一小亭,再东南则崇质殿,俗云'黑瓦殿'是也,景泰年间英宗自北狩回所居。永泰门再南,街东则皇史岁。"⑤《寓圃杂记》称:"太上居延安宫,景皇帝久不朝,给事中吴

---

① 李实:《北使录》。
② 李实:《北使录》。
③ 《明英宗实录》卷一九五;《明史纪事本末》卷三五《南宫复辟》。
④ 《明英宗实录》卷一九五;《明史纪事本末》卷三五《南宫复辟》。
⑤ 刘若愚:《明宫史》;金集:《宫殿规制》

175

江徐请独见,遂进离间之谋,景帝恶其言,谪为远卫知事。太上复位,被肢解,天下快之。"①

如此一来,祁镇幽禁之所有。"南宫""延安宫""崇质殿"三说。哪个对,哪个错?今天的北京故宫已不包括上述宫殿,我们所能见到的明故宫绘图也不包括东华门、西华门以外的建筑。笔者分析三说都不为错。原因是,延安宫俗称"南宫",是个较大的建筑群体。而崇质殿则是其中主要建筑之一,因覆以黑瓦故俗称黑瓦殿,"南宫"之名则因其在明皇城中之方位而得。这个建筑群体的正门则是延安门,所以《明英宗实录》中有廷臣请求景帝允许朔望朝上皇于延安门的记载。景泰年间,靖远伯王骥守备南宫,即守备延安宫;石亨、曹吉祥、徐有贞所夺之门,即指守备森严的延安门。

---

① 王錡:《寓圃杂记》卷一〇《徐奏离间》。

第七章 南宫复辟

一、易太子

在君主专制的政治制度下,国家被视为君主的私有财产,专制君主总是想让这笔莫大的财产在自己和子孙的手中流传罔替,景帝朱祁钰当然也不例外。景帝即皇帝位后就想更换太子,让自己的儿子朱见济成为继承人。但他又苦于没有什么借口可以将这个意愿表达出来,并变为现实。他于是先试探了一下身边内侍对更易太子的态度。不久将是见济的生日。一天,他对司礼太监金英说:"二月二十日,是东宫的生日。"金英叩头说:"东宫生日是十一月初二日。"①景帝闻言,闷闷不乐。

---

① 《菽园杂记》卷一、《宾退录》卷二、《宪章录》俱载此事,怀献太子的生日为七月初二日,可能属于为了语音的谐和而误传。查《明英宗实录》卷二一六,景泰三年五月戊戌条,怀献太子的生日应该是二月二十日,王世贞《弇山堂别集》卷二四《史乘考误五》辨《宪章录》有关此条记载云:"此本野史,似可据。但考之史,景泰元年,上怒金英,发其结党市恩,及纵家人中盐等事,论斩及戍谪有差。英下都察院狱,亦论罪斩,诏禁锢之,英家几藉矣。岂东宫生日之说在英未下狱之前耶? 或景帝之怒繇此。但其时帝方即位,殊未萌易储之念,不应有东宫说也。英之赦出,必在三年间。当时储位已定,帝何必复盲东宫生日? 英犹在危疑间,岂敢作此对耶?"若知怀献太子的生日是二月二十日,则王弇州此疑就冰释了。夏燮《明通鉴》卷二七天顺元年三月己巳条《考异》辨弇州之误云:"按景帝监国,宪宗方三岁,而证之《怀献太子传》,见济似长于宪宗,故景泰三年立为太子,四年二月冠。明制,太子冠在十五岁,又早者十二岁,然则景帝监国,见济已离就傅之年不远,金英生日之对,必系改元前后事,弇州未核前后一详考耳。"据此,则景帝之年龄似大于英宗,因无确切之证据,只好存疑。

金英是一位资历颇深的太监。宣德时他曾侍奉景帝和英宗的父亲宣宗。宣德七年(1432)宣宗赐给他和另一太监范弘免死诏,辞极褒美。英宗继位后,与太监兴安并得贵幸。后来王振擅权,金英遂不敢与之相抗。正统十四年(1449)八月英宗陷土木,中外大震。当时尚是郕王的祁钰遣兴安、金英等人召廷臣问计。侍读徐珵倡议南迁,被兴安、金英叱骂扶出,主张战守的一派大臣的意见才占了上风。这样一位权势威赫的近侍,不可能一点毛病也没有。只要不犯逆鳞之过,其他如招权纳贿、贪赃枉法之类的行为便算不了什么过错。但金英这次谏易储却是犯了忌讳。

景泰元年(1450)六月,有人劾金英纵家奴李庆等人多支官盐,挟取民船运盐,并杖死船夫。景帝命都察院审理。案件的审理迁延近十个月,金英受贿请托、窥伺朝廷诸罪被陆续揭出,至同年十一月,景帝令将金英禁锢。① 金英被禁锢后,终景泰一世废弃不用。《明实录》中此后未见有关他的记载,大概死于景泰年间。

金英案牵连的要员有左都御史陈镒、王文,总兵官都督孙镗,工部尚书石璞。此案初发时,都察院仅将金英家人论罪而未对其本人提出弹劾。刑科都给事中林聪随即弹奏陈镒、王文与监察御史宋琛、谢琚"畏权避势、纵恶长奸",② 陈、王诸人遂被捕下诏狱。因认罪态度良好,陈、王免遭罪罚。宋、谢二御史则因"阿佞权要,难居宪职",赎杖毕后调为外职。③ 十三道监察御史,由于认罪及时,免罚,孙镗与石璞贿赂金英得以升官保位,论罪当斩,为景帝所赦宥。④ 因此通过金英一案,使许多大臣看清了景帝的意向。但

① 《明英宗实录》卷一九八。
② 《明英宗实录》卷一九三。
③ 《明史》卷一七七《林聪传》。
④ 《明英宗实录》卷一九八。

是,仍没有人先提出更换太子的问题。不过,这倒给政治上的投机者提供了一个绝好的机会。

景泰二年(1451)八月,广西思明府土知府黄㻬致仕,其子黄钧继任。黄㻬庶兄指挥佥事黄竑欲杀钧,代以己子。黄竑当时守备浔州,托言征兵思明府,令其子黄灏纠众于府城三十里外结营,然后奔驰至府城,袭杀黄㻬一家,将黄㻬、黄钧父子肢解,用瓮装盛,埋于他们家后的园圃中。黄灏处理完毕,率众回到原寨。次日,他又假装入城,发现黄㻬一家被害,于是为其发丧,并派人报告其父黄竑缉捕凶手,企图借此掩盖他们的杀人真相。黄灏没想到,当他们行凶时,黄㻬的仆人福童躲了起来。后来,他逃到按察司报案,并且出具黄竑的征兵檄文为证。思明府人也说杀死黄㻬全家的,是黄竑父子。巡抚李棠于是檄令右参政曾翬、副使刘仁宅审查此事。黄竑派人持千金于途中欲收买曾、刘二人,并且以兵相威胁。曾、刘二人假装允其所请,而心中却在盘算如何逮捕凶手。于是他们分为两途。曾翬留在浔州调查,刘仁宅与黄竑二子赴南宁申辩。至南宁,刘仁宅出其不意将黄灏、黄瀚兄弟拿获。曾翬在浔州也以计诱执黄竑。于是黄竑父子三人都被关入省城监狱。李棠然后与镇守左副总兵官武毅将此事奏报朝廷。黄竑自度这次是在劫难逃了,便暗中派千户袁洪到北京谋求解救的办法。[①]

景帝想易东宫,一时没有什么好办法。汪皇后又劝阻他不要更换太子,令他感到为难。司礼监太监王诚、舒良为景帝出谋,建议先收买内阁学士和七卿中的一些人,他们若不从中作梗,则事情就好办了。左都御史王文与王诚颇有私交,首先表示赞同易储。

---

① 《明史》卷三一八《广西土司二》,卷一五九《李棠传及附曾翬传》;《国榷》卷三〇。

于是景泰三年(1452)正月,景帝就将王文与掌鸿胪寺事左都御史杨善并加从一品太子太保衔。至四月初一,又分赐内阁学士白银。其中少保户部尚书兼文渊阁大学士陈循、少保工部尚书兼东阁大学士高穀白银100两;吏部左侍郎兼翰林院学士江渊、礼部左侍郎兼翰林学士王一宁、户部右侍郎兼翰林院学士萧镃、翰林院学士商辂白银各50两①。

千户袁洪到北京后,打听到当今皇上想换太子,于是以黄竑的名义向景帝呈进了"永固国本事"疏。疏中说:

> 臣窃闻太祖高皇帝龙飞淮甸、雷厉中天、豪杰归心,群雄应诏、栉沐风雨、削平僭乱而成帝业者,必期圣子神孙传之于无穷。今经八十余年,海宇之广,亿兆之众,三代而下未之有也。前岁胡虏犯边,自古常有。太上皇轻屈万乘,亲御六师,临于寨险,被虏遮留;扈从文武群臣,十丧八九;逆虏乘势长驱,逼临京师,四方震惧,几乎危殆。赖太祖太宗列圣之灵预诞圣躬,继登大宝,不然则民何所归焉? 此实上天眷命,非当时预画者也。今逾二年,未见易立皇储,臣窃思国之本不可缓也。古之圣王奄有天下者,未有不急乎国本者。虽今朝廷与顾命大臣已有公见,愚臣何得而知之。切恐逾久议论妄生,况今时俗不古,人心易摇,争夺一萌,祸乱难息。或朝廷欲循前代逊让之美,复全天伦之序,臣恐势有不可者。若谓有皇太后之尊,及东宫至亲,不忍遽易,然天命岂可逆违,国本岂可轻缓? 古人有云:"天与不取,反受其咎",今又土星逆行太微垣,盖上天有所垂谕也。愿及今留意,弗以天命转付与人,早与亲信文武大臣密议以定大计,易建春宫,一中外之心,绝觊

① 《明英宗实录》卷二一五;《国権》卷三〇。

觊之望,天下幸甚。①

景帝见疏,大喜,说:"万里之外,乃有此忠臣。"于是下诏说:"此天下国家重事,多官其会议以闻。"并下谕立即释放黄𬭤父子。

文武大臣见到黄𬭤的易储疏和景帝议易储的诏令,十分惊诧,议论纷纭,有的说必定有当朝知情大臣受其贿赂而教之者,有人怀疑是侍郎江渊所为。

次日,礼部尚书胡濙,侍郎萨琦、邹干召集文武大臣廷议易立皇太子事。各公侯驸马伯都督与部院大臣们,相互顾盼,无人敢说赞同,也无人表示反对,朝廷上死一般的寂静。司礼监太监兴安再无法忍受廷臣们这种依违畏缩、观望犹疑、首鼠两端的态度,不得已打破死寂,声色俱厉地说:"此事今不可已,不肯者不用签名,尚何迟疑之有?"②于是众臣纷纷开始在早已准备好的奏疏上画押。当时文武诸臣与议者91人,胡濙及陈循、王文首先署名。吏部尚书王直面有难色,陈循濡笔塞进其手中,才署了名。其他大臣,包括于谦、石亨、徐有贞,也都依次签了名。都给事中李侃、林聪、御史陈英私下认为易储不宜,但最后也签了名。众臣们便联名合奏:"父有天下必传于子,此三代所以享国长久也。惟陛下膺天明命,中兴邦家,统绪之传,宜归圣子。今黄𬭤所奏,宜允所言。"

景帝接到诸臣的疏本,即传诏谕说:"卿等所言,三代圣王大道理。近日耆旧内臣亦俱来劝导,与卿等所言同,朕皆不敢自专,上请于圣母上圣皇太后,蒙懿旨宣谕:'只要宗社安,天下太平。

① 见《明英宗实录》卷二一五;《明史》卷三一八《广西土司二》。《明史》卷一六八《江渊传》则云:"初,黄𬭤之奏易储也,或疑渊主之。丘浚曰:'此易辨也。广西纸与京师纸异。'索奏视之,果广西纸,其诬乃白。成化初,复官。"
② 《明英宗实录》卷二一五。

今人心既如此，当顺人心行。'朕以此不敢固违，礼部可具议择日以闻。"①

同日即简置东宫官，悉以文武廷臣兼任。于是王直、胡濙兼太子太师，陈循、高穀、于谦兼太子太傅；仪铭进升为兵部尚书，与俞士悦、王翱、何文渊俱兼太子太保，萧镃、王一宁兼太子少师，商辂以兵部侍郎兼右春坊大学士。勋臣自宁阳侯陈懋、武清侯石亨以下也兼任东宫公孤官。

四月二十四日，景帝命东宫公孤官王直、于谦等内阁部院大臣8人兼支双俸，他们循例上疏辞让，不允。②

五月初二将是册立新太子的日子。前一日，宫内设香亭于奉天门，有一男子自外面旁若无人地闯入，手执红色木棍，去打香亭，并说："先打东方甲乙木。"内使将其逮捕，关进锦衣卫狱中。③

次日，册立皇妃杭氏为皇后，长子见济为皇太子。同时废除汪氏的皇后地位，改封英宗的长子皇太子见浚为沂王，次子见清为荣王，见淳为许王。诏告天下说："天佑下民作之君，实遗安于四海；父有天下传之子，斯固本于万年。"④并大赦天下，除十恶以外的罪行都在赦免之中，让芸芸众生同沐皇太子之更立所带来的浩荡皇恩。

诸臣草议易储诏书时，大学士陈循等人搜肠刮肚，苦无善对。当时吏部尚书何文渊在旁，即起句道："父有天下传之子。"陈循受到启发，即以"天佑下民作之君"相对。后来正式行文时，以后句意应在前，于是就见到了诏书中的样子。

---

① 《明英宗实录》卷二一五。

② 《明英宗实录》卷二一五。

③ 《明英宗实录》卷二一五。

④ 《明英宗实录》卷二一五。

何文渊，字巨川，江西广昌人，永乐十六年（1418）进士。宣德五年（1430）由左都御史顾佐保荐，赐敕知温州府。何文渊在知府任上廉静寡欲，一郡大治，在当时浙东的各知府中政绩列为第一。待到升任吏部尚书，又以易储加太子太保，仗太监兴安是他的老相识，行事往往倚势跋扈、阴险叵测，于是物论不容，遭给事中林聪的严词弹劾。言官们本想依法处置他，赖景帝的曲护，得以致仕家居①。英宗复辟，何文渊以为自己与议易太子，又首发"父有天下传之子"的言论，必遭奇祸。当时副都御史陈泰左迁广东按察副使，道经广昌，有人误传为抄提文渊的使者，文渊惧，遂自缢死。

何文渊死后引发了一场官司。当时其子何乔新已是南京礼部主事，闻丧归里。里人前侍郎揭稽曾受业于何文渊，而与乔新兄弟不协，遂奏何文渊之死实为诸子迫之自经，并逼嫁其父所钟爱之妾。还有一种说法，云乔新恐其父曾参与易储会给自己的仕途带来不利影响，于是致书其父劝其自杀。何乔新被揭稽诬告，于是也讦奏揭稽任广西巡抚时曾荐举过黄竑，并且代他起草易储疏。英宗命将他们一并逮下锦衣卫狱拷讯。何乔新父的爱妾断指发誓为诸郎讼冤，证明迫父自经、逼嫁庶母都是诬告，刑讯才得缓解。英宗也以为事业经赦免，遂将他们释放，并不问罪②。何乔新后官至刑部尚书，刚正不阿，为弘治（1488—1505）时名臣。

皇太子顺利更立，要归功于内阁学士们的合作。为了对他们的合作表示感谢，景帝又赐给大学士陈循、高谷，学士江渊、王一宁、萧镃、商辂各黄金50两③。

至于首表赞同易储的王文，景帝特酬之以内阁。景泰三年

① 《明英宗实录》卷二七七；《何文渊传》；《古穰杂录》。
② 《明史》卷一八三《何乔新传》。
③ 《明英宗实录》卷二一八。

（1542）七月，学士王一宁故去，景帝即召用当时正在江淮巡视水灾的王文入文渊阁办事①。迄至次年正月十九日，景帝召王文还京。他抵京后不久，于二月初六，景帝便命他为吏部尚书兼翰林院学士，于内阁参与机务。从此，开启了二品大臣入阁的先例②。

思明府土目黄竑建言易储，不但逃脱了刑戮之罚，而且以首功加官晋爵。景帝得黄竑易储疏后，即命广西巡抚李棠将他释放，以礼待之，并乘驿驰至京师，召见便殿。景帝又吩咐兵部大臣于谦等人说："黄竑素有机谋勇略，可留前府治事，拨与房屋居住。其子并家人为事系广西狱者，俱宥之。尔兵部遣官赍敕往广西取黄竑子及家属赴京随往，沿途供给食和车船。"③黄竑遂被擢用为前军都督府都督同知，并得京师赐第。

广西巡抚李棠不得竟黄竑狱，郁郁如一块石头压于胸口，乃累次上疏，谢病归家。离任时，不携岭表一物。

当群臣廷议通过易太子的方案后，大臣们得以加官太子公孤并兼支双俸。吏部尚书王直顿足叹曰："此何等大事，乃为一蛮酋

① 《明英宗实录》卷二二二。
② 《明史》卷一六八《王文传》。《明通鉴》卷二六该条云："文以二品入内阁，阁体益崇。旧制重冢宰（指吏部尚书），虽内阁历二三十年，不领吏部尚书，内阁之领吏部，亦自文始也。"［考异］曰："景帝易储置东宫官，惟杨善、王文二人先以正月即加太子太保，故夽州有'王不预升而于不与赏'之语。今按帝之易储，自元年冬下金英于狱，上意已定，而先期密谋，实始于中官王诚。史言'文与诚前善'，又言'易储之际，文率先承命'，然则不待白金之赐及黄竑之上书，而文已首倡此议矣。先之加太子太保以饵之，及奉使江淮，不一月即酬之以内阁，逾年至京师，又酬之以吏部尚书，文之所得多矣。而夽州以为，'不预升'，毋乃懵懵。今观文以内阁领吏部，此其明证。"黄云眉认为："其言甚是，然文以易储升官，不过文一人之私，而开此后尚书入阁之例，阁体益崇，其与太祖不置丞相之意，斯益远矣。"（《明史考证》第五册，第1359页）
③ 《明英宗实录》卷二二九。

所坏,吾辈愧死矣。"①王直虽内心感到羞愧,但逆鳞难犯,仅仅是叹息而已,不敢犯颜直谏,举朝文武大臣亦无敢有犯颜直谏者。

那么于谦对易储的态度又怎样呢?有人认为他隐忍不谏实为有罪②,这是一种不合乎实情的看法。按照明朝的制度,内阁和各部院分工明确。内阁职在参谋,六部专司各项专业事务,十三道监察御史和六科给事中专掌谏言参弹。易储事为国家一项大政,内阁学士们首先应该秉正执义。无奈陈循辈在易储之先即已放弃原则接受白银之赐,易储事成后,景帝又赐给他们更为贵重的黄金。可见白银之赐不过试探内阁之意向,而非收买。不然参谋众多的景帝何至于颠倒行事? 正因为内阁先表赞同易储,故景帝在事成后重谢以黄金,又偿以公孤和双俸。六科、十三道只不过是皇帝用来维护皇权的工具,每有纠弹,都先下密旨与六科,然后十三道因之③。若贸然犯谏,则祸福未敢料定。吏部是六部的首席衙门,礼部执掌国家礼仪大典,凡遇有大事廷议,都由两部牵头主持。礼部尚书胡濙既然执笔首先通过易储方案,吏部尚书王直又未示异议,所以于谦这位职掌兵事的大臣也只能从众签字了。况且据理犯谏不是他这样大臣所应该行的事。皇帝是最高的绝对的权力所有者,其权力具有强烈的排他性、独占性,所以对于易储这样涉及皇权继承的事情,君主的意志即是一切,臣下的谏阻只会引出一些刑讯案件和政治的混乱。为了不引起政治混乱,同时又要维护儒家的亲亲之义,像于谦这样受皇上重用、于国家稳定攸关的大臣,就只能私下劝阻。

① 《明史》卷一六九《王直传》。
② 《四库全书总目提要·炎徼纪闻》,《炎徼纪闻》卷一。
③ 《水东日记》卷一《纠弹不承密旨》。

于谦是否有过造膝之请，我们不得而知。但我们却可从一系列的现象中推知，于谦对于易储乃是持不赞成态度的①。

首先，易储后各大臣皆加东宫公孤官，六部尚书中的吏部尚书王直、礼部尚书胡濙都加太子太师，而于谦只得次一级太子太傅②。其次，于谦在礼仪性的推辞双俸后，又单独上疏辞还兼俸。景泰三年(1452)五月初四，于谦上疏说："臣阖家良贱，仅有数口，原俸资给有余饶。现今边境与京师粮用浩大，人民转输未息，军士养赡未优，国赋经营日不暇给，而臣却以一介之微叨冒千人之食，扪心知惧，揣分何惧乞止支一俸以省浮费，以惬舆情。"景帝说："朝廷俸禄优待功臣，礼之所宜，何劳固辞！"未允所请。既然主管军政的大臣表示让俸以济时艰，总兵官石亨、兵部尚书仪铭、户部尚书金濂也只好象征性地上疏辞俸，景帝一概不允③。

黄𬭸父子杀害黄珊一家四口，于明朝的法律来说，乃是罪大恶极的行为。但因为黄𬭸上疏首建易储之议，不但未受任何惩处反而加官增俸，这对于主管土官，义务在于维护王朝法律尊严的兵部来说，是一种莫大的痛苦。作为兵部的主管，于谦只能在既维护皇权的独尊又要维护法律的公正这种两难处境中周旋。

景泰五年(1454)十一月八日，前军都督同知黄𬭸死，有人说是服药自杀④。黄𬭸死后，其长子黄灏上疏请求袭职。兵部认为

---

① 《明通鉴》卷二六云："若《三编》所载御批，谓：'谦在当时，实能公忠体国，若竟如诸人之间顺苟容，必无是理。观赐金之独不及谦，则安知非谦已有造膝之陈？景帝稔其意不可夺，故不复相属耶？不然，景帝任谦方深，苟非有大拂其隐之嫌，何至天顺复辟时，一闻钟声有疑是于谦之间耶？'按此论最足雪忠肃之诬。今观前后，景帝之任谦，自易储之后，宠遇少替，此可见矣。"
② 《弇山堂别集》卷二四《史乘考误五》。
③ 《明英宗实录》卷二一六。
④ 《明英宗实录》卷二四七；《国榷》卷三一。

黄灏曾杀害其叔父和堂兄弟四人,虽然蒙特恩宥死,但于例难以承袭,请以次子黄瀚袭职。并认为黄竑升都督同知以前的原职只是指挥佥事,请仍先行原卫查勘,然后袭授。景帝以道里遥远,不必行文原卫查勘,特命黄瀚袭职为永清左卫指挥佥事。

不久,黄瀚上奏说在京家口众多,请求让黄灏分家属之半回原籍居住。兵部认为黄灏本是十恶之人,近年来朝廷以黄竑之故特宥其罪,取居京师。况且黄钧之子道甫年幼,现署思明府事,恐黄灏回原籍后别逞奸谋,不宜遣还。景帝听从了兵部的意见①。

景帝费尽心思,好不容易立自己的儿子见济为太子,以为天子的宝位从此就可以在自己的血胤中万世流传了。不料见济不争气,当太子不到两年,便在景泰四年(1453)的十一月夭逝了,谥曰“怀献”。于是皇位的继承人又成了问题。储位未定,黄氏的政治前途亦未可料定。黄瀚让其兄分家属之半回广西,乃是为将来计,免得英宗一旦复辟落得个诛灭的命运。但这一计却为兵部以别的借口阻拦而未能实现。黄灏于是便私自逃归。兵部发现后随即报告景帝,认为黄灏罪恶深重,现在逃去,恐蹈前非,酿成边患。景帝命速移文镇守广西的安远侯柳溥秘密遣人截捕②。

储位问题事关重大,是宗社国家的根本问题。它关系国家最高权力的继承和转移能否以和平的方式进行,关系国家的政治能否稳定。储位确定,皇位继承人无可争议,当老皇帝去世时,太子也就自然而然地成为新君。若储位不定,不同的政治派别和集团就会去寻找各自的代理人,以实现他们的政治野心与利益。当今皇上一旦不讳,撒手而去,各派政治势力的纷争便立即白热化,甚

---

① 《明英宗实录》卷二五三。《实录》将黄钧与黄灏视为叔侄关系,误。从碉、竑等名字及《炎徼纪闻》的记载看,应为堂兄弟。
② 《明英宗实录》卷二六九。

至兵戎相见。历史上屡有此种教训。况且英宗在正统十四年间的统治中并无大的失德,见浚也只是一个小孩,更谈不上什么过错,因此在政治上并未丧失其号召力。景帝废见浚为沂王,同时又废皇后汪氏而立怀献太子之母杭氏为后,此事办得并不怎么得人心,只是当时正直的大臣们慑于皇权的威力,为了政治的稳定才不敢对景帝提出公开的批评。而那些持位固禄的大臣则借此获得加官晋爵的好处。太子的去世,终于使那些恪守儒家伦理信条,忠于王朝根本利益的敢言之士再也不能箴默不语了。

有一位御史,名叫钟同,是江西吉安府永丰人。他的父亲钟复,是宣德时的进士,历官翰林院修撰,与江西安福人翰林院侍讲刘球友善。正统八年(1443)五月,雷震奉天殿。英宗下诏求直言,刘球邀钟复一起上疏言事。钟复的妻子害怕上疏忤旨得祸,劝阻她的丈夫不要冒险,并且斥责刘球说:"你自己上疏,为何要拖累他人呢!"刘球只好自己独奏。奏疏递送给了皇帝,结果得罪了权阉王振。王振怂动英宗将刘球逮捕下狱,又密令他的死党锦衣卫指挥马顺将其杀于狱中,肢解瘗埋。不久,钟复病故,他的妻子感到十分后悔,哭泣说:"早知如此,不如让你和刘君同死,将来能留得一个忠节的美名。"血气方刚的钟同听到母亲的话,不胜感奋。发誓要继承父亲的遗志。他曾拜谒吉安的忠节祠,见祠供奉着欧阳修、杨邦义等名人的塑像,感叹地说:"我死之后,不入此祠,决不是大丈夫!"[1]

怀献太子去世后的一天早晨,大臣们都在等待皇帝临朝。钟同遇见浙江乐清人郎中章纶,两人谈到沂王见濬,感慨万分,不禁潸然泪下。他们相约上疏,请求景帝复立沂王为皇太子。景泰五

---

[1] 《明史》卷一六二《钟同传》。

年(1454)五月,钟同上疏论时政,疏中说:"父有天下,固当传之于子。但是太子薨逝,足知天命有在。臣窃以为,上皇之子即陛下之子。沂王天资厚重,足令宗社有托。伏望扩天地之量,敦友于之仁,蠲吉具仪,建复储位,实祖宗无疆之休。"①

过两天,章纶也上疏请复沂王储位。景帝见疏大怒。当时天色已晚,宫门已闭,景帝乃下令从门缝中传旨,立即逮捕章纶和钟同下诏狱。在狱中,锦衣卫的校尉对他们用尽了各种刑法、逼诱他们牵引主使者以及和南宫交通的事情。钟同和章纶被拷打折磨得奄奄一息,但他们并不贪生怕死,拒绝牵连任何人。这时,狂风突起,飞沙走石,明朗的天空顿时变得晦暗无光。景帝警悟,以为这是上天对他的示戒。钟同、章纶这才未被逼死。景帝下令将他们禁锢于狱中。

同年七月,南京太常寺少卿江西吉水人廖庄也上疏请景帝友爱英宗,复立沂王为储君,不报。次年八月,廖庄以母丧赴京师关取勘合,在东角门朝见皇上。景帝记起他的奏疏,怒火中烧,命廷杖八十,然后贬为定羌驿丞。左右提醒景帝,复储之议由钟同首发。景帝于是令封巨杖于狱中,杖钟同、章纶各一百下。钟同惨死杖下,年仅32岁。章纶监禁如故。

钟同上疏时,策马出,马伏地不肯起,他叱责道:"我都不怕死,你怕什么呢?"他的坐骑徘徊了又徘徊,流连再三,才负载它的主人出行。钟同死,他的坐骑也悲鸣数声而死②。

二、夹缝中的于谦

太子的更易和"怀献"的夭折,给景泰朝廷的政治前途蒙上了

---

① 《明史》卷一六二《钟同传》。
② 《明史》卷一六二《钟同传》。

一层阴影。正统、景泰之际的形势和环境,使于谦这样的忠正卓越之士脱颖而出。景泰初元,于谦实际上是以兵部尚书和总督军务的身份,成为支撑明廷政治运转的核心人物。

于谦出任兵部尚书时,也先势力方张,而福建有邓茂七、浙江有叶宗留余部、广东有黄肃养的起义,湖广、贵州、广西苗、瑶、壮等少数民族人民也纷纷起来反抗贪官污吏,明王朝的统治正经受严峻考验。为了维护明王朝的统治,于谦调兵遣将,匠心独运。当戎马倥偬,变在俄顷,他目视指屈,口具章奏,无不妥当切宜。僚吏受成,相顾惊服。他治军号令明审,勋臣宿将只要小有违纪之处,他即请旨切责,片纸行万里外,靡不慑息。为了培养一支训练有素、战斗力强大的中央直属部队,他又将残损的三大营改组为团营。他才略开敏,精神周至,一时无有与其相匹者。他至性过人,忧国忘身,全副身心尽用于中兴明朝的事业。

景帝也深知于谦的杰出才能和忧国忘身的崇高品格,对于他的论奏,绝大多数是完全允准。景帝曾派内使到真定、河间等府采野菜,到直沽造干鱼,他以为扰民,景帝即作罢。每用一人,景帝必秘密征求于谦的意见,他据实以对,无所隐瞒,不避嫌怨。由此,那些在职而不任事的人无不怨恨于谦,而那些未能得到如于谦那样重用的人则对他妒忌横生。副都御史罗通,本因于谦的识荐,自一闸官拔升而起,但也先刚刚被逐至边外,他即上疏弹劾于谦上功簿不实。景帝不问。景泰元年(1450)六月,于谦向景帝指出,口外近年来连遭兵祸,生产无法展开,蒙古贵族无所掠夺,势必进攻太原,太原危则山西摇动而中原亦可忧。他建议选择一位有谋略的大臣前往镇守山西。景帝命罗通去承担此任。此时恰逢昌平侯杨洪上奏请派遣文武大臣率兵从雁门关护送山西人夫馈运大同,景帝同意,令兵部选人,兵部也委任罗通。罗通不想承担外差,上疏说:"于谦虑扇动中原,差官防御,是安民之策。杨洪虑失陷大同,供馈接济,是运粮之策。以臣观之,当今位高名重莫有过于此二人者,然建此良策,皆不自行而付之他人,何哉?宜令谦及洪同往山西行彼所建之策,庶边务粮储两皆不误。"奏下兵部,于谦说:"当国家多事之秋,非臣子辞劳之日。臣谦谙熟山西事情,宜令谦前往彼地扬兵运谋以固地方,或止令通往彼镇守,运粮委之三司亦可。"景帝命罗通前往,赐敕行事。①

于谦以兵部尚书掌部事,又任总督军务,在明朝历史上是一个新例。于谦的前任邝埜曾向恭顺侯吴克忠索要军士名册稽考,吴按例上闻,邝埜便不得不惶惧上疏谢罪。② 可见在于谦之前,兵部尚书都无权过问军士的总数。可是,他不但稽考兵数,而且通过对军士数目的点阅监督武臣是否私役、卖放军士,他不但掌管武臣的考选、推举,而且还是京营事实上的最高统帅。在一些人的眼里,他的权力太大太专了,于是便有御史顾暗上言于谦任事太专,请六部大事同内阁奏行之事。③ 于谦据祖制驳之,户部尚书金濂也上疏斥责其非,景帝最后维护了现行的制度。

于谦性格刚直,用人行事不避嫌怨。石亨在正统时期是与杨洪前后相列有智有勇的名将,阳和北口之战,他兵败单骑逃回,朝廷论其罪,降官,令募兵自效。于谦请宥其罪,荐为五军大营总兵官。景泰元年(1450)京师保卫战中,于谦与石亨同守德胜门,重挫也先。事后论功行赏,石亨得封世袭武清侯,而于谦仅加衔少保。石亨觉得于谦当时为总指挥,又身先士卒,功不在己下,而自

---

① 《明英宗实录》卷一九三。
② 见陈衍:《槎上老舌》,转引自吴晗:《明代的军兵》,《读史札记》,生活·读书·新知三联书店1956年版,第101页。
③ 《明英宗实录》卷二二九。

己却专得封侯,心中颇感惭愧,于是上疏荐举于谦之子于冕。景帝召于冕至京,于谦即上疏说:"为人之父帅人,莫不欲其子贵显,臣岂能无此心。只是方今国家多事之秋,宜以公义为重,不当顾其私恩。伏念臣才乏寸长,官跻一品,本已乖于清议,岂敢再冒殊恩?臣男器非远大,名位爵禄,非所能胜。石亨位大将,不闻举一岩穴幽隐,拔一行伍微贱,以裨益于军国事务,反而荐臣之子,于公义如何解释?况且臣叨掌兵政选法,近年以军功妄报者多不准理,是为了杜塞徼幸,革绝冒滥,岂能让臣之子冒滥官赏呢?仰祈圣鉴,令冕回原籍,庶上不玷朝廷之名器,下以协舆论之至公,而臣亦免遭非分之指责。"疏上,景帝不允,命授冕府军前卫副千户,于谦再次推辞,仍不允①。石亨因此对于谦大为怨恨。

于谦以兵部尚书总督军务,各营号令,进退赏罚皆出于己,而总兵官石亨等人不能赞一辞。于谦治军严,诸将军一旦有违反制度、损害国家利益的行为,立即上闻,请示惩戒,石亨等人觉得不堪忍受。景泰三年(1452)十一月七日,石亨遂上疏朝廷,以退职相挟,景帝不允②。十七日,于谦亦上疏指出自己权势太重,有妨诸总兵官,"乞解臣总督之任,各营军马专令亨等操习"。景帝安慰说:"扰攘之时,赖卿与石亨同济艰危,今何乃有猜疑之心?总督之命,其勉副委任,毋庸固辞。"③

景帝的支持是于谦权力的来源,也是他得以施展振兴国家宏大抱负的基础。但作为一国之君,景帝要平衡各方面的关系,于谦只能在这种平衡中,利用现实的手段,去达成伟大的目标,他所要付出的克服人性弱点和现实政治阻碍的努力之巨大是可想而知

---

① 《明英宗实录》卷二〇六。
② 《明英宗实录》卷二二三。
③ 《明英宗实录》卷二二三。

的。为了保卫明朝,他已建立巨大业绩,而官至一品,从个人的角度说也已是功成名就,他只要不那么认真,抱一种持位固禄的态度,就不但不会碰上那么多钉子,而且还能与总兵官们关系融洽,说不定有朝一日还会位至公侯,世袭罔替。但于谦不属于这号人物,他属于真正的君子与大丈夫。他曾为自己的画像作《赞》,《赞》中说:

眼虽明不能见几,腹虽大不能容人;貌不足以出众,德不足以润身。其性虽僻,其情则真。所宝者名节,所重者君亲。居弗求安逸,衣弗择故新。不清不浊,无屈无伸。遭时明盛,滥厕缙绅,上无以黼黻皇猷,下无以润泽生民。噫!若斯人者,所谓生无益于时死无闻于后,又何必假粉墨似写其神邪?①

大丈夫事君亲以忠孝。常言说:"自古忠孝难两全",要为国家作贡献,势必远离父母,难以尽孝的义务。但是,尽了忠也就是尽了孝。国家不会忘记为它培养人才的人,有益于国家的人的祖宗父母都会受到封赠的荣耀。况且父母在世时,他已派自己唯一的儿子回原籍侍奉。早在正统十二、三年间,他的父母已相继去世。安葬好父母以后,他的孝道算是尽到了。当然尽孝并未完了,但现在忠与孝已不像父母在世时那样显得有些矛盾,而是完全一致了,他只要彻底地尽了忠,也就彻底地尽了孝。因此,他可以为了国家的利益而完全不顾身家了,可以完全无所畏惧了。对于各营将军们私役、卖放军士的不法行为,他继续作不懈的斗争。在他的努力下,景泰三年(1452)底终于通过了限制军官军伴人数的条例。新例规定,各营管军头目自总兵官至管队官军伴定额从六十

---

① 《忠肃集》卷一二《小像自赞》。

人到一人不等。此外多占军士，便是私役，必绳之以法。①

于谦受知于景帝，全凭一颗拳拳报国心和杰出努力的工作。他大概未曾设谋为应付皇权中的不稳定因素而笼络一批忠于自己的部下，并设法消除政敌。但石亨却是千方百计地结纳同党排挤政敌。总兵官范广，辽东人，精骑射，骁勇绝伦。英宗北狩，廷议举将才，于谦荐范广，遂被提升为都督佥事，充左副总兵，任石亨的副手。北京保卫战中，他身先士卒，跃马陷阵，部下勇气顿增，所向披靡。也先撤退，他又率部追击至紫荆关，得胜而归。景泰初曾充总兵官偕副都御史罗通督兵巡哨，驻居庸关外。还京后副石亨提督团营军马。他每临战阵，总是跃马当先，未尝败衄，一时勇将尽出其下。他性格刚直，为人廉正，在诸将帅中不多见，最为于谦所信任。石亨所为多不法，部曲仗势横行贪纵，范广屡次上言救正，石亨对其衔之入骨，于是在景帝面前将他谮毁一通，范广遂被罢总兵官，降为只领毅勇一营的坐营都督。②

景泰三年（1452）以后，团营总兵官共三人：石亨、都督张轨和安远侯柳溥。三人不再分营，而是共同统率十营。张轨是河间王张玉的季子。张玉是朱棣手下的一员大将，为朱棣夺取帝位立下了汗马功劳。在"靖难之役"的东昌之战中，为救其主，被创而死。永乐时赠荣国公，洪熙元年（1425）追赠河间王。其女为成祖妃。张轨的长兄张辅，以功至封英国公，是正统时的首席勋臣。凭着这种皇亲贵族的地位，张轨和其二兄张挽得以食禄至都督。张轨以纨绔子弟出身，贪淫黩货，无所不为。景泰二年（1451）曾因"骄淫

① 《明英宗实录》卷二二四。
② 《明史》卷一七五《范广传》。

不道"下狱。① 他与石亨的秉性相近,做人的态度也很一致,因此两人相得甚欢。安远侯柳溥是安远侯柳升之子,宣德十年(1435)袭爵。他是一个洁身自好的人,但不免乏谋。② 三人在一起共事,职任又无什么明确的划分,而其中两人联手,另一人则不免被架空,实际上不能有什么作为。景泰五年(1454)二月,柳溥上言:"太宗皇帝设置神机、三千、五军三营,近来因贼虏也先弑主自立,议列十营,臣等三人实总其事。识见不同,号令不一,互相掣肘。乞敕在廷文武群臣从长计议,或依永乐间例仍分三营,或依今定十营,令石亨管四营,臣与张轨各管三营,凡发号施令,整理军务,悉听各自处置。如此则责有所归,事无推诿。"景帝见到他的奏疏,颇为不悦,指责他说:"朝廷选拔你们任总兵官,以为得人。你们现在却各执一说,互相矛盾,平时尚且如此,万一临敌,必误大事。论法本难宽容,姑记其罪。今后务要尽心操练军马。"③四月后,景帝命柳溥复镇广西,召宣府左副总兵都督同知杨能回京接替其任,兵科都给事中苏霖奏请挽留柳溥,不允。④

对于潜在的政敌,于谦不仅缺乏必要的防备,而且是全然不顾及,似乎心中根本没有这种观念。他取人不依成见而是尽其才能。苏州人徐有贞,原名徐珵,小于谦九岁。是一位儒士兼术士式的人物,多智数,喜功名,凡天文、地理、兵法、水利、阴阳方术之书,无不谙究。⑤ 曾以预言土木之败而出名。他久困仕途,为得意外功名,

① 《明史》卷一四五《张玉传附子軏传》。

② 《明英宗实录》卷三二六,天顺五年三月癸丑条柳溥传云:"[柳]溥为将持己廉慎,所至人乐其宽,第乏谋勇,军威不振。"

③ 《明英宗实录》卷二三八。

④ 《明英宗实录》卷二三八。

⑤ 《明史》卷一七一《徐有贞传》。

竟在英宗被俘后朝廷议应变方略时,以术士的姿态,主张迁都南方,遭于谦等主战派力驳和内廷讪笑。此后,他久不得志,于是又攀附要人求升官。他送给大学士陈循一条玉带,并用术士的口气预言道:"公带马上就要换成玉的了。"不久,陈循果然加官为少保,大喜,遂屡次保荐他。当时用人多取决于于谦的意见,徐珵便托于谦的门下士游说,求升国子监祭酒。于谦觉得他颇有才气,便托内使转达景帝。次日退朝后,景帝召于谦独自到文华殿内,对他说:"这个徐珵就是偈言南迁的那个徐珵吧?徐珵虽然有文才,但其人心术不正,为人倾危,哪堪作得祭酒为人师表。若是以卿之言用他为祭酒,后生秀才恐怕全要被他教坏了。"于谦叩头称罪,[①]徐珵不知于谦曾举荐过自己,反而以为于谦在景帝面前说了自己的坏话,于是对于谦便怀恨在心。他不得进宫,陈循劝他改名,企图借改名而抹掉自己历史上不光彩的一页,遂改名"有贞"。[②]

任何同事廷臣间的个人恩怨,于谦都可以用不着管它。因为只有君上的知遇才是他得以施展抱负的根本保证。对于君上的知遇,他舍身以报。景泰初年,戎马倥偬,国家多事,他常是不归私第,以值房为家,身边仅留一养子自侍。诸凡自奉,过于俭约。景帝得知这些情况,诏令尚方制作赐给,从日常用品到醢菜无不具备。于谦素患痰疾,动辄喘急,[③]可能是患了哮喘性支气管炎。有一次旧病复发,较为严重,景帝派司礼监太监兴安陪同太医院使董宿为他看病。董宿说:"此病得有竹沥和药,方可痊愈。"兴安将情况转达景帝,并说:"京城地寒无竹,只是大内万岁山竹颇成林。"景帝于是亲幸万岁山伐竹取沥,赐于谦疗疾并给一切治疗费用。

① 《明史》卷一七一《徐有贞传》。
② 《明史》卷一七一《徐有贞传》。
③ 《明史》卷一七〇《于谦传》;《于公祠墓录》卷五于冕《先肃愍公行状》。

曾有人上言,说景帝宠幸于谦太过,兴安对景帝说:"于公日夜为国分忧,不问家产。"①他一旦离开朝廷,朝廷又从何处再寻得如此的人呢?

按照儒家君臣关系的原则,"君待臣以礼,臣事君以忠"。景帝待于谦可谓恩礼备至,于谦也尽忠以报皇上的知遇之恩。但儒家理论的信奉者对于尽忠是有原则的。尽忠并不等于对君主的各种要求百依百顺,而是要看他的要求是否符合普遍的伦常原则。虽然在君臣父子的伦常秩序中,君占有绝对的至高无上的地位,但君也是人类的一分子,他也摆脱不了父子兄弟的关系。儒家关于家庭关系的原则同样适用于君主。虽然对于君主违反伦常原则的行为无法制止,但臣下却可以对这种行为表示不赞同不合作。当然,这是要冒险的。敢于冒此种危险的人则是更彻底的忠臣。在儒家的理论中,君主和国家密不可分,但两者仍有区别。国家在古代又称为"社稷"。社稷作为一定地域内人们的政治共同体,它的生命与个别的君主比起来,显然是长存的,而君主则是暂时的。因而当社稷的利益受到损害时,君主的利益应该服从社稷的利益,这就是孟子"民为贵,社稷次之,君为轻"的思想。原则往往具有理想性,现实则经常是与它有差距的。皇帝作为王朝的最高政治权威,其地位世袭,独占性极强,任何人不能分享。为了保持这种独占性,王朝的皇帝不仅要求皇位在一家一姓中流传,而且要求在自己的血胤中流传,这就是所谓的"父有天下传之子"。景帝本为挽救明朝的社稷江山而登位,但既为帝,自然与别的君主亦无不同,他换易太子,从皇位的承嗣法则看无可厚非,但从儒家友爱兄弟的伦理原则看,则并非那么妥当。在当时人看来,英宗正统十四年间

---

① 《明史》卷一七〇《于谦传》;《于公祠墓录》卷五于冕《先肃愍公行状》。

的统治虽无甚建树,存在的社会问题亦未解决,并且宠信王振给政治造成混乱,但他未干何大坏事,并无大的失德。土木之役被俘,也是出于国家的利益,因此,英宗虽为太上皇却仍存在政治感召力;而郕王监国时英宗长子已被立为太子,因此景帝的易储之举不免违背了友爱兄弟的原则。于谦之所以在议易太子的奏疏上也签了名,只不过是为了维护政治的安定。但他还是以辞双俸的婉转方式表达了他对易太子的不赞成。

儒臣对皇上的忠是有原则的,而皇上对臣下的委任亦非不存丝毫戒心。景泰二年(1451)十一月,副都御史罗通自山西还京,于谦请以己接替其任,不允。[①] 十二月,于谦又上奏说:"臣才识疏浅,既掌部事,又总兵权,委实难以负荷。如今副都御史罗通已召至京,乞令其提练军马,臣专理部事。"这本是因为罗通的妒嫉而不得已作出的姿态,景帝却对于、罗两人间的矛盾视而不见,既不允于谦之请,却又令罗通协赞提督操练,并告诫于谦"同心协和,毋偏执猜忌"。[②] 团营设立后,罗通仍协赞提督操练,无异于给于谦特派一监视者。景泰五年(1454),罗通自陈杀贼功,为其子求世袭武职,兵科给事中王铉弹劾他徇私忘义,失大臣体,请治之以罪,以为人臣贪冒者戒。景帝以时方委用罗通,置之不问。[③] 景泰三年(1452)五月易太子后,景帝即召南京礼部尚书仪铭为兵部尚书兼詹事协理部事。仪铭正统时曾任郕王府长史,[④]是景帝的亲信旧臣。在景泰初年兵部事务最为繁忙的年月,于谦一人独任尚书,万事皆理。此时军务相对减少,景帝却又用一亲信旧臣协理部

① 《明英宗实录》卷二一〇。
② 《明英宗实录》卷二一一。
③ 《明英宗实录》卷二四七。
④ 《明史》卷一五二《仪智传附子铭》。

事,很明显,其缘由就在于于谦对易太子持不赞同的态度,景帝对他不能无疑虑,故派一亲信旧臣来监督他。仪铭于景泰五年去世后即由工部尚书石璞接任。

景泰四年(1453)十一月皇太子见济夭逝后,皇储又成问题。朝廷内外臣民仍瞩望沂王能复立为太子。次年五月,钟同、章纶先后上疏请景帝友爱兄弟,复立沂王为储君,结果景帝勃然大怒,将两人收系下诏狱拷掠。于谦密疏论救,景帝不听。一日便殿召见,他待景帝谕事完毕,即从容劝说:"臣窃见怀献太子立未逾年,不幸遭疾早逝,钟同、章纶二臣所奏未为无益。乞赐矜宥。"景帝闻言,怫然不悦,说:"卿为何也出此言!"即起驾还宫。于谦悚惧而出。嗣后他屡上章乞解兵柄告归田里,景帝一概不允。① 因此,他不免有"此一腔热血,竟洒何地"的感叹。当钟同、章纶下狱时,兵部观政进士杨集上书于谦说:"奸人黄竑献议易储,不过是为逃死计。公等遂成之。公为国家的柱石,难道就不为国家的未来想一想吗? 现在钟同等人被逮捕下狱,万一杖死阙下,而公等坐享高官厚禄,又如何向公众舆论交代!"杨集少年新进,只知直言不讳,他岂能理解于谦的难处。于谦将信转给王文阅看,王文说:"书生不知忌讳,但是有胆量,当进一级官之。"于是任杨集为安州(属保定府)知州。②

于谦不树党,不阿君,又不避嫌怨,得罪了不少人,连他的亲信部下都唯恐与他有干系而遭忌嫉。兵部右侍郎攸县(今湖南攸县)人王伟,是于谦一手提拔起来的。王伟 14 岁时随父谪戍宣府。宣宗巡边,他献《安边颂》得宣宗欢心,命补保安州生员。正

---

① 《于公祠墓录》卷五《年谱》。
② 《明史》卷一六二《钟同传》。

统元年（1436）成进士，选为庶吉士，散馆时授官户部主事。土木之变后，奉命行监察御史事，集民壮守广平。于谦爱其才，引为兵部职方司郎中。当时军务文书如山积，王伟处理迅捷，切中条规机要，于谦于是又保荐他为兵部右侍郎。他出巡边务，当时有名小田儿的人叛明投敌，充当间谍向导，为害边关，于谦指示他设计将其擒杀。王伟经过周密部署，当小田儿随瓦剌贡使入朝行至阳和城外，壮士从道旁突跃而出，断其头去，贡使不敢诘问。王伟见于谦得罪人多，恐忌嫉于谦的人将自己视作为他的朋附而加以攻击，于是密奏于谦的误失，冀以自解，景帝将王伟的奏疏转交给于谦，于谦叩头称罪。景帝说："朕了解卿，何谢之有。"于谦从宫内出，王伟问道："皇上与公都说了些什么？"于谦笑道："我在工作中有失误之处，望君当面批评指正，何至于要用密疏论奏呢？"并将他的密疏拿出来让他看，王伟遂感无地自容。[1]"夺门之变"后终究被论以党附于谦的罪名罢官归家。

对于潜在的危险，于谦并非没有认识。但他敢于承担这些危险，大仁大智者是不会畏惧死亡的。只要在生的时候冒着死的危险能够"上以黼黻皇猷，下以润泽生民"，"生有益于时，死有闻于后"，这种死又有什么可怕呢？

三、夺门之变

英宗南归后，景帝将他幽禁于南宫。天无二日，国无二主，对于景帝来说，这是为了稳定自己的地位而不得已采取的措施。他之所以能登帝位，只是因为在国家最需要君主的时候，他的哥哥祁

---

① 《明史》卷一七〇《于谦传》。

镇去做俘虏了。况且祁镇安然归来后,仍未失去政治上的感召力。在儒臣们看来,太上皇虽只是一个虚名,但名义上景帝和他的臣子们仍是英宗的臣属,所以在礼仪上应该体现这一点。英宗回京时,礼部建议景帝和群臣们行重礼朝见,虽然在实际上礼仪不是那么周备,但仪式还是举行了。景泰元年(1450)十一月十一日是英宗23周岁的生日,礼部奏请让群臣诣延安门行朝贺礼,景帝命免行。岁末,礼部尚书胡濙又上奏请明年元旦文武群臣在给景帝行庆贺礼毕后,即诣延安门朝贺太上皇帝,行五拜三叩头礼,景帝命免行。① 后来历年每逢英宗生日和元旦这两个节日,礼部都按例上奏请朝贺太上皇,景帝是一概不予应允。实际上,景帝对此问题没有想透。他若是允许走一下形式,不仅无损于他的地位,臣民们还会认为他友爱兄弟。屡次不允,结果于英宗的政治感召力无损,而自己却反而落得个不仁的声名。这大概是根源于皇权的极强独占性。一个活着的太上皇就在自己身边,而自己的臣下也要对他称臣,这岂不是对自己权威的一种挑战? 景帝既无意禅让,又不像宋高宗那样让他的父兄客死异国他乡,而是让英宗当着太上皇,因此,为了稳固自己的地位,也不得不防患于未然。

南宫即延安宫,因在紫禁城的东南角上,习惯上称为南宫。它也有首门、二门以及两掖门,二门内亦有前后殿,"具体而微,旁有两庑"②,只是与紫禁城比来要小得多了。但作为英宗的日常起居之处,并非不敷用。据说,景帝对英宗看得很严,留给他的侍卫很少,即使是日常的饮食都是从一个小窗递送进去。有时还有断顿的情况。顾虑到南宫可能与外面联络,纸笔给得也很少。为补充

① 《明英宗实录》卷一九八、卷一九九。
② 《万历野获编》卷二四《南内》。

英宗一家的伙食，钱皇后不得不日夜做些针线活，制作一些刺绣品出售，以换取必要的食品，有时是靠娘家接济一点。南宫的戍士很多也被移去建隆福寺。① 不过剩下的还不少。景泰六年（1455）夏，有个叫高平的太监对景帝说："南城树木多，恐生叵测，请尽数砍伐。"时值盛暑，英宗正指望那些参天的大树能给他带来些荫凉，突然见树木被伐，颇为惊惧。② 景帝对英宗不得不时刻提防，嫌隙易生，而那些企图投机取巧谋取官禄的奸佞者，便借端生事，为自己青云直上铺路。御用监少监阮浪侍英宗于南宫，英宗送给他一个镶金绣袋和一把镀金刀。阮浪又将它们转赠给其门下皇城使王瑶。锦衣卫指挥庐忠见王瑶的袋刀不一般，便用酒将他灌醉，窃取其袋刀，告尚衣监太监高平。高平即令校尉李善上告景帝，说阮浪密奉上皇之命，以袋、刀潜结王瑶，谋复帝位。景帝怒，命将阮浪、王瑶逮下诏狱审讯，令庐忠做证，庐忠不知此事是福是祸，便到一个叫作全寅的算命先生：那里求问吉凶。全寅听了事情原委，用术士的口气给他讲了一套君臣大义的道理，令庐忠深为折服，又说："此大凶兆，死不足赎。"庐忠惧，便装疯病以冀免祸。内阁学士商辂、司礼太监王诚对景帝说："庐忠患有疯病，他的话不足凭信。陛下不宜听妄言伤大伦。"景帝的怒火才稍为平息，将庐忠也关进诏狱拷讯，处以其他罪名，谪广西立功。在审讯中，王瑶、阮浪始终也未招认英宗有谋复帝位的意图和迹象，最后王瑶被磔死，阮浪仍系诏狱中，不久瘐死。英宗复辟后，认为阮浪为己受祸，追赠

---

① 《明英宗实录》卷二一七，景泰三年六月甲子条载："命造大隆福寿"。卷二二七，景泰四年三月癸未条载："大隆福寺成，费用数十万。壮丽甲于在京诸寺。"

② 《明通鉴》卷二七。

他为太监,并命儒臣立碑作纪。庐忠、高平被从广西逮捕回京碟死。①

景帝虽然不得不防备英宗的复辟,但他并不想对其兄做得太为过分。有位名叫徐正的刑科给事中,处心积虑,希望能有机会得到皇上的赏识,从而平步青云。怀献太子死后的景泰五年(1454)七月,他与军余汪祥请密奏言事,景帝立即单独召见。徐正对景帝说:"太上皇临御日久,威德在人,沂王尝位储副,为天下臣民所仰戴,不宜居于南宫,宜迁置所封之地以绝人望,别选宗室亲王之子育于宫中。"不料景帝听罢先是惊愕,然后大怒,指着徐正连说:"当死! 当死!"当即将他呵斥出宫。欲明正其罪,又虑骇众,于是命将他调为云南临安卫经历。但景帝余怒未消,暗中派人跟踪徐正,获得他滞留所恋娼妇家迟迟不出京城的消息,便据此将他逮捕下狱,审讯定罪,充军辽东铁岭卫②。

正因为景帝并不想对其兄做得太过分,所以英宗在南宫还能与自己的后妃儿女在一起,尽享天伦之乐。英宗在南宫得了三个儿子,他们分别是高淑妃所生的五子见澍,周太后所生的六子见泽,万宸妃所生的七子见浚。至于生了几个公主,就不得而知了。

但景帝在生育子嗣方面却没有英宗那么成功。怀献太子死后,景帝仍寄希望于自己的子孙。他还年轻,又有那么多的妃子,难道就不能再生出一个太子来? 钟同疏中有"无徇于货色,无甘于游戏"之语③,章纶的疏中提得则更为明确。章纶奏疏中的第一条就是"养圣躬"。那么如何养呢?"莫切于远声色也。"他向景帝

① 《明史》卷三〇四《宦官列传一》;《明通鉴》卷二六。
② 《明英宗实录》卷二五六、卷二七八。
③ 《明英宗实录》卷二四一。

建议，"于深宫之内远美色，退声乐，以保养圣躬"①。可见，在臣下的眼中，景帝是有些太近美色了。章纶等人当然不理解他的苦心，难道他们就非逼得他朱祁钰没后吗？难怪当景帝见到章纶的奏疏后会大动肝火。钟同因为是首倡者，被杖至死。而章纶虽未死，亦仍被监禁。当时上疏言复储事的还有礼部郎中孟玘，景帝却对他置之不问。

　　景帝急于得到太子，整天忙于女色之中。但是他忙得不得法，当时也无人加以明智的指导，结果是欲速不达，不但未得龙子，自己的身体也给弄坏了。景泰七年十二月下旬，景帝病倒了。二十八日，他估计自己的身体状况已难应付元旦庆贺礼长时间的劳累，于是借口近来星变不断，上天示警，为了恭谨天戒，诏罢明年元旦庆贺礼，令百官届时按朔望礼朝参。次年是地方官朝觐之岁，今年年底，各地方的长官们已云集京师，正想元旦行庆贺礼之际一睹天颜，景帝诏罢庆贺礼，可以想见，会引起某种恐慌。礼科给事中张宁未领会景帝的隐衷，便上疏说："今当会同之岁，四方来觐者，皆秉志持忠，冀瞻天表。陛下忽发纶音，罢元会之礼，乃使其情已发而不伸，礼已行而中废。虽然陛下恭谨敬慎，诚奉天命，不遑顾及于此，但朝廷内外之人岂能悉晓陛下之心？疑似之间，必致讹言相传，有所惊讶。伏乞陛下勉顺旧章，俯全大礼，曲赐俞允。尤望明布诏旨，颁示群下，以昭陛下克谨天戒之心。"②张给事此次上奏本为国家政治稳定起见，但他没有体量到皇上的难处，反而被景帝斥责为"不识大体"。

<hr>

　　① 《明经世文编》卷四七章纶《养圣躬勤论政敦孝义疏》。
　　② 《明英宗实录》卷二七三。

三十日岁暮,享太庙,遣太子太师武清侯石亨代行礼。① 景泰八年(1457)元旦,景帝着皮弁服御奉天殿,百官们按朔望礼朝见。初六是孟春,又要到太庙去祭祀列祖列宗,也只好让石亨代行了。十三日还要在南郊大祀天地。祀天地属于大祀礼,并且是大祀礼中的第一祀礼,皇帝如果没有十分特殊的原因,是应该亲自主行的。因为皇帝是天子,是秉承天命来治理国家的,而且新年大祀天地也是为万民祈福,此礼不得不重。景帝也是一个要强的人,初九,他勉强支持病体临御奉天殿,誓戒文武大臣致斋三天。十二日,他又强支病体出宿于南郊的斋宫,并传旨,明日将亲行郊礼。② 十三日,景帝病情转重,开始咯血,于是又不得不召武清侯石亨来到卧榻前,授命摄行祭祀事。石亨亲眼看到景帝的病况,估计皇上必将一病不起,心中暗自高兴。

　　大祀天地完毕,景帝又勉御奉天殿,命文武百官免行庆成礼。次日的庆成宴也免了。听说景帝咯血,于谦甚为忧虑,遂请入见问安。景帝将他召到御榻前,说:"朕自登极以来,谨守祖宗家法。昨天郊祀日期,朕蒙祖宗暗中护佑,身体转安,欲亲行祀典,不觉反而复受劳累呕血。"于谦伏奏道:"陛下圣寿无疆,还宜保重。且陛下敬天法祖,天必默佑圣体自获平安。"景帝说:"若如此,至后天,朕当视朝了。"于谦便告别景帝出宫。③

　　当时在京各衙门的官员纷纷前去左顺门问安,都察院左都御史萧维桢与左副都御史徐有贞也率僚属前往。太监兴安问道:"你们都是些什么官?"萧维桢说:"我们是都御史,六科、十三道给

①　《明英宗实录》卷二七三。
②　《明英宗实录》卷二七三。
③　见《于公祠墓录》卷五《年谱》。《年谱》将此事系于七日,恐误。郊祀礼后请安,当在十四日。

事中御史,五府六部的堂上官。圣体不宁,谨来问安。"兴安以手作十字形,意思是说景帝病得很重,在世时间不过十天了。兴安又说道:"诸公都是朝廷的股肱耳目,不能为社稷计谋,徒日日问安,有何益处?"闻言,萧维桢率僚属惶惧而退。

他们回都察院后,即商量如何向景帝提出立储的建议。萧维桢说:"今天兴安的话,诸位都理解了它的意思吗?"御史们说:"皇储一立,就无他患了,当请皇上早立之。"御史们便七嘴八舌地商议起奏稿来,大意说:"圣躬不宁,内外忧惧,京民震恐,盖为皇储未立,以故如此。伏望皇上早建元良,正位东宫,以镇人心。"①

萧维桢与徐有贞带着奏稿参加礼部尚书胡濙主持的左掖门会议。五府六部的堂上官都到了,大家讨论复立沂王为太子的事,于谦力主复立。李贤问翰林学士萧镃的意见如何,他说:"既退,不可再立",持反对意见。王文则说:"现在诸公只是一意请复立东宫,但如何能知晓皇上的意向在谁呢?"但大多数人都同意复立沂王。胡濙等人已将奏稿拟好,各衙门长官依次签字。萧维桢举笔说:"我更一字。"于是将"早建元良"的"建"改为"择",并得意地说:"吾带也要换了。"②次日,景帝发下诏旨说:"朕这几日偶染疾,是不曾视朝,待正月十七日早朝。'早择元良'一节难准。"③"择"不是复立的意思,于是朝廷内外便讹传王文、于谦与太监王诚等人

---

① 见《复辟录》,《纪录汇编》中按语,这段话是杨瑄在成化初的追述。杨瑄在景泰时曾任监察御史,为此事之见证人。但事隔多年,不免有时间上的差错。此事他系于十一日,《实录》十四日载礼部尚书胡濙等具疏问安,按照《实录》的编纂惯例,实际上疏时间当在十三日,都察院议复储事亦当在十三日。据明朝的典制,大祀斋戒期是不许吊丧问疾的,十一日正处于斋戒期。
② 《明史》卷一六八《萧镃传》《王文传》。
③ 《复辟录》。

已遣人赍金牌敕符取襄王世子去了。①

十三日,石亨摄行大祀天地礼,见景帝病重,便意识到千载难逢的机会已经来到了。他记得早年与其侄石彪在酒肆狂饮时,一相面者见他们叔侄俩的面相,甚为惊奇,说:"当今承平之世,二人为何有封侯相?"②自己已封侯,可石彪尚未得封,现在岂不是天命有意眷顾石家?当日群臣会议结束,他即与都督张轨、左都御史杨善、太监曹吉祥秘密谋划。石亨说:"复立东宫,不如请太上皇复位,可以建立功业。"张、曹、杨等人十分赞同,并秘密地与南宫接了头。③ 但如何来实现这个阴谋,他们心里没底。他们于是前去叩问素以谋略著称的太常卿许彬。许彬说:"这是不世的功勋。彬老了,没有能力了。徐元玉(即徐有贞)善奇策,何不去与他商谋商谋?"④

徐有贞自从主议南迁被人讪笑后,仕途久不得志,两考才升了一级(由侍讲进谕德,六品升从五品)。黄河是一条难以驯服的黄龙,在中下游一带时常决堤溃口,给国计民生带来巨大灾难。在唐朝以前,黄河自北面奔流入海。北宁熙宁年间(1068—1077),黄河下游分流东南,一支合泗水进入淮河然后东流入黄海,一支合济水流入渤海。金朝明昌年间(1190—1195),北流绝,全河合淮河入海。到元朝,黄河时常溃决。至正年间(1341—1368)的黄河大水灾,使济宁、郓城、曹州(今菏泽)之间,千里漂没。入明朝,黄河仍是水患不绝。正统十三年(1448)秋天,新乡八柳树口溃决,河水漫流曹州、濮州,抵东昌,冲张秋,溃寿张沙湾,毁坏运河,东流入

---

① 《纪录汇编》卷二三,李贤:《古穰杂录》,页40b。
② 《明史》卷一七三《石亨传》。
③ 《明通鉴》卷二七。
④ 《明史》卷一六八《许彬传》,卷一七一《徐有贞传》。

海,2000余里间,人民荡析离居。黄河北流入海,运河自徐州以南水位低下,漕运受阻。明廷对黄河水患十分忧虑,多次派大员前往督治,希望堵住沙湾的决口,约束河水,使其既无泛滥之患,又能补济漕运。但是,沙湾决口屡堵屡溃,前后六年,治河者都未能成功。徐有贞当时以博学著称。他中进士后被选为庶吉士入翰林院学习,正当三杨的台阁体诗文领导士子务学潮流,他却以为文学诗艺乃是余末,士子求学乃是为了实用,因而用功研讨天文、地理、军事、水利、阴阳方术等方面的书籍,冀求有朝一日能凭借这些知识建立功业。① 在这些知识中,除了一些神秘的阴阳算命术外,难能可贵的是还包括了许多于经邦济世十分有用的技术。他意识到治河是他建功立业、为人上人的一次大好机会,于是便求大学士商辂托人到内阁说项,遂在廷臣们的合议会上获得一致举荐,前去领导治理沙湾决口的工程。景帝立即将他超升二级,以左金都御史的身份赴任。②

徐有贞到张秋镇后,考察了黄河的溃决情况,提出三条对策。第一,置水门。他认为,治水只能顺从水性,使其通流,不可使之堙塞。沙湾地处黄河下游的冲积平原上,地土皆沙,筑堤截坝都难于成功。他建议在河中置水闸,将其基础填牢,闸门高出常年水位的五倍。河水流小,则关闭闸门,拘水以济漕运。河水泛涨,则打开闸门,疏水趋海。这样,就能做到"有通流之利,无堙塞之患"。第二,开支河。他认为,"凡水势大者宜分,小者宜合"。现在黄河水势大,冲决千里,运河水势小,干涸淤浅,必须开一条支河,引黄河水入运河。则既可减杀黄河水势,使其安流,又能丰沛运河水量,

---

① 《苏材小纂》。
② 《明史》卷一七一《徐有贞传》;《琐缀录》页 5a。

使漕运畅通。再加上支河附近八百里梁山泊等泄洪湖区,则可以保证黄河遇上大洪水时不致为害太大,水流小时也不致有碍漕运。第三,浚运河,将运河河道疏浚掘深,增大通航能力。①

景帝审阅了他的报告,即全盘同意他的计划。当时,督漕都御史王竑以通漕为急,主张速塞决口。景帝敕徐有贞按王竑的建议行事,徐有贞以景帝曾赋予他便宜行事的权力,上言说:"临清河浅,是从来如此,并非因为决口未塞。漕臣唯知塞决口为急,不知秋冬虽塞,来春必复决,徒劳无益。臣不敢邀近功。"②景帝听从了他的意见。他于是大集民夫,躬亲督率,开渠建闸,东起张秋,西接黄河、沁水。又筑万丈大堰九处,控御河流旁出。在河与堰之间置水门节制河水。至景泰六年(1455)七月,工程全部完成。景帝赐渠名"广济",闸名"通源"。溃决八年之久的沙湾决口终于被堵住。这项治河工程动用人夫五万八千余人,投入工日五百五十余万个,费铁木竹石数万担。当工程尚未完成时,景帝对漕运不通十分忧虑,工部尚书江渊等人请遣太监与文武大臣各一人督京军五万前往助工,期三个月完工。徐有贞上奏说:"京军一出,日费不赀,遇涨则束手坐视,无所施力。今泄口已合,决堤已坚,但用沿河民夫,自足集事。"

广济渠工程完后,徐有贞又督率民夫挑浚漕渠,由沙湾北至临清,南至济宁。又于东昌境内建八水闸调节运河水量。治河工程的完成,使得河水北出济助漕运,漕运畅通,而山东河患宁息,涸出良田一百几十万顷。

景泰七年(1456)秋天,山东大水,河堤多坏,唯有徐有贞所筑

---

① 《明经世文编》卷三七徐有贞《言沙湾治河三策疏》。

② 《明史》卷一七一《徐有贞传》。

的河堤岿然不动。景帝仍命他前往修筑。事竣还朝,景帝亲自接见,奖劳有加,擢升为左副都御史。① 从此他声名重振,但这并非他的最终追求。

正月十四日夜,石亨等人会聚于徐有贞家。徐有贞得知石亨等人的意图,大喜过望。他说:"过去太上皇出狩,不是因为贪图游幸畋猎,而是为了国家的利益,况且太上皇深得天下万民的爱戴。当今放着现成的天子不问,而乃纷纷外求,为何呢?"②为了坚定石亨的决心,他又诡秘地说:"石兄没有听到外面盛传于谦、王文已经派人前去迎立襄王世子吗? 机不可失,时不再来,万一于、王二人据有拥戴之功,石兄、诸公和小弟何处容身?"③石亨等人连连称是。徐有贞又问道:"诸公所谋,南宫知道吗?"张軏回答说:"已秘密通知了。"徐有贞说:"必须得到确切的回信才能行动。"④然后他们又商量了具体的行动计划。于谦的副手、协赞操督右都御史罗通说:"皇上今日诏中说待十七日早朝,这是个好机会。那日早朝时,石兄、张兄、吉祥兄和我领兵混同守御官军进南城迎太上皇出宫,夺门入登宝位。"石亨喜形于色,说:"只在三日内行之。"⑤他们又仔细商量了一下行动计划,详情不得而知。徐有贞最后又令曹吉祥密告孙太后,取得她的允准。因为在皇位更迭时,皇太后对于皇位继承人的选定具有权威性。孙太后(上圣皇太

① 《明史》卷一七一《徐有贞传》。
② 《明史纪事本末》卷三五《南宫复辟》。
③ 《明通鉴》卷二七云:及石亨等议迎复,徐有贞恐其中变,乃诡词激亨曰:"于谦、王文已遗人迎襄世子矣。"又曰:"上已知君谋,将于十七日早朝执君。"亨大惧,谋遂决。
④ 《明史纪事本末》卷三五《南宫复辟》。
⑤ 《明英宗实录》卷二七四。

后）表示赞同。①

　　石亨、徐有贞等人正在紧锣密鼓地密谋迎立英宗复辟，而于谦却未采取任何防变措施，而是仍与大臣们一起劝请景帝复立沂王。礼部尚书胡濙等人又出面串联各部院官员，计划于十七日早朝时合辞恳请复立东宫。十六日，群臣聚于礼部，大学士商辂主笔起草奏稿，其中说："皇上为宣宗章皇帝之子，当立宣宗章皇帝之孙正位东宫，助理庶政。"②稿成，大家一致通过，然后誊录正本，挨个签名，到太阳西斜才结束。当日先呈送皇上知道，待明日早朝再面奏恳请。天色已晚，官员们各自散回。③

　　这天夜里，石亨等人又聚会于徐有贞的家中。一切已部署停当。对于徐、石等人来说，这是一个绝好的时机，也是必须行动的时候。景帝曾许诺明日临朝，如果再迟疑不决，一切将付诸东流。如果事机泄露，则可能人头落地，功未成便先为鬼了。如果景帝寿终正寝，于谦等人或拥立沂王，或请太上皇复位，他们又怎能独揽拥戴之功，权宠在己呢？而且群臣午夜以后必定待漏阙下，等待朝参，这样就十分容易让政敌束手就擒。石亨对徐有贞说："南宫已回信，具体如何行动？"徐有贞于是登上屋顶，观察天象，好不神秘。稍后，他返回地面，说道："时机已到，不可失。"便焚香祝天，与家人诀别说："事成，社稷之福；不成，家族之祸。归，人；不归，鬼。"④

　　三更时分，石亨等人于朝房会合右都御史罗通，领军向南城进发，石亨掌皇城门匙，四更时分开长安门，纳兵一千余人入宫城，然

　　①　《明史》卷一一三《后妃列传一》。
　　②　《明英宗实录》卷二七四。
　　③　《复辟录》。
　　④　《明英宗实录》卷二七四；《明史》卷一七一《徐有贞传》。

又将门反锁，以阻遏外兵。当时天色晦暝，石亨、张軏等人惶惑不定。张軏对徐有贞说："事情一定会成功吗？"徐有贞高声说道："一定成功"，催促他们迅速前进。不久到达南宫。南宫宫门铁锢牢密，叩门不应。徐有贞命令军士用巨木撞门，又命勇士翻墙入内，内外合力，毁门而入。英宗听见外面的喧闹声，燃烛出屋，徐有贞、石亨等人伏地请英宗复登大位，大呼军士推辇来，军士惊惧不知所措，徐有贞乃亲自挽扶英宗登辇，并挽辇而行。此时天空突然开朗，星月光照如银。英宗询问诸人职官姓名，各人纷纷报上。至东华门，守门者挡驾。英宗说："朕是太上皇。"守门者于是反走，英宗遂至奉天门升座。徐、石等人常服谒贺，高呼"万岁"。此时天已蒙蒙亮。

景帝今日当临朝视事，群臣都待漏阙下。忽然闻见殿中呼噪声，正在惊愕之际，诸门毕启，徐有贞对群臣大声说："太上皇复正大位了"，并催促百官入贺。百官震惧，忽忽就班入贺，行五拜三叩头礼[1]。

英宗谕百官说："卿等以景泰皇帝有疾，迎朕复位，众卿仍旧用心办事，共享太平！"

百官皆呼"万岁"[2]。

朝退，英宗御文华殿，命徐有贞兼翰林院学士于内阁参与机务，并面谕内阁大臣陈循等人与徐有贞在文华殿左厢房（即左春坊）起草诏谕。徐有贞挥笔立就。英宗览毕，付礼官于午门外宣读。谕中说：

上皇帝宣谕文武群臣：朕居南宫，今已七年，保养天和，安

---

① 《苏材小纂》；《明史》卷一七一《徐有贞传》。
② 《明英宗实录》卷二七四。

然自适。今公侯伯、皇亲及在朝文武群臣,咸赴宫门,奏言当今皇帝不豫,四日不视朝,中外危疑,无以慰服人心,再三固请复即皇帝位。朕辞不获,请于母后,谕令勉副群情,以安宗社,以慰天下之心。就以是日即位,礼部其择日改元,诏告天下。①

百官听宣谕完毕,各具朝服入贺,英宗登奉天殿行即位礼。此时已是十七日(1457年2月11日)②正午。

百官行礼毕,英宗即传命就朝班中逮捕兵部尚书于谦、大学士王文,并令逮捕司礼监太监王诚、舒良、张永、王勤等人于禁中,全都关入锦衣卫狱中。

十九日,徐有贞、石亨授意言官诬劾于谦、王文等人。六科给事中弹劾道:"王文、于谦内结王诚、舒良、张永、王勤,外联陈循、江渊、萧镃、商辂等朋奸恶党,逢迎景泰,易立储君,废黜汪后,卖权鬻爵,弄法舞文。乃者,景泰不豫,而文、谦、诚、良等包藏祸心,阴有异图,欲召外藩入继大位,事虽传闻,情实显著。且王文党古镛、丁澄,于谦党项文曜、蒋琳及俞士悦、王伟辈,皆憸邪谄佞,国之大憝。乞将谦、文等明正典刑,循等诛其一二,余悉屏之远方,以为不臣之戒!"

十三道监察御史也上疏弹劾俞士悦等人贪刻怆佞,并劾右通政殷谦为于谦党,侍郎张敏、通政使栾恽昏耄尸位,侍郎宋琰、少卿陈赟党附进身,俱乞黜逐之。

英宗说:"你们所说甚是。但朕初复位,首恶已就擒,余姑置之,以定人心。"③

---

① 《明英宗实录》卷二七四。

② 据方诗铭《中国历史纪年表》推算。

③ 《明英宗实录》卷二七四。

次日,六科、十三道言官再次弹劾于谦、王文等人,请正典刑。英宗命廷审。言官诬王文、于谦等人与黄竑构邪议,更立东宫,又与太监王诚、舒良、张永、王勤密谋迎立襄王世子。王文抗辩道:"召亲王必须有金牌信符,遣人必须有脚力马牌,事关内府,兵部车驾司,可以查验!"辞气激壮,诸谳官上闻。

于谦笑道:"辩也死,不辩也死。朝廷赦得我,石亨诸人同意么?辩有何益。"

左都御史萧维桢说:"事出朝廷,不承亦难免。"张轨对其瞋目而视,说:"此辈自犯,如何谓出朝廷?"萧不回话,刑部官刘清欲搭语,张轨怒斥道:"看你这等嘴脸,也不是这材料!"于是欲趋势附进者乘机表演一番。有一位叫尹曼的刑科给事中,即当众奋然攘臂,对王文、于谦拳脚相加,并念念有词:"此二奸臣正好殴。"众人不禁觉得好笑。次日,徐有贞即升他为通政司参议。①

廷审诸臣将王文的辩词上闻后,英宗命逮捕兵部车驾司主事沈敬下诏狱审讯。锦衣卫狱官对他严刑逼问,招认实缺襄王府金符。印绶、尚宝两监的宦官闻讯也检阅各王府金符,都在,唯独缺少襄王府金符。英宗诏廷臣与锦衣卫复审,廷臣们遂复奏说:"王文、于谦召沈敬议差人往迎,谋未及定而陛下复登大位。沈敬畏势不敢上告。"议处王文、于谦谋逆,当凌迟处死,籍没其家。沈敬知情故纵,当斩。

奏上,英宗尚犹豫不定,说:"于谦实有功。"徐有贞说:"不杀于谦,此举为无名。"英宗遂决定处死于谦。理学家大理寺卿薛瑄力劝英宗从轻处置。英宗于是令斩王文、于谦,沈敬宥死发铁岭卫

① 《琐缀录》页 9a—b;《明史》卷一七〇《于谦传》,卷一六八《王文传》。

充军。[①]

天顺元年正月二十二日（1457年2月16日），英宗令斩于谦、王文于市，籍没其家，家属戍边。临刑，于谦面无惧色，围观的百姓为他默默洒下同情热泪。人间的悲剧，老天亦愁；天空乌云阴郁低沉。

于谦可以毫无畏惧地去死，他可以问心无愧，他已实现了以身报国的壮志，历史不会埋没他的光辉。土木之役，明朝六师覆没，天子蒙尘。正是国难当头，人心浮动之际，于谦砥柱中流，挽狂澜于既倒，力主战守，重整国威。也先挟持英宗，要索明朝，他忧国忘己，劝导景帝登立大位，破灭也先侥幸之念。北京城下，又重挫瓦剌，也先无利可图，不得不送还英宗。景帝不乐其兄南归，于谦又苦心解谕，终使英宗回归中土，避免了客死他乡的命运。也许他忘却了战国的故事。楚人执宋襄公，宋人立目夷。楚谓宋人曰："不与尔国，乃杀而君。"宋人曰："赖社稷之灵，吾国已有君矣。"不几于弃襄公乎？英宗虽还，闻此语岂能不心存芥蒂？于谦为人刚正不阿，只要于国有利，他既可以折抑权贵，不惧结仇，又可以不避嫌怨，推心用人，从不想想日后的退路。大祸即将临头，他却没有想到运用手中操有的大权，为身家谋一私计。当时他身为兵部尚书兼总督军务，完全有能力来对抗这场政变。他也并非不知自己所处的险境和政敌的阴谋[②]。但是，他却未采取任何措施。因为这

---

① 《菽园杂记》卷八；《明英宗实录》卷二七四；《明史》卷一七〇《于谦传》，卷二八二《薛瑄传》。

② 《古穰杂录》页40b云："明日（景泰八年正月十四日）早观奏辞曰：'早选元良'。人皆曰：'此非复立之意'。遂驾其说于石亨辈曰：'王文、于谦已遣人赍金牌敕符取襄王世子矣。'"《明英宗实录》卷二七四所载罗通陈夺门功奏章云："臣闻知十七日早欲拿总兵官石亨，并臣等。"可见当时此二条诽语流传很广，要使与谋夺门以外的人不知实属不可能。

不是他于谦生存的目的。他活着是为了生民、社稷和君父，个人荣辱只能随遇而安。他最后的使命就是冒生命之最大危险，力免兄弟相残、国家大乱的悲剧。浙江鄞县才士屠隆在万历时写道："夺门之役，徐、石密谋，左右悉知而以报谦。时重兵在握，灭徐、石如摧枯拉朽耳。顾念身一举事，家门可保，而两主势不俱全，身死则祸止一身，而两主亡怹。方徐、石兵夜入南城，公悉知之，屹不为动，听英宗复辟，景庙自全，功则归人，祸则归己。公盖可以无死，而顾以一死保全社稷者也。"①于谦忠以谋国，国家本应视他为功臣，悉心保护，只因为他生错了时间，既没有遇上目夷那样的圣贤君主，又未逢民主政治的时代，所以才出现了如此悲剧。

当英宗派人抄没于谦的家财时，家无余赀。唯有正室门锁牢固。打开一看，尽是景帝所赐的蟒衣、剑器与玺书②。

于谦死，曝尸于市。都督同知陈逵为于谦的忠义所感召，收遗骸殡之。逾年，归葬杭州。曹吉祥部下有个叫朵儿的指挥，以酒酹于谦所死之处，恸哭流泪。曹吉祥得知，十分恼怒，将他痛打一顿。明日，他复酹奠如故③。

英宗之子宪宗继位后，于谦得到彻底平反昭雪。成化二年（1466），明廷恢复了于谦的官号，并遣行人马璇至杭州谕祭。祭文说：

> 卿以俊伟之器，经济之才，历事先朝，茂著劳绩。当国家之多难，保社稷以无虞，惟公道之独持，为权奸所并嫉。在先帝已知其枉，而朕心实怜其忠。故复卿前官，遣人谕祭。④

---

① 《国榷》卷三二。
② 《明史》卷一七〇《于谦传》。
③ 《明史》卷一七〇《于谦传》。
④ 《忠肃集附录》。

谕祭文公布，天下传诵。于谦之子于冕同时也从戍所赦归，改官兵部员外郎，累升至应天府尹。至弘治二年（1489），明廷又赐谥于谦为"肃愍"，赐祠于其墓前，曰"旌功"。地方政府岁时致祭。万历十八年（1590）改谥"忠肃"。杭州、河南、山西都世代奉祀他。

谕祭文中说"在先帝已知其枉"。原来，英宗刚复位时对襄王瞻墡颇为怀疑。朱瞻墡是仁宗朱高炽的第五子，宣宗朱瞻基的胞弟，永乐二十二年（1424）封为亲王，宣德四年（1429）就藩长沙。宣德帝崩逝，英宗年幼，张太后想立已成年且声誉较好襄王为帝，后来又认为襄王是自己的儿子，不免犯忌，于是召诸大臣至乾清宫，指着九岁的英宗说："这就是新天子"，英宗便登上了帝位。瞻墡也改封襄阳以避嫌疑。① 正统十四年（1449）英宗北征师败被俘，当时诸王中，瞻墡年最长而且贤德素著，朝野对他颇为瞩望。孙太后命令将襄王的金符取入宫中，不果召。瞻墡上书朝廷，请立皇长子，令郕王监国，募勇智之士迎车驾。书达北京，景帝已立数日了。英宗南归后，他又上书景帝，认为景帝应该早晚至南宫省膳问安，朔望率群臣朝见，无忘恭顺。

英宗复辟，徐有贞、石亨诬于谦、王文欲迎立襄王世子，英宗令宦官在宫中检阅各王府金符，唯独不见襄王府的。后来宦官启奏孙太后寻找，果然在太后宫中找到，已被尘埃埋没寸余。② 不久，英宗又于宫中翻检到襄王在景泰中所上的二书，阅后幡然省悟，才知于谦、王文被冤死，瞻墡也枉遭怀疑。孙太后得知于谦冤死的情

① 《明史》卷一一三《后妃列传》。
② 《菽园杂记》云襄王金符是："宣庙宾天时，老娘娘（即张太后）以为国有长君，社稷之福，尝欲召襄王，固取入。"而《明史》卷一一九《诸王四》则云："英宗北狩，诸王中，瞻墡最长且贤，众望颇属。太后（当是孙太后）命取襄国金符入宫，不果召。"

状,也叹息不已。但人死不能复生,况且徐学士说"不杀于谦,此举为无名",杀于谦也是自己最后决定的,以天子之尊,总不能自己打自己的耳光吧。所以虽知于谦之枉死,也只能留待子孙去替他平反了。

英宗见到襄王瞻墡给景帝所上的二书,甚为感动,于是赐书召见,将二书比之于《金滕》。① 天顺元年(1457)四月,瞻墡至京朝见英宗于武英殿。② 后英宗赐给瞻墡乐户20户,并破例设襄阳护卫指挥使司,改群牧所为中千户所,以襄阳卫左所、安陆右卫右所全伍隶属,以褒奖襄王,并命湖广三司为他预造园寝。瞻墡也上奏请毁景帝寿陵。③ 天顺四年(1460),英宗又遣太监携带御书召瞻墡入朝。英宗命百官朝襄王于王邸,赐淮盐300引,④诏许诣昌平谒太宗、仁宗、宣宗三陵。并破例特许襄王每年秋冬时节可与诸子出城游赏三五次。⑤ 襄王辞归,英宗御驾亲自送至卢沟桥,襄王恳谢,英宗说:"王德厚望尊,今日非君送臣,乃是侄儿送叔父。"襄王不得已,令抬轿人将轿子换个方向,自己正面对着英宗,倒退而行,表示不敢背弃君上。⑥ 天顺六年(1562),英宗又致书瞻墡,欲见他一面,他以年老辞谢。英宗遣官岁时存问,礼遇之隆,诸藩所未有。⑦

---

① 《金滕》,《尚书》篇名。武王疾,周公祷于三王,愿以身代。史纳其祝策于金滕匮中;其后周公因管、蔡流言,避居东都,成王开匮得其祝文,乃知周公之忠勤,执书而泣,遂迎周公归成周。
② 《明英宗实录》卷二七七。
③ 《明英宗实录》卷二七八。
④ 《明英宗实录》卷三一四。
⑤ 《明英宗实录》卷三一四。
⑥ 《涌幢小品》卷五。
⑦ 《明史》卷一一九《诸王列传四》。

第八章　石、曹兴衰

一、石、曹专权

公元 1457 年 2 月 16 日(丁丑年元月二十一日),英宗颁复位诏书于天下,改景泰八年为天顺元年,并派勋臣、驸马昭告太庙和列祖列宗的陵寝。复位诏说:

> 朕昔恭膺天命,嗣承大统,十有五年,民物康阜。不虞北虏之变,惟以宗社生民之故,亲率六师御之,而以庶弟郕王监国。不意兵律失御,乘舆被遮。时文武群臣既立皇太子而奉之,岂期监国之人遽攘当宁之位。既而皇天悔祸,虏酋格心,奉朕南还,既无复辟之诚,反为幽闭之计。旋易皇储而立己子,惟天不佑,未久而亡。杜绝谏诤,愈益执迷,矧失德之良多,致沉疾之难疗。朝政不临,人心斯愤,乃今月十七日,朕为公、侯、驸马、伯及文武群臣、六军万姓所拥戴,遂请命于圣母皇太后,祗告天地、社稷、宗庙,以今年正月十七日复即皇帝位,躬理机务,保固家邦。其改景泰八年为天顺元年。大赦天下,咸与维新。[①]

开始是内阁诸学士集体起草复位诏书,草稿成,诸学士依次签名,唯独徐有贞不肯署名。英宗问其缘故,徐有贞于是对英宗说了

---

① 《明英宗实录》卷二七四。

一番诏书应该如此这般用语的道理,英宗便命他重新起草。徐有贞将原草肆意笔削改窜,经三宿内阁才完成。宣诏日,英宗至文华殿待诏书稿本,内侍至内阁催促,徐有贞尚在厕所,故意装出一副傲慢的姿态,经再三催促才到。[①] 英宗对徐有贞起草的诏书较为满意,所以将其发表。诏书中将景帝即位说成是攘夺,景帝父子之亡是天诛地灭。不彰景帝之过恶,则何以显朱祁镇复位之正当呢?又何以证明夺门诸臣之有功呢? 二月初一孙太后废景帝为郕王的制谕对景帝骂得更为痛快。制谕中说:"[祁钰]斁败纲常,变乱彝典,纵肆淫酗,信任奸回,毁奉先傍殿,建宫以居妖妓、污缉熙,便殿受戒以礼胡僧,滥赏妄费而无经,贪征暴饮而无艺,府藏空虚,海内穷困,不孝不悌,不仁不义,秽德彰闻,神人共怒。上天震威,屡垂明象,祁钰恬不知省,拒谏饰非,造罪愈甚,既络其子,又殃其身。"[②]于是废"景泰僭子祁钰仍为郕王,如汉昌邑王故事"。递归西内[③]。制谕将正统年间的统治说成是"敬天勤民,无怠无荒"。正统十四年(1449)八月为了宗社天下的亲征之举所以落得个丧师被俘的惨局,仅仅是因为"兵将失律"。[④]

景帝被削了帝号,迁至西内,生母吴太后复号宣庙贤妃,废后汪氏仍为郕王妃,孝肃皇后杭氏谥号被削,怀献太子改为怀献世子。以曹吉祥的保荐刚从钦天监正升为礼部右侍郎的汤序向英宗建议削去景泰年号,不许。景帝在西内,病情曾一度好转,[⑤]但不久又趋恶化,至二月十九日崩逝,时年30,赐谥曰"戾"。从襄王瞻

① 《琐缀录》页10a;《病逸漫记》。
② 《明英宗实录》卷二七五。
③ 《明英宗实录》卷二七五。
④ 《明英宗实录》卷二七五。
⑤ 《水东日记》卷五《英庙友爱至德》。

墙之请,毁其所营寿陵,以亲王礼葬西山,给武成中卫军二百户守护。至成化十二年十二月,宪宗朱见深诏复景帝帝号,谥曰:"恭仁康定景皇帝"①,并敕有司修缮陵寝,祭享与诸帝相同。恢复帝号,上尊谥,表明明廷承认了景帝朱祁钰八年的统治给明朝所作的贡献。谥号在中国古代是朝廷对一位君主或大臣一生所作的评价。"戾"在谥法上是"知过不改"的意思,而"景"则是"耆意大图,布义行刚"的意思。② 宪宗在制书中说:"朕叔郕王践阼,戡难保邦,奠安宗社,殆将八载。弥留之际,奸臣贪功,妄兴谗构,请削帝号。先帝旋知其枉,每用悔恨,以次抵诸奸于法,不幸上宾,未及举正。朕敦念亲亲,用成先志,可仍皇帝之号,其议谥以闻。"③制书肯定了景帝"戡难保邦,奠安宗社"的功绩。按照当时的道德标准来讲,景帝除了易太子与废汪后二事不甚得人心外,他于危难时登基,收拾由于其兄英宗的统治而危机四伏的局面,实为明朝的再造之君。

英宗复辟后的"维新之政"是什么呢?

一是要对景泰君臣作一处置,一是要酬谢那些拥戴他重登帝位的"忠臣",再就是要惩处那些在景泰年间对他们父子不仁的人,同时褒进那些维护他们父子的人。这三件事基本上都是在天顺元年(1457)六月以前完成的,只有个别不是十分急迫的事情则在此后陆续进行。

复辟的当日,英宗在石亨、徐有贞等人的辅佐下将景泰时期的阁部大臣和司礼监太监全部逮捕,复位诏书颁布的次日即将于谦、王文杀害。同时被杀的还有司礼监太监王诚、舒良、张永、王勤,只

---

① 《明史》卷一一《景帝本纪》。
② 《弇山堂别集》卷七〇《谥法考一》。
③ 《明史》卷一一《景帝本纪》。

有兴安幸免，①大概是由于他在怀献太子死后主张复立沂王的缘故。内阁大学士陈循充军铁岭卫，萧镃、商辂罢为民。各部大臣中刑部尚书俞士悦、工部尚书江渊、吏部左侍郎项文曜充军铁岭卫，兵部右侍郎王伟等人罢为民。② 吏部尚书王直、礼部尚书胡濙、内阁学士高穀因曾经在迎复、易储等事件上和英宗在南宫时曾经维护过英宗父子，得以以礼致仕。户部尚书张凤、都察院左都御史萧维桢都改任南京。于是北京阁部为之一空。陈循、商辂本有德于徐有贞，此时徐有贞拿出权臣的手腕将他们斥逐殆尽。他对商辂私下说："将足下论入于谦党，也是不得已的事情，我无能回护，只好将足下的大名列于诸人之末了。"③王伟本是于谦一手提拔起来的，后唯恐嫉妒于谦者忌己。曾上密疏揭于谦的短处，希望以此取悦于谦的政敌，但可惜此种八面玲珑的伎俩并未能使他官运亨通、免于被黜为民的结局。④

那些曾在奉迎、易储等事件上得罪过英宗的人，此时当然也得到了必然惩处。英宗复辟后的第三天，有个卫卒就将黄竑之子永清左卫指挥同知黄瀚捆绑送赴锦衣卫狱，英宗命令将他发往万全右卫充军。⑤ 昌平侯杨俊在景泰年间恃其父势，多为不法，最后因专横跋扈论以免死夺爵闲住。杨俊在景泰初年曾任右参将镇守永宁、怀来等城堡，听说也先将奉还太上皇，他告诫将士不要轻开城门迎纳。英宗返京后，他又说此事将是祸根。他与张軏素不相合，英宗复辟，张軏便将他这些言行上告，英宗遂将他逮捕下诏狱审

---

① 《明史》卷三〇四《宦官列传一》。
② 《明英宗实录》卷二七四。
③ 《琐缀录》页5a。
④ 《明史》卷一七〇《于谦传附王伟传》。
⑤ 《国榷》卷三二；《明英宗实录》卷二七四。

讯,然后处以斩刑,其子杨珍革侯爵发广西充军。① 曾经离间英宗兄弟感情的高平、庐忠、徐正诸人或从外地,或从戍所被逮捕回京磔死。

石亨、张轨等人还提醒英宗不要忘了李实和王竑二人。李实曾出使瓦剌。英宗还记得景泰元年(1450)李实在也先营中见到他时曾说土木之败,乃是因为他朱祁镇任用非人,回京后当引咎自责,谦退避位,②这难道是人臣应该说的话吗? 符合事实也罢,但这话离事实何止千万里! 他作为天子御驾亲征,并不是为了游猎私己之事,乃是为了天下的生灵。王振是国家的功臣,土木之败怎么可能是朕信任王振的过错呢? 更令人忍无可忍的是,李实回京后又写了个什么《出使录》,将谤讪诬蔑朕的话都载入其中,简直是不臣之至。王竑曾当朝率众击杀王振党锦衣卫指挥马顺及内臣二人,难道也是人臣应当做的? 于是英宗下令将浙江参政王竑、右都御史李实俱黜为民,子孙永不叙用。③ 王竑被编管江夏。过了半年,英宗在宫中翻检到王竑景泰年间所上的奏疏,内有"正伦理,笃恩义"的段落,遂感悟,命遣官将他送归田里,敕有司善为礼待。④

常言道:"一朝天子一朝臣",最高权力的转移往往伴随着一批人政治生命的沉浮。在和平转移的情况下尚不免一些人荣辱贵贱的变化,在政变的方式下进行的最高权力转移则不可避免地要

---

① 《明史》卷一七三《杨洪传》;《明英宗实录》卷二七四。
② 《明英宗实录》卷二七五。《明史》卷一七一《杨善传附李实传》云:"初,实使谒上皇,请还京引咎自责,失上皇意。后以居乡横暴,斥为民。"
③ 《明英宗实录》卷二七五。《明史》卷一七一《杨善传附李实传》云:"初,实使谒上皇,请还京引咎自责,失上皇意。后以居乡横暴,斥为民。"
④ 《明史》卷一七七《王翱传》。

223

杀一些人，关一些人。所以有个叫白琦的千户就请尽诛王诚、于谦党及郕府旧僚，并以王诚、于谦等人的罪状榜示天下。都察院复奏宜令该部具名奏闻，英宗即表同意。[①] 在君主专制的政治体制下，君主的好恶意志就是臣民的生死荣辱，因此那些野心家、投机者便费尽心机揣摩君主的意图，不惜踏着他人的尸骨，登上青云直上的梯级。有个教官，名叫吴豫，是广乐遂溪县的教谕。对于教谕那种卑微的地位，他大概早已厌倦至极，儒家的伦理说教并未使他具有即使不与人为善也不有意害人的起码良知。为了改变现时那种令人难堪的地位，他学会了投机。在英宗复辟后不久，他就上书朝廷建言二事：第一，"请究幽上于南宫及易储之主谋者，族诛！"第二，"请诛窜于谦等擅权时所举之文武诸重臣。"[②]好在当时朝臣中没有人借漫引广诛来更新自己的官袍，不然的话，不知有多少无辜者又将成为冤魂。

英宗复辟的次日，定襄伯郭登首陈八事以迎合英宗。郭登在景泰初镇守大同，也先挟英宗至城下，英宗命他开城门，他坚守不开。郭登是明朝开国功臣武定侯郭英的孙子。郭英的妹妹是朱元璋的宁妃，孙女，亦即郭登的堂姐，是仁宗的贵妃。英宗派人质问郭登说："朕与你是姻家，为何如此拒朕?"郭登说："臣奉命守城，不知其他。"英宗遂对他耿耿于怀。英宗复辟，他恐惧不能免于一罪，于是首先建言八事迎合英宗，[③]其中的第六事便是建议嘉赏景泰时以直言忤旨的诸臣。[④] 英宗见到郭登的奏疏，便立即下命释章纶于狱，又命内侍翻检章纶在景泰五年（1454）所上的复储疏，

---

① 《明英宗实录》卷二七四。
② 《明英宗实录》卷二七八。
③ 《明史》卷一七三《郭登传》。
④ 《明英宗实录》卷二七四。

未找到,内侍在英宗身旁背诵数句,英宗被感动得连声喟叹,于是擢升他为礼部右侍郎,廖庄也被从定羌驿召还。当时廖庄母丧未终又遭父丧,英宗特赐祭葬,命起复,仍官南京大理寺少卿。因建言复储而被杖死的钟同,英宗追赠他为大理左寺丞,其子钟启录为国子监生,不久又授职为咸宁知县。[①] 钟同、章纶、廖庄等人建言复储是出于儒士对国家命运的关切,并非出于追求爵赏。章廖二人虽然有幸免于一死,且得英宗的酬报,但儒士秉性并未因此而移易。章纶的性格一如过去那样亢直,与徐、石诸人揽权纳贿的投机政客格格不入。石亨大贵幸后,招诸公卿共饮,章纶独辞不往。在政务上,他与尚书杨善的意见也往往相左。于是石、杨二人在英宗面前将他谮毁一通,英宗便将他调往南京。廖庄后官刑部右侍郎,待人坦怀无芥蒂,清廉自持。[②]

英宗觉得他今生还能复登大位,首先要感谢石亨、曹吉祥、徐有贞诸内外大臣对他的忠诚。如何来感谢他们呢? 最好的办法就是赏给他们高官厚禄,让他们与自己共享荣华富贵。就在颁布复位诏书的同一天,英宗封总兵官武清侯石亨为忠国公,食禄 1500石;都督张轨为太平侯,食禄 1300 石;张軏为文安伯,食禄 1200石;都御史杨善为兴济伯,食禄 1200 石,俱子孙世袭,诏书中说:"朕居南宫七年,心已忘于天下,不意奸臣谋逆,武清侯石亨等能先几弭变,会合忠义,奉迎朕躬,复正大位,功在宗社。"[③]五日后,英宗又以夺门功封他的母舅会昌伯孙继宗为会昌侯,食禄 1200石,世袭。[④] 正月二十八日,英宗又赐石亨、孙继宗、张轨、张軏、杨

---

① 《明史》卷一六二钟同、章纶、廖庄诸传。
② 《明史》卷一六二钟同、章纶、廖庄诸传。
③ 《明英宗实录》卷二七四。
④ 《明英宗实录》卷二七四。

225

善勋号及散官。石亨为"奉天翊卫推诚宣力佐理武臣,特进光禄大夫,右柱国"。给诰券,本身免三死,子免二死,并追封三代。孙继宗、张𫐐、张𫐉、杨善四人俱为"奉天翊卫推诚宣力武臣,特进光禄大夫,柱国",给诰券,本身免二死,子免一死,并追封三代。① 后来张𫐐的岁禄增为 1500 石。② 明朝迁都于经济落后的北京后,朝廷消费的粮食全靠漕船从江南运来,因而除了保证各级文武官员糊口养家的禄米在京支付外,其余的部分都在南京支付,而英宗对石亨则另看一眼,特赐他在京支禄米 500 石,与前项岁禄加在一起,共 3000 石。③

至于司设监太监曹吉祥,因为朝廷没有给宦官封爵的惯例,太监又是宦官之极品(正四品),所以除了赐给他敕书进行一番褒奖外,在杀于谦的同日将他的嗣子曹钦从锦衣卫的带俸指挥佥事(正四品)越升五级,提升为都督同知(从一品),官其侄曹铉为锦衣卫世袭指挥佥事。④

徐有贞在英宗复辟的当日已被授命兼翰林院学士入内阁参与机务,次日英宗又升他为兵部尚书,兼职如故。英宗以为这足够酬谢徐学士了,所以在封赏石亨诸人的时候,并未想到应该给他也封个爵位。谁知徐有贞并不以此为满足,他求石亨为他在皇上面前请封爵,他对石亨说:"愿得为武弁,以从兄后。"石亨为他关说于皇上。英宗说:"令有贞且行好事,此爵不患不得。"⑤后来石亨再次为他求爵。碍于石总兵的面子,英宗在天顺元年三月十日便封

① 《明英宗实录》卷二七四。
② 《明英宗实录》卷二七四。
③ 《明英宗实录》卷二七五。
④ 《明英宗实录》卷二七四。
⑤ 《明史》卷一七一《徐有贞传》。

他为"武功伯",食禄1100石,子孙世袭指挥使。① 过了三天,英宗又命徐有贞兼华盖殿大学士,仍供职于文渊阁。又赐给他勋号为:"奉天翊卫推诚宣力守正文臣",散官为:"特进光禄大夫,柱国"。并给诰券,本身免二死,子免一死,追封祖宗三代和妻室。②

提督操练右都御史罗通见石亨、张軏诸人都得了功赏,唯独没有自己,便上奏英宗,自陈功绩,要求功赏。他在奏中说:"先因景泰皇帝不豫,百官请立东宫,不允,臣与总兵官武清侯石亨、都督张軏等设谋欲于早朝时领兵混同守御官军进南城迎太上皇出宫,夺门入登宝位,亨等咸喜曰:'只在三日内行之'。正月十六日黄昏时,亨遣人来约明日四更时至朝房相会。臣闻知十七早欲拿总兵官石亨并臣等,即于本夜三更时会亨在朝房。亨报:'只宜早下手'。臣遂同亨等领军进南城以成大功。今复位六日,不蒙召问,显是亨等不以臣谋达于圣聪,臣若不自陈,皇上无由知臣造谋效忠之心。不预论功行赏之典、心实不甘!"③利欲熏心者必为投机取巧者,而投机取巧常必为无限的利欲与权力欲所驱使。罗通在景泰时就曾自陈杀贼功,请求景帝赐其子世袭武职,被言官弹劾为"徇私忘义"。这次他冒死贪功本为取得功赏,所以在上奏中他直言:"不预论功行赏之典,心实不甘!"好在英宗还算宽厚,不但未追究他这种简直是要挟君主的态度,而且答应他说:"此事朝廷自有区处。"④二月初八,英宗果真授罗通的儿子罗师望、罗来兴、罗师汉三人俱为所镇抚。师望、来兴任江西吉安守御千户所,师汉为

① 《明英宗实录》卷二七六。
② 《明英宗实录》卷二七六。
③ 《明英宗实录》卷二七四。
④ 《明英宗实录》卷二七四。

带俸锦衣卫。①

石亨、曹吉祥诸人冒死发动政变迎奉英亲复辟,其目的本在于邀取拥戴之功,博取英宗信任,借皇权之威风,操纵生杀予夺之大权,并由此招权纳贿,结立私党,培植私人势力。因此,他们并不以自己得了封赏为满足。

石亨以拥戴英宗复辟,立了首功,英宗对他眷顾特异,言无不从。他的弟侄家人冒功任职锦衣卫官校者五十余人,部曲亲故窜名"夺门"籍得官者四千余人。② 他的侄子大同右参将都督佥事石彪也被召还北京,进官都督同知。③

曹吉祥以内侍领兵拥戴复辟,深得英宗宠信。英宗并不因曹吉祥是宦官而歧视他,相反,觉得十分可信,他几乎就是王振的再世。见到曹吉祥,他不免想起王先生的好处。在正统年间,是王先生教了他那么多的统治术,这样的忠臣是应该予以表彰的。有人说王先生投靠了也先,简直是一派胡言。王先生为国殉难,是朕所亲见的。④ 于是,英宗下令将在辽东铁岭卫充军的王振家属放回京卫。⑤ 太监刘恒诸人善于揣摩英宗的心思,上疏请招葬王振。他们说:"王振恭勤事上,端谨持身,左右赞襄,始终一德。陷没土木,岁久未沐招葬。"⑥英宗于是下命恢复王振的官号,用香木按照王先生的生前模样刻了一个木头人,招魂以葬,并且在智化寺内供奉王振的塑像,为其祈求来生的福祉。还为他立祠,赐祠额曰"旌

---

① 《明英宗实录》卷二七五。
② 《明史》卷一七三《石亨传》。
③ 《明英宗实录》卷二七四。
④ 《明通鉴》卷二七,天顺元年十月丁酉条云:初,振既族诛,有言其在传卫喇特为敌用者,上大怒,谓:"振之死难,朕所亲见。"追责言者过实,皆贬窜。
⑤ 《明英宗实录》卷二八〇。
⑥ 《明英宗实录》卷二八三。

228

忠"。在祠前立"旌忠"碑,以作为臣子们仿效的榜样①。如同王先生一样忠诚的内臣曹吉祥,英宗当然亏不了他。除复位时的功赏外,英宗又陆续将曹吉祥的侄子曹铉、曹铎、曹镤都进宫都督,至天顺元年十二月,又封曹吉祥的嗣子曹钦为昭武伯,子孙世袭,追封三代,本身免一死,子免一死,给诰券。② 曹吉祥门下厮养冒"夺门"功得官者多至一千几百人。③

石亨、曹吉祥为自己、子孙和手下的官校邀了官晋了爵,然后就培植私党,控制朝政。

石亨为了掌握京军,特别是京营的精锐部队,将于谦等人杀害后,又与张軏一同又诬都督范广党附于谦,谋立外藩。英宗遂将范广捕下诏狱论死,于元年二月初九问斩,其子范升谪戍广西,籍没其家,妻孥第宅赐予降丁。④ 于谦、范广相继被诬杀,团营也随之撤罢,仍然恢复了三大营的旧制。英宗命石亨与会昌侯孙继宗总管五军营,太平侯张軏与怀宁伯孙镗总管三千营,安远侯柳溥、广宁侯刘安总管神机营。仍命太监曹吉祥、刘永诚、吴昱、王定同理各营军务⑤。这样曹吉祥与石亨仍掌握着京营。掌京营的诸将中,石亨、孙继宗与张軏一同参与夺门之变,而怀宁伯孙镗原本是石亨的私交至友。孙镗是东胜州(今内蒙古托克托)人,世袭武职出身。英宗被俘后,景帝将他从正三品的都指挥佥事连升二级提拔为正二品都督佥事,典管三千营。景泰初,他遭昌平侯杨洪的弹劾而下狱,因石亨之请而赦免。天顺元年(1457)正月二十四日,

① 《明通鉴》卷二七;《明英宗实录》卷二九九。

② 《明英宗实录》卷二八五。

③ 《明史》卷三〇四《宦官列传一》。

④ 《明史》卷一七三《范广传》;《国榷》卷三二:赐降胡皮儿马黑麻。

⑤ 《明英宗实录》卷二七七。

石亨奏称孙镗等人有"靖除内难功",英宗遂封他为怀宁伯。[①] 当时因石亨的奏请而得封爵的还有海宁伯董兴,此外都指挥同知卫颖得升为都督佥事,刘深得升为右都督,署都督同知冯宗得实授。[②] 掌京营的诸将中,有的兼管五军都督府的事务,其中石亨、董兴、孙继宗同管后军都督府事。[③] 京营诸将中孙继宗是皇舅,是英宗采纳近侍之言,破祖宗外戚不与国政成法,用来牵制石亨的。即使如此,石亨的派系在京营中仍占优势。

掌握京营的典兵权后,石、曹诸人便进一步控制兵部,兵部乃是明廷的最高军事行政机关,特别自土木之变后,它的权力大为增长。兵部不但分五军都督之权,对五府进行监督,而且掌武官的考选和军令。兵部下设武选、职方、车驾、武库四个清吏司,其中武选、职方二司的职掌尤为重要。武选司掌握各卫所武职和土官的选拔、升调、袭替和功赏事务。职方则掌舆图、军制、城隍、镇戍和征讨事务。明朝的军事体制是内外相维、互相制约的。武官虽有训练士卒和统兵作战的权力与职责,但对于军队的调遣则无权干预。军队的调遣、兵员的补充必须经由兵部请发敕谕才能进行。镇戍各地的将领和掌管京营的勋臣,都须由兵部商议人选,报皇帝批准任命。有大的征讨战事,则由兵部请示命将出师。在整个战事过程中,兵部掌管赏罚条格的制定、将士功过的记录,并据此进行赏罚黜陟。如果再能控制兵部,则整个国家权力的柱石——军队就几乎尽在石、曹诸人,尤其是石亨的手中了。

天顺初,兵部尚书于谦被杀,兵部右侍郎王伟被逐,另一尚书

---

① 《明英宗实录》卷二七四。
② 《明英宗实录》卷二七四。
③ 《明英宗实录》卷二七四。

石璞尚在湖广,曹吉祥于是荐户部右侍郎陈汝言为兵部右侍郎。①靖远伯王骥,在景泰三年(1452)四月已解除朝廷职务,闲居京师奉朝请。他虽然是七十余岁的老翁,但各种欲望仍不减壮年,他仍是一如既往地跃马食肉,盛陈声妓。石亨、徐有贞密谋迎英宗复辟,王骥预谋。英宗赏稍后,他即上章自讼说:"正统十三年,臣奉命领兵往征孟养贼子思机发,臣男王祥屡有奇功,被奸臣于谦嫉恨,止升流官指挥佥事、锦衣卫带俸。今于天顺元年正月十七日,臣又同男王祥,随总兵官石亨夺东上南门,人众,将臣并男挤倒在地,得都督刘昱救起。望怜臣孤忠,将男祥与世袭,臣父子不胜感激。"英宗于是将王祥转为世袭指挥佥事,并命王骥仍官兵部尚书;掌理部事,将左侍郎俞纲调往南京兵部,②又赏给王骥勋号散官为"奉天翊卫推诚宣力守正文臣、光禄大夫"。③ 至六月,王骥以年迈请致仕,石亨便推荐陈汝言掌兵部事。不过十天,石亨又荐陈汝言出任兵部尚书,荐吏部验封司郎中郝璜为兵部右侍郎。④ 借此,石亨与曹吉祥又控制了兵部。

控制了兵部尚未满足他们的权力欲。他们想控制所有的中央权力部门,使己意无所不行。户部在六部中是掌管国家财政的部门。它不但经管中央财政的收入与支出,还对地方财政进行监督,是三大要害部门(吏、兵、户)之一。天顺元年(1457)二月,户部尚书张凤调往南京,石亨即荐其密友、已致仕的都察院右都御史沈固为户部尚书。⑤ 沈固出身于举人。洪熙元年(1425),明廷以武臣

---

① 《明英宗实录》卷二七四。
② 《明英宗实录》卷二七五。
③ 《明史》卷一七一《王骥传》。
④ 《明英宗实录》卷二七九。
⑤ 《明英宗实录》卷二七六。

疏于文墨,选任文官往各总兵官处整理文书,沈固即以参政前往镇守大同总兵官郑亨手下整理文书。① 至正统年间,沈固升至户部侍郎,管理大同一镇的粮饷。② 在一个地方待得太久了,人事关系复杂,当地的势要非故即旧,于是财务的出纳便成了一笔糊涂账,粮饷的管理就成了蠹窟,军士苦不堪言。景泰二年(1451)三月,新任大同总兵官定襄伯郭登上奏弹劾沈固。弹文中说:"右都御史沈固在边年久,法令不行,致使边城经收粮草,官吏大肆奸贪,以灰土插和米麦,军士啼饥号寒,无所控诉。"并建议别派一位廉明刚正的大臣来取代沈固的位置。景帝遂命河南左布政使年富为左副都御史前往大同接替沈固管粮。③ 沈固回京后又被言官弹劾,景帝命他致仕。④ 沈固在大同前后27年,与当地势要早已结成牢密的错综复杂关系。石氏是大同的势要之一。石亨自正统三年(1438)起即任大同左参将直至土木之变后被召还出任京营总兵官。随后,其侄石彪又于景泰元年(1450)出任游击将军,守备大同威远卫。⑤ 石氏在大同置有大量的田产,私役军士和招纳各地逃亡人口进行耕种,其庄田上所产的粮食无疑大部分用来出售给明朝廷作为大同镇边军的粮饷。沈固在经理收购军饷的过程中,又无疑与石氏做了一笔笔贪赃枉法的买卖。⑥ 所以,石亨得势后便要保荐沈固,以便为石氏再带来滚滚不断的财源。

---

① 《水东日记》,《参赞军务》。
② 《明史》卷一七一《霍瑄传》。
③ 《明英宗实录》卷二〇二。
④ 《明英宗实录》卷二七六。
⑤ 《明史》卷一七三《石亨传》。
⑥ 《明英宗实录》卷二七六,天顺元年三月辛巳条云:沈固先以都御史巡抚大同,岁久与忠国公石亨相密。即而言者屡讦其私,遂以老疾致仕去。及是亨荐之,故复得召用。

年富是怀远(今安徽怀远)人,出身于会试副榜。他素有"先天下之忧而忧,后天下之乐而乐"的情怀,同情人民大众,是不畏权势的模范官员。他受命以左副都御史巡抚大同兼督粮饷时,大同正处于战火之余和前任沈固所残留的弊政之中,士卒疲惫,人民艰难,法制松弛,弊病百出。年富尽心抚恤军民,奏免赋税,罢不急之征。对于权贵们的非法妄行,他丝毫不留情面,据实弹劾。当时还是武清侯的石亨,与武安侯郑宏、武进伯朱瑛,令家人领取国库的银两布匹,籴米充军饷,干没中饱,不计其数。年富请遣御史按治,结果石、郑、朱诸家的家人抵罪。后来他又参劾分守中官韦力转、参将石彪及山西参政林厚的不法事情。① 因此,石亨诸武人及宦官对于巡抚就特别痛恨。在景泰时,石亨就屡次对景帝说不宜以文臣节制武臣。但那时候于谦当政,石亨没有达到目的。于谦死后,石亨便怂恿英宗在天顺元年(1457)正月二十六日下令将巡抚等官取回。石亨对英宗说:"巡抚等官不是祖宗旧制,陛下刚复位,当以谨守祖制为先务。请将各官取回。"英宗便对户部与兵部的大臣说:"朕新复位,凡百行事,当遵祖宗旧制。各处巡抚提督等官,是一时权宜添设,即将各官取回。其各处边备及军民事务,令各总兵等官掌理。事有不便,及官有不法者,从巡按御史究问。重者奏闻区处。"②英宗大概已经忘了,在九边等边防重镇派遣文官巡抚、镇守、提督军务,是他刚登基不久时的事情。他那时年幼,或许不甚理解派文官去监督武官的意义。

石亨在兵部和户部都已安排了自己的人,又撤了巡抚,解了多年之恨,在六部的三要部中就只剩下吏部无人了。无奈吏部尚书

① 《明史》卷一七七《年富传》。
② 《明英宗实录》卷二七四。

王翱德高望重,深为朝野拥护,又找不着他的差错,所以在皇位转易,各部院大臣纷纷落马之时,唯独王翱只去了个太子太保的加衔,保住了原有的地位。将尚书换成自己一手控制的人物已无可能,石亨便在尚书下面的佐官和僚属中安排私人。天顺元年(1457)二月初一,石亨保荐吏部验封司郎中张用瀚为本部右侍郎。① 十六日,他又荐升吏部验封司主事万祺为本司员外郎。②

各处巡抚官既撤,年富也罢归京师。石彪为报当年私仇,于是捏造了许多罪状加在年富的头上,在英宗的面前奏了一本,年富便被关进了诏狱。但是英宗并不那么糊涂。他现在已是而立之年,挫折和磨炼使他的智慧有所成长,开始懂得如何从不同机构不同人的意见中了解事情的真相。他问翰林学士李贤:"年富此人何如?"李贤说:"行事公道,在大同时能革宿弊。"英宗恍然大悟,说:"这一定是由于石彪被年富所阻挠,不得实现他的私利。"李贤乘机成全皇上的善行,说道:"陛下明见,真得实情。只是要早些辨明真假。"次日,英宗召见锦衣卫指挥使门达,指示说:"年富的事情务要推问明白。"不久门达以审讯记录上奏,年富的罪状果真多属不实。为了把事情做得稳当,李贤又建议英宗派给事中、郎中二人前去大同"体勘",或许不会冤枉好人。所谓体勘,就是进行调查,到年富的任职地方寻找各种人证物证。英宗接受了李贤的建议,并决定再遣武职一人同往。英宗解释说:"不然纵使能获得年富无罪的真凭实据,石彪等人也必定会认为是文职回护同类。"李贤称道说:"陛下所虑极是。"体勘的结果证明年富无罪。于是年富得以保全性命,致仕而归。③

---

① 《明英宗实录》卷二七五。

② 《明英宗实录》卷二七五。

③ 《天顺日录》页5a—b。

年富虽然罢官回了家,但并未像石亨叔侄所希望的那样受到贬窜及至诛杀的惩罚。看来,英宗虽然因为拥戴复辟的事情宠信他们,曲从他们的要求,但要毫无阻碍地实现他们的意志,还需要在内阁有人。

早在英宗复辟的当天,徐有贞就从左副都御史兼翰林学士入阁参与机务。同一天,石亨即推荐他的老相识许彬为礼部右侍郎兼翰林院学士入阁参与机务。① 过了三天,杨善荐举理学名臣薛瑄自大理寺卿升礼部右侍郎入阁。② 杨善于石亨封忠国公的同一天被封为兴济伯并非仅仅因为与石亨、曹吉祥诸人一起参与了夺门之变,还因为他在景泰元年迎复英宗时立了首功。杨善本是一个善于因时应变为自己和家人追求荣华富贵的人物。他是北平大兴(在今北京市郊)人,17岁为县学生员时,正逢成祖举兵"靖难"③。他参加"靖难"的队伍,以守城功被授官为典仪所引礼舍人。永乐元年(1403)改职为鸿胪寺序班,因犯过失与庶吉士章朴同关一间牢房。久而久之,两人便由熟识而互相狎亵。当时朱棣正在穷治方孝孺④党,章朴说他家有方孝孺的文集,未来得及焚毁。杨善便求借阅,暗中密奏成祖。结果章朴被诛死,而他得以官复原职。杨善封伯后,礼部尚书胡濙出自保乌纱的目的,上奏颂扬杨善迎复英宗的功劳,结果杨善又得兼任礼部尚书,不久改勋号为守正文臣,他出使瓦剌时随行的四个儿子也一并得授官。他又为

---

① 《明英宗实录》卷二七四。
② 《明英宗实录》卷二七四。
③ 靖难之役是建文元年(1399)七月至建文四年(1402)六月间,燕王朱棣发动的旨在反抗朝廷削藩政策、夺取帝位的战争。
④ 方孝孺(1356—1402),字希直,一字希古,浙江宁海人,仕建文朝为文学博士。建文四年六月,朱棣攻下南京,令其草诏,不从,被磔死。宗族亲友前后株连被杀者数百人。

侄子、养子乞恩，得官的又复十几人，于是气势煊赫，招权纳贿。石亨对他感到十分恼火，在英宗面前烧了一把火，杨善便失了宠。[①]杨善失了宠，而薛瑄固守忠孝节义，不善于得君心，因此也无所作为。

二月，吏部侍郎李贤兼翰林学士入阁参与机务。李贤当时声名较好，英宗复辟后内阁旧臣被徐、石诸人斥逐殆尽，内阁需补充人选，朝廷内外多瞩目于他，而石亨为控制内阁，也力赞李贤入阁。[②]

曹吉祥以迎复功参与国政，但他不通文墨，又害怕权归司礼监，因此，在英宗面前他也极力赞说凡事应与徐有贞、李贤诸学士商议而行，企图借此来笼络阁臣，使他们附己。[③] 但无奈阁臣不但不附己，而且思想如何自异于己。

徐有贞本为儒士兼术士，权力欲极强。借夺门迎复之机，他将陈循等景泰时的内阁诸臣不分友好故旧，一律斥逐，不是诛杀，便是贬窜罢黜，自己便成了当然的内阁第一辅臣。他得势后，感觉到不世之功指日可以建立，他马上就可以成为一人之下万人之上的辅弼人主开创太平盛世的不世贤相，这样，他不但将来可以名垂青史，更重要的是现世他可以支配一个世界。对于狂热的权力追求者来说，权力就是一切，只要能获得权力，什么君臣、朋友，那只不

① 《明史》卷一七一《杨善传》。

② 《天顺日录》页 2b—3a。虽然李贤自辩他入阁不得力于石亨辈，但他既未举出荐己之人，又未能拿出英宗特简之证据，故其入阁定与石亨有关。

③ 《天顺日录》页 3b 云："初太监吉祥以有迎立功与国政，不通文墨，恐事归司礼监，以此极力赞说凡事与二学士商议而行。"《明英宗实录》在记复辟事和曹钦造反事时皆载曹吉祥为司设监太监，未云有司礼监太监之事。故《明史》卷三〇四《宦官一》载曹吉祥于夺门后升司礼监太监之说必误。亦见《廿二史札记》卷三六《曹吉祥江彬》。

236

过是获取权力的跳板，一旦得到了权力，这些都可以抛开。如果他们成了进一步获取权力的障碍，则毫不犹豫地将其摈弃。实际上，狂热的权力追求者是从来没有真正的朋友的。徐有贞与石亨、曹吉祥诸人之所以能走到一起，共同发起夺门之变，只不过是因为他们有相同的追求更多权力的欲求，找到了利用政变来夺取权力的同一机会，并非因为他们具有什么共同的政治理想。所以夺门之变成功后，徐有贞更是意气风发，欲再略施小计，转移英宗对石、曹的信任，从而动摇他们的权位。

石、曹二人的招权纳贿，所请无日不有，但引用的人多是一些素行不端、狗偷鼠窃之辈，因此，英宗不由得对他们也稍觉厌倦。徐有贞于是借机稍稍裁抑石、曹诸人，并且对英宗密言他们的贪横行为。英宗对石、曹的信任有所动摇。

天顺元年（1457）五月，监察御史杨瑄印马畿内。行至河间，有民遮道控诉曹吉祥、石亨夺其耕田。杨瑄回京后就上疏英宗，反映情况。他在奏疏中说："直隶府县连年水涝民饥，以至于出现人相食的惨状。河间县惟有一乡田地在高阜，民种小麦，日望收获，而忠国公石亨令火者至彼立标为界，悉占为己有，知府王俭阿附之。真定府饶阳县田土堪于耕种者仅千余顷，而太监曹吉祥家人抑逼有司，欲霸占耕种。若不严加禁革，恐效尤者众。乞命巡按御史复勘，但有侵占，悉令退还，庶民可安生。"[1]

在景泰七年（1456），北直隶、山东等地连续发生水灾。到天顺元年夏季，疾疫流行，蝗灾又起。各地的灾情报告送到宫里，英宗颇为担忧。英宗看过杨瑄的奏章后，又召徐有贞、李贤阅看。徐、李阅后都说："杨瑄所言公正，不避权幸，陛下宜从其请。"英宗

[1] 《明英宗实录》卷二七八。

237

感慨地说:"天下百姓困于衣食,朕为之寝食不安,身边的大臣就不能体谅朕的心情?御史敢言,可嘉。户部马上移文巡按御史复勘,尽快将结果上奏。"①并且诏奖杨瑄,令吏部将他的姓名记录下来,以备提升任用。

曹吉祥得知朝廷已命巡按御史复勘侵占民田的事情后,内心恐惧,即到英宗面前请治家人罪,英宗不许。② 次日,石亨西征还京,听说御史弹劾他侵占民田,十分气恼。他猜测杨瑄必定为内阁大臣所主使。他对曹吉祥说:"当今在内只有你,在外只有我,徐、李排陷我们,其意不善。"本来由于石亨的亲故冒"夺门"功升赏的特别多,曹吉祥颇为不平,曾在英宗面前揭石亨的短,经这么一说,他又感到他们的共同利益更为攸关,二人于是合伙算计如何报复徐、李二学士。当时英宗对徐有贞非常宠信,经常单独召他密谈,要使徐有贞失宠并最终将其从朝廷排挤出去,最巧妙的手段就是离间他们的君臣关系。曹吉祥于是密令小宦官窃听英宗和徐有贞的谈话,然后他又将窃听到的内容故作神秘地告诉英宗。听到曹吉祥的话,英宗大吃一惊,他心里琢磨:此事只与徐有贞说过,曹吉祥从何得知? 他便问曹吉祥:"这件事你是从谁那里听来的?"曹吉祥说:"从徐学士那里听说的。"并且举出英宗和徐有贞谈话的日期,又说:"外边没有不知道这件事情的。"由此英宗认为徐有贞此人不可靠,喜欢卖君自大,便与他疏远了。③

杨瑄劾奏石亨、曹吉祥,得到英宗的赞赏和褒奖,言官们便以为皇上已对石、曹失去信任,将他俩攻倒的时机已经到来。英宗嘉奖杨瑄的第二天,也就是石亨西征还京的同一天夜间,彗星见于危

---

① 《明英宗实录》卷二七八。

② 《明史》卷一六二《杨瑄传》

③ 《明史》卷一七一《徐有贞传》。

宿,状如粉絮,色青白,拂拂摇动。至次日夜,东行一度,微芒长五寸,指向西南。① 这种星象,按照天人感应的观点,不是吉兆,而是一个凶兆。它是上天示警人君,有奸臣当朝。于是十三道监察御史张鹏等人便撰写奏章准备联名弹劾石亨、曹吉祥的其他不可胜数的违法事情。御史们未料到有告密者。就在他们准备和六科给事中先后上章的前一天晚上,给事中王铉到石亨那里告了密。石亨、曹吉祥便立即入宫求见英宗。他们伏跪在英宗的面前,一把眼泪一把鼻涕地哭泣着说:"罪臣对陛下一片忠心,冒死奉迎陛下复位,不料当今阁臣擅权,唆使御史诬劾臣等,想置臣等于死地。伏乞陛下明察,看在罪臣曾效犬马之劳的分上,免罪臣一死。"石、曹哭诉完毕又相对悲哭不止。两个大汉子在皇上面前哭得如此伤心,就像受了莫大委屈的小孩一般,想起他们拥戴自己复位的功劳,英宗也不免动了感情。② 英宗于是叫他们不要哭了,让他们接着把事情说清楚,到底是怎么个诬劾法。石、曹二人见英宗改变了态度,便信口诬说张鹏是已诛内官张永的侄儿,想借此机会结党排陷他们,为张永报仇。③ 到张永的名字,英宗便想起自己和长子见濬遭受的苦难,不免怒火中烧,形于言表,决定非好好治一治这罪阉的侄子和阿附的御史不可。④

次日,御史们的弹章送达到英宗的手里。见疏,英宗大怒,命令将张鹏、杨瑄逮捕关进锦衣卫的监狱。接着,英宗临御文华殿,召诸御史当面诘问。英宗将弹章往地下一扔,令御史们自读。掌道御史周斌从容拾起弹章,一边读一边回答英宗的诘问,神色自

---

① 《明英宗实录》卷二七 8。

② 《天顺日录》页 1a—b。

③ 《明史》卷一六二《杨瑄传》。

④ 《明史》卷一六二《杨瑄传》。

若。当读到石亨等人"冒功滥职"时,英宗反问道:"他们率将士迎驾,朝廷论功行赏,冒功滥职,从何说起?"周斌回答说:"当时迎驾只有数百人,光禄寺赐酒馔,有名册可查。现在已超至数千人,不是冒滥,又是什么?"英宗听后默然,似有所悟。① 片刻之后,英宗又责问道:"石亨诸罪如果属实,你们当时为何不立即劾奏,要等到今天才说呢?"②诸御史无言以对。英宗于是命令锦衣卫将御史们统统逮捕下狱。又令吏部尚书王翱查御史、给事中年龄三十五岁以上者留任,三十五岁以下者调用。得给事中十三员,命调为判官,监察御史二十三员,命调为知县。③

英宗之所以怒言官,不是因为他们劾奏了石亨和曹吉祥,而是因为英宗觉得他们想借否定"夺门"功而否定他复位的合法性,并企图投机取巧。明朝设立六科给事中和十三道监察御史,合称言官。他们是朝廷的耳目,代表皇帝监督百官。言官们凡是弹劾大臣,必须六科先承密旨,然后十三道再相附和。若事先没有皇帝的密旨而弹劾大臣,除非被弹劾者确实有罪,而且皇上对他也已感到不惬不快,不然则反有得罪的可能。④ 诸御史原以为此时参弹石、曹正好迎合英宗的意向,未想到天颜竟然大怒。

御史们在诏狱中受尽了各种刑罚,校尉们企图以严刑逼他们招出主使者,但毫无所获。锦衣卫指挥使门达于是上奏说,诸御史乃是受都察院的堂上官右都御史耿九畴和副都御史罗绮的指使,耿、罗二人企图借此党附阁臣徐有贞和李贤。于是六月初二,英宗命令逮捕耿、罗二人下狱,又令六科、十三道劾徐有贞、李贤"欲独

---

① 《明史》卷一六二《杨瑄传》。

② 《明英宗实录》卷二七九。

③ 《明英宗实录》卷二七九。

④ 《水东日记》卷一《纠弹不承密旨》。

擅威权,排斥勋旧"。七日,又将徐有贞、李贤逮捕下狱。① 耿九畴乃是天顺初年七卿中几乎唯一不阿附石亨,不凭"夺门"功而得位的。他在景泰时任陕西镇守。天顺改元,他议事至京,又逢撤罢巡抚、镇守等官,英宗认为他是廉正之人,乃留为右都御史。② 吏部尚书王直虽不由石亨、曹吉祥而进,但对石、曹的要求颇为依违。耿九畴若被斥,则七卿对石、曹唯命是听。

英宗逮捕徐有贞和李贤的那天,本来碧空万里,仲夏的阳光普照大地,突然间却是电闪雷鸣,暴风夹带着鸡蛋大的冰雹雨点般地自西北方向铺天盖地砸下。树木被连根拔起,房屋被砸坏了瓦掀了屋顶,更可怕的是皇帝听政之处奉天门的东吻牌也被摧毁。曹吉祥家门前的参天大树都被折断,石亨家里水深数尺。天变是上天对天子的警示,由此天气的剧变英宗或许反思了一下逮捕诸大臣的行为,觉得有不当之处,于是自找台阶下,乃谕意钦天监掌监事礼部右侍郎汤序对此天变上一解释性的奏章。③ 汤序上奏说:"雹者,阴胁阳也。盛阳,雨水汤热,阴气胁之则转为雹。今听政之所有此灾异,是上天垂戒于皇上也。《占书》曰:'凡雨雹所起,必有愁怨不平之事。'又曰:'为兵为饥,在国都则咎在君相。任能用贤则咎除。'臣等伏乞皇上谨遵天戒修省,宽恤天下刑狱。"

接到汤序的奏章,英宗便因而谕百官说:"上天示戒,固然是因为朕菲德不能召和,亦是由于你们群臣不能尽职,或者是因刑狱冤滥所致。朕自当修省,你们群臣亦当警惕。内外刑狱有冤滥不

---

① 《明英宗实录》卷二七九。
② 《明史》卷一五八《耿九畴传》。
③ 汤序乃是曹、石的同党。天顺元年正月己丑,曹吉祥上奏称其有迎驾功,从正六品的中官正升为正三员的礼部右侍郎。曹、石本欲置徐有贞诸人于死地,决不会让汤序上奏为其解危。可知,此奏之上乃出自英宗之旨意。

241

伸者,宜加宽恤,该衙门计议以闻。"①

当晚又有星变:彗星犯壁宿,尾指东壁上星。②

次日,英宗下命降徐有贞为广东右参政,李贤为福建右参政,耿九畴为江西右布政使,罗绮为广西右参政。杨瑄、张鹏因为是首谋,发铁岭卫充军。其他御史改调为知县。③

杨瑄、张鹏正走在往辽东充军的半途,恰好又遇承天门灾,英宗大赦天下,于是被放还京城。有人对他们说,应该到石亨、曹吉祥的府上,好好谢谢二人,但二位御史仍是刚正不阿,最终未进石、曹之门。结果,他们又被贬谪到南丹卫(今广西上林县境)充军。④

罗绮被降为广西参政,怏怏不乐,未赴任。次年闰二月,他的同乡人上告磁州(今河北磁县)同知龙约自北京还,与罗绮谈论天子仍宠宦官,刻香木为王振形以葬,罗绮微笑道:"朝廷失政,致使吾辈降黜。"英宗接到告密信,便将罗绮逮捕下狱论死诛杀,并抄没其家,将其家财陈列于文华门让百官观看,家属戍边,妇女没入浣衣局为奴。至宪宗继位,才赦免为民,还给其资产。⑤

徐有贞、李贤等人免受刑狱之苦,得感激发生正巧的天气变化和彗星的出现。如果他们没有淡忘的话,也许还记得正统年间英宗以严刑御下的故事。所以李贤后来回忆说,若没有这次天气的突变,他们是得不到如此轻处的。⑥

初九,英宗考虑到言官对于广耳目的重要性,于是又收回成

---

① 《明英宗实录》卷二七九。
② 《明英宗实录》卷二七九。
③ 《明英宗实录》卷二七九。
④ 《明史》卷一六二《杨瑄传》。
⑤ 《明史》卷一六〇《罗绮传》。
⑥ 《天顺日录》页1b。

命,令被改调的三十六员给事中和御史官复原职。英宗在赦谕中说:"给事中、御史是朝廷的近侍耳目官,为何至于听人主使,妄言劾人,论法难容。但言职当言路,俱留任事。自今以后,言事务须从实,否则治以重罪,决不宽贷。"①虽然给事中、御史们官复原职了,但从此不敢进言,言路遂堵塞不通。

对于李贤与徐有贞两人,英宗的看法是不一样的。李贤被降官后,尚未出赴福建,吏部尚书王翱对英宗说,李贤将来可大用,而且说:"李贤虽与有贞同事,但事情都是有贞操办,李贤未尝多言,不当降黜远方,宜特旨挽留。"英宗很赞同王翱的意见。他说:"近日主张行事,都是徐有贞一人。李贤在朕前未尝有妄言。今与有贞同责,于心不忍。"②于是在诸言官官复原职的同一天,英宗令留李贤为吏部左侍郎。③ 一个月后,又升李贤为吏部尚书兼翰林院学士掌文渊阁事如故。④ 李贤刚被留任时,石亨感到很愤懑,但他知道英宗对李贤颇为眷顾,于是转而交欢。若英宗单独召见李贤,石亨便心生疑虑,唯恐他在皇上面前揭自己的短处。而李贤谨慎从事,非宣召不见皇上。这样,石亨对他放心,英宗对他也日益委任。⑤

徐有贞降为广东参政,石亨等人仍感到未解恨,非将他置于死地而后快。石亨便令人写了一封匿名信,信中对英宗大肆指斥。英宗见到此信,当然是肝火大动,欲穷究此事。石亨秘密对英宗说,匿名信是徐有贞指使他的门下客马士权写的,以表示对朝廷的

---

① 《明英宗实录》卷二七九;《明史》卷一七七《王翱传》。
② 《天顺日录》页3a。
③ 《明英宗实录》卷二七九。
④ 《明英宗实录》卷二八〇。
⑤ 《天顺日录》页6b—7a。

不满。英宗于是下令将刚走到德州的徐有贞和马士权一并逮捕关入诏狱。锦衣卫的狱官对马士权百般拷讯，无奈马士权不肯做伪证，徐有贞怨望朝廷便没有什么证据。而次日（七月初五）夜承天门楼又遭灾。承天门（即现在的天安门）是皇宫的第一道正门，它的前面是大明门，后面是端门，东面是太庙（今劳动人民文化宫），西面是太社和太稷（今中山公园），它是皇帝恭承天命统治万民的标志，承天门遭灾，是非同小可的灾变。七月初六，英宗亲自祷告昊天上帝和后土皇地祇，对自己的用人行政作了全面的反省。并表示"臣祁镇自今深咎于衷，省躬思罪，痛加惩艾，改过自新"。[①]挽回天意的措施之一就是大赦天下，于是十二日英宗又颁布了大赦诏书。

石亨、曹吉祥害怕徐有贞被赦释放，重新起用，于是又从徐有贞自撰的武功伯诰券的制文中找毛病。他们奏报说："有贞自撰武功伯诰券，其制文中有'缵禹成功'的句子，他又选武功作为封邑。禹受禅让为帝，武功是曹操的始封之地，可见有贞有非分之想。"[②]英宗阅奏，即临御文华殿。他将诰文拿出来让三法司官传看，然后命锦衣卫与三法司官一同拟处徐有贞的罪行。刑部左侍郎刘广衡等人拟罪说："徐有贞本是一愎邪小人，鄙陋庸夫。他叨蒙圣恩，历任显要，不能感恩报德，乃敢玩法欺公，诈为制文，窃弄国柄。自谓其文可比迹于仲尼，论厥绩能希踪于神禹，扬其才猷则曰'资弘毅而秉忠纯'，夸其学识则曰'贯天人而通今古'。武略无能，乃自处禁中之颇、牧；谋猷不著，又自任王室之甫、申。甚者，敢以定策拥戴为己功，谟谋启沃为身任。妄自尊大，居之不疑。不臣

---

① 《明英宗实录》卷二八〇。
② 《明英宗实录》卷二八〇。

不忠,莫此为至! 宜如律斩之,以为人臣欺罔者戒。"

奏上,英宗说:"有贞罪固不容诛,但犯在赦前,其宥死押发云南金齿(今保山县境)为民。"①徐有贞的政治生命从此休矣。

徐有贞、李贤等人被贬,石、曹势焰更为嚣张,洁身自好的人都避位而去。六月十日,礼部侍郎兼翰林院学士薛瑄请老致仕。薛瑄是著名的理学家,一贯以倡复孔、孟、程、朱的理想为己任。先圣往哲曾说过:"君子见几而作",又说:"达则兼善天下,穷则独善其身。"现在恶人当朝,不是实现"兼善天下"抱负的时候,君子的选择当然是退而独善其身了。薛瑄既退,石亨想在皇上面前为他求一教职,薛瑄严词拒绝,说道:"元世祖(忽必烈)赐许鲁斋②敕,让他设教,但鲁斋归家后只是将世祖所赐的敕书悬于屋梁,终身不以示人。我今天若答应设教,岂不是比贪恋官位更有过之?"行至直沽,囊中羞涩,其子很不高兴。薛瑄对他说:"士人以维护道义为使命。吾道不亏,就足以令人满足了。"③

薛瑄辞官后,内阁缺人,英宗想找一个接替者,吏部尚书王翱推荐岳正。岳正是北直隶漷县(今属北京市)人,正统十三年(1448)会元、榜眼,天顺初任官翰林修撰,教小内侍书。英宗在文华殿召见他,见他身材修长、眉清目秀,喜悦之情溢于言表,连声称"好!"英宗问他年龄多大,家住何地,何年中进士,岳正一一回答。英宗听罢,大喜,说:"你正年富力强,是我们北方人,又是朕所亲取士,现在召你入阁,当尽力辅朕。"岳正顿首受命。当他告别英宗,从文华殿出来,在左顺门遇见正去见皇上的石亨和张軏。石亨

① 《明史》卷一七一《徐有贞传》。
② 许衡(1209—1281),字平仲,学者称鲁斋先生,河内(今河南沁阳)人,元代理学家,官至中书左丞。
③ 《国榷》卷三二。

见到岳正颇感惊讶,寻思这小子如何能到这里来。见到英宗,皇上高兴地对他们说:"朕今天亲自挑选了一位新阁臣。"石亨问是谁,英宗说:"是岳正。"石、张二人假惺惺地表示祝贺。英宗说:"只是官小了些,当封个吏部左侍郎兼学士。"二人说:"陛下既然得人,挨他称职,然后加官进秩也不为迟。"英宗默然,遂命岳正以原官入阁①。

岳正为人豪迈,自负敢言,这时又得到皇上的赏识,亲自提拔进入内阁,更是日夜思索如何报答皇上的知遇之恩。石亨的同党汤序曾经因灾异发生而奏请尽去奸臣。英宗问岳正当采取如何措施是好。岳正说:"奸臣并未明指,如果遍求,势必人人自危。况且汤序术浅,不足凭借。"英宗于是作罢。又有人写匿名信罗列曹吉祥的罪状上告到御前,英宗出示吉祥,吉祥大怒,请英宗出榜悬赏捉拿写信者,英宗让岳正写榜文。岳正和学士吕原进见说:"为政有体,盗贼由兵部负责,奸宄由法司负责,哪有天子出榜悬赏捉拿罪犯的。况且,若事情办得缓慢,机密泄露,罪犯就会采取对策,如果缉拿得太急,罪犯就会深深地躲藏起来。如此不但捉拿不到罪犯,反而有损朝廷的体面。"英宗赞成他们的意见,此事也就作罢了②。

岳正入阁的第六天,石亨的侄子大同游击将军石彪上战功,英宗命人勘查。勘查的使者回来报告说,斩获的首级数不过来,都枭挂在树林里,岳正诘问使者,枭挂首级的树林在什么地方,使者随口应答。岳正于是拿出地图,指着使者所说的那块地方说:"这里是一片沙漠,你们将首级往哪里挂呢?"其人语塞。英宗不好意思

① 《明史》卷一七六《岳正传》。
② 《明史》卷一七六《岳正传》。

揭穿石彪冒功请赏的把戏,于是敕谕石彪说:"暂且等候升赏。待将大同镇累次杀贼有功官军通审明白再行之。"①

当时石亨、曹吉祥恣意妄为,英宗颇感厌恶。岳正对英宗说:"二人权太重,臣请以计间之。"英宗表示同意。岳正见到曹吉祥说:"忠国公时常让都督杜清到您府上,不知有何贵干?"吉祥说:"辱石公厚爱,表示相好罢了。"岳正神秘地说:"其实不然。忠国公派杜清经常到您的府上,只不过是为了伺察您的短处。"因而劝吉祥辞去兵柄。然后他到石亨那里,又说曹公说了忠国公的坏话,劝石亨稍稍收敛。岳正既没有好好琢磨一下曹、石二人的关系,也没有看清当时内阁与曹、石二人正处于矛盾最尖锐的时期,曹、石正合力对付阁臣,更没有设计一个鬼斧神工的圈套,以为他这两面挑拨就可以离间二人,结果让对手轻易识破其意图。曹、石对他恨之入骨。曹吉祥知道岳正是秉承君命而来的,便故技重演。他叩见英宗,摘下"刚叉帽",匍匐于英宗的脚下,一把眼泪一把鼻涕,请皇上治他死罪。面对曹吉祥的输诚纳忠,英宗感到很是惭愧,便百般好语劝慰。事后,英宗责备岳正漏言。②

但是,岳正并未从这次失败中增长见识。七月初五,承天门灾,岳正与吕原借机上奏言说石亨、曹吉祥将要图谋不轨的种种情状,并且给英宗出了个玩弄权术的馊主意。石亨有个同乡,名叫卢彬,以前是贵州布政司的左参议,因为受贿被罢黜为民。这时,他上奏说受贿是别人诬陷,又说曾与谋石亨"夺门"之事。英宗问石亨是否属实,石亨说属实。英宗就命他官复原职。卢彬并不以此

① 《明史》卷一七六《岳正传》;《明英宗实录》卷二七九。从岳正入阁到被贬期间,石彪上战功只有六月十六日一次,岳正十一月入阁,故此言入阁后的第六天。

② 《明史》卷一七六《岳正传》。

为足,仍滞留京城,希图得到更高的官位。石亨便荐他入阁,英宗未允。① 岳正向英宗建议说:"陈汝言是小人,现为兵部尚书,不如用卢彬为侍郎。陈、卢两人,奸诈凶狠,若让他们同事,势必相互忌恨倾轧,乘机可将二人一并逐去。"徐有贞当时正在狱中,岳正又说复用有贞则天变可弭。英宗都没有采纳。②

英宗因灾异要敕谕廷臣修省,岳正撰写的敕文说:

乃者承天门灾,朕心震惊,罔知所措。意想敬天事神,有未尽欤?祖宗成宪,有不遵欤?善恶不分,用舍乖欤?曲直不辨,刑狱冤欤?征调多方,军旅劳欤?赏赉无度,府库虚欤?请谒不息,官爵滥欤?贿赂公行,政事废欤?朋奸欺罔,附权势欤?群吏弄法,擅威福欤?征敛徭役太重,而闾阎靡宁欤?谗谄奔竞之徒幸进,而忠言正士不用欤?抑有司阘茸酷暴,贪冒无厌,而致军民不得其所欤?此皆伤和致灾之由,而朕有所未明也。今朕省愆思咎,怵惕是存。尔群臣休戚惟均,其洗心改过,无蹈前非,当行者直言无隐。③

敕书以皇上本人的口气将英宗说得简直一无是处:用人善恶不分、用舍乖张、请谒不息、贿赂公行,军事上穷兵黩武,司法上是非混淆,经济上征敛过度、民不聊生。敕书公布于众,举朝传诵。如果是圣明的君主,对此应该感到高兴,因为敕书尽管是臣下撰写的,但毕竟代表自己的意志。虚怀若谷,敢于承认君德有失,岂不是圣君的品格?无奈英宗多疑,石、曹二人便借此在皇上面前将岳正中伤一番,说他卖直求名,谤讪君上,并说他党附徐有贞。经石、

① 《明史》卷一七六《岳正传》。
② 《明英宗实录》卷二八〇。
③ 《明史》卷一七六《岳正传》,《明英宗实录》卷二八〇。

曹二人这么一撩拨,英宗不禁又一阵冲动,怒火突起。他坐在便殿(文华殿)怒容满面地召对岳正和吕原,厉声说:"岳正大胆敢为,吕原一贯恭谨,如今为何也阿附岳正?"于是命吕留仍原职,岳正还是去教小内侍读书。次日又贬岳正为广东钦州(今属广西)同知。① 岳正在内阁仅 28 天。

岳正赴任广乐,中途路过家乡,因为放心不下年迈的母亲,在家中逗留旬日。陈汝言派校尉秘密跟踪,侦知此事,便上奏说:岳正曾经霸占公主的庄田,现在又违命迁延不行。英宗令将岳正逮下诏狱。狱成。英宗说:"岳正职居翰林,违法如此,罪不可宥。"命令将他发往陕西肃州卫镇夷千户所充军。② 岳正头手戴着木枷,被押往戍所。行至涿州,夜宿传舍,他突然呼吸急促,手足痉挛,两眼翻白,生命危在旦夕。涿州人杨四灌醉押送的军士,将枷打碎,才救了他一命。后来杨四又厚贿军士,才使他平安抵达戍所。③

徐有贞、岳正被贬,石亨又忌恨曾为他出谋"夺门"后又因己荐入阁的许彬,将他排挤到南京,不久又贬其为陕西参政。④ 这样,内阁中就只剩下李贤和吕原了,至九月又补充彭时入阁。李贤自从栽了跟头复起后,便愈益自匿,对朝政从不轻易表态,凡事尊重英宗的意见,毫不自作主张。这样,英宗觉得他可靠,而石、曹诸人也无法找到他的差错。吕原内刚外和,与物无竞,英宗对他信任,而石、曹诸人也敬他三分。彭时不动声色,凡事依违。这样,曹、石以为无人敢与其作对,更是大胆妄为,招权纳贿,气焰熏灼。

① 《明史》卷一七六《岳正传》《吕原传》。
② 《明英宗实录》卷二八二。
③ 《明史》卷一七六《岳正传》。
④ 《明史》卷一六八《许彬传》。

八月下旬,石亨荐他的同乡孙弘为吏部左侍郎。孙弘本一粗鄙无籍之徒,英宗复辟后,他媚事石亨,石亨即保荐他为工部左侍郎。现在石亨为了在吏部安置一强硬人物,便又荐他转到吏部。① 这样,石亨招权纳贿就更为方便。应天府尹马谅、刑部郎中朱诠、吏部郎中龙文以贿赂石亨分别得升为南京户部左侍郎、南京刑部右侍郎、南京工部右侍郎。当时有流传的谚语说:"朱三千,龙八百,马中半。"②

由于石亨等人权势炙手可热,当时那些互有恩怨的人也借石亨来报怨泄恨。天顺元年(1457)八月,有人伪署吏科给事中李秉彝的姓名上疏,极言石亨等人欺罔皇上的事情,并有谤讪英宗的话。英宗乃命锦衣卫将李秉彝捕来审问。当时李给事久病卧家,濒临死亡,已无力书写奏章。英宗便问他:"你与谁结过仇?"李给事指出刑部主事陈杰等六人。陈杰等人便倒了霉,被贬降为外官。③

二、石亨之败

物盛必衰,君主专制政治体制下的权臣亦是如此。

英宗复辟后,章疏一般都亲自处理,很少由他人代为包办。石亨等人招权纳贿的事情英宗也并非没有觉察到。南京太常寺少卿王谦到北京进表,以干谒石亨得留北京大理寺视事。后来英宗发觉王谦奔竞于权门的事实,便又将他调回南京。④

---

① 《明英宗实录》卷二八一。
② 《明英宗实录》卷二八二。
③ 《明英宗实录》卷二八一。
④ 《明英宗实录》卷二八二。

虽然英宗觉察到石、曹干政无非是为了私己的目的,对他们两人逐渐厌恶,但复位得力于此二人,对他们干政徇私的行为虽已不满,却也优柔寡断,不敢作针锋相对的斗争。况且此二人大权在握,连身边的卫士都由他们安排,①英宗心中不由得也惧怕几分,他需要有人帮助。一天,英宗召见李贤,问对曹、石招权纳贿的事情如何处置。李贤说:"惟在独断可以革之。"英宗说:"朕并非不自断。"并且举出某人某事。李贤说:"若经常如此,可矣。"英宗诉苦说:"对于他们的干求,依了他们就高兴,不依他们就不高兴,见于言表。"李贤说:"于理果真不可行的,宜从容解谕。"英宗感到自己力量单薄,便说:"今后他们要用人,不当的,先生亦当执而沮之。"李贤说:"臣若时常阻遏,他们势必怨臣,惟有陛下明见,自以为不可,也许渐能革之。"②

石亨诸人在每日早朝后,无不进见英宗,或因小事私情,或无事也报入见。一天,英宗召李贤说:"先生有文书整理,每日当来。其他如总兵等官,无事亦频来,甚不宜。"于是敕令左顺门阍者,今后非有宣召不得擅纳总兵官。③

石亨曾请在他的祖墓前竖立石碑,而工部臣阿希石亨之意,奏报英宗,请令陕西布政司委官采石料,翰林院撰碑文,发石亨原籍渭南县附近的民夫为其竖立。英宗命工部查永乐年间的同样事例,复奏无前例。英宗于是让石亨自己依定制竖立,以遂孝心。并谕工部臣说,工部失于查例,罪姑不问。④

天顺元年(1457)十月,正当石亨势力极盛之时,英宗曾命工部

①　《明英宗实录》卷二七四。

②　《天顺日录》页 11a—b。

③　《天顺日录》页 7a。

④　《明英宗实录》卷二八〇。

为他造新居。新居成，壮丽逾制。一天，英宗登祥凤楼观看，问左右的随侍人员谁居住在那栋楼里。抚宁伯朱永谢不知。恭顺侯吴瑾叩首答道："那必定是王府。"英宗笑道："不是。"吴瑾说："不是王府，那么谁敢如此僭越？"英宗对太监裴当说："你听说过是王府吗？"①

英宗既怀疑石亨等人招权纳贿，非分僭越，在李贤的辅佐下，遂逐渐地自操权柄，对于政治和用人的得失也日益明了，对于以前受石亨等人的影响而作出的一些错误政策决策和用人措施逐渐纠正、弥补，以消除石亨的在朝势力。

天顺二年（1458）正月初二，六科十三道弹劾兵部尚书陈汝言四大罪状。第一是受总兵官参将等武官杨能、石彪一共14人的贿赂，专擅选调。第二是其弟陈琬理无功冒升镇抚，与都指挥卢旺结为腹心，大通贿赂。第三是僭居驸马都尉井源宅。第四是私役军匠一千余人，造舍违式。言官们建议将他明正典刑，英宗命廷臣会审陈汝言。廷臣议奏：陈汝言、卢旺罪当斩，陈琬理罢职，杨能、石彪等人当究治。英宗令禁锢陈汝言兄弟，卢旺宥死充军，责令杨能、石彪诸人陈状反省。后杨、石诸人输情服罪，英宗降敕戒谕，赦其罪。②

陈汝言伏罪，便去掉了石亨的一条手臂。英宗将陈汝言贪赃所得的巨万赃物陈列于宫内展览示众，并邀大臣们参观。他神色严肃地说："前兵部尚书于谦受知景泰朝，死无余赀。汝言贪赃如此，岂不是太多了些？"石亨在旁，无言以对。③

陈汝言得罪后，需要补充兵部尚书的空缺，石亨仍企图把持其人选。他先主动征求李贤的意见，李贤推荐左都御史马昂，石亨未表同意，又与吏部尚书王翱商议。王翱考虑到马昂是他的同乡，便

---

① 《水东日记》卷三二《石亨新第》。

② 《明英宗实录》卷二八六。

③ 《明史》卷一七〇《于谦传》。

推荐与石亨相好的工部尚书赵荣。李贤从公正的立场出发,坚持推荐马昂。石、王二人见他十分固执,便也同意了他的意见。李贤是个聪明人,用人务求公正,附和公众的舆论,尊重吏部的意见,以免落得个专权的嫌疑。一天英宗问李贤谁适合担任兵部尚书,他便举荐马昂,并且建议英宗下敕令朝廷大臣共举堪任兵部尚书的人,如果有比马昂更合适的人选,就用别人,不然才用马昂。廷推的结果与李贤的保荐相一致。① 陈汝言下狱的同日,又以李贤的推荐,起用被石彪排挤致仕的左副都御史年富为南京兵部右侍郎。②

　　同年五月,吏部左侍郎孙弘闻丧。按照明朝的惯例,官员们在遇到父母去世时,应该离职回家守孝。但是对于朝廷的要官,皇帝可以令其夺情视事,也就是在职守孝。对于孙弘,英宗早就不满,只是未得机会将他调离。吏部左侍郎是一个很重要的官职,因为吏部掌握着官员的考核任免大权,是六部的首席衙门。石亨因有孙弘在吏部,招权纳贿方便许多。英宗召问李贤说:"孙弘岂胜吏部?"李贤说:"诚如圣谕。"英宗害怕孙弘谋求夺情视事,便立即令他"守制",也就是离职回家守孝。英宗又问李贤说:"吏部侍郎乃是掌管天下人物权衡的大吏,非他部官员可比,必得其人,先生以为谁能胜任此职?"李贤说:"从在朝的大臣中看,没有比在礼部二侍郎中挑选更合适的了。"英宗又问二人相比谁更优。李贤说:"邹幹为人端谨,但规模稍狭。姚夔表里相称,有大臣之量。"英宗于是命姚夔出任吏部左侍郎。③ 姚夔是明朝著名孝子姚伯华的孙子,为人正派有气量。后来他在成化年间出任吏部尚书,为一代名臣。

　　不久,英宗又恢复了各边方巡抚。天顺二年(1458)四月中的

　　① 《天顺日录》页 10b—11a。
　　② 《明英宗实录》卷二八六。
　　③ 《天顺日录》页 10a。

一天，英宗对李贤说："如今各边革去文臣巡抚，十分狼狈。军官纵肆贪暴，无法无天，士卒疲敝逃亡，军力斫丧。"并对复辟后革去巡抚的措施作了反省。他说："朕初复位，奉迎之人纷然变更，以此为不便，只得依从，今天才知其大谬不然。"到这个时候，英宗对当时石亨等人为何建议革去文臣巡抚的动机有了深切的了解。他说："武人所以恶文臣者，只是不得遂其私罢了。"于是令李贤与马昂、王翱商议推举巡抚人选。① 到五月十六日，英宗任命陕西左布政使芮钊、山西右布政使陈翼、山东右布政使王宇皆为都察院右副都御史，支从二品俸，分别巡抚甘肃、宁夏和宣府，赐敕遣行。② 二十日，又命右佥都御史李秉巡抚大同。③ 二十七日，铸给巡抚宁夏、甘肃、大同三处关防。④

凭着一副善于乘机发动夺门之变得以位极人臣的头脑，石亨当然不难从陈汝言败落及以后一些事件中体会出英宗对他态度的变化。英宗已不像从前那样信任他，并且想起了于谦的美德，难道有朝一日英宗会否定"夺门"的意义？石亨若想到了这些，为了保全身家，上计就是功成身退。但是，掌握权力的人，除了个别像汤和⑤那样的明智之士外，往往是贪恋权位的，特别是那些为了权力而投机取巧的人更是如此。也许，石亨已经觉察到英宗对他的眷顾有所转移。但是，他当初为何要发动政变呢？难道不就是为了掌握更大的权力吗？功成身退，谁又能保证他不在其位以后就不

① 《天顺日录》页 8b—9a。

② 《明英宗实录》卷二九一。

③ 《明英宗实录》卷二九一。

④ 《明英宗实录》卷二九一。

⑤ 汤和（1325—1395），字鼎臣，濠州（今安徽凤阳）人，明开国功臣，洪武三年（1370）封中山侯，十一年（1378）进封信国公。朱元璋不愿诸功臣久典兵柄，汤和首倡还乡养老之言，得其欢心，故能免遭"胡蓝党狱"之牵连而以寿终。

会遭到清算呢？不如继续抓住手中的权力。

　　当时有位著名的儒士，名叫吴与弼，字子傅，号康斋，是江西抚州崇仁人。永乐七年（1409），他 19 岁时到南京去看望任国子监司业的父亲，从学于太子洗马杨溥。在南杨的书房里，他阅读了宋朝著名理学家朱熹编撰的《伊洛渊源录》，认识到圣人是可学而至的，于是立志学做一个圣人。他放弃科举考试，谢绝交游，独处小楼，潜心研究四书五经和诸儒语录，二年不下楼。他觉得自己的气质偏于刚忿，于是下功夫克服。程朱的理论已经掌握，重要的功夫就在于身体力行。吴与弼严格按照理学的圣人标准要求自己，将它体现于每日的生活与生存之中。在乡居的岁月里，他粗衣敝履，躬耕食力，纤毫没有官宦子弟的习气，因为仰慕他的为人与学问，许多人都投到他的门下。他与弟子们一起辛勤劳动，共同过着粗茶淡饭的生活。甘于淡泊，刻苦自励，是成为圣人的必由之路。晨曦微露，康斋先生就操箕簸谷了。而他的学生，后来别开学术门径的陈白沙却还在睡梦之中。康斋大声说道："秀才如此懒惰，他日何从能到伊川门下，又从能到孟子门下？"一天刘禾，镰刀割破了手指，康斋忍痛说："怎么能够为外物所胜呢？"竟然挥镰如初。康斋的声名日高，当政者纷纷向朝廷推荐。正统十二年（1446），山西金事何自学向朝廷推荐康斋，请授以文学高职。后来御史涂谦和抚州知府王宁再次推荐，康斋皆未答应。景泰七年（1456），御史陈述又请礼聘康斋，使他或侍经筵，或授学太学，或教育太子。景帝诏江西巡抚韩雍备礼敦促，但康斋始终未出。他曾叹息道："宦官、释氏不除，而欲天下治平，难矣。"真正的儒者有自己出仕的原则，决不能为稻粱谋而出卖了自己的信仰。①

---

　　① 《明儒学案》卷一《崇仁学案一·聘君吴康斋先生与弼》。

康斋三荐不出，声名更高。石亨的门客谢昭，建议石亨向朝廷荐举康斋以收人望。石亨与李贤商议，请他代草章奏，李贤慨然答应，因为他认为康斋若能以布衣而接受朝廷的礼聘，可以励风俗，使那些干求奔竞之徒、孜孜于利禄宦达之辈，观此自觉羞愧。康斋于经书义理穷究最精，如能留侍皇上，亦能使圣心开明，剖决政事更得其当。于是在李贤等人的促成下，英宗命行人带着敕书和束帛到康斋家里征聘。临行之际，康斋提出此举只是赴阙谢恩，不受官职，而且拒绝接受朝廷的束帛。康斋到北京后受到特别的礼遇。英宗在文华殿亲自接见，授他为左谕德。谕德是东宫的职官，不但职事悠闲，而且专责辅导太子，可以说是帝王之师了。但康斋却再三托病疏辞。英宗问李贤："吴与弼为何不愿受官？"李贤解释说："与弼的本意是愿供职的，只是因为年老久病不愈，进退不便，恐不能胜任。"他劝英宗曲从放还，始终恩礼，以光旷世之举。英宗于是在秋凉的时节遣行人将康斋以礼送归，并令当地官府每月供给米二石，以赡终身。吴与弼南归后，有人问他不受官的原因，他轻描淡写地说："只不过是为了保全性命。"言下之意，石亨必败。[1]

石亨本想借荐举吴与弼以收士望，但整个征聘与遣归的过程却是李贤的辅导之功居多，石亨从中邀取声誉的打算便落了空。

英宗对石亨虽已不如以前那样信任，但在边备上他却仍不得不借重石氏叔侄。英宗复辟后，石亨一直担任京营五军营的总兵官，并且兼理后军都督府事。天顺二年（1458）十一月，又以石亨招募的报效子弟将近六千人，立为忠义营。[2]

石彪长于用斧，勇敢善战，在当时懦将为多的情况下，是一员

---

① 吴与弼被征事参见《明史》卷二八二《儒林一》、《明儒学案》《天顺日录》的有关记载。
② 《明英宗实录》卷二九七。

不可多得的骁将。他起初以舍人从军，正统末，积战功升至指挥同知。北京保卫战后追击也先余寇，颇有斩获，晋升为署都指挥佥事。景泰年间，边境多事，而石彪勇冠流辈，每战必捷，一年之中，连升至都督佥事。景泰三年（1452）冬天，他充右参将，协守大同。英宗复辟后，进升为都督同知，又以游击将军赴大同备敌。天顺元年（1457）六月，与参将张鹏巡边到磨儿山，敌骑千人突然袭击，石彪率领壮士奋勇冲杀，斩鞑靼部的把秃王，搴其旗，俘斩 120 人。追敌至三山墩，又斩 72 级。因此战功，英宗封他为定远伯，子孙世袭，仍任游击将军。①

　　景泰二年（1451），也先攻杀脱脱不花，自立为可汗。不久，也先又为部下知院阿剌所杀。尔后，鞑靼部首领孛来又杀阿剌，立脱脱不花子麻儿可儿为汗，号"小王子"。从此瓦剌部落离散，衰落下去。而孛来与他的部属毛里孩雄视部中，于是鞑靼部的势力又强盛起来，屡次骚扰明朝边地，英宗颇为忧虑。天顺元年四月，孛来要留明朝使者，犯宁夏洛阳川，西路参将种兴冒进，中伏死。英宗命石亨剿寇，结果无功而还。石彪在此时能取得战功，当然令英宗感到欣慰。

　　鉴于孛来屡次犯边，天顺元年十二月，英宗命太傅安远侯柳溥佩平虏大将军印充总兵官，右都督过兴充左副总兵，都督同知雷通充右副总兵，武平伯陈友充游击将军，往陕西行都司选调官军士兵征讨。② 天顺二年（1458）夏秋，孛来部侵扰的主要目标是甘肃一带，但柳溥既无勇亦无谋，闭门敛兵，坐视敌骑往来。据甘肃总兵卫颖奏报，自此年五月至十月间，孛来部屡寇凉州等地，杀官军百

---

① 《明史》卷一七三《石亨传附石彪传》。
② 《明英宗实录》卷二八五。

姓男女 1400 余人,虏掠男女 500 余人,马骡牛羊 82000 余匹,仓粮 700 余石,焚草 20000 束及驿站、屯堡、墩、台数处。[1] 柳溥于是被革太傅闲住。[2]

权力的追求者是从来不会放过任何能清除政敌、获得权力的机会的。当柳溥在西北师老无功的时候,甘肃巡按御史刘浚奏劾他畏怯,致使折损官军。见到刘浚的弹章,英宗感到很气愤,斥责说:"与贼对敌,怎么能没有伤亡损失? 若使将校听到了他这种话,军心岂不解体!"英宗当时急于解决孛来部侵扰西北的问题,便打算将刘浚治罪以励将士。李贤闻言,对英宗说:"御史是朝廷的耳目官,所见当言。陛下用其是舍其非,不宜见谴。"听了李贤的劝谏,英宗并未立即对刘浚作出处分的决定,但心里总是有块疙瘩。石亨揣知英宗对此事不痛快,便在英宗面前离间,说李贤回护秀才。英宗于是便疏远了李贤。天顺二年十月,刘浚因病从巡按甘肃任上回京,上奏请求让他回家养病,英宗便以"搅扰"为罪名,将他关入诏狱。不久英宗认识到柳溥作为主将确属无谋无勇,畏敌纵掠,不惩无以警众。[3] 另一方面由此也领悟到石亨离间他与李贤关系的真实用意,后来没有重处刘浚,只是将他降为主簿外调而已,而且仍然一如既往地对待李贤。[4]

天顺二年(1458)七月,正当柳溥在甘肃仅足支撑的时候,兵部请命石亨等人区议防御孛来的方略。[5] 英宗遂命定远伯石彪充总兵官佩征夷将军印,左都督刘深充副总兵,率军往宁夏等地征

① 《明英宗实录》卷二九六。
② 《明英宗实录》卷二九八。
③ 《明英宗实录》卷二九六。
④ 《天顺日录》页 20b—21a。
⑤ 《明英宗实录》卷二九三。

剿。① 次年春天,孛来部 20000 余骑侵入安边营抢掠,石彪与彰武伯杨信等人率军奋勇抗击,连战皆捷,斩平章鬼力赤。又追击出塞,转战六十余里,至野马涧半坡墩大败孛来部,生擒 47 人,斩首 513 级,夺回马驼牛羊 20000 余匹,为西北第一大战功。②

石彪报捷疏上奏后,英宗即批示道:"石彪等能奋勇杀贼,忠勤可靠。有功官军,明白造册,以俟升赏。"③二月十六日,石彪奏报孛来部人马已俱往东北去。英宗即命他领军回大同。④ 三月二十一日,英宗又下诏令石彪以及当时在甘肃防边的武平伯陈友还京,因为当时黄河已经解冻,孛来的骑兵很难越过这道天然屏障内犯。四月十八日,石、陈二人尚未至京,英宗即晋封定远伯石彪为定远侯,武平伯陈友为武平侯,各加禄米 100 石。⑤

就在石彪封侯的前八天,即四月十日,李贤等大臣就明廷对孛来的政策问题上了一封奏章。李贤认为,孛来为患明朝,不过是为了图取衣食而已。往年每岁进贡,赖有朝廷的赏赐,衣食充足,不来犯边。现在孛来自为悖逆,心怀疑惧,不敢进贡,衣食无所仰赖,遂至穷困,故屡来骚扰。他建议朝廷宜体天地之量,出榜招谕,或给予米粮,助其衣食,使之改过自新,照旧进贡。如果孛来接受明廷的善意,不但可以免兴师之费,边境人民也俱得安生。若其冥顽不悔,然后再出兵征讨也不为晚。这样可以做到恩威兼尽。⑥ 英宗接受了他的意见。

---

① 《明英宗实录》卷二九三。
② 《明史》卷一七三《石亨传》。
③ 《明英宗实录》卷二九九。
④ 《明英宗实录》卷三〇〇。
⑤ 《明英宗实录》卷三〇二。
⑥ 《明英宗实录》卷三〇二。

五月二十八日，英宗召李贤于文华殿谈论他复位后的政治得失。英宗问李贤对石亨等人奉迎他复位如何看。李贤说："当时也有人邀臣与谋的，臣以为不可，不敢从。"英宗问道："为何不可?"李贤说："天位乃是陛下所固有的，如果景泰一病不起，文武百官上表请求陛下复位，哪里用得着如此劳攘。此辈迎复陛下的真实目的不过是贪图富贵，并非为了社稷的利益。那时如果景泰事先发觉，石亨等人不足悯惜，但不知置陛下于何地。幸而事成，此辈得以贪天之功。天下的人心所以归向陛下，是因为陛下在正统十几年里，凡事减省，与民休息。陛下的德政，如今已为此辈损害了大半。"英宗听了李贤的议论，深以为然。①

六月十七日，武平侯陈友从甘肃回到北京，英宗让他管理后军都督府事，兼管宝纛。七月二日，石彪才姗姗从大同回到京师。抵京，他即上奏，请让大同卫官军二十四人留在京师作为他的随从，他们的俸粮在原卫支领。英宗批准了他的奏请。不久户部上奏请按照存操官军的事例，每位军士每月给行粮四斗，英宗也予以允准。②

石彪自恃功高，未将大同总兵官李文放在眼里，并且屡次侮辱他。李文便借石彪曾经想在威宁海子建立城堡，造流言说他有不轨图谋。石彪乃是一介武夫，他知道如何在战场上克敌制胜，如何以战功铺平他青云直上的道路，如何凭借石氏的威势肆行己意，就是不知道应该遵纪守法，不知道功勋再大也不能让君上有受威胁的感觉。古人云："满招损，谦受益"，又云："功高震主。"他不仅早已将古人的遗训忘到了九霄云外，而且他对做游击将军的地位也

---

① 《明英宗实录》卷三〇三。
② 《明英宗实录》卷三〇五。

不满意,想取代李文做大同镇的总兵官,做镇守一方的最高统帅。若能如愿以偿,他不但可以按自己的意志办事,而且可以更好地维护石氏在大同的庞大产业。于是令已经退休的大同千户杨斌等53人到北京诣阙乞留石彪镇守大同。英宗觉得其中有鬼,遂将杨斌等人逮入诏狱。这时又逢孛来部下到北京进贡,恰巧在他们拜见英宗时,遇上石彪。他们对石将军早已是畏敬之至,于是全都跪下向石彪伏拜,称他为"石王"。在英宗看来,这难道不能证明以前的流言是有根据的吗?大同为拱卫京师的重镇,其士卒强劲为天下第一,石彪呀石彪,原来你是想谋求镇守大同,勾结蒙古人,与你掌握京营的叔父一起里应外合,夺取朱家的天下!英宗于是命锦衣卫指挥逯杲严审杨斌等人。杨斌等人招认,诣阙乞留石彪镇守大同乃是受石彪本人的指使。英宗又授意言官们于明日早朝时弹劾石彪。六科给事中、十三道监察御史便相继联名合疏弹劾石彪欺君罔上,罪大恶极,不法办无以对祖宗、谢天下。八月初一,英宗令锦衣卫将石彪逮捕下狱,用心审讯。①

石彪事发时,言官密奏英宗,请明日早朝弹劾。未待言官参弹,便有人将此事泄露于石彪。英宗感到十分恼火,他召见李贤说:"群臣党恶如此,不可不戒!"李贤说:"诚如陛下所说。请陛下下敕戒谕。"②敕文说:"太祖高皇帝创业垂统,立纲陈纪以临天下,对文武百官谆谆告诫。又制《铁榜》省谕功臣。因此当时臣下罔不循理守法,无敢私交。近年以来,公侯驸马伯、王府六部都察院等衙门大臣,以及近侍官员中,多有不遵礼法,私相交往,习以为常,甚至阿附权要,漏泄事情,因而结帮构党之弊百出。且如定远

---

① 《明英宗实录》卷三〇六;《国榷》卷三二。

② 《天顺日录》页256。

侯石彪,图谋镇守,私令随从指挥等官员虚捏奏词投进。及至事发被劾,便立即有情熟近侍等官潜报消息。官之不正,莫甚于此。此而不禁,何以为治？今后尔文武大臣无故不许互相往来；给事中、御史亦不许私谒文武大臣之家。违者治以重罪。敢有阿附势要、漏泄事情者,轻则发戍边卫,重则处死。锦衣卫指挥乃亲军近侍,关系尤重,亦不许与文武大臣交通。如违,一体治罪不宥。其各卫指挥以下,非出征时不得辄于公侯之门侍立听候,违者照《铁榜》事例处治。尔文武百官,其恪遵朕言,敦行正道,庶几永保禄位。钦此！"①敕下,百官警怵,竞奔权门的状况得到遏制。

石彪下狱后,英宗令锦衣卫、兵部、都察院、刑部等机关加紧审理清查石氏罪状的工作。锦衣卫是皇帝的亲军上十二卫之一,是专门掌握缉事的特务机关,下属有北镇抚司,掌刑狱之事,俗称为"诏狱",专门审理干犯皇帝的罪犯。兵部管武职的任免、考核和袭替,都察院管监察百官,刑部管司法。都察院、刑部与管理复审刑事案件的大理寺合称为"三法司"。其中关键之处在于驱使锦衣卫这个特务机关,利用一切可以利用的手段,收集有关石氏的所有情报,查清罪行,然后交付法司定罪,作出处理。在覆灭石氏的斗争中,英宗颇得力于锦衣卫指挥使门达和指挥佥事逯杲,特别是逯杲。

要治石彪之罪,首先就要将石氏在军队中和各衙门的基础清除掉,打破他们的关系网。八月十九日,英宗命逯杲与都察院佥都御史王俭前往大同,逮捕党附石彪的指挥使朱淳等76人,械送京师,交给门达审讯。② 二十九日,逯杲奏报说,大同等卫的都指挥

---

① 《明英宗实录》卷三〇六。
② 《明英宗实录》卷三〇六。

同知杜文等 33 人,无军功,皆是阿附石彪冒升的官职。法司即奏请"械文等至京鞫治"。英宗立即予以允准。① 对于石氏在军队中任职的亲属,当然更必须清查。但英宗对他们的处理确是据理依法,把握了分寸的。兵部奉旨清查自大同镇调到北京的武官,其中有 56 人系石亨的亲属,上奏请示处理。英宗指示:"凡杀贼升职者不动,但报夺门、守门升者,俱革职。有官者调外卫差操,无官者发回原籍当差。"②京卫指挥佥事石宁等 10 人遂被调往广东雷州等卫。③ 对于那些虽与石亨有姻亲但并不依靠阿附石亨、石彪冒功升职的武官,朝廷只是调换了他们的岗位。如守备怀来、永宁等处右参将都督佥事姚专,改守备代州;守备雁门关署都指挥佥事、石亨的甥婿李端,守备偏头关都指挥同知袁胜,都被调还北京。④后李端调往广西都司听调杀贼。⑤

"一人得道,鸡犬升天"的另一面当然就是"树倒猢狲散"了。那些阿附石彪、石亨冒功贪赃、枉法为非得以进升的文武官员,或是削了职、贬了官,或是充了军,都受到了应有的惩处。在这些人中间,有的为石彪催督军士耕种庄田,有的将大同四卫官员的折俸布缴归石彪的私库,有的则以钱财行贿,冒功升职。因冒"夺门"功升职的文官除在此之前已经处置了的不算外,京官中占有要职的吏部左侍郎孙弘、通政司右通政刘文等人,都被贬降为府县官僚。⑥ 地方官中因此而被贬的有按察使、参议等大僚。⑦

---

① 《明英宗实录》卷三〇六。
② 《明英宗实录》卷三〇六。
③ 《明英宗实录》卷三〇七。
④ 《明英宗实录》卷三〇八。
⑤ 《明英宗实录》卷三〇九。
⑥ 《明英宗实录》卷三〇七。
⑦ 《明英宗实录》卷三〇七。

"夺门"功被否定,石亨叔侄名下冒"夺门"功升职者陆续被查革,有关部门便奏请将所有冒报"夺门"功升官者全部查究。英宗拿不定主意,他召问李贤说:"一概查究是否可行？若如此,恐怕会惊动人心。"李贤说:"若一概查究,万不能行。不然则有可能使人心惶惧,甚至激变。但是那些冒功升职的人也必定不能安心,欲自首尚犹豫不决,朝廷如果明令'自首者免罪',方才是个妥帖的办法。"于是英宗下令:凡是冒报"夺门"功升职之人,能自首改正者免罪,敢隐瞒不告者定罪降调。令下后,冒功升官相继自首改正者 4000 余人。[①] 这样便避免了打击一大片、为渊驱鱼的不良后果。

随着调查审讯的深入,石彪的其他罪行也不断暴露出来,而石亨也就当然脱不了干系。

天顺三年(1459)九月初一,英宗命锦衣卫指挥使门达到都察院一同会审石彪,石彪供认他曾私置绣蟒龙衣和违式寝床。[②] 这是他僭越逾制、有非人臣之望的证据。石彪在大同任游击将军期间,不仅招权纳贿、私役军士,而且强奸良家妇女,禁死军士,欺侮亲王。玉林卫(在今山西右玉县)的一位军士养了一位貌美的女儿,石彪见后,便起了色狼之心,他示意该卫管事的指挥给军士安排了一次远差,乘军士外出的机会,夜里来到军士家,将他的女儿强奸了。天亮后,又把她带到自己的营中,迫令她姘居十余日才将其放回。军士回家后得知此事,气愤至极,欲赴阙申冤。石彪害怕朝廷得知此事于己不利,便又令手下将他关入玉林卫的监狱,最后军士因备受非人的侮辱和折磨而死于狱中。[③]

---

① 《天顺日录》页 25a。
② 《明英宗实录》卷三〇七。
③ 《明英宗实录》卷三〇八。

石彪在大同曾会见代王,他对代王说:殿下新近得以增加岁禄,都是因为他的叔父石亨和他自己随侍皇上时屡次为他求情才得来的。代王为此被迫下跪叩谢石彪。石彪便向代王索要女伎陪酒,自此以后就成了常例。①

鉴于石彪强占良家妇女、禁闭军士致死,三法司据《大明律》拟处死刑。又鉴于石彪无法无天,欺侮藩王,再次论处死罪。英宗命宥死,仍将石彪监禁。② 石彪已免二死,封侯时皇上许诺他本人可免二次死罪的特权便用完了。下一步就是处置忠国公。

石亨是一介武夫,从来就习惯了肆行己意的生活,石彪事发,他也未认识到有必要向皇上输诚纳忠。八月初三,也就是石彪事发的第三天,他才满腹怨气地上了一封请罪疏。疏中说:"臣素知彪不才,难居重任。天顺元年,朝廷欲令充大同总兵官,臣再三恳辞而止。近日征西回至大同,臣恐其在彼生事,又奏取回。今乃妄为,冒干天宪,实臣素不能教训所致,请并下狱。"③看来石彪之所以出事,过失并不在于他做叔父的身上,倒像是在于朝廷不听他的意见、过度委任而造成的不良结果。明廷从无子不教、罪其父的律条,所谓"请并下狱"岂非怨愤之语? 他根本没想到似乎应该提出退职交出兵柄,以避嫌疑。英宗见到石亨的奏疏,谕示说:"现在石彪已自服罪,于卿无有干系,不必介意。"④

又过了 11 天,石亨可能感到事态严重,石氏前景不妙,才上疏说:"伏望皇上悯臣愚昧,将臣同臣弟侄在官者俱放归田里,以终余年。则臣虽死,九泉之下亦不胜感恩矣。"英宗仍如上次一样宽

<hr>

① 《明英宗实录》卷三〇八。
② 《明英宗实录》卷三〇八。
③ 《明英宗实录》卷三〇六。
④ 《明英宗实录》卷三〇六。

慰他："彪自犯法,于卿无预。卿当尽忠以辅朝廷,不必疑虑。所辞俱不允,毋再烦扰。"①

到九月初,石氏在大同和京卫中的亲属、同党被清查得差不多了,九月初八,英宗遂命石亨养病,②实际是软禁。三日后,石亨才无可奈何地上疏请朝廷命能者来代替他掌管五军营和后军都督府的事务。英宗仍安慰他安心养病,公务暂时遣人代理,病愈后仍然管事。③

十二日,缉事校尉奏报:义勇后卫指挥邹叔彝曾经往来于忠国公石亨门下,讲论遁甲兵法及太乙书数。"遁甲""太乙"都是预测卜占福祸的术数,大臣唯有忠心不二、勤慎守法才能保住已得的福禄,天道只有奉天承运的天子才能知晓,人生的祸福岂是为人臣者所宜预知的! 英宗下令逮捕邹叔彝送法司审讯,石亨姑宥其罪。④

石亨曾经私派义勇后卫指挥同知裴瑄出居庸关买木材,恰逢兵部召瑄,未见有人应答,兵部便上奏英宗,英宗即令都察院、锦衣卫派员搜捕,未得。英宗又令问石亨要人,石亨佯装不知,遂命加紧搜捕。此时,逯杲在大同缉捕到裴瑄,押回北京与法司会审,尽发石亨私役将官的情状,法司遂请治石亨之罪,并劾居庸关守关都指挥佥事仲福凭石亨的私书即放裴瑄出关,阿附之罪尤重。⑤

石亨还曾经擅自役使大同前卫带俸指挥同知卢昭往直隶武平卫追捕他家逃走的奴仆。都察院奏请治石亨之罪。⑥

二十五日,法司又上奏说:忠国公石亨不能训诫其侄石彪,而

① 《明英宗实录》卷三〇六。
② 《明英宗实录》卷三〇七。
③ 《明英宗实录》卷三〇七。
④ 《明英宗实录》卷三〇七。
⑤ 《明英宗实录》卷三〇七。
⑥ 《明英宗实录》卷三〇七。

且接受他的违禁寝床,请治其罪。①

对于石亨上面三罪,英宗一一予以宽宥,只是将仲福降为指挥使,违禁寝床没收。

十月上旬,逯杲侦知石彪的弟弟石庆曾屡次越居庸关至大同,擅乘官马,官吏们伺候不称意,动辄羞辱,甚至詈骂参将张鹏等人如奴隶一般。现在石庆尚在潜逃之中。英宗令向石亨索人。②

至此,对石彪的审讯以及对石氏的清查已基本结束。于是,十月二十一日,三法司、锦衣卫合疏弹劾石亨:“亨出自民间,袭荫军职,累蒙国恩,爵至上公,而乃招权纳贿,窃弄国法,阖门姻戚,诈冒迁官,滥举孙弘等骤升侍郎,私与邹叔彝等讲论天文,妄谈休咎。至于侵占官地,役使官军,罪恶百端,难以枚举。且纵令侄彪肆为不法,宜正其罪。”英宗说:“石亨之罪,论法本难容,第念其曾效微劳,姑从宽贷。其令闲住,不许管事朝参。”③

二十七日,石亨忠国公的岁禄停止支付。

二十八日,六科十三道弹劾石亨,“怙宠作奸,招权纳贿,罪大恶极,不可胜言。及至事露,诈称患病,故避朝参。法司累劾其罪,朝廷每赐宽容,而亨不知感激,俱不谢恩,其怀怨望之心,至为明显,乞正其罪,以为人臣奸欺不忠之戒!”④

从不谢恩推论石亨心怀怨望,并不足以动英宗罪处石亨之心。因为石亨毕竟有德于他朱祁镇,要不是石亨与曹吉祥等人拥戴复辟,他又怎么有今日呢?他朱祁镇决不是个忘恩负义的人。⑤只要

① 《明英宗实录》卷三〇七。
② 《明英宗实录》卷三〇八。
③ 《明英宗实录》卷三〇八。
④ 《明英宗实录》卷三〇八。
⑤ 《明英宗实录》卷三〇八。

臣下不首先忘恩负义，以怨报德，乃至有叛逆之图，不管多大的罪恶，他都可以曲全他们。所以对于言官们的参弹，令"姑已之"。①

十一月二十一日，户部劾石亨私役边军占种怀来等处耕地1700余顷，并请论石亨之罪。英宗命宥石亨，其地没收入官。②

十二月初三，英宗下诏：以后凡有奏请，不许用"夺门"二字。先是英宗召内阁大学士李贤论及迎驾与"夺门"功。李贤说："迎驾则可，夺门二字岂可示后。且景泰不讳，陛下即当复位，天命人心，无有不顺，何必夺门？况内府门岂可言夺。夺门者，只不过是为了张大其功罢了。《易》曰：'开国承家，小人勿用'，言其必定乱邦，于此验之，尤足为信。"英宗深以为然，于是便有了此诏。③

对于英宗来说，他复位在臣下心目中到底是如何的印象，臣下都持何种看法，是一直颇为关心的。张鹏等人在天顺元年（1457）六月因弹劾石亨而得罪，便是由于他们竟然妄说石亨等人迎驾复辟乃是"冒功滥职"，所以他当时十分生气。当然后来证明"冒功滥职"并非是否定他重得天位的合法性，乃是实有其事，所以对诸言官除首要分子外都一概从轻处理，直至最后又来了个令其官复原职。"夺门"虽然是为了拥立他复位，他对石亨诸人也是慷慨以报，但他们却居功欺罔，专权横行，毫无顾忌，因此，他对他们又十分痛恨。并且谁能保证他们凭此邀功后不会把"夺门"的方式用

---

① 《天顺日录》页38a云：(天顺)五年十一月二十日早，上召贤至文华殿，因说吉祥事。上曰："此辈放纵，前日见吉祥败稍收敛，近来又复放纵。每戒曰：'汝等不可如此，且如吉祥非无功劳，一旦犯法，不可留矣。且朕在南城时汝辈如何过来，汝辈今日不可忘了。朕今在位五年矣，未尝一日忘在南城时。'此等言语，时常告戒。"曹吉祥父子是公然反叛，石亨叔侄不过是招权纳贿、贪赃枉法、权大震主而已，所谓谋逆实无铁证。曹吉祥既然有功，石氏叔侄岂无功存？

② 《明英宗实录》卷三〇九。

③ 《明英宗实录》卷三一〇。

268

于对待他朱祁镇和他的子孙呢？真是令人心惊肉跳。更何况"夺门"二字不正好说明了他得位不是那么名正言顺吗？他朱祁镇再得天位无丝毫不正当之处，他本来就是合法的君主，只因为弟弟祁钰乘人之危夺了君位，他才做了个有其名无其实的"太上皇"，况且祁钰因为据天位为己有，其子不久即夭逝，而其本人也旋遭天谴，岂不恰好证明他朱祁镇复位乃是天命有在吗？所以"夺门"二字绝不能再用。

十二月二十日，锦衣卫指挥佥事逯杲因侦缉石氏不法事有功，升为指挥同知。受到皇上的赏识提拔，逯杲越发卖劲，尽全力寻找一切可以置石亨于死地的证据。经过一番苦心经营，他终于有所得。天顺四年（1460）正月，逯杲上奏说："忠国公石亨怨望愈甚，与其侄孙石后等日造妖言。近来光禄寺失火，石亨说：'此天也'。而且畜养无赖二十余人，专门伺察朝廷的举动。观其心实怏怏，怀不轨。"[1]同时石亨的家仆诣阙告变，说石亨怨谤朝廷，有不轨之谋。[2] 英宗见石亨谋反有迹，便决心将其处罪。

二十五日早朝，英宗将逯杲的奏章出示文武群臣，群臣们众口一词地说："石亨罪大，不可宥！"

英宗说："石亨之罪，于法难容，朕念其微劳，曲法宽宥，特令闲住以保全之。今乃不自悔悟，敢背义孤恩，肆为怨谤，潜谋不轨，锦衣卫执来，会百官廷鞫之。"[3]

至二十七日，廷审判决："石亨诽谤妖言，图为不轨，具有实迹，以《谋叛律》论之，罪当斩，其家当籍。"英宗即发纶音予以允

---

① 《明英宗实录》卷三一一。
② 《天顺日录》页22a—b云：……置彪于法，人心皆快。已而罪连亨，朝廷初念其功，累宥之。未几，家人传说怨谤，有不轨之谋，于是置亨于法。
③ 《明英宗实录》卷三一一。

准,并令内官与锦衣卫官及御史前去籍没石氏之家产。石彪的家产已于前一日下令籍没。① 于是石亨叔侄在北京、陕西渭南、山西蒲州、大同的家产庄田都被没收充公。②

二月四日(辛亥)英宗将石亨之事敕谕文武群臣:

> 朕惟有功者必赏,有罪者必罚,此古昔帝王驭世之要道,我祖宗垂统之成法也。朕遵而行之,岂敢有私?且如犯人石亨,拔自下僚,荐历封爵,暨朕顺天应人以复大位,而亨适逢其会,掩以为功。朕于时信之不疑,爵以上公,宠以甲第,金帛之赉,莫与为比;崇厚之报亦已极矣。岂期亨貌若忠淳,心实狡险,作威作福,黩货无厌,欺压诸司,卖官鬻狱,而又纵侄彪肆为凶逆,暗结人心,图谋镇守。法司论亨罪当连坐,朕念其微劳,累次宽宥,特令闲住以保全之。亨乃不知感悔,怨谤多端,包藏祸心,潜谋不轨。幸而天地不容,事乃败露。文武大臣佥谓:"亨罪大恶极,不可再赦",朕不得已置之于法。《书》不云乎:"自作孽,不可逭。"朕虽欲曲为保全,岂可得哉!尔文武群臣继今以后,宜用为戒,毋怙恩以违礼法,毋恃功以干宪章,庶保始终,以全君臣之义。然亨所犯,乃其自取,于众无预。除已将亲识情熟之人发遣外,其余头目人等曾出入门下者,悉置不问。尔等尚其同心同德,勉辅我邦家。钦哉!③

至二月十六日,石亨下狱 21 天后便瘐死于刑部狱中。所谓瘐死,乃是因为监狱中遭受种种不堪忍受的折磨、疾病得不到正常治疗而死亡的统称。按照明朝的制度,自立春以后至春分以前的时间属于停刑之月,因为这个时候正是春回大地、万物复苏的时节,不宜

---

① 《明英宗实录》卷三一一。
② 《明英宗实录》卷三一一。
③ 《明英宗实录》卷三一二。

行肃杀之事以干违天和。但是二月十六日这一天却恰在此停刑的日子内,①英宗急于除掉石亨这个令人坐卧不安的隐患,因此只能用瘐死的办法来尽快处置他。李贤事后谈起石氏之事,神经仍感紧张。他说:"如果石彪得以镇守大同,实在是一件令人恐惧的事。况且在京武官多出石亨门下,而石亨又握兵权。天下精兵无如大同,稍有变动,内外相应,其祸难以预料。到此时再思扑灭,朝廷便是力不能支。现在回想起来,能及时除此大害,一是得福于皇上的刚明果断,二是得助于祖宗在天之灵的暗中护佑。由此可见社稷绵远之兆。"②

李贤作为英宗消灭石氏势力时运筹帷幄的得力辅佐者尚是如此紧张,英宗当时急于灭掉石氏的心情可以推知。在英宗看来,石亨叔侄太可怕了。他们"两家蓄材官猛士数万,中外将帅半出其门"③,石亨在京所豢养的名为官军实为私人武装的人数当以万计,而拥戴他复位时仅用数千人。石亨得势时,他曾命内官监为其造房屋,未想到其规模竟达 386 间之多。④ 由此可见石亨的势力是多么可怕,简直是养了一只贪婪的猛虎在身边!若不先机弭变,他朱祁镇最好的下场岂不又是南宫的太上皇?

石亨瘐死后,刑部随即上闻,建议将其尸体掩埋起来。英宗召见李贤,问他如何处置更为妥帖。李贤说:"默不作声地将石亨的尸体掩埋起来,并不是尽善尽美的办法。法司应该执法论罪,请求朝廷将石亨的尸体枭首示众。然后朝廷不依,命法司以完尸瘗埋,则尤见恩义尚存。"⑤李贤可谓善于得君心。于是,在《明实录》中

① 《明史》卷九四《刑法志一》。天顺四年立春在正月初五(癸未)。
② 《天顺日录》页 22a—23a。
③ 《明史》卷一七三《石亨传》。
④ 《明英宗实录》卷三一〇。
⑤ 《天顺日录》页 25b。

就出现了这样的记载："石亨瘐死刑部狱中,法司请斩首枭示,且疏其罪状,榜谕天下。上曰:'亨既死,其完尸瘗之'。"①

石亨死后的第四天,其侄定远侯石彪被诛。② 石亨的侄孙石后是天顺元年进士,③天顺三年十二月,以其叔祖得罪,称病家居,英宗命将其罢为民。至此,法司以其制造妖言,坐《妖言律》诛,籍没其家④。石后被诛,石氏就断了继嗣,权门石氏从此便烟消云散。

石彪被诛,人心一时称快,过后又可惜朝廷失掉了一员骁将。⑤ 而彭城卫指挥使蒋谦却公然为石氏叔侄鸣不平。他抒发心中的愤懑说,石亨、石彪并无叛逆之罪,他们的死完全是由逯杲的诬害而造成的,并说孙太后曾梦见石亨在她面前喊冤。军士们将此语一传十、十传百,直传到锦衣校尉的耳朵里,然后当然就传到了皇上的耳中。英宗得知此事,颇感恼火,即命锦衣卫将蒋谦和传言者逮捕审讯,尔后送刑部拟罪。刑部拟处蒋谦斩刑,传言者流放。英宗说:"此辈妄言惑众,无理至甚。蒋谦依律处死,传言者俱械送铁岭卫充军。"⑥

三、曹氏之叛

英宗消除石氏的势力后,未曾料到一场肘腋之变即将发生。

---

① 《明英宗实录》卷三一二。
② 《明英宗实录》卷三一二。
③ 《明英宗实录》卷三一〇。《琐缀录》页 10a—b 云:"天顺元年会试同考官多出于权贵所荐引。……许道中(彬)之子,及石亨之侄(应为侄孙)皆以私取而录。"
④ 《明英宗实录》卷三一二。
⑤ 《明英宗实录》卷三一二。
⑥ 《明英宗实录》卷三一五。

曹吉祥是京师滦州(今河北滦州)人,出于王振门下。他和他的嗣子曹钦之所以拥有造反的能力,乃是明廷自永乐以后委用内臣、养痈为患的结果。明朝立国伊始,太祖朱元璋鉴于历史上宦官乱政的教训,于宫中悬铁牌明令禁止宦官干政,且不许识字。无奈专制君主本是独夫,永乐帝朱棣以武力篡取帝位,对文武百官更是疑心重重,于是又走上老路,重新委用他们自以为丧失了生殖能力便丧失了觊觎皇位野心的宦官。他让宦官承担出使、监军、镇守地方等使命。至宣德时,又破太祖不许内官识字的禁令,在宫中开办专门培训内侍的学校——内书堂。于是,宦官全面干预中央到地方军事、政治的能力逐渐具备。至正统年间,英宗年幼,凡事皆委任司礼监太监王振,遂养成明朝历史上首位专权宦官。

在整个宦官权力逐渐膨胀的过程中,各宦官的权力欲也随之扩张。他们极力寻找各种机会揽权,曹吉祥即是其中的显著者。正统初年,曹吉祥以右监丞镇守云南,随后发生麓川之役,便出任监军。事后论功,升为太监。正统九年(1444)正月,征兀良哈,他与兴安伯徐亨出界岭口,独当一面。正统十三年(1448)宁阳侯陈懋充总兵官率师讨邓茂七、叶宗留,曹吉祥与太监王瑾共同监督火器,开明朝内臣监督火器的先例。① 虽然早在北宋火器就已发明并用于实战,但当时在战争中发挥的威力并不大。明代自永乐以后,由于出现了新式的火枪与火炮,火器在战争中的地位提高,并因此而组织了专门的火器部队,火器成为明军克敌制胜的利器,所以皇帝要派自己的私人代表前去监督它的施放。景泰年间立团营,曹吉祥又与太监刘永诚、总兵官石亨、兵部尚书于谦同任提督,

---

① 《弇山堂别集》卷九〇《中官考一》。

273

开内臣提督京营的先例。① 曹吉祥每次出征,总要挑选那些蒙古族军官和骁勇的军士归隶自己帐下,师还之后,便畜养于自己家中,笼络以恩惠。因此,他便拥有了一支由国家武装力量转化而来的效忠于自己的私人武装。景帝病危,他与石亨等人发起夺门之变,嗣子曹钦进官都督。不久,英宗又晋封他为昭武伯,破明朝内官子弟不得封爵的祖制。其侄铉、铎、镛都晋官都督。门下厮养冒功升官者,多至千百人,京官也依附而进,权势与石亨相埒,当时并称为"曹石"。石亨败,曹氏叔侄是人不疑己己自疑,感到灭顶之灾不久亦将降临头上。是束手就擒,还是殊死挣扎呢? 他们选择了后者。

先是石彪被捕下狱,不久石亨被劾,勒令闲住,"夺门"功被否定,奏疏中禁用"夺门"字眼。曹吉祥便渐蓄异谋,日犒诸达官,金钱、谷帛恣其所取。诸达官唯恐曹吉祥败亡而自己随之黜退,失去既得的利益,表示愿以死力效忠。天顺三年(1459)十月,英宗下令,凡是冒报"夺门"功升官者,若能自首改正,则免罪,胆敢隐瞒不报者,将定罪降调。② 一个月以后,石亨、张𫐐(已于天顺二年死)部下相继有人自首,但曹吉祥部下却无一人出首。兵部上奏认为,这很可能是朋比结党欺罔朝廷的迹象,建议敕谕五军都督府和在京在外都司卫所,凡是冒"夺门"功升官者,限三个月内自首改正。不自首者,在京师由监察御史、锦衣卫、五城兵马司侦查,在外省由巡按御史、按察司官侦查,一旦掌握真凭实据,不论官职大小,本人连带家属谪发两广、贵州充军,以昭明法令,警惧人心。英

① 《弇山堂别集》卷九〇《中官考一》。
② 《明英宗实录》卷三〇八。

宗即令明发敕谕。① 七天后，曹吉祥部下有 72 人出首请改正，这在其部下的冒功者中只不过是一个零头。英宗下旨说，考虑到其中可能有不系冒滥者，仍命曹吉祥自己查审，或存或革。② 这实际上是英宗安慰他，以免激变。谁知曹吉祥乃不知其权力的根基在于何处，竟然自作主张，庇护冒功者，奏报英宗说，只有 31 员冒功升三级。兵部请如例革罢，英宗命只革一级，不为例，表示对他的特殊宽容。③ 又过了半个多月，曹钦自陈有病，乞辞伯爵，解除管理前军都督府事务和提督三千营的军权，以探测英宗的意向。英宗说："既然有病，好好治疗就行了，所辞不允。"④

千户冯益，曾于景泰年间出谋请将英宗父子徙至沂州（朱见濬当时的封地）。英宗复辟后，他因受曹吉祥的庇护得以不诛，于是就长期客居曹钦家。曹钦问冯益说："自古有宦官子弟当天子的吗？"冯益说："君家魏武帝，就是其人。"魏武帝指曹操，他是东汉大宦官曹腾的养子。听了冯益的话，曹钦兴奋不已，令其妻出来为冯先生劝酒。⑤

锦衣卫带俸百户曹福来给役曹钦家，常到外边做买卖。曹钦顾虑他可能会漏泄曹家的阴事，便令福来妻上告她的丈夫患疯病出走，锦衣卫指挥同知逯杲奏报英宗，英宗令其派人追捕。而曹钦却又遣家人曹亮追获福来，将其捶楚濒死。于是六科十三道合疏弹劾曹钦。英宗将弹文拿给曹钦看，并训谕说："速改过，若怙恶

① 《明英宗实录》卷三〇九。

② 《明英宗实录》卷三〇九。

③ 《明英宗实录》卷三一〇。

④ 《明英宗实录》卷三一〇。

⑤ 《明史》卷三〇四《宦官列传一》。

不悛,罪之无赦!"①八日后,也就是天顺五年(1461)七月初一,英宗又以曹钦擅挞曹福来事敕谕公、侯、驸马、伯、都督等功臣与高官。敕中说:"大臣以忠君为本,忠君以守法循理为先。能守法循理,然后可以永保禄位。且如昭武伯曹钦,其家人百户曹福来在逃,所司已奏行捕治,钦乃自令家人曹亮,不给文引,寻获于私家捆打。夫职官有罪,当送法司,家人出外,当给文引,钦任情行事如此,揆之理法,实难容恕。朕念其初犯,姑从宽贷。尚虑尔公、侯、驸马、伯、都督亦或有似此者,今后尔等凡百行事,各宜循理守法,毋自专以干常宪,毋自纵以违旧章,庶几不失大臣之体。尔等其钦承朕命,毋忽!"②

石亨瘐死以及石彪被诛的前几日,英宗也曾下敕告谕文武群臣,而此时逯杲对曹家伺察又甚为严急,曹钦与曹吉祥感到类似石氏叔侄的命运转眼之间就要落到自己头上,便下决心造反。

六月中旬的时候,孛来部频频犯边,明廷拟遣兵部尚书马昂、怀宁伯孙镗率京军前往陕西征讨。马、孙二人定于七月初二早朝陛辞,然后出征。曹吉祥指使他的同党掌钦天监太常少卿汤序选择谋叛的日子,汤序便选定了七月初二的拂晓。因为此时是西征将士出发之时,可以蒙混调动军队,另外此时马昂、孙镗等人要朝觐英宗陛辞,乘朝门开启之机,曹钦拥兵由外入,曹吉祥以禁兵为内应,内外夹击,诛杀马昂、孙镗,使朝廷一时组织不起讨叛的部队,尔后即夺取帝位。③

谋定,曹钦便召集他蓄养的达官夜饮待机。当夜,孙镗与恭顺

---

① 《明英宗实录》卷三二九;《明史纪事本末》卷三六《曹石之变》。
② 《明英宗实录》卷三三〇。
③ 《明史》卷三〇四《宦官列传一》。

侯吴瑾等都宿于朝房,等待明早陛辞。达官马亮恐怕造反不成,自己先已成鬼,于是偷偷从曹钦家溜了出来,向吴瑾告变。吴瑾随即告知孙镗。当时宫门紧闭,两人从长安右门门缝中投疏入宫。吴、孙二人都是武臣,短于写作,疏中只是说:"曹钦反!曹钦反!"英宗得奏,即以他事召见曹吉祥,将其逮捕,[①]并敕令侍卫与各部门严守皇城诸门及京城九门,不许擅自开启。

二更时分,百官陆续至朝房待漏,等候早朝。曹钦发现马亮溜走,知道事情败露,便领兵跃马向锦衣卫指挥同知逯杲的家奔袭而去。正遇逯杲从家里出来前去待漏,曹钦即上前大刀一挥,将其头颅割下,又令部下将其碎尸万段。逯杲本为曹吉祥所荐,后来为英宗效死力伺察曹家阴事,曹钦对其恨之入骨。都御史寇深本来与曹钦的交情颇深,十三道弹劾曹钦时,他从中主持,曹钦因此对他也切齿痛恨,于是又驰奔至西朝房,将寇深从肩往下劈成两半。然后他又往东朝房索寻大学士李贤。李贤于四鼓时分到朝房,听见外面士卒喧嚣、战马嘶鸣,以为是西征将士。俄顷,他听见有人呼他的姓名,便出门去看。他刚出门,就见数人披甲持刀向他奔来,其中一位武士挥刀向他砍下,他一闪身,刀从他肩上擦过,刀刃割伤了耳朵,武士一回刀,刀背又重重打在他的背上。此时曹钦驰马赶到,连呼李贤"尊长"。曹钦将持刀者叱退,握住李学士的手说:"别怕,别怕。"又说:"我们父子兄弟迎驾复位,今天被逯杲谮毁,反欲相害。"他提着逯杲的头在李贤面前指着吼道:"实在是此人激变,不得已啊!"李贤说;"此人生事害人,谁不痛恨。既然已除此害,就可以请命皇上了。"曹钦说:"你现在就为我写题本投进。"曹钦于是令甲士扶李贤到吏部朝房,向吏部尚书王翱借纸笔写疏

---

① 《明史》卷三〇四《宦官列传一》。

为他脱罪。李贤不得已为其草疏。疏成，李贤拉王翱同行，至东长安门，将题本从门缝中投进。曹钦见门不开，于是纵火烧门，不得入。又转攻西长安门，门内守卫者力战，拆河堰砖石将门塞住。曹钦攻门不得入，便欲加害李贤，并声言要索寻兵书尚书马昂追杀之。王翱凭多年与曹钦的交情，上前为李贤求情，李贤才算保住一命。曹钦又转攻东安门，恭顺侯吴瑾此时正率数骑觇视叛军情况，不意与曹钦遭遇，力战而死。曹钦见东安门紧闭，于是纵火焚烧。门被烧毁，宫内守卫者随即加入大量柴薪，烧成一片火海，反叛者无法逾越。

孙镗在东长安门投疏告叛后，即去召集平叛将士。他先奔向太平侯张瑾家，邀其率兵平叛，张瑾惶恐不敢出。孙镗又连忙奔至宣武街，遣二子孙辅、孙轵向征西将士营房大呼："刑部囚犯越狱造反了，获贼者重赏。"不久即召集到二千人左右。孙镗高声说："诸位勇士，你们没有看见西长安门上的火光吗？那是曹钦反叛朝廷了！叛党不多，当奋勇歼灭之。杀贼者有重赏！"于是率军向西长安门进击。此时，工部尚书赵荣也披甲跃马，在大街上高呼："能杀贼者跟我来！"从者亦数百人。

曹钦转攻东安门，孙镗率兵紧紧跟上。这时天已渐渐发亮，在孙镗的猛烈攻击下，叛军向东华门退去，李贤等人遂得救。孙镗领军追击，曹鐄接战，两军相持，自早晨战至中午，孙镗军越战越勇，击斩曹鐄。曹钦也身中流矢受重创，遂策马撤退。曹钦退守东大市街，与孙镗军相持至酉时。曹铉率一百余骑殊死冲锋，连续突击三次，孙镗军开始动摇。孙镗于是乎斩退缩者，令齐发神臂弓，曹铉众溃，被杀。孙镗子孙轵奋勇向前，跃马挥刀直朝曹钦劈去，伤其右膊，因单骑陷入敌阵，力战死。曹钦见事已无望，遂率骑兵还攻朝阳门，企图突破城门，逃至城外。他力攻不下，又转攻安定、东直、齐化诸门,门尽闭,俱不克,遂率残部回家作殊死斗。

曹钦以其住宅为垒,准备以死相抗。此时夜幕降临,天气突变,下起了倾盆大雨。孙镗督兵直挡叛军的前阵,马昂以精兵殿后,会昌侯孙继宗也率军相继,曹宅已陷入重围之中。平叛军擎举着千百个火把,将一切都照得通亮。曹钦困兽犹斗,仍率部下屡次出击。孙镗见状,下令说:"凡军士能杀叛贼,得曹氏财产,即为己有!"于是一阵恶战,孙镗军喧呼攻入曹宅。曹钦投井自杀,曹铎被乱兵击毙,曹家财物被掠一空,屋宇夷为瓦砾,人口被屠杀净尽,无一幸存者。①

三日后,曹吉祥被磔于市,并磔曹钦、曹铎、曹鐇的尸体以徇。掌钦天监事太常少卿汤序、冯益及曹吉祥的姻亲皆被诛杀,其家籍没。曹吉祥的姻亲中唯有曹钦的岳父贺三老得以幸免。贺三老见其婿势盛,又跋扈无忌,直觉到某种危险,遂绝交不与其往来。曹钦曾为他求一官,他力辞不允,所以得以免祸。冯益被捕审讯时,法官怜其才,欲轻罪处置。当时曹钦已死,证人就只剩下曹钦之妻贺氏了。冯益在法庭上强辩自己未曾与谋反之事,与贺氏对质时,他又对贺氏极力指斥丑诋,以冀脱掉与谋反的干系,岂料贺氏不堪其羞辱,遂引述冯益"君家魏武"的话做证,冯益两眼顿时便发了直,于是与贺氏一起被处以极刑。② 冯益是宁波人,字损之,在逮捕他时,正巧有一星相术士与他同名同姓,也是宁波人,只是字谦之,也一同被逮捕处死。③

当李贤被孙镗救出后,即被护送到吏部衙署休息。他得知曹

---

① 曹钦反叛及平定经过,参见《明英宗实录》卷三三〇,《明史纪事本末》卷三六《曹石之变》,《明史》孙镗、赵荣、曹吉祥诸传,以及《天顺日录》页 34a—36a。

② 《寓圃杂记》卷一〇。

③ 《菽园杂记》卷一。

钦被围于宅中的消息,立即上疏说:"贼虽被困,未尽擒杀,宜速晓示,有能擒获贼党者,即以其官与之。"英宗见到李贤的奏章,得知李先生无恙,非常高兴。次日李贤裹伤入见,英宗深表慰劳,与王翱同加太子少保。① 孙镗以平叛功晋爵为侯。达官马亮以告反功,授都督。

---

① 《明史》卷一七六《李贤传》,卷一七七《王翱传》。

第九章　励精图治

一、君臣际合

作为一个幅员几百万平方公里、几千万人口大国的君主，英宗不能万事躬亲。要使全国政事有条不紊地得到及时处理，关键在于抓住三个机关和一个核心。这三个机关，一是内阁，二是吏部，三是兵部。一个核心就是用人。内阁是参谋顾问机关。人君一个人的能力总是有限的，但他可以借他人之聪以为己聪，借他人之明以为己明，从而延伸耳目，扩充智力，内阁起的正是此种作用。吏部掌管文臣的考选与任用，兵部掌管武臣的考选与任用，它们尤为国家政治能否清明的关键所在。这三个部门的大臣任用得当，则其他各部门亦无大不当，从而不仅可以广视听、益智慧，而且万事皆理。然而，天顺年间重登帝位的英宗并未一复位就抓住了这个关键，而是历经政治事变，才与阁部大臣建立起较为稳定的信用关系。而他与他最亲信的大臣李贤之间也并非相见如故。

李贤，字原德，河南邓州（今河南邓县）人。他相貌英俊，风度潇洒，18岁时才入学读书，[①]25岁时中河南乡试解元，次年（宣德八年，1433）成进士。宣德九年（1434）秋，奉命至山西河津考察蝗

---

① 《明名臣琬琰续录》卷九《少保李文达公言行录》。

灾,结识大儒河东学派的宗师薛瑄,对其理学的深厚造诣深表敬佩。[1] 回京后授吏部验封司主事。少师杨士奇想一睹他的风采,他竟然拒绝进见。正统年间的李贤,仕途并不怎么得意。正统元年十二月,他上疏朝廷,建议将塞外归附降人逐渐遣往外省安插,以省冗费,消弭未萌,未被采用。至土木之变时,这些人蠢蠢欲动,有的竟起来响应也先。后来有人认为官员三年考满给诰敕,太为轻易,请九年通考称职时再给,朝廷拟采纳。李贤上疏认为三年称职已属不易,且授给官员诰敕本意在于鼓励官员,朝廷因此而易前议维持旧制。积年资,迁为考功郎中,不久改职文选司。正统十四年(1449)八月他扈从北征,师败徼幸逃归。

景泰年间是李贤奠定后来位极人臣基础的时期。景帝于国家多难之时登位,朝政一新,广开言路,用人唯才是任,李贤便脱颖而出。景泰三年(1451)二月,他上《正本十策疏》,[2]内容有:勤圣学、顾箴警、戒嗜欲、绝玩好、慎举措、崇节俭、畏天变、勉贵近、振士风、结民心。景帝见疏称好,命翰林誊写置于左右,以备省览。[3] 此疏显露了李贤深厚的儒学修养以及作为帝王佐辅的资质,使他在京

---

[1] 《明名臣琬琰续录》卷一〇李贤《礼部侍郎薛公神道碑铭》。

[2] 文载《明英宗实录》卷二〇一。亦见《古穰集》卷一《上中兴正本策》。

[3] 《明史》卷一七六《李贤传》。但李贤所撰《古穰杂录》却云:"景泰初,予进正本十策,且乞留中朝夕省览,少助身心之学。不省,竟发出。越数日,户科给事中李侃因灾异上言:近日李某所言,有关圣躬,略不省览,无恐惧修德之实,灾异叠见,殆由于此。览此奏,却将予奏疏誊写一本誊看。礼部尚书杨宁见之叹息,一日见予曰:'吾读'崇节俭'一事,殆欲下泪。乃逐条为前件,以为当留意行之。'本部尚书何文渊闻之,求稿一看,曰:'忠鲠之言也。'少保于谦观之,曰:'人所难言者。'南京祭酒陈敬宗曰:'闻其题目,知为至论矣。'后颁《君鉴》于群臣,于复采二十二君善行,每居不过三四事最切要者,乞体而行之。景泰览之亦不省,曰:'此奏欲何为?'中官王诚曰:'欲上学此数君耳。'乃领之。但流于荒淫,不复介意。"

城声名大著。六月,他又上疏陈言战车与火器的长处。景帝览奏,说:"览李贤所言,有护国之心,其令管军马文武官员采取而行。"①由此,景帝认为他爱国且有军事才能,同年十月便提升他为兵部右侍郎,同时,把兵部右侍郎项文曜调任吏部。当时吏科给事中张让等人上奏说:吏部及南京各衙门堂上官多缺员,请简选行止端方、才识超异的官员补充。景帝命廷臣推选。廷臣提出一个六人的候选名单,景帝于是调项文曜于吏部,于六人中特擢用李贤一人,因南京各部事简,其他人不用。② 景泰四年(1453)八月,调任户部右侍郎。英宗南归后,也先屡遣使者贡马,每次使者的人数都在2000人以上,有时多达3000余人,明朝得花大量的金帛进行赏赐,但也先却并未因此而放弃骚扰明朝边地的政策。李贤认为,辇金帛以强寇,不但无法求得和平,反而竭库藏以自弊,实为下策。因而陈言边备废弛的状况,建议整饬国防。于谦请景帝将李贤的章奏发给诸将领阅看,以激励他们。景泰五年(1454)五月,他转任吏部右侍郎,因为吏部是首席衙门,虽然是平级调动,却也是一种升擢。

英宗复辟后,李贤以石亨的引荐于天顺元年(1457)二月由吏部右侍郎兼翰林院学士入阁参与机务。③ 石亨荐引他入阁的目的

---

① 《明英宗实录》卷二〇五,景泰二年六月庚午;李贤文亦见《古穰集》卷二《上御边文》。

② 《明英宗实录》卷二〇九,景泰二年十月辛未。《古穰杂录》云:"景泰时,少保于谦在兵部,侍郎项文曜附之。内议患其党比,欲因事以开别用,持正者佐之,会于被荐,遂转兵部,迁文曜于吏部。复附何文渊,言官劾其检邪,赖于谦力保荐之。"

③ 《天顺日录》页2b—3a云:"天顺改元复位之初,学士陈循辈斥去,惟徐有祯等三人(徐、许彬、薛瑄)。众谓贤宜入阁,石亨闻之,密谓贤曰:'请子入阁'。贤即固辞,曰:'不可。'时贤为吏部右侍郎(天顺复辟时,左侍郎项文曜被逐去),亨即言于上曰:'吏部尚书王翱老矣,可令致仕。'即报翱上疏自陈,已许之矣。

283

不外乎是利用他在朝士中享有较好的声誉拉拢文臣和阁臣，以便进一步扩张权势。李贤后来讳言石亨荐引他入阁的事，其实并无必要。此事于他的声名丝毫无损，因为真正以经邦济世为抱负的儒士是不会放弃一展雄才的绝好机会的。李贤并无必要像过激的、因而也往往是万事难成的士人那样与权势者势不两立。大理学家薛瑄不也是因杨善的荐引而入阁的吗？重要的是要善于利用各种政治势力的消长变化，乘时上进，以达成辅君济世的目的，而不是仅仅用来满足个人的一己之欲。

李贤气度端凝，给人一种稳重可信的印象，与徐有贞、许彬形成鲜明的对照。翰林院有个旧例，早朝结束后，诸翰林官至东阁阶下与诸内阁学士会揖，然后各就其位，开始工作。一日朝退，诸学士上东阁，当时积雪尚未融化，台阶又陡又滑，许彬登阶时失脚仆倒，从台阶上滑了下来，接着又匍匐爬上。徐有贞瞧见许彬那副四肢爬行的窘态，俯首侧头，放声大笑，至东阁与众翰林会揖，徐、许两人犹笑声不断，有失学士端谨大方之态，诸翰林内心对其颇为鄙视。① 薛瑄虽然德高望重，但毕竟已经年过六旬，精力有所不逮，不太为英宗所喜，同时也为徐有贞所戏弄。有件事，徐有贞觉得不便在英宗面前直言相告，他求薛瑄代为陈奏，薛瑄未答应。可是，当他们一同觐见皇上时，徐有贞却先开口说："薛瑄有所陈奏。"薛

亨见贤曰：'翱已休致，君代之矣。'贤曰：'朝廷不可无老成人，况翱虽老，精力未衰，以贤辅之可也，贤何敢当此重任。'亨曰：'事已成矣，为之奈何？'贤恳求不已。明日亨言于上曰：'李某以翱不可释去。'左右亦赞其说，遂留之。众论复欲贤入阁……"按《英宗实录》载文臣入阁皆载举主姓名，无举主姓名者，即为皇帝特简。《实录》不载李贤入阁时的举主姓名，似为英宗特简，但若如此，李贤在《天顺日录》中为何不自表明？可见"众论谓贤宜入阁""众论复欲贤入阁"只不过是文饰语。当时阁部大臣斥逐殆尽，此"众"。为谁？非石亨辈莫属。

① 尹直：《琐缀录》。

瑄事先并无准备有何事须陈奏,徐有贞突然来这样一招,他只好将徐有贞先前不便在皇上面前直说的事给说了,英宗当然对他不会有特别好的印象。当他鉴于石、曹专权而提出辞呈时,英宗也就未作任何挽留。

徐有贞好功务大,凡事务出于己。当时他以拥戴之功受英宗宠任,此特性便更为彰显。而李贤每当英宗召对时,总是全面考虑,谨慎出言,所以见解恰当,逐渐为英宗所眷顾。英宗刚复位时,山东正在闹饥荒,已发内帑银三万两赈济,户部奏报不够,请增银。英宗召问徐有贞、李贤、曹吉祥诸人是否应该增银。李贤认为应该。徐有贞见李贤在他之先出言,便怫然不乐,说:"不可增银。不知赈济过程中弊病多端的人则以为可以增拨银两。臣尝见发银赈济,小民何尝沾得皇上的恩惠,只不过都饱了里老书手的私囊。"李贤说:"虽然有此弊端,但有银还是胜于无银。"英宗说:"银两还是增加的好。"曹吉祥也附和说:"朝廷钱财如山积,不必吝惜。"徐有贞见意见已完全偏向增银,不得已,只好改变自己的主张,也表示赞同。于是增拨帑银四万两往赈。

从文华殿出来后,徐有贞仍是闷闷不乐。李贤说:"先生误矣。朝廷欲出内帑济饥民,而我辈反而沮之,万一饥民迫而为盗,谁来担当责任呢?"李贤感到,徐有贞并不关心是否应该增拨赈银,只是力求事出于己。后来英宗也觉得徐有贞此议甚为不妥,对李贤说:"如增帑济民一事,有贞不然。"①

徐有贞本是一个狂热的权力追求者,夺门之变给了他平步青云的机会并使之变为现实,他因此而欣喜若狂,准备大展才蕴,获取更大权力,真正成为万人之上一人之下的权势者。当然,对于任

① 《天顺日录》页 4b—5a。

何从事于政治活动并以此为职业的人来说,权力是首要的,没有权力即意味着没有政治生命。中国古代社会很早就发展了官僚制度,将权力按照职位的高低来分配,同职同权,避免权力因人而异,同时官僚们在原则上却可以按照功绩的大小有无在权力的金字塔中逐步上升。但这并不等于说在中国古代各朝的政治权力分配过程中就不存在此外的政治权力分配形式和追求方式。首先,功绩制的原则要受制于世袭的原则,官僚的权力要受制于皇权,君主的意志在王朝政治中高于任何原则。在王朝政治的实际运转过程中,君权是一切权力的源泉。由于世袭君主制在君权继承转移过程中的不稳定性和人的意志的多变性,因此,在王朝的政治中也就充满了各种投机取巧的机会。对于狂热的权力追求者来说,其兴趣与其说在于按功绩制的原则在权力的金字塔中逐级上升,不如说更在于捕捉各种投机的机会,以期获得最大限度的权力。徐有贞见英宗对曹、石的无厌干求稍有厌色,便欲伺机将他们挤倒。没想到,他得意忘了形,曹、石二人略施小计,转移英宗对他的信任,以他的狂妄激起英宗的愤怒,便将他弄得个发往云南金齿为民的结局。

天顺四年十二月的一次早朝后,英宗与李贤、吏部尚书王翱谈论人才高下,英宗想到了徐有贞,说道:"若徐有贞,才学亦难得,当时有何大罪?只是石亨、张轨辈害之。宁免后世议论,可令原籍为民。"李、王二人说:"圣恩所施极当。"于是立即传旨户部,令徐有贞回原籍苏州居住。① 当然,所谓"石亨、张轨辈害之",只不过是托词。贬谪徐有贞的真实原因,英宗并非已经忘却。徐有贞自撰武功伯诰券中说什么"缵禹神功",又自择武功为封邑,虽然现

---

① 《天顺日录》页 31b — 32a。亦见《明英宗实录》卷三二三。

在看来他并非有什么篡夺帝位的野心,但这种人不也太恃才自大了吗? 留在身边也是有危险的。所以一怒之下,将他来个发往金齿为民。事后平心静气想一下,觉得当时的处罚未免过当。于是令他回原籍为民,既免后世之讥议,又不至于让他再有丝毫令人君觉得狂妄难受的机会。

成化初,被石、曹诸人陷害的人都平了反,徐有贞也复冠带闲住。他在家乡,仍希望能得到皇上的复召,时时仰观天象,谓将星在吴,便越发自负,常以铁鞭自随,操练不息。后来听到韩雍①征两广有功,乃掷鞭叹息说:"孺子亦应天象耶?"于是放浪山水之间,至成化八年(1472)七月卒,终年66岁。

天顺元年(1457)七月,石亨陷害徐有贞下狱时,他的门客马士权为唯一证人。镇抚司的刑官用尽了各种酷刑也未从马士权的口中得到一句旁证。最后,他大声呼喊说:"徐有贞欲使当今皇帝为尧舜之君,如此而已,不知其他。"②刑官不能折。徐有贞出狱后,拍着马士权的肩膀说:"子,义士也,他日将有一女相托。"徐有贞从金齿回到苏州后,马士权往徐府等候徐先生履行此言,但徐有贞却闭口不提嫁女的事。马士权于是辞别徐府,不再提徐先生食言之事。人们由是鄙薄徐有贞而敬重马士权。③

在徐有贞与石、曹的争权斗争中,徐有贞失败,李贤因为站在徐有贞一边,也被卷入。但徐有贞却是一败涂地,而李贤却在挫折中见转机。天顺元年(1457)六月初六,英宗命降徐有贞为广东右

---

① 韩雍(1422—1478),字永熙,长州(今江苏苏州)人。成化元年至二年(1465—1466)间任左金都御史、赞理军务,与总兵官赵辅率大军平定多年的广西瑶、壮人民大起义,以此有功于明朝。

② 《苏材小纂》。

③ 《明史》卷一七一《徐有贞传》。

参政、李贤为福建右参政。四天后，英宗复命李贤为吏部左侍郎。李贤被留，得助于他一贯谨慎和识见远大、行事公允的作风。英宗觉得，这样的大臣让其远去，似乎也是一种损失，但一时又拿不定主意，便召见吏部尚书王翱，询问李贤过去的情况。

王翱是一位德高望重的大臣，北直隶盐山（今河北盐山）人，字九皋。永乐十三年（1415），初次在北京举行会试。当时成祖正准备迁都北京，希望能得北方士人为用。王翱会试、殿试皆名列前茅，成祖大喜，特召赐食，选为庶吉士，授大理寺左寺正。宣德元年（1426）以杨士奇荐，擢为御史。英宗即位，廷议遣文武大臣到各地镇守，王翱被晋升为右佥都御史，偕同都督武兴镇守江西。他在江西惩贪抑奸，深得吏民的畏爱。正统二年（1437）召还都察院。正统四年（1439）冬天，四川松潘都指挥赵谅诱执国师商巴，掠其财物，却与同事官员赵得上奏朝廷，诬告商巴反叛。商巴弟小商巴得知消息后十分愤怒，于时聚众剽掠。朝廷被蒙蔽，便命王翱与都督李安率军二万征讨。进师途中，四川巡按御史已将事件真相查明，朝廷诏命王翱审机进止。王翱率师至松潘后，立即将商巴从狱中放出，恢复他的国师称号，又派人招谕其弟，抚定其众。另一方面上疏弹劾赵谅、赵得，于是赵谅被处以极刑，赵得谪戍边卫。松潘事件以和平的方式平息。

正统七年（1442）冬，王翱受命提督辽东军务（即后来的巡抚）。辽东为明代东北边防重镇，但由于因循日久，军令不行，逢敌入侵，将士不力战，任其抢掠。面对这种情况，他首先树立起军令的威严。在将领们到军门庭谒的时候，王翱口责诸将临阵退却的罪状，将罪状昭著者，令左右曳出处斩。诸将见状，皆惶恐叩头，表示愿效死力赎罪。他又亲自巡视边防，自山海关抵开原，修缮城垣，挑浚沟堑，五里为堡，十里为屯，使烽燧相接；练将士，室鳏寡，军民大悦。辽东地处边塞,经济相对落后,军饷匮乏,他因地制宜,采取各种办法筹措军饷。他在辽东的十余年间,得谷和牛羊数十万,边用充足。任内升职至左都御史。正统十四年(1449),瓦剌部大举内犯,脱脱不花分路进攻广宁。王翱当时正在阅兵,不料敌骑猝至,军阵大乱。他退守城中。有人说广宁城守不住,他即以手执剑说:"敢言弃城者,斩!"最后击退来犯之敌。但因失于预防,被罚俸半年。

景泰三年(1452),他被召还至京,掌都察院事。不久又出任首任两广总督。次年六月还京任吏部尚书。当时吏部尚书何文渊协助王直掌部事,多徇私舞弊,被言官弹劾下狱,后致仕。王翱接任,一循成宪,用人只问才德,干请不得行。景泰五年(1454)五月,李贤升任吏部右侍郎,二人遂成同事。

英宗复辟后,老资历的吏部尚书王直退休,王翱遂专掌部事。石亨想用李贤取代王翱,以为这样可以安插自己的私人。他对英宗说,王翱已老,应该致仕。又劝王翱上疏求退。英宗许王翱退休。石亨告诉李贤说:"王翱已经退休回家,君可以取代他了。"李贤说:"朝廷不可无老成人。况且王翱虽然年老,但精力未衰,我李贤只能当他的助手,何敢独担如此重任!"石亨说:"事情已成定局,怎么办?"李贤恳求石亨再劝说英宗改变主意。次日,石亨即对英宗说:"李贤认为王翱不能放去。"其他人也在左右附和,英宗遂下旨不批准王翱请老致仕的报告。①

英宗问道:"先生以为李贤这个人如何?"王翱伏地顿首说:"其人如其名。他为人守本分,与臣相处时间很长,始终如此。"英宗说:"李贤被贬非其罪,不能放去。"王翱说:"既不去福建,令任

---

① 《天顺日录》页 2b—3a。

南京可也。"英亲说:"南京也还是太远,留为吏部左侍郎。"王翱不得已从命。他建议将李贤任官南京,乃是恐所在北京李贤复遭石亨辈的暗算,借此远离以避祸,并非嫌恶李贤。[①] 其他人也对英宗说:"李贤虽然与徐有贞同事,但事皆有贞主持,李贤未尝多言,不当降出远方,宜特留之。"[②]于是李贤得留北京。至七月初九,又晋升为吏部尚书兼翰林院学士,再次入阁。

英宗生性多疑,遇事多犹豫不决,还有怯懦的一面。他复位得力于石亨、曹吉祥辈,对他们十分感激,酬之以高官厚禄和权宠。另一方面,他对他们无止的贪求又感到厌恶,甚至有一种被逼迫感,想借助于内阁大臣来与他们相抗衡,但又害怕因此而激怒石、曹诸人,所以阁臣在与曹、石作斗争时要隐蔽、不露声色,不要使石、曹觉得他朱祁镇有任何忘恩负义之举。同时,他对阁臣也不放心,对他们言谈举止中的一些不慎之处十分敏感,多位阁臣便因与石、曹斗争时手法并不高明,言谈举止也有欠谨慎之处而纷纷落马。

正当徐有贞、李贤下狱,薛瑄不久又致仕时,英宗想寻找一位可靠的阁臣,司礼监太监牛玉向他推荐岳正。[③] 岳正是北直隶顺天府漷县人,英宗觉得这是他地地道道的老乡,他的曾祖父永乐帝朱棣在当燕王时就征战于长城内外,燕山脚下,从生活习惯到气质就已北方化了,后来迁都北京,朱氏皇帝便从此世代以北京为家了。岳正是正统十三年的会元、探花,这样,他不仅是英宗的老乡而且是英宗的门生。挑选了这样一位阁臣,英宗自然十分高兴。岳正为人豪迈,负气敢言,现在又以教小内侍读书的从六品修撰小

---

① 《天顺日录》页 3a。

② 《明英宗实录》卷二七九。

③ 陆针:《病逸漫记》。

官而得皇上的识拔,内心充满了对英宗知遇之恩的感激,日夜思谋如何报效,论人言政越发直言无讳无忌。他曾经在文华殿与英宗论政,说到劲头上,不知不觉声音高了起来,眉飞色舞,指手画脚,唾沫飞扬,直溅到御袍上。事后英宗对内侍说:"龌龊胡子对我言,指手画脚。"①天顺元年(1457)七月承天门灾,英宗欲敕谕群臣修省,命岳正起草敕文。岳正在敕文中将天顺初年政治中的各种弊端和未尽善的地方一一道出,敕下,举朝传诵。石亨、曹吉祥却利用这个机会在英宗面前奏了一本,说岳正卖直谤讪朝廷。结果,岳正便落得个充军肃州的命运。

岳正被谪戍后,有一士人对他说:"先生犯了孔子戒。"他问具体犯了什么戒,士人说:"未信而谏。"他却回答说:"我蒙皇上知遇,用为近侍,委以辅佐之任,岂能不尽心相报? 子以谏官看我,恐未尽然。"②石亨、曹吉祥败后,英宗回想起岳正曾经预言过他们的奸恶不轨,在侍臣们的面前不禁念叨:"岳正倒好,只是大胆。"岳正在戍所闻知此言,便自作像赞。像赞中引述了英宗的话,结尾说:"臣尝闻古人之言,盖将之死而靡憾也。"仍然是一派自命不凡的气概。③

英宗去世,宪宗继位后,召回岳正,仍以修撰直经筵,与修《英宗实录》。岳正还朝,自以为宪宗会重用自己。当时李贤是内阁首辅,又是宪宗父亲的旧臣,用人行政有很大的决定权。李贤不愿岳正再次入阁,找一个胆大如斗、无所忌讳的人作为自己的同事,想将他任为南京国子监祭酒。岳正得知后,很不高兴。适时,忌嫉岳正的人盗用他的名义上疏弹劾李贤,李贤见疏,对岳正便不能不

---

① 《琐缀录》。
② 《水东日记》卷二六《岳季方答客语》。
③ 《明史》卷一七六《岳正传》。

心存芥蒂。

成化元年(1465)四月,九卿廷推清理贴黄兵部侍郎的人选,以岳正和给事中张宁二人的姓名并上。宪宗下诏说廷推不公,其中有营私舞弊行为,于是将岳正调任福建兴化府(治所在今莆田)知府,张宁也调补外职。这当中,自然缺少不了内阁的作用。岳正到兴化后,想大有作为一番。他关心水利,筑堤溉田数千顷,节缩浮费,经理预备仓,计划对地方政治作一次整顿革新,但因触动了当地权门的利益,谤言四起。岳正感到仕宦生活已太令人厌倦,便在成化五年(1469)进京朝觐时提出辞呈,告老还乡。5年后辞世,享年55岁。

徐有贞、岳正诸人的败局以及自己的切身体验,使李贤更加深自韬晦。他再次入阁后,立意退避,必待皇上的宣召才去晋见。如无宣召,只是在内阁整理文书,由宦官传送给皇上。有时虽然长达十来天未有皇上的宣召,他也不主动求见。对于石亨诸人,他也耐心应付。李贤刚被留为吏部左侍郎,石亨感到很恼怒,与李贤相会时,脸露忸怩忌恨之色,但对他却也无可奈何,久而久之反与李贤相亲厚。李贤也极力奉陪。石总兵有酒宴相邀,他也不拒绝。石亨对他开始很不放心,唯恐他在皇上面前说自己的坏话。当他们一同召对时,石亨便喜形于色。如逢李贤独召,便满脸狐疑。李贤鉴于此,对他推诚无伪,凡事通气。如此,石总兵对他也不复介怀。[①] 李贤这种静以待变的策略不久果然见效。石亨诸人不像他虽在权势之中却能对权势持一种超然的态度,因为他们发动夺门之变的目的本在一己之私,所以数日不蒙皇上的宣召便内心不安,必借各种名目求见。从皇宫出来后,石亨诸人总是张大其言,夸示皇上对自己是如何的恩宠,借以立威招权。而石亨的频频入见,十

---

① 《天顺日录》页 6b—7a、2b—3a。

之八九属私事，久而久之，英宗也颇感厌烦，对李贤倒是比较想念。一天英宗召见李贤说："先生有文书事务要处理，每日当来，其余如总兵等官，无事的时候亦频来求见，甚是不宜。"并敕谕左顺门的看门宦官，"非有宣召，不许擅进"。英宗话中的意思是说李贤应该经常进见，但李贤却一如既往，必待宣召而后入。时间一长，英宗觉得他确是一个较为无私的人，便对他渐渐加以委任，凡是左右近侍荐人，必召李贤询问可否，而李贤则一出至公予以评品。英宗对他的意见几乎是百分之百地加以采纳。①

李贤对他与英宗、石亨诸人的关系慎重处之，并不轻易利用英宗对他渐加信任的机会与石、曹诸人作斗争，从不犯"未信而谏"之忌。他深知英宗多疑、遇事犹豫不决的性格，便从不越俎代庖，凡事要待英宗拿定了主意才行动。英宗对曹、石诸人的无厌干求感到束手无策，请李贤帮忙沮阻，李贤则耐心开导英宗，教给他独断和以理服人的方法，而不是像岳正那样自己赤膊上阵，得罪了曹、石诸人，英宗又不愿做歹人，结果弄巧成拙，搬石头砸了自己的脚。李贤如此处事深契君主专制政治下为人之臣的原则：绝对维护君主的尊严与权威，绝不借君宠擅作威福。所以英宗对他就越来越眷顾。他则渐渐地借各种事件，扶持引用正人，潜移默化地转移英宗对石、曹诸人和夺门之变的看法，终于协助英宗去掉了石亨和曹吉祥这两个大权臣，为天顺后期相对清明的政治奠平了道路。

天顺年间，除了石、曹专权的那段时间，特别是其权势最盛的天顺元年外，英宗与阁部大臣，特别是与内阁、吏部、兵部二尚书的信用关系较为稳定。英宗与李贤的亲信关系是在经历了多次的政治事变后建立起来的，在阁部大臣中，英宗对李贤委任最专，遇事

---

① 《天顺日录》页 6b—7a、2b—3a。

必召问可否，或遣中官咨问，即使李贤在病中亦是如此。天顺二年（1458）五月，李贤不小心划破了右脚趾，消毒不得法，又造成感染，整个脚都肿了起来，行立艰难，以致在五月二十九日不能朝参。英宗早朝时未见着李贤，便问左右近侍是何缘故，侍臣说李贤病了。当日，英宗即派太监裴当赍带羊酒前去探望。次日（六月初一）又遣裴当与太监安宁携银50两前去慰问，并派太医刘礼为李贤治病。三天后，英宗又遣太监牛玉陪刘礼前去复诊。过二天，再遣牛玉前去探望。英宗每次遣太监去问疾时，都要以政事数十条相咨询。至六月初七，李贤的脚疾基本痊愈，即入朝谢恩。英宗见到他十分高兴，并关切地说："先生尚宜多休息，不可多行动。"①

　　阁臣自三杨以后，进退礼甚为轻率，而天顺年间的英宗则一反正统年间的做法，亲自选拔了两位阁臣。前一位是岳正，另一位就是彭时。彭时是江西安福人，正统十三年（1448）的状元。次年郕王监国时，他以修撰与商辂同入内阁参与机务，闻继母去世，力请守制，不允。他成进士的次年即入阁，为明代历史上绝无仅有之事。不久进衔侍读。景泰元年，他以兵事稍宁，上疏请终制，因此忤旨。服除后，景帝命他供事翰林院，不复与阁务。后升职至太常寺少卿，兼侍读。天顺元年九月，徐有贞得罪，岳正、许彬相继被罢，英宗思得人补充。九月初三，英宗坐文华殿召彭时入见。开始彭时离御座较远，英宗令他靠近一些。英宗问道："你是正统十三年的状元郎，对吗？"彭时回答说："臣不才，误蒙圣恩拔擢，至今感戴不忘。"于是伏地叩头三下，表示感谢皇上的拔擢圣恩。英宗又说："第二名是陈鉴，第三名是岳正。"彭时说："是。"英宗又问他年龄多大，他说："臣犬马齿四十二。"英宗听了他的回答，由衷地笑

---

① 《天顺日录》页14b—15a。

了，说："正好用事。出外吃酒饭去吧。"彭时叩头退去。当日，英宗即传旨命他以原官于内阁参与机务。①

吏部尚书王翱，德高望重，英宗对他颇为敬重，便殿召对时，总是称他为"先生"而从不直呼其名。天顺年间，王翱已年近八旬，记忆力有些衰退，便殿论政时，曾令郎中谈伦随入。英宗询问其中的缘故，王翱顿首说："臣老了，所聆圣谕，恐有遗误，令此郎代为识记，其人诚谨可信。"英宗并未因此嫌弃王翱老衰，而是觉得他办事严谨，值得信赖。因而听了王翱的解释，他反而笑了。②

三位阁臣相处非常融洽。吕原是天顺元年六月入阁的。比彭时早三个月。他是浙江秀水人，小李贤10岁。他的父亲吕嗣劳是万泉县（在今山西万荣县境）教谕，兄吕本是景州（今河北景县）训导。教官从来就是很穷的，他父亲退休后就养于景州，不久与长子吕本相继去世，吕原因贫困无力将父兄的遗体运回浙江安葬，只好厝埋于景州，伤心之下，常至墓前恸哭。后来，他奉母南归，而家境却日益贫困。嘉兴知府黄懋读了他作的文章，对他的才华十分倾倒，于是将他补为诸生，入府学学习，乡试时中解元。正统七年（1442），他又中了进士，授官为编修。正统十三年（1447），他与侍讲裴纶等十人同选入东阁肄业，直经筵，从此便踏上了一帆风顺的仕宦生涯。家贫出孝子，少年时的经历不但使他深刻感受到人生的不易，也培养了他为人厚道谨慎的品格。石亨、曹吉祥专权，对大臣们多是傲慢无礼，唯独对他礼敬三分。吕原朝会的时候穿着粗布青袍，石亨笑着对他说："将为先生易之。"他不答话。天顺元年（1457）七月，他与岳正合疏列石、曹罪状，石、曹大怒，指岳正起

---

① 《彭文宪公笔记》页6b—7a；《明英宗实录》卷二八二。
② 《明史》卷一七七《王翱传》。

草的敕谕谤讪朝廷，英宗亦怒，召责他与岳正。但岳正被谴，他却因素来恭谨而被留。

彭时对权力、名利的态度亦较淡泊，不求刻意进取，只求自然而然。徐、李被黜时，就有权贵向人传语说："我要荐彭某入阁，只因未与接识，故未果行。"有人劝他说："可往一见，其人必喜。"彭时说："我从来就不习惯谒见人。"劝者说："现今别人持重贿求见不可得，徒手一见，对你有何伤害？"彭时固执不往。他记得景泰七年年末（1457年1月）景帝患病，诸好功名者合谋请英宗复辟，当时有位姓沈的司历三次来他家邀他参与，他避而不见。郎中萧聪对他说："沈是有背景的人物，这是进用的大好机会，现在若避而不见，以后你将后悔的。"彭时说，"我本无他望，何悔之有？"既然去年那样的机会都不曾利用，现在却去请托他人求提拔，即使得进，也十分可耻。他的夫人李宜人也说："官自来为好。不然，虽做尚书，亦何足为荣？若是平安无事，像现在这样安安稳稳度日，也就心满意足了。"彭时非常赞同。[①]

吕、彭二位阁臣一位诚慎恭谨，一位淡泊自然，相处一起自不会有何冲突，而李贤虽然备受皇上的宠眷，但务持大体。所谓"大体"，既是指王朝的政治体制对每个政治角色所作的规范，同时也是指大臣本着儒家政治伦理原则的精神，对现实政治中各种关系的妥帖处理。政治的制度与政治的现实往往存在着距离，有时甚至是相悖的。因为制度常是理想化的东西，而政治的实际运作却不能不受制于各种政治关系和政治力量组合的现状。内阁亦是如此。按照太祖朱元璋的构想，殿阁大学士只是备顾问的，并无权干预朝廷大政方针的制定，也不能干预各部的政务。但实际的政治

---

① 《彭文宪公笔记》页 6b—7a；《明英宗实录》卷二八二。

运转却较太祖的构想远为复杂。他的子孙除个别的外并非全像他那样雄才大略,平庸、愚昏之辈并不少见。而阁臣的人品、识见和经历也各异,他们与皇帝、宦官、部院的关系也千差万别,因而阁臣权力的大小也因人因时而异。阁臣权力大的时候,不但参与大政方针的制定,甚至侵夺各部院的权力,但李贤在这方面却处理得比较得当。内阁三人中,李贤通达,遇事立断,吕原为人持重,彭时不热衷于用事,三人互补,庶政称理。李贤最受英宗的眷顾,常常一人独对。但他敬重彭时的才华,进见英宗毕,有关大事必征询彭时的意见。彭时也从不阿意曲从,而是据理直抒己见。有争论时,甚至也闹得个面红耳赤。开始李贤心里也颇觉别扭,但冷静后一思索,却不得不叹服彭时的诚实率直,对人说:"彭公是真君子!"①

李贤对彭时的建议往往能虚怀接受。天顺二年(1458)正月,英宗给其母亲孙太后上"圣烈慈寿"的尊号,诏告天下。李贤已将诏文奏进,彭时却对他说:"皇上为生母上尊号,是前所未有的事情,宜有恩典推及于人。"李贤说:"去年已经两赦天下,现在年初又再赦,非所宜。"彭时说:"我不是说要行赦典,只是应该行优老之典。如朝官父母年七十者与诰敕,百姓年八十者与冠带,即是'老吾老以及人之老'的意思,如此才与上徽号相称。"李贤赞同彭时的意见,立即拟写有关优老之典的条款奏进。英宗见奏,大为高兴,命颁行天下。②

在彭时的心底,李贤又是一个什么样的人呢? 文渊阁是内阁学士们的办公处所,在午门内之东,文华殿的南面,砖木结构,一共有十间房子,屋顶用黄色琉璃瓦覆盖。从西边数起的第五间屋子是文渊阁的正堂。屋子分为前后两楹,后楹是休息的地方,前楹是

---

① 《明史》卷一七六《彭时传》。
② 《彭文宪公笔记》页9a—b。

内阁大学士办公的地方。屋子中间隔墙朝前的一面墙壁上悬挂着刻有"文渊阁"三个大字的牌匾,匾下摆放着一排红色的柜子,内藏三朝实录的副本。由此缘故,办公室的桌椅便是东西向摆放的。东西向的座位,按照中国的传统习惯,不是正座,而是旁座,只有南北向才是正座。李贤再次入阁后成为内阁首辅、大学士,那间挂有"文渊阁"匾额的屋子也就成了他的办公室。他对东西向的座位很不满意,便令人将红柜移至里间,让出一块地方为自己设公座。彭时见状,便对李贤说:"不可如此。听说宣德初年圣驾曾经在此坐过,这里以前不设公座,或许就是这个缘故。"李贤说:"事情已经很久了,今天设公座有何妨?"彭时说:"这里是内府,也不宜南向正坐。"李贤说:"东边会食处与各房都可南向正坐,那是为什么?"彭时说:"这里有文渊阁的牌匾,是正堂,其他的无牌匾,是偏室,所以两者不同。"李贤说:"东阁有匾却正坐,何必拘此。"彭时说:"东阁面西,不像文渊阁是正南向的建筑。"李贤词气稍显不平,说:"即使是文渊阁大学士也不能正坐?哪有居其官而不正其位的道理。"彭时说:"正位在外面诸衙门则可,在内府则决不可。如要正位,那么华盖、谨身、武英、文华诸殿的大学士又如何办呢?殿阁都是至尊所御之处,设学士的本意只不过是侍坐备顾问,决无正坐之礼。"李贤听了此语后才无话可说了,但并不以彭时所说的为然。过了几天,英宗派太监傅恭送铜范饰金孔子并四配像一龛到文渊阁,安放于匾下。又过了几天,英宗又派太监裴当送来一幅圣贤画像,悬挂于龛后的墙壁上,李贤的公座便设不成了。彭时将此事记载在他所撰的《可斋笔记》中,并评论说:"盖李为人好自尊大,往往不顾是非直行己志如此。"①

---

① 《彭文宪公笔记》页 8a—9b。

虽然彭时对李贤有"好自尊大"的印象,但他并不嫉妒李贤的才华,且在李贤有危难时,极力维护他。天顺七年(1463)十一月,锦衣卫指挥门达构陷李贤,英宗颇为所惑,说:"去贤,将专用彭时。"有人传其语,彭时听了吃惊地说:"李公有经济之才,怎能放去!"因而力替李贤辩冤,并说:"李贤去,我彭时也不得独留。"他的话传到英宗那里后,英宗对李贤的疑忌之心才消解了。①

英宗对南方人似乎有一种偏见,他认为南方人读书多,知书达理,但心眼也多,北方人虽知书达理的人少些,但质朴诚实,多可信任。② 天顺四年(1460)三月廷试进士后,英宗召谕李贤说:"永乐、宣德中常选庶吉士教养待用,今科进士中可选人物端重、语音正当者二十余人为庶吉士。止选北方人,不用南方人。南方人只有似彭时那样风度潇洒、学识广大的才可选取。"李贤听谕毕,即以英宗语告彭时。彭时当时怀疑李贤想要抑压南方人而进用北方人,故意如此说话,便说:"立贤无方,何分南北。"而李贤对彭时的疑心并不介意,说:"这确实是皇上的意思,怎么办?"没过多久,司礼监太监牛玉传旨内阁,令内阁会吏部同选庶吉士,谕旨中的话与李贤所说丝毫不差。彭时对牛玉说:"南方士人岂只有个彭时,比彭时优秀者多不胜数。"牛玉笑道:"且选来看。"同日,李贤、彭时、吕原三人即到吏部同选庶吉士,得十五人,南方人仅有三人入选,而其中江南人只有一位。③ 之所以得此结果,可能是王翱过于奉行君命的结果。

天顺初年以后,不但阁臣能和衷共济,阁部关系也良好。这种

① 《明史》卷一七六《彭时传》。
② 《明史》卷一七七《王翱传》云,英宗尝言:"北人文雅不及南人,顾质直雄伟,缓急当得力。"翱由是益多引北人。
③ 《彭文宪公笔记》页12a—b;《明史》卷一七六《彭时传》。

良好的关系是保证政治安定和清明不可缺少的条件,而李贤则是促成这种关系的磁力般的人物。李贤在巧妙地与石亨、曹吉祥进行斗争的过程中,不但与英宗建立了不同寻常的信任关系,而且与各部院大臣,特别是与吏、兵二部尚书建立了良好的私人关系。正是他这种与君上、大臣的关系使得他成为促成天顺年间良好君臣关系、阁部关系的磁力人物。再加上他对王朝政治运行奥理和对政治事务的洞彻见识、达儒的博大胸怀与正直无私的品格,则使他更成为天顺间明朝中央政治运行的核心人物。

李贤与吏部尚书王翱、兵部尚书马昂的私人关系都不错。他和王翱本是老同事,在与石、曹的斗争中又因互相挽留,二人得以继续留任北京。而马昂则是因他的保荐才得以出任兵部尚书。但这种关系并非建立在互相利用和追逐小集团利益的基础之上,而是出于"天理之正",也就是说,是一种符合儒家,特别是经程、朱阐述了之后的新儒学的交友准则的,是真正的君子之交。李贤曾对人评论王翱说:"皋陶言九德,王公有其五:乱而敬,扰而毅,简而廉,刚而塞,强而义也。"[①]

在明代高度发展的君主专制制度下,阁臣,特别是首辅的权力因皇帝的眷顾与否而大小相差悬殊。受宠时,首辅的权力几乎可与过去宰相的权力相埒。不遇时,则只是做一些文字工作,其职权仅相当于一个秘书。失宠时,则命运未卜了。李贤在天顺初年以后虽然宠冠诸大臣,但他却严格遵循明朝的祖制,避免给人一个权相印象。他时常劝英宗廷见大臣,而他每当向英宗荐举大臣时,总是先要征求吏部和兵部的意见,取得一致。当正式在御前提名荐举时,英宗问文臣,他就说请问吏部尚书王翱,问武臣,他就说请问

---

① 《明史》卷一七七《王翱传》。

兵部尚书马昂。当他独自荐举某位臣下时,也必对英宗说,臣所知如此,还须召某等再审。这样既不启英宗的疑心,也不使吏、兵二部尚书有权力被夺之感,同时自己的意志也就通行无碍了。① 李贤善纳人言。天顺六年(1462),学士吕原去世,英宗问李贤谁可以替代,他说:"柯潜可。"出宫后,他即将此事告诉了王翱。王翱说:"陈文以资次论当先入阁,为何抑他?"次日,李贤进见英宗时便改而推荐陈文。②

对于王朝政治来说,用人是关键。人用好了,王朝的正常运转就有了保障。李贤作为天顺年间明朝中央政治运转的核心人物,其首要的作用就表现在向英宗荐举了许多贤能之才,使他们身居要职。李贤所荐举的名臣很多。如户部尚书年富,因巡抚大同时执法不阿,得罪了石亨。天顺元年石亨奏革巡抚官,石彪即诬劾年富下诏狱,以李贤从中暗护得致仕归家。次年,廷臣会推,起用年富为南京兵部右侍郎,尚未到任,又命为户部右侍郎巡抚山东。在赴任的途中,他见闻了山东的蝗灾情况,随即上疏呈告朝廷救灾。山东的官吏早已悉知年富的威名,望之詟服,从此豪猾屏迹。天顺四年(1460)春,以攀附石亨而晋升户部尚书的沈固致仕,户部尚书就出缺了。户部尚书这个职位对于明廷来说是很重要的,因为他掌管着王朝的财政大权。任此职者要为明廷卓越地工作,首先此人必须具有卓越的资质。一方面,他必须懂得财政方面的专业知识以及拥有丰富的经验,另一方面他又必须廉洁守正。李贤认为年富正是户部尚书的理想材料。他久历边关与内地,与财政打过多年交道,又守正不阿,不畏权臣,清廉自守。当时云南左布政

---

① 《明史》卷一七六《李贤传》;《琐缀录》页 13b—14a。
② 《明史》卷一六八《陈文传》。

使贾铨以朝觐考察时评为"才行超卓、政绩显著",受到英宗的嘉奖。吏部尚书王翱认为贾铨名望重,遂推举贾铨为户部尚书的候选者。而李贤则认为年富比贾铨更适合此任。因为虽然两人都很有誉望,但贾铨经历不如年富丰富,处理过那么多复杂的财政问题。英宗问李贤:"贾铨如何?"李贤说:"闻其声名则可,只是未见其人。"贾铨到京后,英宗命李贤目测。李贤回奏:"貌不称名。"李贤如此回话并非他以貌取人,乃是他巧妙地投合了英宗喜欢大臣个个都长得貌美潇洒的心理。英宗让他另举一人,他说:"年富执法不挠,可居此职。"英宗表示赞同。但是近贵们不喜欢年富的很多,他们的同类韦力转就吃过年富的劾文。他们对李贤说:"皇上不喜欢此人,不可再推举。"李贤信以为真。一天,英宗召见他说:"户部尚书的缺位到底谁最适合呢?恐怕还是非年富不可。"李贤说:"很多人都不喜欢他,由此越发可见其贤良。"英宗说:"年富执法不阿,正宜居此位。户部职掌,国计所关,岂能顾私情!"遂召年富为户部尚书,深惬士林舆论。[1]

　　左副都御史王竑,在景泰年间就已赫赫有名。他是正统四年(1439)进士。正统十四年土木之变时,正任户科给事中,当朝怒击王振同党锦衣卫指挥马顺。景泰元年(1450)八月他以右佥都御史与都督佥事徐恭共同总督漕运。次年冬天,他又兼巡抚淮安、扬州、庐州三府和滁、和二州,不久又受命兼抚凤阳和兼理两淮盐课。景泰四年(1453)春,凤阳、淮安、徐州大水,因饥饿而死亡者相望于道路。王竑上疏奏闻,不待朝廷批复,即开仓赈济。后来山东、河南两省的饥民纷纷涌入凤阳、徐州地区,仓库存粮不足赈给。当时惟有徐州的广运仓尚有余积的粮食,王竑欲全部发放赈济饥

---

　　① 《天顺日录》页23b;《明史》卷一七七《年富传》。

民,监守仓库的宦官不同意。王竑便亲身前往广运仓,对宦官说:"饥民旦夕将为盗。若不从我,万一发生事变,我就先斩你,然后自请死罪!"宦官畏惮王竑的威名,不得已听从了他的意见。王竑于是上疏自劾专擅之罪,并建议说:"广运仓所储粮食仅够赈济饥民三个月,请令死罪以下,得于受灾地区纳粮自赎。"景帝不但未怪罪他专擅,而且还采纳了他的建议,又派侍郎邹斡赍带内帑银两前去散赈,并授予王竑根据具体情况自主行事的权力。王竑于是躬亲巡行散赈,官方救济粮银不足,则令淮河上下商船按大小出义米助赈。由于他的得力筹措,全活饥民185万人。他又想方设法筹集耕牛与种子,组织灾民恢复生产,5500余户因灾荒而流移的农户因此而复业。其他地方流入凤、淮、徐地区的10600余户灾民也得到妥善安置。灾民有病者给药治疗,死亡者给棺椁,被迫卖掉的子女给钱赎还,还乡者给道里费。于是饥民们忘记了灾荒的存在,到处传响着称颂王竑的声音。

景帝当初得知淮安、凤阳等地发生饥荒,甚为忧虑。及得到王竑发广运仓粮赈济自劾疏时,他转忧为喜,高兴地说:"好都御史、好都御史,活我民矣。"户部尚书金谦、内阁大学士陈循等人也都称赞王竑的功绩。是年十月,朝廷升他为左副都御史。当时山东济宁也发生饥荒,景帝遣尚书沈翼赍带帑银三万两前去赈灾。沈翼却仅散赈五千两,剩余的二万五千两又缴还京库。王竑弹劾沈翼奉使无功,建议将剩余银两易米备赈,为景帝接受。

英宗复辟后,裁革巡抚官,改任王竑为浙江参政。几天后,石亨、张軏追论王竑击杀马顺的事情,令除名,编管江夏(今属湖北省武汉市)。半年后,英宗在宫中翻阅档案,见到他在景帝年间所上的奏疏中有"正伦理、笃恩义"的字句,感悟到王竑对己有忠心,便解除了对他的看管,命当地政府好好礼待。

天顺五年（1461），孛来侵扰庄浪，明廷遣都督冯宗等人率军征讨，需要二位文臣参赞军务，英宗让廷臣推举。李贤于是举荐王竑，以原官与兵部侍郎白圭同赞军务。次年正月，王竑与冯宗率军于红崖子川击败孛来。白圭等人率师还，王竑仍留镇守，至冬天才召还北京。天顺七年（1463）春天，王竑再次总督漕运兼抚淮安、扬州等地，两淮人民见王竑再度抚临，欢呼迎拜，数百里不绝。

宪宗继位后，给事中、御史共荐王竑及宣府巡抚李秉可大用，宪宗命下廷臣议商，李贤和王翱即请宪宗听从给事中、御史的建议。宪宗说："古时候人君梦卜求贤，朕今天难道就不能简用舆论所称道的大臣？"于是召王竑为兵部尚书，李秉为都察院左都御史。命下之日，朝野相庆，以为得人。①

经李贤荐引，当时已是名臣或后来成为名臣曾身任明廷要职还有耿九畴、轩輗、李秉、程信、姚夔、崔恭、李绍等人。李秉后来又任吏部尚书。姚夔自天顺七年正月任礼部尚书至成化五年（1469）接任吏部尚书，直至九年（1473）二月去世。成化年间，崔恭亦曾任过吏部尚书。

明代的内阁大学士不是政府首脑，他们只能从辅佐皇帝决策方面着力，而帮助英宗作出最佳人事决策，提携后进，为明王朝的现在和未来储备、培养更多的人才，则是李贤对明王朝所作的最大贡献。他的这种贡献不仅促使天顺初年以后的政治较为稳定、清明，而且使得成化初期的政治也较为上轨道。

当然，人非完人，岂能无过。《明史》说他挤岳正、抑叶盛、不救罗伦，又在他所著的《天顺日录》《古穰杂录》等书中对景帝多有

---

① 《明史》卷一七七《王竑传》。

失实的贬语,忘却了景帝将他从郎署中拔擢出来的知遇之恩。①其实,如果摆脱那种偏激的伦理激情,从务实的政治眼光来看,挤岳正、抑叶盛、不救罗伦,都有其正当之处。

岳正其人,志大才(指处理各种政治关系的能力)疏,而且过于自信,让其再次入阁辅佐刚愎比其父更有过之而无不及的宪宗,并非明廷之福。而叶盛被抑,则完全是咎由自取,未受朝廷的罪谪已属侥幸。叶盛,字与中,昆山(今江苏昆山)人,正统十年(1445)进士,授兵科给事中。景帝即位后,晋升为都给事中。给事中是言官,其职责在于指出朝廷政治中的缺点与过失,提出改良政治的具体办法与方案,既有进谏的责任,又有建言的义务。叶盛学识渊博,识见深刻,平生仰慕范仲淹,堂寝皆挂范公相。他志在君民,不为身计,进谏不惧逆鳞,弹劾不避权贵,而建言多切中时宜,尤长于军事,在景泰时就已有名臣的声誉。他曾以右参政协赞都督佥事孙安军务,守备宣府北路。当时宣府北部前沿防线中的独石、马营、赤城等城堡在土木之变中皆委之予敌。叶盛奉命与孙安率兵袭取,然后一面作战一面守城。他们开辟荒地,申请朝廷拨款买来耕牛千头,重新恢复军屯。又修筑城堡房舍,整饬军备,招抚流移,为行旅者置暖铺,立社学,置义冢,疗疾扶伤,两年之间,诸城堡即完固如初。

天顺二年(1458),叶盛受命为右佥都御史,巡抚两广。当时广东、广西各族人民起义连绵不断,起义者的兵锋所至,破城杀将,而官军将领胆怯不敢迎战,以杀平民冒功,结果起义者的势力越来越壮大。叶盛至两广,即与总兵官颜彪督军尽力镇压,连破七百余寨,但战乱仍如故。在镇压起义者的过程中,颜彪滥杀无辜,身任

① 《明史》卷一七六《李贤传》。

巡抚的叶盛既有参赞军务的权力,滥杀的罪责当与颜彪均负。朝野舆论对他们十分不满。天顺六年(1462),英宗命叶盛专抚广东,而另命吴祯巡抚广西。

宪宗继位,叶盛以议事入京,给事中张宁等人计划推举他入阁,为御史吕洪所阻止。据史籍记载,当时翰林院编修丘浚与叶盛有隔阂,丘浚对李贤说,叶盛笑话他的诗文不佳,李贤遂对叶盛心存芥蒂,便乘叶盛还京之机,将他调任宣府巡抚,而以韩雍赞理两广军务,并在授给韩雍的敕谕中贬低叶盛说:"无若叶盛之杀降也!"此事若从务实的政治观点看,李贤以叶盛巡抚宣府而以韩雍赞理两广军务是完全正确的。叶盛熟悉宣府的情况,曾在那里建立过功业,以他巡抚此地,再恰当不过。而叶盛在两广七年,事情却越来越大,不可收拾。当时韩雍正是由兵部右侍郎贬为浙江左参政为宪宗所不喜的时候,李贤却采用了兵部尚书王竑的建议,说服宪宗任用韩雍,一年之间,即告结束战争。[1]

罗伦,字彝正,江西吉安水丰人。成化二年会试第三名,廷试后阅卷,王翱认为程敏政(李贤的女婿)的卷子书法精美,力赞取为第一,李贤说:"论文不论书。"遂录取罗伦为状元。[2] 罗伦的廷试对策万余言,直斥时弊,声名震都下。释褐后,他即被授为编林院修撰。是年三月,李贤遭父丧,宪命下诏起复,李贤三辞不就,遣中官护行营葬。两个月后,李贤还京,又辞。宪宗遣中官宣谕,才回任视事。按照明朝的礼制,父母故,子服三年之丧,大臣既居丧,则自然退职,只有在特殊情况下,皇帝才能令其夺情起复视事。罗伦是初生牛犊不怕虎,只知按照自己所信奉的政治理想与伦理原

---

① 参见《明史》卷一七七《叶盛传》,卷一七八《韩雍传》。
② 《琐缀录》页13b。

则行事,他见李学士夺情视事,便先到李贤家拜访,劝李贤主动退让终丧,李不听。数日后,他见李贤仍无终丧之意,便上疏论其起复之非。他说:"臣窃谓李贤是朝廷的大臣,起复是件大事情,为纲常风化之所系,不可不慎。近年以来,朝廷以夺情为常典,缙绅以起复为美名,以致不孝于亲者多有出现,纲常大坏,风俗日弊。枉己者不能直人,忘亲者不能忠君,臣不忍圣明之朝,而纲常之坏,风俗之弊,至于这种极端的状况。愿陛下断自圣衷,许李贤归家持服。其他已起复者,仍令奔丧,未起复者,悉许终制。脱有金革之变,亦从墨衰之权,使任军事之外,尽心丧于内。如此将会出现朝廷端而天下一,大臣法而群臣效,人伦因此而明,风俗因此而厚。"①

疏入,宪宗命贬他为福建市船司副提举。御史陈选上疏论救,不报。御史杨琅又上疏申救,宪宗下旨切责。尚书王翱以北宋文彦博救唐介的故事劝他救罗伦,李贤说,"潞公市恩,归怨朝廷,我不能仿效。"②

这大概就是现实政治与理想原则之间存在差别的一个例子吧。

至于李贤指斥景帝,言多过于失实,则是为了称颂英宗,也是为自己抹粉,言语小疵,无足为病。

作为一个政治家,第一位重要的就是要务实,不可拘于小节而犯不可挽救的政治错误,更不能用僵化的理论教条来束缚自己的手脚。在明朝,这就属于大臣的资质。而讲求小节、拘泥于理论则

① 《明史》卷一七九《罗伦传》。
② 《明史》卷一七九《罗伦传》。《琐缀录》页 13b 云:"……予(指尹直)引文彦博待唐介故事,请公(指李贤)留伦,公曰:'潞公市恩,归怨朝廷,吾不可袭此。'公之言,亦未为无理。"

只是谏官或谏官式的义务。正是由于李贤这种大臣的资质,才使得天顺年间的君臣关系出现了永乐、宣德以后少有的融洽景象。

天顺五年(1461)冬天的一个上午,英宗与李贤在文华殿悠闲地谈论着政事和生活趣事。英宗对李贤说:"当今六部尚书差不多都得其人,只是考虑吏部王翱老了。"当时王翱已78岁。李贤说:"臣闻禄命之说,王翱寿最高,尚有十年(王翱去世时84岁)。"英宗高兴地说:"如此就不用忧虑了。如户部年富,不易得。"李贤说:"若继王翱为吏部,非此人不可。"英宗说:"对。朕意亦如此。只是礼部石瑁稍弱。"李贤说:"此人居是位,不满人望,早晚宜致仕。"英宗说:"且留之。后来者恐未必就能超过他。刑部陆瑜甚佳,都御史李宾亦可。如工部赵荣也能办事。"李贤说:"此人可取。且如曹贼反时,文职皆畏缩逃避,况兵事非己任,谁肯挺身而出。惟有赵荣自奋披甲跃马,于市大呼:'好汉都来从我,曹家是乱臣贼子,当共剿杀。我辈是忠臣义士,不可退避。'于是从者数十百人。能于阵前鼓舞奖励士卒,灭贼成功,如此存心行事,他人莫能及。"英宗说:"是亦忠臣。若吏部侍郎姚夔、崔恭亦佳。"李贤说:"二人才器,异日都是尚书之选。"英宗表示赞同。[①]

天顺六年(1462)四月初一早朝,奉天门奏事毕,静鞭响过,英宗起身召礼部长官承旨。礼部尚书石瑁仓促出朝班急行,欲举步上石阶。鸿胪寺礼官发觉违仪,即将他呼停,石瑁才转回御道跪接为皇太子选妃的敕书。英宗退朝后,即召见李贤:"石瑁举止如此粗疏失措,如何当得礼部尚书。但他自己不上书求退,朝廷又难于下令将他遣退。"李贤说:"诚如圣谕,令其自退,庶全大臣之义。"英宗说:"若户部侍郎张睿,可以代替他。"李贤说:"张睿是个

---

① 《天顺日录》页40a—b。

老成人，此职亦宜。"李贤出宫后，即将英宗的意思转告给了石瑁，让他上疏乞致仕，石瑁随即写疏呈进。英宗见到石瑁的求退疏，却又起了不忍之心，对身边的内侍说："石瑁为人笃实，岂可因此小失而退。"即命司礼监太监牛玉与王翱、李贤重新商议人事安排。王、李二人说："石瑁为人敦厚诚实，只是动作迟钝些，既然留任，张睿已升任礼部尚书的位置也可不动。"英宗仔细斟酌了二位大臣的意见后，作了更合适的安排，不久即令牛玉传旨："石瑁乞请致仕，不允。张睿历任年久，办事勤劳，升为户部尚书，仍管粮储。"命下，朝士舆论一片赞美之声。他们以张睿得升为喜，同时认为石瑁能见机而作，无贪恋禄位之心。石瑁的身价因此反而倍增于前。① 由此可见李贤善于处理君臣关系，而英宗胸怀也因此而开阔，不计臣下小过。

政事繁忙，英宗未忘让大臣们得机松弛休息。自天顺三年（1459）始，立夏那天，英宗都要让辅佐他的内阁三学士和吏、兵二部尚书在内侍的引导下，悠游西苑。苑中有山、水、殿、阁、园、亭。山上奇石林立、曲径通幽，水下金鳞戏游、菱荷翠洁，园中松桧苍翠、果树分罗，殿阁则金碧辉煌，小亭临水而立，各种景物，逐渐展开，游冶其中，怡情悦性，乐趣无穷。游园毕，"大官珍馔，极其醉饱而归。夫一张一弛，文武之道，赐游西苑，有弛之意"。②

南宫有宫殿楼阁十余所，本为英宗与其父宣德帝的游幸处，不意自己在此被幽禁六个秋春。重登帝位再来看此事，却也并不感到过去那样的沉重，此处本为帝王居，屈居六载未为冤。于是，在天顺三年（1459）四月初四，英宗令在南宫的西部再新作行殿一

---

① 《天顺日录》页 4lb—42a；《国榷》卷三三，天顺六年四月壬午。

② 《古穰集》卷五《赐游西苑记》。

所。至七月落成，①便令太监裴当引领尚书王翱、马昂和内阁三学士前往观赏游玩，然后赐宴乃回。②

英宗在听政之余，常听内侍弹琴。天顺四年四月初六，他召王翱、李贤、马昂、彭时、吕原五人到南薰殿听琴。弹琴的内侍一共三人，年龄在十五六岁左右。听琴毕，英宗说："琴音平和，足以养性情。过去在南宫的时候，自抚一二曲，现在可就没空暇了。所弹曲调，传于太监李永昌。永昌历事先帝，最精于琴，他们三人都不及他。"李贤说："由此不辍，亦可至精妙。"五人因而皆叩头说："愿皇上歌《南风》之诗以解民愠，幸甚！"英宗即起身，亲手送给每人一条金镶鹤顶博带，以资纪念，五人叩头而出。③

二、特务统治

大凡专制和独裁政治的维持都离不开特务的作用。专制和独裁的程度越高，对特务的依赖性也就越强。朱明王朝的君主专制在中国历史上得到了空前的发展，因而特务统治在明代也就更为登峰造极。

明太祖朱元璋从红巾军的一个头目登上皇帝的宝座后，就日夜殚精竭虑，欲将幅员几百万平方公里，人口几千万的天下这份莫大的财产真止据为己有，传之子孙万代。当年打天下的时候，不能不有一帮兄弟帮忙，而为了守住这份财产又不得不雇佣一群文臣来进行经营。但他害怕当年的兄弟到现在要分享这笔财产，令他

---

① 《明英宗实录》卷三〇。
② 《彭文宪公笔记》页 9b—10a。
③ 《彭文宪公笔记》页 10a—b。

更为感到惶恐的是,有些兄弟可能不仅要求分享这笔财产,而且图谋独占它。而那些文臣在经管他的家财时,他又不能时刻亲自监管,天高皇帝远,于是也做起蚕食他的家财的事。因此缘故,他便利用起特务机构这一工具来帮助他进行统治。"有这么几个人,就像家里养了恶犬,则人怕。"这些"恶犬"的存在或许使他能对自己家产的安全有些信心。

太祖朱元璋开始是利用各种各样的人来充当"检校","专主察听在京大小衙门官吏不公不法,及风闻之事,无不奏闻"。充当检校的有文官、武将,甚至还有和尚。后来为了削除那些不知顾忌的功臣,洪武十五年(1382),他便又组建了一个专门的军事特务机关——锦衣卫。锦衣卫的前身是吴元年(1367)设立的拱卫司。洪武三年(1370)改为亲军都尉府,管左、右、中、前、后五卫军士,又设仪鸾司隶属其下,至十五年遂罢府与司,改置锦衣卫。①

锦衣卫与明朝的各府、部、院都没有隶属关系,由皇帝直接指挥,只对皇帝负责。它设有指挥使一人,正三品;同知二人,从三品;佥事三人,正四品;镇抚二人,正五品;十四所千户十四人,正五品;副千户从五品,百户正六品。所统有将军、力士、校尉,分掌侍卫、缉捕、刑狱之事。其中,校尉五所,约有八九千人,②专门从事秘密缉访盗贼、奸宄及监视官民日常行为的特务活动。它的下属还有个称为镇抚司的机构,职掌本卫刑名,兼理军匠。因为皇帝常将重犯逮捕至京关入镇抚司狱中,令其讯治,故又有"诏狱"之称。洪武年间(1368—1398),大狱屡兴,朱元璋皆付镇抚司断治,诛杀以万千计。至洪武二十年(1387),功臣已被诛杀得差不多了,他

---

① 参见吴晗:《朱元璋传》第五章。
② 《病逸漫记》。

便下令焚毁锦衣卫刑具,将犯人移交刑部处理。又过了六年,"胡蓝党狱"已告结束,再次申明以后一切案件都由法司处理,内外刑狱不再经由锦衣卫。

成祖朱棣,由藩王以武力窃取皇位,对天下臣民满腹狐疑,又恢复了诏狱。不久又增设北镇抚司,专治诏狱。锦衣卫指挥纪纲刺探廷臣阴事,以奉迎皇上意旨,成祖以为忠,因此而遭残杀者不可胜数。后纪纲虽被诛,但锦衣卫典诏狱如故,并且作为一项祖制在朱棣的子孙中代代相传。

英宗年幼即位,信任司礼监太监王振。王振教他以重典御下,防大臣欺蔽。锦衣卫指挥使马顺阿附王振,称其为干爹,于是大臣下诏狱者络绎不绝,流毒天下。侍讲刘球因雷震奉天殿上书陈言朝政得失,语刺王振,王振便以诽谤朝廷为罪名将刘球捕下诏狱,授意马顺将其肢解。大理寺少卿薛瑄、国子监祭酒李时勉素不礼敬王振,王振便从其他事情上找碴子,诬陷薛瑄下诏狱几致丧命,李时勉荷校国子监前。

正统十四年(1449)英宗被俘的消息传至京师,给事中王竑等人愤怒之下将马顺活活打死,廷臣因而极言校尉缉事的弊端,景帝切责锦衣卫长官,"令所缉送法司,有诬罔者重罪",[①]锦衣卫的虐焰才有所收敛。景泰三年(1452)景帝易太子,想知道外间的舆论,便又命锦衣卫指挥同知毕旺采访事情。但景帝对锦衣卫的缉事活动控制较严。他敕谕毕旺说:"今后但系谋逆、反叛、妖言惑众、窥伺朝廷事情,交通王府外夷、窝藏奸盗,及各仓场库务虚买实收、关单官吏、受财卖法,有显迹重情,方许指实奏闻,点差御史复体察为实,方许执讯。其余事情,只许受害之人告发,不许挟仇受

① 《明史》卷九五《刑法志三》。

嘱,诬害良善,及将实事受财卖放。法司亦不许听从胁制嘱托。致有冤枉违法重情,罪不宥。"①于是,理锦衣事者指挥同知毕旺碌碌循职而已。② 正由于景帝对锦衣卫控制较严,在缉事活动中较多地遵循了以事实为依据的原则,所以在太子既易,不久而亡,而英宗父子却仍安居南宫的情况下,也未因锦衣校尉的风闻奏事而引发大的冤案。

英宗复辟后,虑廷臣党比,欲知外事,于是驾轻就熟,顺手拿起祖宗留下的现成工具,倚锦衣卫官校为耳目。在天顺年间,英宗所倚靠的特务头子便是门达和逯杲。

门达是顺天府丰润(今河北丰润)人,袭父职为锦衣卫百户。他性格机警沉鸷。正统末,进镇抚,理镇抚司刑狱。景泰五年(1454)十月,他路逢逃到北京的处州"贼",其手下的校尉辨出,他遂捕获奏闻,升为正千户,仍理镇抚司刑狱。但门达对仅升正千户颇为不满,认为景帝应该酬劳他更高的官职,于是上疏乞恩求升。景帝说:"门达无廉耻,自求官职。令其升本卫指挥佥事,带俸差操。"将他来了个升官去职。兵科左给事中王铉等人上疏说:"门达谙晓刑名,仍命其理刑为当。"景帝不听。③ 至景泰七年十二月,景帝才又命他以指挥佥事理卫事兼镇抚司问刑④。

英宗复辟后,门达以参与"夺门"功,进官指挥同知,不久又升为指挥使。他自请捐除卫事,专理镇抚司刑狱,英宗即表同意。⑤当时浙江人千户谢通佐门达理镇抚司事,用法仁恕,而门达对他很

① 《明英宗实录》卷二一四。
② 王世贞:《锦衣志》。
③ 《明英宗实录》卷二四六。
④ 《明英宗实录》卷二七三。
⑤ 《明英宗实录》卷二七八。

为信任,在他的影响下,重狱多平反,有罪者以下诏狱为幸运,而朝臣们则翕然称颂门达的贤德。但这并不中英宗的意。英宗当时刚复位,需要能为他搏击的鹰犬,性格顽强凶猛的校尉逯杲便获得了英宗的信任,门达反沦为他的工具。

逯杲是真定府安平(今河北安平)人,以锦衣校尉为门达及指挥刘敬的心腹。他也参与过"夺门"。英宗复辟后大治"奸党",他捆缚锦衣百户杨瑛,指为太监张永的亲属,又执千户刘勤于朝,奏其谤讪皇上,两人因此皆被诛杀。因杨善的保荐,授为本卫百户。以捕"妖贼"功,升副千户。又因曹吉祥的保荐,擢升为指挥金事。

逯杲因敢于搏击各类为皇上所不喜的大小官员,深得英宗信任,于是越加摭拾群臣细故,以迎合英宗的意旨。石亨恃宠不法,英宗渐感厌恶。逯杲便伺察石亨的阴事。石亨的侄子石彪因罪下狱,英宗命他赴大同械系其党都指挥朱琼等76人。逯杲因而告发石彪弟石庆的其他罪状,与此相连者皆得罪,他本人因此功而被晋升为指挥同知。天顺四年(1460),他又奏石亨怨望朝廷、心怀不轨,石亨遂被捕下狱瘐死。当时诏革"夺门"功,逯杲与门达、袁彬上疏自陈:他们累次升职都出自皇上的特恩,并非夤缘石亨而进。英宗优诏留任。

因为逯杲揭发石亨的功劳,英宗对他更为倚重。而逯杲也越发效命,权势超出门达之上。他自遣校尉侦事四方,廉得事情,即送门达镇抚司处锻炼成狱,此人身家即告不保。校尉所至,总兵、镇守、巡抚、巡按、三司和府州县官无不畏恐,便盛陈酒肴,选声伎以取媚。又馈送金银以祈免祸。虽然贵为亲藩也在所不免。校尉们吃饱了,喝足了,私囊装满了,各种恶欲发泄够了,便将那些不肯掏腰包者捉拿以塞责。门达与逯杲又立下程限催督校尉,必欲多获罪人。天顺四年(1460),各地官员到京师朝觐,英宗欲借此整

314

饬吏治，逯杲、门达便顺承旨意，对朝觐官员深入访察，于是大半的官员都遭罪谴。

被派往各地提问官员的校尉尤为凶暴，每至一府卫，辄破数大家。在京城内外居住的校尉，则占民田，揽税粮，嘱公事，无所不为，莫敢谁何。由于校尉如此猖狂跋扈，所以民间多有人冒称校尉，出入乘传，纵横往来，诈取财物，良善受害，无所控诉。逯杲害怕激起民变，于是上奏请英宗敕谕都察院出榜禁假校尉行事害人。①

英宗对缉事校尉依仗权势肆意枉人的情况并非不知，但对其所倚靠的特务头子却是深信不疑。这大概就是因为走狗并不会咬豢养它的主人，而只会搏击侵犯主人的人物，所以主人都会说自己的狗越恶越好。天顺四年（1460），有缉事校尉奏报说，临川王与四尼姑通奸，英宗命门达讯问。不知临川王花了多少的贿赂，费了多少周折，才得求人打通了门达等人的关节。于是，门达上奏说，临川王实无与尼姑通奸之事。有一天，英宗与李贤在便殿谈论政事，顺便提到此事。英宗说："校尉行事者亦多枉人。譬如临川王与四尼姑通奸，及镇抚司指挥门达讯问，实无此情。又闻行事者，法司依其所行，不敢辨，虽知其枉，付之叹息。惟门达能识真情。"李贤说："往时行事者挟仇害人、事涉虚渺者，治以重罪。"英宗说："若是如此处置，又虑其不肯用心访察，今后只令镇抚辨其冤枉者就可以了。"李贤无言以对。② 英宗并不觉得朝廷的正式司法机关不敢辩白缉事校尉的冤枉狱情，乃是他们慑于皇权的无边法力，却反而对特务头子更加信任。

---

① 《明英宗实录》卷三一八。

② 《天顺日录》页28a—b。

天顺四年十二月,缉事校尉诬告弋阳王朱奠壏烝其母,逯杲奏闻英宗。英宗得知后甚为愤怒,觉得他作为宗室的大宗主应该对此类败伦的丑行予以严惩。英宗说:"弋阳王奠壏淫乱事乃天地所无有,禽兽中所不为,不幸于宗室中见之。朕虽欲隐忍不发,然祖宗在天之灵决不能容。"①他致书弋阳王兄宁王朱奠培、瑞昌王朱奠堨,令他们"尽情直说"。② 一个月后,奠培、奠堨上奏说:"俱无知见的确。"也就是说并没有确切的证据证明奠壏母子曾做出败伦的事。英宗认为他们的奏报"似有隐讳",并警告说:"日后败露,俱不得辞其责。"③同时,英宗命右副使李广、驸马都尉薛桓和逯杲一同前往审勘的结果也是未找到任何真凭实据,只好报称无有此事。

　　从此事件中,英宗大概感到锦衣卫枉人不浅,他对李贤说:"宗室中岂愿有此丑事。逯杲开始既以为实,今却云无此事,以此看来,其余所行枉人多了。"李贤说:"诚如圣谕。"英宗又说:"法司明知其枉,畏避此辈不敢辨理。"李贤说:"若有旨意付法司,只要有冤枉者,即与之辨理,不许畏势避嫌,则更为妥当。"英宗于是召法司官戒饬,并敕谕道:"刑狱,国之重事。今后但有上陈冤枉者,必须加以研审,当辨者辨之,不许畏避嫌疑,致人冤枉!"④

　　英宗戒饬法司的敕谕发布后,朝廷内外,人人高兴。英宗将臣民的反应对李贤得意地述说了一遍,李贤乘机美言道:"清平之世,若刑狱枉人,实伤和气,惟陛下明见如此,斯民幸甚。"⑤李贤本

---

① 《明英宗实录》卷三二三。
② 《明英宗实录》卷三二三。
③ 《明英宗实录》卷三二四。
④ 《天顺日录》页32a—b;《明英宗实录》卷三二五。
⑤ 《天顺日录》页32a—b;《明英宗实录》卷三二五。

想借此促进英宗的善政,但是,英宗的姿态只不过是邀取臣民的美誉,其实对法司并不信任,在任用特务的问题上对李贤先生也毫不信任。他觉得逯杲是自己的亲信之人,他所说的几乎就等于自己所说,现在逯杲前后不一,岂不令他朱祁镇丢尽面子?李贤所说的"清平之世,刑狱枉人,实伤和气"岂不成了他朱祁镇的罪孽?他于是怒责逯杲,质问他为何前后不一,逯杲惧得罪,揣摩英宗羞愧和不信任大臣的心理,便坚持说奠壏败伦确有其事。英宗惭愤交加,遂令朱奠壏母子自尽,且说:"无污我宗室。"为了不使他们脏秽的身体玷污了大地的清洁,又令将奠壏母子的尸体焚化。据史书记载,"方异尸出焚时,雷雨大作,平地水深数尺,父老无不惊愕,以为逯杲上罔朝廷,诬陷宗室,故有此异"。①

石亨未败时,弘农卫千户陈安与同僚忿争相殴,诉于指挥使李斌,李斌不理。陈安遂怀恨在心,欲上奏诬告他。李斌得知,便文致陈安罪状,将其捕下卫狱勒死。陈安的家属诉冤朝廷,英宗命巡按御史邢宥鞫问。李斌听说朝廷派御史前来鞫审,内心恐惧,便偷偷行贿石亨。当时正好按察使王概至京谒拜石亨,石亨即嘱托他给邢宥传话:毋重罪李斌。于是检尸官就说陈安属于上吊自杀,邢宥则仅给李斌定了个擅执军职罪,赎绞还职。石亨败亡后,英宗心里总是存在一些疙瘩,觉得石亨的同党太多,似乎时刻有加害于他的可能,便令缉事校尉对石亨余党以及与石亨有关系的各种人严加监视。缉衣校尉则借此生事多端。天顺四年(1460)六月,缉事校尉呈报:李斌藏有妖书,谓其弟李健当有大位,欲阴结鞑靼骑兵为石亨报仇。逯杲认为属实,即据以奏闻。英宗即命将李斌兄弟执付诏狱,籍没其家。门达论李氏兄弟"谋反"。英宗命廷臣两次

---

① 《明英宗实录》卷三二八。

会审，廷臣畏恐违忤皇上之意，不敢平反，于是李斌、李健被活活地一刀刀割死，即所谓"凌迟"，连坐被处斩刑者 26 人，处绞刑者 2 人，没充为官奴婢者 45 人（属儿童与妇女），时论称冤。①

逯杲本来夤缘石亨、曹吉祥而进，却反噬石亨，又奏发曹吉祥、曹钦阴事，这种以怨报德，翻脸不认人，过河便拆桥的精神正是英宗所得意的"忠臣"品格。儒臣有什么"道"，并企求以此与皇权相抗，那并不是彻底的"忠"，所谓"南人文雅"或许就包含此意。只有逯杲这种唯皇上的意志是从，阴险残忍，亲故不认才是彻底的"忠"。据《明实录》中逯杲的传记说："方其得志时，虑为仇家所攻，退居杜门绝客，非素厚者不敢干以私，故为皇上所宠任。"②但逯杲的这种保命法抵挡不住真正的亡命之徒。曹氏父子对他早已恨之入骨，天顺五年（1461）曹钦造反时便首先将其头颅割下，然后碎尸万段。事后，英宗十分怀念逯杲，追赠他为指挥使，又给其子指挥佥事俸。③

逯杲被杀，门达以守卫功晋升为都指挥佥事，势力突然膨胀。他效法逯杲的所作所为，广布旗校于各地，于是告讦者日盛，臣民们皆谨小慎微，英宗越发认为门达有能力。

曹钦叛乱被平定后，英宗愈加明察，一旦发现文武官吏贪赃枉法，特别是各种涉嫌犯上的事情，便严惩不贷，而门达则是英宗在逯杲死后最为得力的恶犬。

锦衣卫带俸都指挥同知孙绍宗是孙太后的弟弟，平定曹钦叛乱后，其部下军士 67 人冒擒贼功得赏银。门达察知其事，呈奏英宗，英宗即令兵部处置。兵部请依法处置。英宗命孙绍宗与其侄

---

① 《明英宗实录》卷三二九；《明史》卷三〇七《佞幸列传》。

② 《明英宗实录》卷三三〇。

③ 《明英宗实录》卷三四〇。

六人据实自陈,夺其赏银,宥其罪,其余的军士则执付镇抚司审讯。英宗觉得,他这样处理,既维护了朝廷纲纪的尊严,又顾全了太后的面子和外戚的恩义。

天顺后期,英宗对于文官的失职行为多处以重罚。户部山西司的库金被盗贼偷去,巡城御史徐茂劾郎中赵昌,主事王珪、徐源疏纵。英宗交给门达勘问,门达遂奉迎英宗的旨意,将三人逮下诏狱审讯,狱成,皆被谪官。①

天顺六年(1462),有人告讦巡按直隶监察御史樊英至六台县屡次饮于丁忧主事郑瑛家,因而纳贿废法。英宗命给事中赵忠、锦衣百户陆瑄前去勘核。二人还朝后奏称:"樊英与郑瑛是同年进士,尝相过饮,而纳贿废法则实无其事。"英宗对此报告十分不相信,于是仍命将樊英、郑瑛逮捕至京,下锦衣卫狱,由门达再主持审讯。② 经过刑讯逼供,门达终抓到了一些把柄,于是奏报说樊英与郑瑛有贿赂迹,而给事中赵忠、百户陆瑄核报不实,请下两人于狱,治其徇私袒护之罪。英宗遂将赵忠、陆瑄下诏狱审讯,然后送法司拟罪。法司论二人当赎徒还职,英宗认为太轻,贿赂只不过是品行不端,而徇私庇护乃是罔上之罪,于是下旨,赎徒毕,外调赵忠为山西太原府平定州判官,陆瑄依拟。③

英宗严察臣下,门达深文以成狱,缉事校尉则是无所不至,以至于镇抚司的现有监狱囚满为患。门达遂奏请在城西武邑库隙地增盖狱房,英宗即命工部督管盖造。④

既然臣下的生死荣辱全都操在皇上的手里,那么投合皇上的

---

① 《明史》卷三〇七《佞幸列传》。
② 《明英宗实录》卷三四二。
③ 《明英宗实录》卷三四四。
④ 《明英宗实录》卷三四四。

好恶便是获取富贵荣华的最好途径,所以在君主专制的政治体制下,"上有所好,下必甚之"是一种普通的必然的现象。门达为了迎合英宗的旨意,便效法逯杲行督责之术,但他的同事锦衣卫指挥佥事吕贵却告诉他:"武臣不要轻易触犯,曹钦怒杀逯杲即是前鉴。惟有文吏易受裁抑。"[①]于是,天顺后期,文官的灾祸尤为惨烈。

给事中程万里等人值守登闻鼓,有一位军士的妻子击鼓诉冤,按照明朝的惯例,斋戒日不奏刑名,程万里因此而不受其状。门达廉知此事,上奏弹劾程万里等人蒙蔽皇上,英宗便令将其逮下诏狱。[②]

司礼太监王振未死的时候,教会了英宗不少驭臣之术,其中之一就是王振从先帝那里学来的"荷校"。所谓荷校,即是枷刑。在大庭广众之下,犯人不仅要忍受肉体的痛苦,而且要忍受人格的侮辱。枷的重量不等,如果此人命运不济,皇上命令将其在诏狱中重创一番,然后拖着将死未死的身子,在众目睽睽之下套上一百几十斤重的木枷,重力的摧压,再加上烈日的曝晒,五脏俱裂,七窍出血,其小命便呜呼哀哉了。枷本来是一种拘束犯人上肢和头部运动能力的刑具,用于押送犯人,但英宗的父亲宣德帝便创造性地将它运用为一种处罚犯人的酷刑。宣德三年(1428),朱瞻基怒御史严皑、方鼎、何东等人沉湎酒色,久不朝参,于是命令将他们枷号示众。从此言官即时有荷校者。[③]

在英宗统治时期,正统六年(1441)以后,王振擅权,尚书刘中敷,侍郎吴玺、陈瑺,祭酒李时勉都受过枷刑之摧辱。复辟后,尤其

---

① 《明史》卷三〇七《佞幸列传》。
② 《明英宗实录》卷三四五。
③ 《明史》卷九五《刑法(三)》。

是天顺后期，英宗又重操此术。监察御史李蕃巡按大同、宣府，有人密告他擅拢军职，用军容迎送。李蕃回道后，英宗即授意六科给事中弹劾，数其假张威势、肆无忌惮之罪，下锦衣卫狱审讯。用刑毕，即命枷于长安左门外，不久即毙命。[①] 监察御史杨琎巡按辽东，韩琪巡按山西，锦衣卫奏报他们擅拢军职、妄作威福，英宗即命将他们枷号于都察院门前。韩琪不久死于枷下。[②]

英宗之所以对他们如此愤恨，仍是因为他们借钦差之名，擅作威福。赏罚之柄，唯人主可握，他们如此行为，岂不是侵犯了人主的威权？

明朝除了锦衣卫这个军事特务机关外，还有规模庞大、人数众多的宦官集团。而这两者又起着互补作用。本来太祖朱元璋于宫中悬铁牌禁止宦官干政，且有吏部对其进行监督。[③] 但成祖朱棣以篡得位，为了保住这来路不正的宝座，便与倚任锦衣卫一样重任宦官，让他们出使、镇守、监军、监督在外文武群臣。其子孙则将这套体制视之为传家宝，世代相传，英宗亦不例外。宦官在宫内是皇帝的贴身近侍，奉命出使，则又是皇帝的私人代表。在英宗看来，辱内使即辱天子，所以对臣下的此类行为，他深恶痛绝，严惩不贷。

广东南雄知府刘实，字嘉秀，是江西安福人，宣德五年（1430）进士。刘实为人耿直廉正，凡属于悖公不义的行为，虽然是达官贵人之所为，他也从不委曲阿容。天顺四年（1460），他出任南雄知府。南雄年收商税巨万，历任知府皆饱私囊，刘实到任后则全部用作公费，自己一无所取。有中官贵人途经南雄，向刘实索要贿赂，

① 《明英宗实录》卷三五一。
② 《明英宗实录》卷三五二；《明史》卷三〇七《佞幸列传》。
③ 《万历野获编补遗》卷一《内官定制》云："本朝内臣俱为吏部所领，盖《周礼》冢宰统阉人之制。至永乐始归其事于内，而史讳之。"

刘实不予。中官恼羞成怒,遂借府僚参谒的机会,令左右随从人员捽打刘实。当时在府内服役的民夫一百余人,听到知府被辱,便大呼拥入,将刘实护拥而出。中官因此更加恼怒,遂上奏诬告刘实殴打朝廷中使,并告他毁坏敕书,对皇上大不敬。刘实也上奏揭发中官的贪酷行为。英宗下旨将两人逮捕至京,召至御前亲自诘问,稀里糊涂未弄清是非曲直,又一并关进锦衣卫狱,令门达审讯。刘实在狱中上书英宗说:"臣为官三十年,未尝以妻、子自随,食粗衣敝,为国家爱养小民,不忍困之,以是忤朝使。"英宗览书,愤怒情绪才稍微消解。而中官也承认刘实所说是实。英宗才下令将刘实释放。但这位廉政爱民的知府却因为在狱中受尽了皇恩施舍的各种非人折磨,在浩荡的皇恩转而怜悯他时,已悲愤地离开了人世。①

刘实被瘐死,而诬谤他的中官却未受任何惩处,而且在《明实录》中也未留下这位中官的名姓。

天顺六年(1462)初,宦官弓胜奉诏捕虎,路过山西代州崞县,索贿于知县杨庆,怒其给贿少,欲杖之。杨庆未被宦官的淫威吓倒,斥责弓胜以捕虎害民,并令县民抬着所捕的老虎,促其离去。弓胜索贿不成反惹一肚子的不舒服,遂对杨庆切齿痛恨,将事情添油加醋写疏上奏。英宗阅疏后,大怒,下令将杨庆捕入诏狱。都察院的大臣迎合英宗的旨意,上奏说杨庆不安分,敢与内使相抗,宜处以重罪。英宗令将他姑且监禁于诏狱,待慢慢地去折磨他。②

不但干犯了宦官的人要遭受惩罚,就是干犯了宦官的家人,也逃不了英宗的重刑垂青。国子监生金繡殴太监傅恭的家人,傅恭

---

① 《明英宗实录》卷三二八;《明史》卷一六一《刘实传》。
② 《明英宗实录》卷三三七。

上告英宗,英宗命法司拟罪,法司处以赎杖。英宗以为太轻,特命锦衣卫将其枷号示众。①

　　刘实和杨庆之所以得罪英宗,表面原因是得罪了皇帝的内侍,其更深刻的根源却在于专制君主对于绝对权力和唯我独尊的要求。英宗不愿意他的臣下有独立的政治品格,如果臣下果真像于谦那样奉行孟子"民为贵,社稷次之,君为轻"的教戒,又将置他朱祁镇于何地呢?李实、杨庆打出为民的旗号就胆敢与内使相抗,无乃太不安于臣分了?所谓臣者,奴仆也。既为奴仆,即唯主子之命是从,什么为民为国就可以抗辱朝廷使者,岂不是大不忠!只要忠于人主,哪怕是仅仅对内使表示礼敬,逆来顺受,即是尽了臣的义务。至于对小民横暴点,勒索些民脂民膏,那只不过是从皇帝的如山金库中拿走了一个金分子,不足为罪。

　　镇守通州都指挥同知陈逵与通州知州卢遂、同知黄仲宽相互讦奏。英宗命锦衣卫千户高安前去勘核,高安受陈逵贿,回京后便奏报卢遂、黄仲宽有贪淫之迹,而对陈逵之罪则轻描淡写。英宗命陈逵具奏陈述自己的罪状。陈逵自伏役军耕种官地及勒民交纳柴草、豆料的罪行,并且说:"太监韩亮、傅恭、裴当、李杰及内官陈政路过通州,臣或因役夫不给而擅挞州官,或给银与州、卫官代臣置酒延款,或邀饮臣家,或知其杖杀军士而不以上闻,此皆臣罪。但臣实实在在尊敬近侍内臣。伏乞圣明赦宥臣罪。"英宗将陈逵的自陈状转发刑部,令其处理。刑部请将陈逵逮捕至京审讯。英宗说:"陈逵既然认罪了,姑且宽宥了他。"②看来,只要礼敬近侍内臣,则擅挞州官、占耕屯田、勒民交纳柴草豆料,皆属无罪。卢遂等

——————————————

① 《明英宗实录》卷三四六。
② 《明英宗实录》卷三四二。

人肯定受到了惩处，但受何种处罚、下落如何，史籍记载不明。但可以肯定，他被从通州知州任上拿了下来。[1]

由于英宗特别痛恨犯上的事情，而且对这类事情有一种神经质式的反应，所以对锦衣校尉们缉得"妖言""谋反"事件，便一例以升官晋职相酬谢。为了邀功，锦衣校尉们将其触角伸向全国的每一个角落，采用刑讯逼供、伪造证据等手法，将那些风影之事制造成一桩桩的"妖言""谋反"案，以无辜者的冤魂与尸骨铺平自己升官发财的道路。按照一般的司法原则，定罪必须以事实为依据，若无足够证明犯罪的客观依据，则不应予以定罪。但是，在专制制度下，这只不过是粉饰门面的漂亮话，而不是司法必须遵循的原则。在专制制度下遵循的司法原则是：宁信其有，不信其无。在专制君主看来，他所信任的特务的言论就是铁的证据，而涉嫌犯上者，则只需告讦者的一番诬语便是铁证如山了。只要没有确凿无疑的事实证明该特务的出证是出于徇私，诬告者也犯有犯上之罪，就可以不顾任何否定有罪的证据，而仅据该特务的言论或告讦者的诬告即将被告者定以重罪。如弋阳王朱奠壏母子被赐死，便是英宗在无其他任何客观证据的情况下，仅凭逯杲的口说之言而作出的判决。

正因为英宗对犯上的事情过于敏感，而定罪又不遵循以事实为依据的原则，所以在天顺时期，特别是后期，告讦之风炽盛。天顺七年（1463），河南裕州（今河南方城）民奏告知州秦永昌贪暴、打死人命数多，最大的罪状是他曾经穿御用明黄色的衣服检阅民兵。英宗复辟后，特别是历经他自己一手造成的大权臣石、曹的事

---

[1] 《明英宗实录》卷三四二，天顺六年七月壬子条云："升顺天府文安县知县何源为通州知州。先是源九年任满，县民奏留复任，至是通州缺知州，州民相率盲其抚字有方，乞开补。吏部具请，故有是命。"

件后,对能否稳坐皇帝的宝座已是十分的担忧,见有人奏报此事,神经顿时紧张起来,着黄衣阅兵岂不是明明要以武力夺取他的宝座吗? 于是立即命门达遣官校将秦永昌逮捕至京,并籍没其家赀,陈于外庭让廷臣参观。内阁大学士李贤与诸大臣见皇上怒气极盛,惧逆鳞遭殃,便阿旨合疏上奏,请诛秦永昌,"以戒有司之不法者"。英宗命斩秦永昌于市,并榜示天下。① 当时正是五月,又是初八,非行刑之时,按照明朝的祖制,只有"决不待时重囚,报可,即奏遣官往决之"。② 而且"以部民讦州官至殊死,此古来奇事"。③ 可见英宗的内心是何其虚弱,而其性情又是何等残忍。

　　杀了秦永昌还不算,倒霉的还有一大帮。英宗怒河南的藩臬二司官和监察御史未尽到监督之责,为他及早发现这一乱臣贼子,便对他们也一一予以教训。这些人的罪状都是一样:故纵。他们经过诏狱的刑讯后,其中现任河南左布政使侯臣,参政萧俨、谢佑,参议王铉,按察使吴中,副使张谏、项聪,金事王绍仍复职,罚俸三年。金事高逵冠带闲住。现任河南监察御史吴玘、梁觐,原任河南监察御史现已升任浙江金事陈璧、台州知府邢宥,俱贬为县丞。④ 被牵连处罪的还有福建左布政使姚龙。他曾任河南左参政、分守裕州,不能纠秦永昌之罪,是为失职,被处以赎杖还职⑤。

　　对于涉嫌僭越者,即使锦衣校尉没抓到任何与诬告罪状相符的证据,英宗仍是不肯放过,大有"宁可枉死一千,不可放走一个"的气势。天顺七年(1463)冬天,浙江金华知府张瑄被人诬告僭张

　　① 《明英宗实录》卷三五二。

　　② 《明史》卷九四《刑法(二)》。

　　③ 《万历野获编补遗》卷一《王振恩恤》。

　　④ 《明英宗实录》卷三五五。

　　⑤ 《明英宗实录》卷三五八。

黄盖、贪淫酷暴十余事,英宗命锦衣卫遣官校前往密察其事,并嘱咐道:"若有僭分,即籍没之,有赃即追。否,亦械瑄以来。"经过副千户赵璟等人的调查,证明张瑄被告的罪状多属无根的诬告。英宗不惩诬告者,却仍令将张瑄押赴北京。①

正因为英宗越来越借重于特务来维护自己的统治,锦衣卫的官校出外行事便是八面威风,有司衙门唯恐承奉不及。生员(明清时期府、州、县学的学生称为生员,又称为诸生,俗称为秀才。)马云因犯过失被黜为民,他于心不甘,遂赴京陈情,希望能得到皇上的饶恕,未达目的。他见锦衣官校十分威风,便冒充锦衣卫镇抚,伪称奉命还乡葬父。官员唯恐得罪了这位通天的人物,于是陕西左右布政使孙毓、杨璇,参政张用翰、张绅,参议柳荣,陕西按察司副使刘福、姚哲,佥事叶禄皆具赙仪前往吊唁。后来,马云假冒之事败露,都察院请将陕西布、按二司的官员们下巡按御史提审,孙毓等人赶忙上疏认罪,英宗也许觉得这些人被皇权的威风吓得乱求佛,有些可怜,便下令宽宥了他们。也许英宗同样觉得马云这个假锦衣卫特务都如此神气,自己脸上也有光,于是也未给他任何处罚。②

假锦衣卫官校如此威风,真官校则更是狐假虎威,到处肆虐。他们外出提人,惟财是图,索贿动以万千计。如觉贿赂不够,则千方百计陷入重罪。天下官民被其扰害不浅。但慑于专制君主和其奴才的威权,无人敢将此情上告。李贤这样的亲信大臣,也只能在英宗高兴的时候,婉转相告。一天,李贤在召对时乘英宗情绪颇佳,说道:"现在天下百姓颇为安绪,惟有一害。"英宗问:"何害?"

① 《明英宗实录》卷三五九。
② 《明英宗实录》卷三五七。

李贤说:"这一害就是锦衣官校。此辈一经出外,如狼似虎,贪财无厌,没有纪极。"英宗听言,丝毫未感意外,而倒是认为这本是情理之中的事情,他说:"此辈出外,谁不畏惧,其害人不言可知。今后非大故重事不遣。"李贤顿首说:"幸甚!"①

可是李贤在英宗面前说过这番话后,英宗有十多天没有召见他,他百思不得其解。后来他才听说是因为锦衣卫校尉多为皇上左右亲近所嘱差,他们得知李贤企图劝说英宗束管锦衣卫官校的事情后,便对他进行了一番谮毁,英宗才疏远了他。②李贤如此解释,恐怕也属于为尊者讳之类的行为。从史实来分析,英宗疏远李贤,乃是英宗对他的话产生了怀疑,从而怀疑到他本人是否诚实,至于是否有人进谮言,只是表面原因。英宗既怀疑李贤的话言过其实,便密令指挥佥事逯杲秘密访察,果然发现有一校尉借缉事之名得银三四千两。英宗这才相信李贤所说不虚,便又恢复了对他的信任,并召门达告诫说:"今后差遣官校,如有似前求贿索略者,一体重罪不饶。"③

天顺后期,英宗更为倚重锦衣卫这个军事特务机关,锦衣卫的官校借缉事之名四出逼取军民官吏贿赂的事情就更多了,朝野反应强烈,门达于是争取主动,自承管束不严之罪。英宗诏宥免之。④

专制君主由于他那种至高无上、独一无二的地位,无法推心置腹地去信任任何人。因而对于任何人的信任都是有条件有限度的。锦衣卫本来因此而设立,所以英宗不仅无法听从李贤之言去

① 《天顺日录》页 18a。
② 《天顺日录》页 19b—20a。
③ 《明英宗实录》卷二九六;《天顺日录》页 20b。
④ 《明英宗实录》卷三五三。

掉锦衣卫官校这一害,而且还要用它来监督所有的臣民,可爱的李先生当然也不在其外。而锦衣卫指挥门达,则借此以报私怨。

门达见李贤受英宗宠眷,又屡次在皇上面前裁抑自己,心里对其早怀不满。尚在逯杲未死之前的天顺二年(1458)初,当时刑部尚书刘广衡在前一年的八月已致仕,年底去世,刑部尚书出缺。李贤向英宗推荐山东布政使陆瑜。门达在英宗面前潜毁李贤,说他接受陆瑜重金贿赂,酬以尚书。英宗果然起了疑心。半年以后弄清了真相,才下诏召陆瑜为尚书。①

平定曹氏叛乱后,英宗对李贤更为信任,但亦有保留,若有真凭实据证明李贤欺罔朝廷,他随时准备更易辅臣。门达对李贤的宠遇更是感到不满,处心积虑,伺机找碴,以转移英宗对李贤的眷顾。

英宗颇为宠幸的人物还有袁彬。他们之间可谓是患难之交。自漠北返回中原后,景帝只授给袁彬一个试百户的小官。英宗复辟后,当日即召见袁彬,昔日患难君臣相见,不禁语长情动,于是越级升迁他为指挥佥事,不久又升为同知。袁彬有所奏请,英宗无不应允。内阁学士商辂被罢归后,袁彬乞得他的在京居第。后来又以为低矮狭小,请求公家为他另外盖造,英宗即命工部在城东为他修造新第,引太液池水穿中御沟与之相通。② 袁彬娶妻,英宗命皇舅孙显宗主婚,赐予优渥。居常,英宗不时召袁彬夫妇入宫听曲予宴,君臣谈起旧事,欢洽如既往。天顺元年(1457)底,袁彬进升为指挥使,与都指挥佥事王喜同掌锦衣卫事。石亨、曹吉祥倚“夺门”功,干请无虚日,英宗心中生厌,欲缘事抑削其权。他将此事

---

① 《明史》卷三〇七《佞幸列传》。
② 《锦衣志》。

委托给袁彬，袁彬逊谢不敢。天顺三年（1459），袁彬与王喜徇太监夏时嘱，擅自差遣百户季福前往江西侦事。季福是英宗乳媪的丈夫，如此差遣，岂不有辱英宗的面子？英宗诏问是谁所派遣，袁彬与王喜请罪。英宗说："此事必有主使的人，不要隐瞒。"袁、王二人说："是季福自己要求去的，臣等只是徇私情答应了他的要求。"英宗不信，令都察院审讯季福，果得真情。都察院请追究夏时与袁、王的罪状。英宗命宥夏时，二人赎徒还职，并戒饬说："自今敢徇内外官私嘱遣官者，必杀无赦。"①后来因锦衣卫狱囚越狱事，王喜解职，袁彬于是掌卫事。天顺五年（1461）秋，以平定曹钦功，升为都指挥佥事。

袁彬掌卫事，出于英宗对往日患难之臣的眷顾，但袁彬不敢做皇上的搏击鹰犬，在逯杲死后，英宗又不得不倚重门达。门达虽然在名义上是佐助袁彬理卫事，却得专治镇抚司刑狱，逮讯犯人皆由其主持，不经袁彬而自请可否。但是袁彬官位仍在门达之上，且当时朝臣对他皆以媚颜相奉，唯有袁彬对他傲然视之。门达知道英宗对袁彬并不器重，于是伺机借事将他罗人。袁彬小老婆的父亲千户王钦凭借女婿的威名，到处诓骗财物，为门达所廉察，袁彬因此被处以赎徒还职之罚。门达觉得处罪太轻，不足以泄愤，而此时他正在审讯赵安案，便计上心来。赵安原来是锦衣卫的力士，曾经在袁彬手下做过事，后来以罪被谪为铁岭卫军，遇赦还京，改隶府军前卫。门达利用刑讯逼迫赵安供认他所以能改隶府军前卫，乃是袁彬为其请托而得。门达将此上闻，并诬奏袁彬曾受石亨、曹钦的贿赂，用官木造私第，向督工内官索要砖瓦，夺人女子为妾等罪状。英宗见奏很不高兴，对门达说："袁彬背负朕了。但故人不死足矣，此外任你

---

① 《明英宗实录》卷三一〇；《明史》卷一六七《袁彬传》。

所为。"门达于是将袁彬逮捕下狱，五毒更下，袁彬不胜苦，诬伏。

门达正要将审讯的结果上奏，这时，平素为袁彬所爱的军匠余丁漆工杨埙击登闻鼓为其恩人诉冤。他上疏说："昔者驾在北庭，独袁彬以一校尉保护圣躬，备尝艰苦。今猝然付之刑狱，诚所不解。乞赐御前录审，俾死无遗憾。"并诉门达诸不法事。

英宗接奏，怒，命将杨埙一并捕下诏狱审讯。在狱中，门达用巨杖捶击杨埙，令其招认背后的主使者。杨埙恐惧一旦死狱中，无处雪冤，便顺着门达的意思，张嘴撒谎说："小人是一个贱工，若不是李学士替小人草奏，哪能写出如此好的诉状。"并说："但小人言于此，无人证见，不如请会多官廷审，小人对众言说，李学士便无法脱罪。"门达闻言大喜，立即令刑官停刑，烧热水给他沐浴，又供给醇酒肴肉吃喝。然后门达亲持审讯记录，在英宗面前诉说道："李贤令杨埙中伤臣为袁彬脱罪，难道就不畏惧朝廷的法度？"又请令刑部、都察院、大理寺三法司会审杨埙、袁彬。英宗于是令于午门外会审，由太监裴当监审。门达欲执李贤一并审讯，裴当说："大臣不可辱，况且这只不过是区区小事。"

在法庭上，杨埙大呼冤枉，并且自怀中掏出一块熟肉，高声喊叫："门指挥给小人吃美酒肴肉，诱使小人牵引李学士。李学士是大贵人，小人从何得见？小人死是命中注定，为何要冤枉他人呀！"袁彬也历数门达仗势受贿索赂的种种罪状，法司畏惧门达的权势，未敢将袁彬言上闻。会审最后议处袁彬赎绞，杨埙处斩。狱上，英宗览奏似乎看出了门达借兴刑狱以报私仇的真相，于是命袁彬赎刑毕，调往南京锦衣卫，带俸闲住，杨埙仍禁锢狱中。①

---

① 门达潜袁彬、李贤事，见《明英宗实录》卷三五九；《明史》卷三〇七《佞幸列传》；王世贞：《锦衣志》；尹直：《琐缀录》页16b。

两个月后,英宗的脚气病加重,门达预料东宫典玺局丞王纶在新天子即位后必定柄用,便预为结纳。侍读学士钱溥与内阁学士陈文比邻而居,日常往来密切。钱溥曾在内书堂当过教习,他的弟子全是皇帝身边的贵近人物,他们来拜谒老师时,钱溥必邀陈文共饮。英宗病危,内侍王纶私自到钱溥家密商政事,钱溥未召陈文参与。陈文感到奇怪,便暗中窥听,只听王纶说:"帝不豫,东宫却纳妃,怎么办?"钱溥说:"当奉遗诏行事。"不久英宗崩逝,李贤起草遗诏,陈文起而夺其笔说:"不用了,已有诏草。"然后就述说王纶、钱溥定计,欲将李贤逐出内阁,以钱溥取而代之,并且以兵部侍郎韩雍取代尚书马昂。李贤听了这活,心中忧惧,遂将王纶、钱溥密计事秘奏宪宗。当时宪宗初立,王纶自以为应该出任司礼监太监,气势狂傲。英宗崩逝,国之大丧,按照明朝的礼制,内官应和诸王、世子一样闻丧之日即易素服戴有黑角带的乌纱帽,并且自闻丧后的第四日始,要为大行皇帝服三年斩衰之丧。英宗大敛时,王纶却穿着一身华贵的雪白貂皮服,宪宗见了不由得心中升起一股深深厌恶的情绪。司礼监太监牛玉恐王纶柄用后势必倾己,因而历数王纶诸罪,劝宪宗将其逮捕下狱,又嗾人告发王纶与廷臣交通事。于是与王纶平日有关联者皆得罪。法司依律拟王纶斩罪,以赦例从轻,降为内使,发南京闲住。[①]门达调贵州都匀卫带俸差操。将行,言官交章论其罪恶,宪宗令将其逮治,论斩系狱,没其家赀巨万。门达子门升,侄千户门清,婿指挥杨观及其同党都指挥牛循等9人,或戍或贬。后来审录罪囚时,宪宗命免门达死,发广西南丹卫充军,死于戍所。[②]

　　①　《明史》卷一六八《陈文传》;《弇山堂别集》卷九二《中官考(三)》。
　　②　《明史》卷三〇七《佞幸列传》。

门达败后,袁彬遂从南京被召回,官复原职,仍掌卫事。门达发戍南丹卫,袁彬不计前仇,为其设宴钱行,并赠以财物。①

三、敬天勤政

世袭帝制下的守成君主缺乏开国之君那种大浪淘沙般的历练,因而也缺乏开国之君的雄才大略和显赫业绩。他们是守成君主,已经不再需要为王朝的创建和稳定呕心沥血、驰骋疆场。他们面对的是祖宗们留下的太平江山这份无比庞大的财富。祖宗们对他们的期待,就是守住这份财富,让它在一家一姓的手中永世留传。但是,世袭君主制却无法保证皇位的继承者一定就能胜任这一使命。因为皇位继承人只能在皇帝的现成子嗣中选择,有时甚至连这种自由度极小的选择也无法进行。为了消除皇位承传过程中同室操戈的危险,太祖朱元璋自创立大明帝国的那一天起就定下了嫡长子继承制的原则。因此,未来的皇帝是什么样子,根本是无法选择的事,而只能由皇帝和皇后、妃子们的生育能力、皇帝的寿命等一系列人们无法控制的因素来决定。

当明宣宗去世时,长子朱祁镇只有 9 岁,于是他小小的年纪便要承受起治理天下的重担。当然,为了江山的稳固,祖宗们已吸取了千百年来历代王朝的各种治国经验,创立了各种制度,设置了各种机构,使它们都具有一定程度的自主性,就如人体的各个器官在没有大脑有意识的操纵下,也能由植物神经支配正常运转。但是,人的健康行为不能没有大脑的理智调控,王朝政治的健全运行也脱离不开君主的正确领导。无奈世袭君主制此时只能给明王朝一

---

① 《明史》卷一六七《袁彬传》。

位童昏的皇帝。因为不管贵为天子的孩童是如何的聪慧早熟,他也不能超越人生所必须经历的各个阶段。这样,他要达到守成君主的标准尚须经过一个成长过程。在达到这个标准之前,他依然按其所处人生特殊阶段所具有的特征对王朝的政治发挥独特的影响。朱祁镇——明英宗,在正统年间经历了他的童年、少年和青年时代。随着年龄的增长,他从儒臣、内侍和自己的经历中学到了不少东西,而其中王振对他的影响最深。但对帮助他达成守成之君之要求更为有益的则是土木之变后身为也先俘虏和南宫七年幽禁的生活。当他稳坐皇帝的宝座、高高在上的时候,可以对大臣的谏言闭耳塞听,对逆耳者甚至可以大肆加以挞伐。但现在不同,政治上的过失必须以肉体和心灵的痛苦来忍受,而且还得时刻担心兄弟的情谊是否会保证他生命的安然。这段磨难对于他来说是刻骨铭心的。天顺五年(1461)十一月,他曾对大学士李贤说:"朕今在位五年矣,未尝一日忘在南城时。"①

在南城的日子大概使英宗懂得了敬天勤政的重要性。复位后,他对敬天敬祖、处理政务、接见大臣等事是一丝不苟地进行。他曾对李贤描述自己一天的活动:早晨五鼓初就起床,斋洁具服拜天。② 有的日子患足疾不能起拜,就跪着拜。然后批阅司礼监送来的本章。再到奉天殿朝庙行拜礼,八庙皆然。接着就是御早朝。退朝后即至文华殿,与有关大臣访问商议早朝未能断决的政事,然后下裁决。处理政事毕,才回宫进膳。进膳毕,又开始批阅章奏。易决的即批出,有须仔细考虑定议的就送到内阁,令学士们参决。然后从容游息。至申初复省章奏。政事松闲时,午休后的那段时

---

① 《天顺日录》页38a。
② 《明史》卷四八《礼(二)》云:"嘉靖初,沿先朝旧仪,每日宫中行拜天礼。后以为渎,罢之。"

间则听内政。至晚上即休息。至于母后处,则是每日一朝,有命则两日一朝,隆冬盛暑五日一朝。对于饮食服用则是从不挑剔,随分随便。虽然穿着布衣,人们并不以为不是天子。闲暇的日子或是读书,或是观看射箭。《尚书》和四书读过多遍。《尚书》中的"二典""三谟"是帝王用人为政的嘉言。正统年间曾用心读过一些书,只是不太喜欢写字,所以字写得不太美观。①

听完英宗的自述,李贤说:"自古贤君修德勤政,莫不皆然。今陛下敬天敬祖宗、孝母后、亲揽政务,则修德勤政之事都具备了。臣愿陛下持此不衰,坚如金石,则可以逐渐达到尧舜之道而为尧舜之君。"

英宗说:"如此行之,亦有何劳。不然则便于安逸而怠荒至矣,虽悔何追!"

李贤说:"陛下言及于此,社稷苍生之福也。"②

一个合格的守成之君,首要的品质就是敬天。因为皇帝是上天之子,是秉承天命来统治天下万民的。但天命并非永眷。当天子做了太多的恶事,弄得天怒人怨时,天命就要转移,改朝换代往往随之而来。这种事情天子无法控制,他只有敬天、谨天戒才能求得天命的永顾。如果说英宗在正统年间敬天只不过是依朝廷的典礼行例行之事的话,那么在天顺年间的敬天则在很大程度是出于对上天这种无边法力的慑服。他被也先俘虏后,叛阉喜宁多次怂恿也先杀害自己的心腹侍卫袁彬,将他永远留在茫茫的草原上,是上天多次示警也先,从而才使自己得以身还中土。在南宫那段担惊受怕的日子里,本来万念俱寂,只求过一个常人般的太平生活,

① 《天顺日录》页 16b、38b—39a。

② 《天顺日录》页 17a。

没想到上天仍然眷顾他,让他重新登上了人君的宝座。因此,复位后他对敬天是一遵祖宗的制度一丝不苟、虔心诚意地去做。

正如英宗自述所说,清晨的拜天礼,他是每日不停,哪怕是脚气病犯了,也要跪着向天祈祷。每年春天的祭天地是朝廷的第一大祀礼仪,他更是毫不怠慢。天顺七年(1463)正月十六日(丙午),将大祀天地于南郊;前三日英宗当临御奉天殿誓戒文臣群臣致斋三日。但是自去年十二月二十五日始,他的脚气病又严重了,致使不能临朝视政。大祀日期迫近,脚疾尚未痊愈。十三日,他克服疾病的影响,亲临奉天殿誓戒群臣。当然,大祀礼也是务必亲自主持的。他召李贤至文华殿询问道:"大祀期至,朕足疾未愈,欲自行礼,但艰于拜起,令人扶可乎?"李贤说:"陛下力疾行礼,足见敬天有诚,虽扶何妨。"①三日后,英宗遂在内侍的扶持下完成了大祀天地的典礼。②

中国古代不存在像基督教中那样唯一的上帝,中国人对神的信仰是多元的,几乎所有的自然物和现象以及人类的创造物都具有神的品格,而且每类神都以不同的职能和方式对人类发生作用。所以天子对天的信仰就不仅限于上天这一概称大自然中多种神灵的众神之归,而且还有地祇、山川、风雨、城隍等各种神灵。在天人合一、万物一体的观念中,天地本来就是密切相关、既对立又统一的两个方面,所以在祭天的同时也一并祭祀地祇。按照太祖所制定的礼制,天子必须躬亲祭祀的神灵,除天地外还有宗庙、社稷和山川。天顺二年十二月,要祭祀风雷山川之神,但坛墙在城外,又没有斋宫,这样就必须夜间出发前去祭祀。英宗惧怕黑夜出城,便

---

① 《明英宗实录》卷三四八。
② 明朝嘉靖九年(1530)以前,天地合祀于南郊的大祀殿。

问大学士李贤是否可以遣勋臣代祭。李贤说："果有故，亦须代，但祖训以为不可。"英宗说："理当自行，但夜出至彼无所止宿，已命工部效天地坛建一斋宫，如何？"李贤说："可。但宜减杀其制。"二十六日，英宗即在太阳未落前出城至斋宫，祭祀毕，天亮以后返回。①

为了保证对天地神灵的真正诚敬、同时也维护天子对人臣的至尊威严，英宗还加强了对臣下的要求。每年春天大祀天地的前一日太阳未落以前，皇帝要出城宿于大祀殿西南的斋宫。圣驾未到之前，百官先到祭坛外恭迎。天顺四年（1460）正月初九是大祀的日期。先一日，英宗即派人到祭坛伺察百官的举止。这一天，百官们仍是像往常一样，坐着肩舆，从西天小门招摇而过，一共有19人，包括内阁学士吕原和彭时。祀礼毕，返回宫中，英宗即命礼科对他们提出弹劾。礼科掌印给事中张宁等人在弹文中说："初八日，法驾临郊，百职肃雍，周道无启行之扰，四门清穆，明堂辑至止之仪；天意监观，人心瞻仰。岂期各官忘其戒谨，安于故常，驰骑直前，至天门而不下肩舆，径造临御道而弗趋；罔思圣明之俱临，不顾神灵之如在。放纵者固其所也，谨厚者亦复为之，是岂不知鲁大夫循墙而走之恭，蘧伯玉至阙而止之义？畏心既弛，敬意何存！宜将各官拿送法司，明正其罪，以为祭祀不敬者之戒！"监察御史们也上言弹劾。既然科道已对他们提出了弹劾，警众的目的已经达到，所以英宗发纶音道："你们所言极当。但祀礼既然已圆满完成，姑且都予宽宥，再犯不宥。"并命礼部张榜禁约。从此以后，凡过西天小门者，必下。②

———————————

① 《明英宗实录》卷二九八；《天顺日录》页 18b—19a。

② 《明英宗实录》卷三一一。

敬天事神,本是极为庄严的事情,因为它涉及祈求万神保佑天命永眷、王朝万世不衰、皇帝长生不老的问题,所以英宗对臣下渎神犯忌的行为一律不放过。天顺元年十一月八日是冬至节。冬至是肃杀的寒冬即将过去,温暖的、万物生机勃发的初阳来复之际,为此,前几日朝廷就已于在京各宫观设斋醮,为王朝祈福。谁知刑科给事中刘洙等人复奏死狱如常,英宗颇为恼火,便命科道交章弹劾。弹文云:"刘洙等人,当初阳来复之际而奏严刑,既非所以顺时令;当祈天永命之时而详重宪,尤非所以格鸿休。渎礼不敬,莫甚于斯!"于是令将刘洙诸人捕下诏狱审治。①

敬天既然属于泛神信仰,所以一千几百年以来,儒、道、佛就是处于一种并存的局面。儒家反对佞佛、崇道,但多了一位神仙的保佑,王朝就似乎多了份福祉,所以天子佞佛、崇道的也并不少见。正统年间,英宗受王振的影响,对佛教颇为崇信。他曾作《大藏经序》云:"佛教清净为宗,慈悯为用,济利为德,化导为敦;无幽而不烛,无微而不入,无叩而勿应,无感而勿通。盖化洽庶汇,福溥一切,故自其教入中国以来历二千年,具乐善之心、高明之智者,不问上下贵贱,皆至诚笃敬,归向慈悲。"②此序不一定就出自英宗本人的手笔,但它以御制的形式刊布,则代表了英宗对佛教的态度。他又建大兴隆寺于京,日役万人,费帑金数十万,宏丽甲京都,赐号为"第一丛林",命僧大做佛事,躬自临幸,所以佛教越加兴盛。③ 天顺年间,虽有所收敛,但对佛教仍是笃信不衰,上面所述在京诸寺观设斋醮为明廷祈福就是一例。而且英宗因为患脚气病,不时建

① 《明英宗实录》卷二九七。
② 《明英宗实录》卷七三。
③ 《明史》卷一六四《单宇传》。

斋醮,令百官赴坛行礼。①

对于道教,英宗虽不像对佛教那样崇佞,但也颇为信奉。真人邵以正因廉静谦谨、礼度雍容,受到英宗的宠任。② 不过,在信奉道教之中他却也能接受儒臣与宗教仪式相比更重反身自省精神的劝导。天顺七年(1463)二月,空中有声,英宗因而谕大学士李贤说:"近闻空中有声,此必上天遣告,必命真人张元吉祈祷之,卿可为青词进来。"李贤说:"祷之亦可,然尤须自省以回天意。"英宗表示赞同。次日李贤也听到了类似的声音,于是上奏说:"臣考之于书,无形而有声者谓之鼓妖,君不恤民、天下怨叛则有此异,乞行宽恤之典以消此变。"英宗览奏后说:"此言正合朕意。"③

对于规范天子的行为、改良政治,敬天与谨天戒是必不可少的。"普天之下莫非王土,率土之滨莫非王臣",天子是一切臣民的最高主宰,他们的生死荣辱,都操纵在其手中。因此,能够对天子的行为进行约束的只有上天。当天子的行为符合天意,上天就以各种瑞兆来昭示。天子若是做了如刑法失中、善恶不分的错事,违背了天意,上天则以各种异常的星相变化、自然灾害来警告他。若是怙恶不悛,则可能天命转移,改朝换代。这样,天意中也就多少委曲地表达了一点臣民的期望与要求,促使天子的行为趋向于合乎王朝的制度和长远的利益。所以,尽管敬天、谨天戒之类的宗教活动主要出自皇帝为了王朝万世不衰和本人长生不老的目的,出于突出其秉承天命而统治天下的威严,但对改良政治并非毫无

---

① 《明宪录实录》卷一〇,天顺八年壬辰条载:礼科都给事中张宁等上疏谏皇太后诞日设斋醮云:……英庙初复位,属民有足疾,其时一二大臣不察古人行祷之意,故尝举行此事,盖出于一时臣于迫切之情,非祖宗之旧典。

② 《明英宗实录》卷三四三。

③ 《明英宗实录》卷三四九,宽恤诏见卷三五〇。

用处。

作为自汉朝以来各王朝正统意识形态的儒家思想发展到明代,其灾祥观更重视灾异而轻祥瑞,英宗自幼即受这种观念的影响。他16岁那年的九月,陕西镇守都督同知郑铭等人上奏,西安府和耀州产嘉禾,一茎抽穗自二三穗、四五穗至数十穗不等,共三百余本。以尚书胡濙为首的礼部官员认为这是丰年的瑞兆,是皇上至仁大德所致,请率领廷臣向英宗表示祝贺。英宗说:"人君以天下为家,现在各地报告旱灾蝗灾的奏章不断,即使嘉禾实可兆丰年,亦只是西安、耀州二地百姓的可喜之事。对于天下的饥民来说,它又有什么意义呢?"于是令胡濙不要率廷臣祝贺①。

英宗这种重灾异轻祥瑞的现实政治态度至天顺年间仍保持不衰。天顺四年闰十一月十六日夜晓刻,月食四分有奇,钦天监失于推算。英宗召见内阁大臣李贤、彭时、吕原说:"月食是人所共见的,因为钦天监失于推算不预先奏报,所以未来得及救护。汤序以礼部侍郎掌监事,在此上面不用心,旷误职任也太甚了!据说凡遇有灾异,汤序多是隐蔽不言,见天象有变必曲为解说,或将不祥字语改削,然后奏闻。若遇吉兆,却详书进呈。其怀奸如此。况且上天垂戒,意必在朝廷,朕欲闻灾异以加修省,而汤序却隐蔽不言,其罪可免乎?"李贤说:"自古以来,圣帝明王都以谨天戒为首务,仰观圣意,实与往圣相同,非后世讳言灾咎的君主可比。汤序昧于大体,不能恭尽职任,实该受罚。"于是汤序被处以赎徒还职,降为太常寺少卿,仍理监事②。

谨天戒首先是要对上天以灾异昭示的警告进行修省。所谓的

---

① 《明英宗实录》卷九六。
② 《明英宗实录》卷三二二。

修省包括斋戒、祷告等形式以及在这种形式下的反躬自省、对朝廷政治的自我检查，以找出导致灾异的根由。天顺元年(1457)四月初一，英宗以灾异屡见、人民饥困流离，诏令群臣修省，并要求群臣直言相告朝廷政治中的得失，提出具体的建议。他在诏书中说："朕新复位，夙夜兢惕，永惟致理之要在乎敬天勤民。然欲从事斯而无失，盖必君臣同心而后可。矧今天之灾沴消弭未尽，民之饥困拯济未苏，是惟朕躬之忧，亦惟尔文武群臣之忧也。其自今月初一日为始，朕与尔群臣各致斋三日，朕亲露祷于昊天上帝，为民请命。"①这就是所谓的修省。

谨天戒的第二步就是要将这种修省变成改良政治的实际行动，所以英宗在诏书中又接着说："朕又闻，应天以实不以文，得民以政不以言。继自今，朕其恒自修省，尔群臣亦共儆戒于心，慎懋于事，凡有可以匡辅朕躬以安国家、以便军民，利所当兴、弊所当除者，各从职掌，明以条奏施行，务底实效，毋事虚文，庶几君臣交修，以尽敬天之实、勤民之责，而得致理之要。"②

英宗的诏书发布后，各部门即应诏提出了许多待解决的实际政治问题和建议。如四月十五日，吏部条陈利所当兴、弊所当除者五事。十六日，刑科给事中乔毅诸人建言五事。二十三日，户部陈言八事。③而且这一谨天戒的求言诏开启了英宗复辟后臣下敢言的短暂开明政治局面。监察御史杨瑄之所以敢于对石亨、曹吉祥提出弹劾，也出于英宗这种敬天勤民精神的感召。在天顺元年六月以前，英宗也任用了一些正臣。如当时以清廉精干著名的陕西巡抚耿九畴、南京都察院左副都御史轩輗，英宗分别召用他们为都

---

① 《明英宗实录》卷二七七。
② 《明英宗实录》卷二七七。
③ 见《明英宗实录》卷二七七该日各条。

察院右都御史和刑部尚书。

当然,相对于现实各派政治力量的对比和皇帝作为独裁者的唯我独尊要求来说,敬畏上天的心理给皇帝的影响就显得微弱了。但是,这并不等于畏天和不畏天对于皇帝行为的影响是一样的。实际上,对上天的敬畏心理,即使是在石亨、曹吉祥最为专横的时候,也多少影响了英宗的行为。天顺元年(1457)六月初七,正当石亨、曹吉祥诬陷徐有贞、李贤和诸御史下狱的时候,突然天气骤变,晴朗的天空顿时风雷交加、雨雹并至,摧毁皇帝每日听政处奉天门的东吻牌。按照天人感应的说法,这是上天垂戒,咎在君相,唯缓刑狱可以挽回天意。于是本议外调的 36 名言官又得以官复原职。七月初五夜间,承天门又遭灾。这又是一个不小的灾变。承天门是明朝承奉天命而兴起统治天下的象征。它遭灾,难道上天对朱明王朝的眷顾有所衰替吗? 次日,英宗即驾临南郊,亲自祷告皇天后土,对自己从事天法祖、爵赏刑法到用人、理财等行为都作了一番检讨,最后说:"臣祁镇自今深咎于衷,省躬思罪,痛加惩艾,改过自新,仰体仁恩,大赦天下。伏祈洪造曲赐原宥,转祸为祥,用宁家国。臣不胜惶惧待罪之至。"①看来,确实出于对天的敬畏英宗才去反思施政过程中的得与失。不然,除了天以外,谁还能使人君"改过自新"呢? 作为"改过自新"的具体行动,就是十二日颁布的大赦诏。这件诏书一共有四十条之多。其内容包括了对各种罪行(除"十恶"以外)的赦免,对文武官员、世爵子孙和军士的优恤,减免各种拖欠的税课、劳役以及已借未还的官仓粮食。在蠲免田赋时不仅考虑了地主的利益,而且使佃户也能均沾恩惠。诏书中的第四条规定:"其佃田人户拖欠田主自景泰七年正月以前

---

① 《明英宗实录》卷二八〇。

租税者,不许追偿。"①可见谨天戒对于改善天子的理政确有一定积极作用。

勤于政事,慎于用人,使百官各任其职、职各得其人,对于一个合格的守成之君来说尤其重要。因为唯有如此才能保证王朝稳定运行,并防止来自王朝内外两个方面的有害势力对王朝机体的侵蚀。

来自王朝内部的有害势力有统治集团成员的诸多违法乱纪行为,也有庶民百姓被迫的揭竿而起。而统治集团成员的诸多违法乱纪行为中对王朝危害最严重的莫过于皇权异化为佞幸和权臣,以及佞幸和权臣借皇权的威势招权纳贿、营私舞弊。在这方面,英宗屡有教训。首先是正统年间的王振擅权。皇帝由于其独一无二的独尊地位,常处于一种孤家寡人的心态,总是害怕臣下觊觎他的江山,守成之君和开国之主在这方面是一致的。但守成之君仅依凭血缘的优越就获得了这种独尊的地位,因而缺乏开国创业之主那种在打天下的过程中就已成熟的智慧,像英宗这样冲龄继位的少年天子尤其如此。所以,他就不得不信任他自以为可靠的陪伴他成长的近侍内臣,同时又无法将这种信任限制在符合王朝根本利益的程度上。这样,权阉的出现就不可避免。因为王振擅权时并没有直接得罪过英宗,所以英宗对他一直都很是怀恋。天顺年间,英宗正当壮年,已经历了被俘、囚禁的磨难和再为人君的政治变幻,政治上逐渐步入成熟时期,已懂得了勤于朝政、躬亲政务的重要性。但由于他的复位借助于朝臣政变的形式,所以天顺初年又插进了一段石亨和曹吉祥的专权乱政。幸亏英宗此时在政治上已渐趋成熟,才将二人前后去掉。正是在信任到怀疑,消除石、曹

---

① 《明英宗实录》卷二八〇。

的过程中,他与阁部大臣建立了较为稳定的信任关系,使官僚机构的职能重新得以正常发挥。

为了防止皇权异化为佞幸权臣(阉),明朝设置了六科给事中和十三道监察御史,专任向朝廷建言和进谏的职责。英宗信任石、曹时,将弹劾二人的言官和都御史耿九畴、罗绮全部予以治罪,从此言路闭塞,无一人敢言朝政之非。石、曹相继败亡后,英宗从中大概悟出了一些教训。天顺五年(1461)七月,曹氏叛乱被平定的次日,英宗召见裹伤的大学士李贤,商议善后事宜。李贤说:"自古以来,清明之朝未有不开言路的。虑臣下不肯进言,有的设敢谏之鼓、诽谤之木,或是引导使其进言,或设不言之刑迫其不得不言。有直言者,或旌异,或褒奖,或慰劳,或升用,以劝其言。然后臣下始肯进言。况且进言者不过言君德之亏欠,朝政之缺失、天下生民之利害、文武百官之贪暴奸邪,无不有益于国家之事而于己无益。不但无益于己,而且还有因触怒主上而得罪的危险。圣帝明王有见于此,故拳拳求言,惟恐不得闻其缺失。只有那些奸邪大臣恶其攻己,务欲塞之以肆其非为,莫敢谁何,由是覆宗绝嗣而不悟。"

英宗说:"此事曹吉祥、石亨、张轨、杨善实塞之,今宜速开,可于诏书内开列。"

李贤说:"此事实属宗社之福、苍生之幸!"①

于是,大赦诏中就列入了开放言路的条款。其中说:"近侍风宪,职当言路,凡朝廷政事得失,天下生民利病,文武百僚贪暴奸邪,皆所当言。近年以来,多畏避权势,习为缄默。今后有当言者,须直言无隐,或不切,亦不加罪。"②

① 《天顺日录》页36a—37a。
② 《明英宗实录》卷三三〇。

在中国历史上多有皇家与大贵族结姻的事例。然而由于外戚的这种大势力背景，有时未免操朝政和皇帝于掌股。为避免这种弊端，朱元璋曾留下祖训，天子、亲王的后妃要从无大势力背景的平民家庭中选择，并且严格限制外戚干政。这样，除了太祖诸子的后妃家多来自功臣之家外，以后诸帝和亲王的后妃家多为平民和下级官员。因此，明朝的外戚在政治上有作为者不多。但是，他们却借仗与皇室的姻亲关系，邀取爵赏，逐利害民。英宗的母亲孙太后有兄弟五人。长兄孙继宗袭父爵为会昌伯，因参与夺门之变，加封侯爵、世袭，诸弟官都指挥佥事的，都改职锦衣卫。孙继宗尚不满足，又上奏说："臣与弟显宗率子、婿、家奴四十三人预夺门功，乞加恩命。"于是其弟孙显宗进官为都指挥同知，子孙琏得官锦衣卫指挥使，婿武忠由指挥使进职为都指挥佥事，家奴授官者 17 人。英宗鉴于石亨、张𫐐等人以京营兵发动夺门之变，觉得应该用一个亲信之人掌握京军，天顺元年（1457）四月[①]，遂命孙继宗提督五军营军务兼掌后军都督府事。

天顺二年（1458）正月，左右近侍有人替孙太后的三兄孙绍宗求官。英宗召见李贤说："孙氏一门，长封侯，次皆显秩，子孙二十余人悉得官，足矣。复希恩泽以为慰太后之心，不知太后正不以此为慰。当初授其子弟官时，朕请于太后，数次方允，且忧忧不乐累日，说：'孙氏子弟有何功于国家，如此滥受禄秩。物盛必衰，一旦有干国宪，吾不能救免。'太后若是知道此事，必定生怒。"

李贤说："此足以见太后盛德。祖宗以来，外戚不典军政，会昌侯掌京营，不审太后知否？"

---

① 孙继宗掌京营领后府事，《明史·外戚列传》系于天顺元年五月，显误，当以《明英宗实录》卷二七七系之四月为准。

英宗说:"太后忧忧不乐正是因为此事。起初内侍说京营军非皇舅不可属,太后至今后悔。"

李贤说:"此事更足以见太后见识远大。但会昌侯为人谆谨,只是以后不可为例。"英宗表示赞同。①

不久,锦衣卫告发孙显宗家奴十余人强占庄田,私起店房,邀截商货,逼勒取利。英宗召李贤商议处置办法,李贤说:"若陛下以至公断之,谁不畏服。"英宗于是下诏令将孙显宗及家奴逮捕审讯。狱具,命宥孙显宗罪,店房全部折毁,庄田退还原主,家奴移送法司按律论罪。法司拟处徒刑,英宗特命枷号示众一月,然后发贵州边卫充军。② 并将此事告谕勋贵文武百官,冀其能以孙显宗事为戒,循理守法。还规定:"如尔各官现有藏匿人口,侵占田地等项不法之事,能自首者,俱免本项罪罚。若被人首告,或体访得知,必重罪不宥。其家人及投托者,皆发边卫永远充军"。③

孙显宗家人私盖店房、专利病商事发时,会昌侯孙继宗正患病。他后来出见英宗,为其弟求情,并以母老为辞。英宗不允。事后英宗对李贤说:"为侯者不知自责,反乞恩泽,朕终不允。又以母老为辞,求之良久,竟从公法。"李贤顿首说:"真可谓王者不私矣。"④

天顺三年(1459),锦衣卫指军佥事逯杲告发英国公张懋、会昌侯孙继宗、太平侯张瑾、锦衣卫指挥同知孙绍宗俱侵官田立私庄。英宗令他们具状以闻。四人皆认罪。英宗说:"勋戚大臣,已享厚禄,而又若此,论法本难宥,既输罪,姑宥之。管庄人仍执问,

---

① 《明史》卷三〇〇《外戚列传》;《天顺日录》页7b—8a,《明英宗实录》卷二八九。
② 《明英宗实录》卷二八九、卷二九一;《天顺日录》页9b。
③ 《明英宗实录》卷二九〇。
④ 《天顺日录》页9b。

345

其田还官。"①

权贵勋戚庄田在洪武朝后期给岁禄后就取消了。明廷并颁令严禁勋臣利用威权强占官民田地。至仁宗、宣宗统治时期,勋戚乞请赐地的人就逐渐多了起来,并且大臣亦可求得没官庄舍为庄田。但国初的禁令仍起作用。如宁王朱权请求南昌近郭灌城乡的田土为庶子的耕牧地,宣宗赐书,引祖制以拒之。英宗统治期间,赐给权贵、宗室的庄田坟茔地不可胜计,特别是正统年间居多。天顺年间英宗对于赐地有所节制,而对于非法侵占官民田地的行为则惩戒尤严。② 因此,权贵、勋戚、宗室甚至皇室也广占田地、设立庄田的大肆兼土地的狂潮,不是发生在英宗统治时期,而是在其子和曾孙的统治时期。

在明朝这个君主专制的大一统国家里,各级官吏按照官僚机构的层次逐级向上负责,因而官吏是否清廉与遵纪守法,其监督力量只是来自上面,其最终的监督者则是皇帝。太祖朱元璋鉴于元朝的教训,用严刑峻法重惩贪吏,甚至在一定程度上动用了民众的力量来监督贪官污吏,使明初的吏治有所澄清。在国初的肃杀之后,各项保证吏治的制度也逐渐完善起来,继位的子孙便以和缓的态度来对待同享江山的官吏们。在这种和缓之下往往伴随着制度的弛废,而皇帝本人也很少拿出依法办事的严厉态度。因循风气一旦形成,诸如贪赃枉法之类的吏治败坏现象便像传染病一样在文武百官中弥漫开来。

英宗复位后,本想有为一番,对吏治也颇为关注。他复位不久,即谕徐有贞诸人说:"当今各处百姓艰难,盖因有司多不得人

---

① 《明英宗实录》卷三〇七。
② 《明史》卷七七《食货志一》。

所致。卿等即公同询察,在外官员先有犯赃复职及见任操行不端、政绩无闻、年老有疾者,具奏以闻。"至四月中旬,徐有贞诸人列名上奏,于是布政使等官 16 员以犯赃革职、5 员以操行不端、15 员以政绩无闻及老疾冠带闲住。① 六月,工部主事屈铨等 248 员因犯赃罪,被勒令冠带闲住。② 但无奈英宗对其复位并不那么理直气壮,不得不酬谢拥戴复辟的石、曹诸人,对他们的要求委曲满足,于是王振擅权时政以贿成的局面又再次重演。

石、曹相继败亡后,英宗虽仍担心各种潜在的反对势力,但不得不与之分享权力的现实威胁已不复存在,同时,李贤等阁部大臣已组成了一个众正当朝的辅政班子,因此,他得以重新实现天顺初励精图治的抱负,而维系王朝正常运转的纪纲也得以重振。

天顺四年(1460)春朝觐考察,地方官吏云集北京。英宗召见李贤说:"朝觐之弊,不可不革。"李贤说:"诚如圣虑。"遂张榜禁约,不许朝觐官与京官交往、馈送土物,亦不许挟仇告讦,于是禁约肃然,无有敢犯者。英宗又召见李贤:"黜陟之典亦当举行。"李贤说:"此为祖宗旧制。"即敕谕吏部、都察院将不职者黜退,才行超卓、政绩显著者旌擢。结果不职者数百人被黜。而才行政绩兼优的布政使贾铨等 10 人受到赐予衣服楮币的嘉奖,并赐宴礼部,以司礼太监牛玉、大学士李贤、吏部尚书王翱陪宴。随后,10 人分别得到重用③。

天顺末年,英宗对贪官污吏尤为痛恶,多利用锦衣卫这个特务机关对百官的行为进行监督。

官员们贪淫废法的行为令英宗颇为恼火。天顺七年(1463)

---

① 《明英宗实录》卷二七七。
② 《明英宗实录》卷二七九。
③ 《天顺日录》23a。

闰七月,锦衣校尉秘密缉得南京兵部郎中金亮、员外郎严端奸淫乐妇的事情。英宗令将他们捕下都察院审讯。都察院拟罪为赎杖为民。英宗认为太轻,说:"金亮、严端,行止既不端,不可处以常刑,其发威远卫充军。"①颇有太祖律外用刑的用意。

同年十一月,揭发刑部员外郎贝钿奸淫卖法案。贝钿与百户李荣很有交情。李荣死后,贝钿就与其妻杜氏奸宿,屡次为其请托。百户马祥之女与指挥赵禄通奸,马祥却诬告赵禄强奸。案下刑部,由郎中冯维主持审讯。马祥恐露真情反坐以诬告之罪,便贿赂杜氏,求她转请贝钿嘱托冯维。冯维得贿,遂以治病为名将马祥释放于外,病愈后论决。李荣之侄李刚继承李荣之职,杜氏以其非己子,常常詈骂侮辱之。李刚遂与杜氏相讼告。案下刑部郎中孙琼审讯,贝钿又为杜氏请托,遂以病为名不令杜氏系狱,不久案件亦审决。给事中黄甄与李刚为邻居,由于李刚借钱物不还,黄甄遂对其詈骂。李刚不胜愤懑,便到处扬言杜氏与贝钿、黄甄皆有奸淫关系,并尽发贝钿请托诸事。锦衣校尉从街头传言中获得有关情况,奏报英宗,遂将他们捕下诏狱。三法司令审拟处贝钿赎徒,除名,冯维、孙琼赎杖还职,黄甄赎笞还职。英宗特命将贝钿枷于刑部衙门前示众,冯维、孙琼充军铁岭卫,黄甄如拟。贝钿后死于枷下②。

职在监督百官的监察御史的贪赃枉法,更令英宗感到非查个究竟不可,往往采用顺藤摸瓜的办法进行惩治。

天顺七年(1463),锦衣校尉奏发巡按云南监察御史张祚、程万钟贪淫罪。张祚巡按云南受大理卫指挥使鲍昭贿,令其金公座,

① 《明英宗实录》卷三五五。
② 《明英宗实录》卷三五九。

居指挥使胡春之上。程万钟清理云南军伍,抵昆明的次日即召倡妇入寝,又受寻甸土官知州安晟等人的贿赂。英宗命将他们捕至京师,令三法司与锦衣卫会审,结果罪状皆实。三法司拟张祚受财枉法,当充军;程万种受财不枉法,当为民。英宗命法司对张、程继续审讯,令其召供像他们一样的贪淫之徒都有谁。他们召供,工部主事黄鉴、请匠进士张伦赍诏至云南,俱有受贿行为;魏瀚巡按云南时有淫行。但这些事情都是风闻,非亲眼所见。英宗命将黄鉴诸人逮捕至京对质①。在英宗去世前,此案尚未了结。

　　监察御史田赋与钦天监漏刻博士单诚友善,田赋巡按四川,单诚也因事至蜀王府,两人日相过饮。当时适逢夹江等地盗起,田赋差委都指挥佥事徐钦督同指挥朱昭等武官往讨。徐钦诸人轻敌冒进,与敌遭遇,几乎全军覆没。镇守宦官右少监阎礼上疏弹劾徐钦,徐钦思度都察院必令田赋按问,遂请托单诚以黄金贿赂田赋,冀得减罪轻处。果然都察院令田赋按问。田赋受赃,便从轻将徐钦拟处杖罪上奏,并且未及朝廷批复,即将徐钦释放。锦衣校尉秘密访知此事奏闻,英宗命将他们追赃后捕至京。锦衣卫官在云南追赃无所得,遂用严刑拷讯,田赋才供认其所受贿赂一半藏于单诚处,一半托进表参议冯湮带至其在北京的家中。冯湮在京即以田赋所寄黄金自首,与其他诸人并下诏狱。英宗命三法司、锦衣卫会审。法司议罪,田赋、单诚当充军,徐钦赎徒、冯湮赎徒俱还职。英宗批复道:"田赋、单诚还加拷讯,令具报御史、行人、进士差出似此受赃者有几人。若问不出,原问官亦罪不宥!钦等如所议。"②结果如何,可能也因英宗不久去世而

---

① 《明英宗实录》卷三五五、卷三六〇。
② 《明英宗实录》卷三五九。

被宪宗在即位诏中赦免。

英宗借一案而追究众多贪官，大概是考虑到外差办事的官吏，如御史、行人之类，借朝廷之威风肆行贪赃枉法几乎是一种普遍现象，想借机整顿。这种整顿虽然冤枉了不少人，同时又给锦衣卫校尉制造了众多贪赃受贿的机会，但却也是一种不得已而为之的以毒攻毒的办法。因为在君主专制的中央集权政体下，被统治者处于无权的状态。对于这些无权干预统治者行为的被统治者来说，不但皇帝是最大的专制者，而且各级官吏亦莫不是更为现实更令人可怕的专制者。没有监督和限制的权力是一种随时可能被滥用的权力。为了防止权力的滥用，至少防止各级官吏们用其手中的权力来破坏正常的统治秩序，大大小小的专制者就只能由最高和最终的专制者来进行监督。

揭竿而起是被统治的庶民百姓在无法生存的情况下不得已的最终选择。这种无法生存状况的造成，或因天灾，或因人祸。天灾有水旱灾害，以及由此而发生的饥荒和疾疫等等。在太平的岁月，人祸多由人主偏听偏信、官贪吏污等政治腐败现象所导致。天灾若与人祸形成一个共振态势，则其害不可胜言。为了抵御不可预料的天灾，政府在组织救灾方面的职能就显得特别重要。中国古代很早就颇为重视荒政，设有预备仓储积粮食以备灾害发生时应急之用。灾害发生时，又有蠲免赋税、发放帑金、调有济无等项措施。王朝又从组织和制度上为救灾顺利有效地进行作了保障。但制度只是制度，其能否发挥正常功能，则全赖主政者对它的态度与认识以及吏治的好坏。

英宗在天顺年间对于救灾还算是较为重视。景泰七年（1456），南北水旱相继，造成许多的饥民。英宗复位后对此问题颇为忧惧，他整饬吏治，亦为此目的。为了救灾，各地奏请免赋的章疏多允准,并前后发帑金六万两赈山东饥民。①

英宗有时也能节省宫廷的用度、罢不急之征、捐骚扰之政以苏民困。天顺五年(1461)六月,他以天下多灾、人民饥窘,命花木鸟兽梨板之类及迫马、清匠、刷卷等事悉皆停止,采柴亦停一年。②天顺六年(1462)十月,光禄寺以供用龙凤花素瓷器万余件皆损敝,请敕工部移文有司成造,英宗以为劳民,姑已之。③

但英宗消除石氏势力后,日益明察,对大臣言灾请赈之语,多持怀疑态度。天顺四年,先是北方,尤其是华北地区遭受旱灾更为严重。至五月十八日,礼部以天久不雨,有妨农种,上奏请命在京堂上官于各寺观宫庙行香祈祷,此道本为英宗所好,于是立即同意礼部的建议。④ 至七、八月间,长江中下游地区又遭受数十年不遇之大水灾,各地频频告警,英宗只是命所司复视。据李贤的说法,"当时皇上益越明察,凡事臣下莫敢发端。"他便借召对的机会向英宗陈明情况说:"臣闻今年水灾甚大,数十年来未尝见此,百姓多不能存活。"英宗说:"为之奈何?"李贤说:"若非大施恩典,安得苏息。"英宗说:"如何行则可?"李贤说:"宜下诏免征粮草。"英宗说:"固可。但诏非一二条可行,莫若以旨意与户部行天下。"李贤说:"如此尤善。"八月十五日,英宗临御奉天门,谕户部臣说:"当今四方奏报水旱,民多困苦,朕甚悯恻。卿等速移文巡抚、巡按官复视其灾伤。甚者租税悉除,稍轻者量蠲之,民不能自给者发廪赈济,务俾得所。"于是天下奏报灾害无虚日,通政司奏对无日不有。

---

① 《天顺日录》页 4b 云:已发内帑三万两,增银四万两。但据《明英宗实录》卷二七八天顺元年五月己丑条的记载,增银应为三万两。

② 《明英宗实录》卷三二九。

③ 《明英宗实录》卷三四五。

④ 《明英宗实录》卷三一五。

开始有人认为李贤劝英宗行恩典为多言取怨,而英宗也怀疑他言过其实,现在见如此,才信李贤所说不虚。①

同年五月,英宗命宦官往苏、松、杭、嘉湖五府,于常额外增造彩缎七千匹。工部右侍郎翁世资当时与都督金事赵辅在运河沿线督运木材,亲见江南洪水泛滥、人民艰食的状况,而且五府的巧匠多取赴内局,丝料又有限,议与尚书赵荣、左侍郎霍瑄一同上奏,劝英宗减其增额。赵荣、霍瑄恐得罪英宗,不敢同上。翁世资承诺若皇上怪罪下来,他自己一人独任其咎,三人才联署直奏。奏上,龙颜果然大怒,即质问是谁出的主意。赵、霍二人说是翁世资。英宗说:"翁世资欺公要誉,锦衣卫其收鞫问。赵荣、霍瑄姑宥之。"于是翁世资具伏请罪,刑部论处赎徒。赎徒毕,英宗将他贬为湖广衡州知府。虽然英宗如此处置了翁侍郎,但为不落得个贪财虐民的恶名,到底还是取消了七千匹的增额。②

英宗也并非不好财。天顺四年(1460)四月,他又恢复了最为扰民的银矿开采。他分遣内臣往浙江、福建、云南、四川督办银课,总额为十八万三千余两。③他曾命司礼监太监牛玉谕意户部左侍郎杨鼎,将江南的折粮银收入内帑(即皇帝的私人金库),而以其他税项收入作为武臣的俸禄。杨鼎持不可,英宗才作罢。④不过此时明朝的商品经济尚不如嘉靖、万历时发达,人们,当然也包括皇帝在内,对白银的强烈占有欲尚未受到炽热的刺激,因而英宗尚

---

① 《天顺日录》页 28b—29a;《明英宗实录》卷三一八。
② 《明英宗实录》卷三一五、卷三一七;《明史》卷一五七《杨鼎传附翁世资传》;黄云眉:《明史考证》第 1 册第 122 页。
③ 《明史》卷八一《食货志五》;《明通鉴》卷二八。
④ 《明史》卷一五七《杨鼎传》。

能接受杨鼎、李贤①等人的谏阻,对财富保持一种克制的态度。

明朝的边患主要来自北方的蒙古贵族。至正统年间,一方面由于瓦剌部势力的崛起,另一方面由于明朝军事体制以及政治的腐败,终于酿成土木之变。英宗复位后对军备极其关心,常亲自到西苑阅射,或到南海子游猎,或至郑村坝阅武,②并曾下诏令天下之人荐举才兼文武、谋勇出众的将帅之才。③ 但是,他的这种努力并未创造出一支训练有素、战斗力强大的精锐部队,京军的状况亦未见得比过去有多大改善。天顺五年(1461)九月初,五军、三千营官军赴教场操练,出德胜门,争道,相互践踏,死者 28 人。④ 京军的状况与素质,于此可见一斑。

在景泰年间,瓦剌部的势力衰落,而鞑靼部的势力复炽,其首领孛来与部下毛里孩要留明朝使者,屡次寇扰明朝西北诸边。英宗屡遣大将率军出征,但除偶尔一两次能重创敌手外,收效不甚大。在天顺前期,西北战功最为卓著的要数石彪。但无奈他和其叔肆为不法,作恶多端,终为英宗诛灭。天顺四年(1460)八月孛来与毛里孩等分三道从大同威远卫西拥众南行,总兵官李文诸人畏其锋,不敢迎战,结果孛来等人率部直抵雁门,掠忻、代诸州,烽火明彻京师,居民惊走城中。⑤ 次年七月,以孛来犯甘肃急,英宗命都督孙镗与马昂率京军前往证讨,因曹氏叛乱而停遣。至二十日,西北求援书至,英宗即令右都督冯宗佩平虏副将军印充副总

---

① 《明史》卷一七六《李贤传》云:[李贤]尝言内帑余财,不以恤荒济军,则人主必生侈心,而移之于土木祷祠声色之用。前后频请发帑赈贷恤边,不可胜计。
② 参见《明英宗实录》历年有关诸条。
③ 《明英宗实录》卷三四四。
④ 《明英宗实录》卷三三二。
⑤ 《明通鉴》卷二八。

兵,由兵部右侍郎白圭、左副都御史王竑参赞军务,率原选京军出征。孛来在寇扰明边的同时,又采取乞和的手法。就在冯宗率军出征的三日后,明廷以孛来三次乞和同意讲和,派出使节前往。[①]至十月,和议成,孛来退居塞外,遣使朝贡,愿受约束,又请将贡道从大同改至陕西兰县,朝议许可。孛来之所以请改贡道,乃是因为此时鞑靼部已入居河套,贡道由陕西,便于借朝贡之名而行劫掠之实。从此以后,孛来虽然每年都朝贡,而剽掠寇扰如故,明朝长达一百一十余年的河套之患就开始了[②]。

四、仁德之君

父子、兄弟、夫妻之间的家庭伦常关系是任何人都无法躲避的,君主与臣民一样都不例外。按照儒家的伦理原则,父子之间,当然也包括母子之间,应该是父慈子孝,兄弟之间应该相互友爱,夫妻之间应该相互敬重。而且君主作为表率,在这些方面更应比臣民做得好些。如果因为政治上的矛盾而损害了家庭伦常关系,对于君主来说,那也是不仁不德的行为。但是,由于君权的独占性,在君主专制政治下却常有违背伦常原则的事情。景帝虽然在政治上比英宗要好,而且政治上的贡献比恪守家庭伦常原则往往是一种更为博大的仁德,但由于他将其兄囚禁起来,又不让臣下朝见,且又更易太子、废黜汪后,所以在臣下的眼中,他也是稍有悖于仁德的。而英宗的仁德之处倒不在于他在政治上给所有的臣民带来了什么实惠,而且他以重典驭下往往有失人道和公正,其仁德之

---

① 《明通鉴》卷二八。
② 《明英宗实录》卷三三〇。

处只是在于他虽遭其弟的囚禁,却没有对其弟及其家人实施过分的报复,而且在孝顺母后、敬爱皇后方面都合乎家庭伦常原则的要求,更在临终时废除了非人道的宫妃殉葬陋习。

夺门之变后,景帝被迁至西内,削了帝号,仍为郕王。据史籍所记载的病症推测,景帝患的病极可能是肺结核。在雷米封发明以前,这种病几乎就是绝症。几天后,景帝的病情有所好转,能喝一些粥。英宗在文华殿欣喜地将这一消息告诉列侍的文武大臣说:"弟弟好矣,吃粥矣。事固无预弟弟,小人坏之耳。"诸臣听后默然。① 但这次好转只不过是回光返照,二月十七日,景帝在西宫崩逝。

英宗为替自己复辟辩护,对景帝在位期间的所作所为持全盘否定的态度,但并不妨碍他对景帝本人及其家属采取较为宽容的态度。

景帝死以后,以亲王礼葬于西山。七月初,礼部以中元节祭祀迫近,请示"郕戾王"②的坟墓是依越靖王②例祭祀或者是免祭。英宗批示说:"郕戾王及怀献世子俱依例祭之。"③显示出一定的宽宏大量。

景帝既崩,英宗按惯例以其后宫唐氏等人殉葬,议及废后汪氏。李贤说:"汪妃虽立为后,即遭废弃幽闭,幸与两女度日。若令随去,情所不堪。况幼女无依,尤可矜悯。"英宗听后恻然说:"卿言是。朕以为弟妇年少,不宜存内,初不计其母子之命。"④

---

① 《水东日记》卷五《英庙友爱至德》。叶盛记载此事后又说:"时都督刘深亦带刀在侍。深亦以复位功进左都督,后充总兵挂征蛮将军印来广西,为盛偶及此,其语尤详。"《病逸漫记》云景帝为宦者蒋安以帛勒死,似不确。

② 越靖王朱瞻墉,明仁宗第三子,为英宗之叔父,薨于正统四年(1439)。

③ 《明英宗实录》卷二八〇。

④ 《明史》卷一一三《后妃列传一》;《天顺日录》页6a。

皇太子朱见濬（即朱见深）深知汪后在景泰时反对易立太子，他被复立为太子后，对汪后事之甚恭，并且请求其父允许汪后母女迁还郕王旧府，并得携带其在宫中所有财物。英宗征求李贤意见，说："汪妃既存，不宜在内。欲移居旧府，何如？"李贤说："如此诚便。但衣食用度不可缺减。"英宗说："朕更欲加厚，岂可减省？"于是汪后得携宫中所有以出。英宗又令原侍宫人仍全部随侍汪后，并加派老成中官数人以备使令。由此汪后母女得以保全。①

汪后与皇太子的生母周贵妃相得甚欢，岁时入宫，叙家人礼。汪后性格刚直。一天，英宗问太监刘桓说："记得曾有一玉玲珑系腰，今在何处？"刘桓说当在汪后处。英宗命索取。汪后即将其投入井中，对内使说："没有。"事后她仍是满腹气愤地说："八年天子，不堪消受此数片玉？"此言传入英宗耳中，又有人对他说汪后出宫时所携宫中物以巨万计，英宗遣使检取，立尽。汪后薨于正德元年十二月。武帝命大臣议祭葬礼，大学士王鏊说："葬以妃，祭以后。"于是与景帝合葬金山。次年上谥号为"贞惠安和景皇后"。②

当然，英宗之所以能对景帝及其家人持较宽和的态度，与客观条件允许这种宽和有关。英宗和他的曾祖父永乐不同，从皇位继承的合法性来讲，永乐比他要差许多。朱棣以武力夺取帝位，究竟免不了一个"篡"字。英宗虽被俘，却并未失去作为天子的合法性，在名义上，太上皇比皇上是还要高一等。而且景帝本人病重失去行为能力，其政治生命和自然生命也随之而结束，又无子嗣，所以英宗复位不会遇到永乐夺位时那样大的阻力，复位后也不会因

---

① 《明史》卷一一三《后妃列传一》；《天顺日录》页 6a。
② 《明史》卷一一三《后妃列传一》；《天顺日录》页 6a。

有更为合法的继承人存在而遭遇合法性危机。所以,英宗对景帝及其家属尽可以仁厚些。但是,政治条件许可,与实际是否行动,仍有距离。许可而不做,亦无可厚非。许可而行之,则为其仁德之举。

永乐帝朱棣发动靖难之役夺取帝位后,建文帝朱允炆不知所终。"覆巢之下,宁有完卵",他的兄弟和儿子也备受牵连,惨遭厄运。建文帝兄弟一共五个,除其兄朱雄英幼年夭折外,他和他的三个弟弟均长大成人。长弟朱允熥,二弟朱允熞,季弟朱允熙,在建文元年(1339)分别被封为吴王、衡王和徐王。成祖即位后,允熥被降为广泽王,令居漳州,不久被召还京,废为庶人,锢于凤阳,永乐十五年(1417)去世。允熞被降为怀恩王,居建昌,后与允熥同锢于凤阳,允熥卒,他不久亦死。允熙被降为敷惠王,随母吕太后居懿文太子陵。永乐二年(1404)下诏改为瓯宁王,奉懿文太子祀。永乐四年十二月,朱棣令人纵火,将其烧死于王邸中,时年16岁。①

建文帝有两个儿子。长子朱文奎,建文元年(1399)立为皇太子,朱棣的部队攻入南京时,他已7岁,莫知所终。次子朱文圭,朱棣登位时年方二岁,被幽禁于中都广安宫,号为建庶人。经历了永乐、洪熙、宣德、正统、景泰五朝,建文帝的未亡子孙一直都被幽禁在凤阳高墙内。②

英宗复位后,想起了被禁锢与世隔绝已56年的建文帝子孙。有一天,他对大学士李贤说:"建庶人辈无辜淹禁几十年,于亲亲之义,实所不忍。"李贤说:"陛下此念,天地鬼神实临之,太祖在天

---

① 《明史》卷一一八《诸王列传三》。
② 《明史》卷一一八《诸王列传三》。

之灵实临之,尧舜存心不过如此。"英宗遂决定将他们释放,当日即告白孙太后,太后表示赞许。左右近侍有人认为不可,英宗说:"有天命者任自为之。"左右闻言皆愧服。英宗于是遣中官至凤阳盖造房屋,以备朱文奎等人使用。完工后,英宗召见李贤说:"今可送去。敕军卫有司供给柴米及一应器用。听其婚娶,自在出入。"李贤于是拟敕,由太监前去办理。被释放的一共有 18 人,其中有"建庶人"朱文圭、"吴庶人"朱允熥的八十余岁庶母杨氏姐妹五六人。按月供给他们食米 25 石,柴 30 斤,木炭 300 斤。婚配自由,亲戚许相往来,其余闲杂之人及各王府则不许互相交往。若需衣服饮食之类,许出街市交易买卖,并给与阍者 20 人、婢妾十数人供使令。李贤认为释放"建庶人"非小事,请宣谕文武百官,于是"人人感叹,以为真帝王美事"。① 朱文圭被释放时年已 57 岁,因长期与世隔绝,不能辨别牛和马,不久即去世。②

英宗对其母孙太后事之甚孝。英宗被也先俘虏后,孙太后多次寄去御寒衣裘。他南归被幽于南宫时,太后又多次前去探视。石亨等人发动夺门之变得到太后的赞许。所以英宗对孙太后的恩德甚为感激。天顺二年(1458)正月郊祀后,英宗召李贤说:"朕居南宫七年,危疑之际,实赖太后忧勤保护,罔极之恩,欲报无由,欲仿效前代尊上徽号何如?"李贤顿首说:"陛下此举,莫大之孝也!"遂给孙太后上徽号为"圣烈慈寿",孙太后深为慰喜。③ 这在明代历史上属于首次。④

---

① 《天顺日录》页 11b—12a;《明英宗实录》卷二八三。

② 《明史》卷一一八《诸王列传三》。

③ 《天顺日录》页 7a—b。李贤将此事记于三年,误。当以《实录》和《明史·英宗后纪》为准。

④ 《明史》卷一一三《后妃列传一》。

孙太后崩逝于天顺六年（1460）九月，英宗极尽人子孝情，上尊谥曰："孝恭懿宪慈仁庄烈齐天配圣章皇后"，合葬景陵，附太庙。

英宗的孝不但体现于对待自己母亲的上面，而且还体现于对自己有母亲名分的人。这是极符合儒家孝道的行为。英宗父亲宣宗的原配皇后胡善祥被废后，退居长安宫，得号"静慈仙师"，幸有张太后怜悯，得其庇护。正统七年（1442）十月，张太后去世，在后宫祭奠的名单上，胡氏竟列于妃嫔之中，不得与皇后孙氏并列。悲己孤立无依，伤张太后去世已无可托之人，胡氏长夜痛哭，哀戚成疾，逾年亦故去，葬于金山。

胡氏无故被废，人们闻而怜之。宣宗也曾后悔，曾经自我解嘲说："此朕少年事。"天顺六年（1462），孙太后去世后，钱皇后对英宗说："胡后贤惠无过失，被废为仙师，她去世时，人们畏惧太后，殓葬皆不如礼。"因而劝英宗复其位号。英宗召问大学士李贤，李贤说："陛下此心，天地鬼神实临之。然臣以为陵寝、享殿、神主俱宜如奉先殿式，庶称陛下明孝。"①天顺七年（1463）闰七月，英宗下诏恢复胡氏皇位名位，令有关部门按皇后规格修葺陵寝，上尊谥为："恭让诚顺康穆静慈章皇后。"②

英宗体质本属不错，不怕冷也不惧热。天顺五年四月，他和李贤有一段对话。李贤问道："臣闻陛下夏不挥扇，冬不近炉，果然否？"英宗说："实然。暑虽极热，曾不挥扇，在宫内亦不令左右挥扇。冬虽极寒，曾不近火，亦不披暖耳，稍用，双耳即热。"李贤说："陛下圣质所禀，坚厚如此，盖由体被中和之气。闻宋仁宗亦然。

---

① 《明史》卷一一三《后妃列传一》。
② 《明英宗实录》卷三五五。

若臣等受气薄者,不用扇,不近炉,即不能过。"①

虽然英宗有如此好的体质,却得了脚气病。我国传统医学认为,脚气是风毒湿气凝聚于肝、肾、脾等脏腑所造成的。风毒之气出于地,足常履于其上,风毒之气便从足下循经络传入腑脏,导致此病的发生。经近代医学的研究证明,脚气病乃是人体内严重缺乏B族维生素所致。这种病的症状,轻则脚的十指起水疱,小腿沉重,肌肉疼痛萎缩,重则食欲不振,生殖机能减退,甚至发生头痛、消渴和幻症,最终会产生心力衰竭,导致死亡。在古代,此病轻则尚可治疗,重则良医束手。

史籍记载英宗首次患脚气是在天顺四年(1460)的七月。此月十三日,他因患脚气,步履不便而未上朝。至二十日,他才勉强支持着病体视朝,以慰安忧心忡忡的百官。次日,他又遣太子昭告太庙,驸马都尉石璟祷告列祖列宗,祈求他们的在天之灵庇佑嗣孙早获康宁。② 从英宗此次卧床七天的情况看,他患脚气已有一段时间。天顺四年(1460)的十月至闰十一月,英宗两次在西苑阅射,二次观猎南海子,一次到郑村坝阅兵,说明脚气已暂时痊愈。次年的十一、十二月,又二次到南海子观猎。至天顺六年(1462)二月,脚气复发。这次发病较上次重,"痛苦难堪,伏枕逾旬,不能动履"。③ 这次病期达两周,恢复得也不太好,因而这年未见有阅射和观猎的记载。同年的十二月,脚气又复发,天顺七年正月大祀天地时尚需人扶持,庆成礼也免了。这次病期长达20多天。

至天顺七年十二月十七日,英宗又因脚疾不能视朝。但三天

① 《天顺日录》页40a;《明英宗实录》卷三二七。
② 《明英宗实录》卷三一七。
③ 《明英宗实录》卷三三七。

后顺天府官进奏,他还是能御临奉天殿接受。①天顺八年(1464)的正月初二,确实挺不住,只好卧床了。他敕谕文武百官说:"朕体欠安,欲加调理,暂免朝参。"②他希望病情能很快好转,虽然不上朝,却每天仍如往常一样在文华殿裁决万机。但实际情况却与他的愿望相违,病情一天比一天糟。此时有人在他耳边谮毁皇太子,他颇感疑惑,便单独召见大学士李贤,说:"当今庶事颇宁,而大者反摇,奈何?"李贤伏地说:"此国本也,愿陛下三思。"英宗说:"那么非传位太子不可?"李贤顿首说:"宗社幸甚!"英宗即传旨召见太子。太子到,李贤扶他至英宗跟前,说:"谢。"太子即叩头谢父皇,抱着英宗的脚哭泣不止,英宗亦为之泪下。③

英宗生有九子八女。女性无继承权,不提。九子中,长子见濡④,六子见泽为周贵妃所生,次子见潾、三子见湜(未封王即夭)、七子见浚、八子见治俱为万宸妃所生,四子见淳为王惠妃所生,五子见澍为高淑妃所生,九子见沛为韦德妃所生。九个儿子中没有皇后所生的嫡子,所以皇位的继承者按立嫡立长的原则,就是长子见濡了。对于这九个儿子,英宗似乎没有十分明显的偏爱。到年龄,该封王的就封王,该出阁读书就出阁读书。但我们仍可以看出英宗的内心实际上是有所偏向的。

皇太子见濡的这个名字是在天顺元年复立时改的。他初名见

---

①　《明英宗实录》卷三六〇。

②　《明英宗实录》卷三六一。

③　《明史》卷一七六《李贤传》;《罪惟录》"纪"八。

④　《明史》卷一三《宪宗本纪一》云:"天顺元年,复立为皇太子,改名见深。"《明通鉴》卷二四正统十四年八月己巳条更将宪宗改名见深载之于刚立为皇太子时。查《明英宗实录》卷二七六,天顺元年三月复立太子诏中有:"册立元子见濡为皇太子"语。卷三三七,六年二月乙酉条载:"上遣皇太子见濡昭告于七庙。"可见宪宗初名见濬,复辟后改名见濡,即位后自己改名为见深。

濬。在诸子的名字中,唯有见濡的名字不雅。"濡"有浸润、迟滞、尿溺诸意,作为皇太子的名字确属不佳。按照明朝的规矩,龙子龙孙的名讳是要由礼部的饱学之士和宗人府来取的,然后由皇帝钦定。英宗并非不学之辈,对于"濡"的意义应是理解的,大概是因为长子曾被景帝废为沂王的缘故,所以才给他更此名吧。我们也可以看出,英宗对次子见潾的生母万宸妃是万分的疼爱。在五个生有儿子的妃子中,唯有万宸妃生有四个儿子,而且二、三、七、八都是相连的,她还生有一个公主(广德公主),英宗若不对她格外垂青,她是很难生育这么多子女的。正因为英宗脑中有如此好恶,所以在人挑拨下,重病中,未免对皇太子有疑惑之心。但他能循祖宗的礼法以待诸子,对皇储之事又能谨慎处之,所以李贤一番话,他便消除了疑虑。

英宗的病情日重一日。至正月初六,也许他感到病情严重,命皇太子见濡视事文华殿。① 至十六日,病情加剧,英宗感到死神临近,召皇太子,司礼监太监牛玉、傅恭、裴当、黄顺、周善至病榻前,吩咐身后事。② 他并不怕死,人生自古必有死,无须怕,亦无须讳。他死以后,皇太子继位,又有一群贤能大臣辅佐,不必担心身后政事。只是还有些人令他挂念,放心不下。首先是皇后钱氏。钱皇后是南直隶海州(今属江苏连云港市)人,正统七年立为皇后,是英宗的结发妻。钱后为人贤淑,英宗可怜后族单微,欲加封其父兄为侯伯,她屡屡逊谢。所以,在明朝诸外戚中,唯独钱后家无有封爵者。英宗被也先俘去,钱后倾她宫中所有,佐朝廷迎驾。因为过度担忧英宗的安危,每到夜晚,哀泣吁天,希望上天能为她的诚心

---

① 《明英宗实录》卷三六一。
② 《明英宗实录》卷三六一。

感动,保佑英宗能安返中土。吁天累了,她即就地而卧,因此一腿落下残疾。又因悲泣过度而伤残一目。[①] 英宗被幽禁于南宫,忧闷不乐,她百计使他开怀。又亲操女红,托人到宫外换些食品以补养英宗。[②] 钱后没有生育子女,而皇太子的生母是周贵妃,在母以子贵的时代,英宗担心他身后钱皇后要受气。他还记得,在他刚复位的时候,宦官蒋冕对孙太后说:"皇后无子亦当换。"因为他的阻止,谗言才未得行。三月份复立东宫,蒋冕又对他说:"太子的母亲怎么办?"他说:"当为皇贵妃。"蒋冕才没话了。[③] 因此,他特别叮嘱皇太子:"皇后钱氏名位素定,当尽孝以终天年。"又说:"皇后他日寿终,宜合葬。"

英宗的八个儿子分别为五个不同的母亲所生,在历史上,兄弟相残的惨事并不少见。因此,他又嘱咐皇太子,即位后,德王见潾诸亲王,要给他们一个好地方,使他们建国立藩。

人固有一死,谁都免不了。但亲人的离去总是一件令人悲伤的事。既然已经离开了所热爱的人世,那么对仍在世上活着的他所爱人们最好的安慰就是尽量给他们减少一些麻烦。英宗说:"今朕病加剧,倘言有不讳,东宫速择吉日即皇帝位,过百日成婚。"

一个人死去了,但其他人却仍要活着,这不但是生命求生的渴望,更是相依为命者维持生存的条件。但是,在明朝却有一种宫妃殉葬的陋习。不但皇帝如此,藩王与达官贵人亦莫不如此。[④] 英宗知道,如果按照祖宗不成文的惯例,妃嫔们都要殉葬,是十分不

①　《明史》卷一一三《后妃列传》。
②　《万历野获编》卷二四《南内》。
③　《天顺日录》页23a。
④　参见黄云眉:《明史考证》第四册,第980—981页。

仁义的做法。他记得天顺元年他的弟弟郕王去世时，若以汪后殉葬，两位侄女岂不成了无依无靠的孤女！① 为什么要因为一人之死而连累那么多渴望生活的人呢？他也许还记得，正统四年（1439）周宪王朱有燉薨逝前曾上奏："身后务从俭约，以省民力。妃、夫人以下不必从死，年少有父母者遣归。"② 周宪王薨后，他即将其遗嘱转达其弟简王朱有爝。但为时已晚，敕谕到时，妃巩氏、夫人施氏等七人皆殉死。③ 他于是叮嘱太子说："殉葬非古礼，仁者不忍，众妃不要殉葬。"④

司礼监太监牛玉跪在英宗的病榻前，将英宗的遗言一字不漏地记录了下来。录毕，英宗命牛玉将记录稿带去内阁，令阁臣润色。阁臣李贤、彭时诸人见牛玉来到，颇为惊愕，问有何事。牛玉说："皇上说他今天病情加剧，事不可测，所以留下遗命。如果用不着，也无妨。"阁臣们毕恭毕敬地捧受英宗的遗命。诵读完毕，他们感叹道："皇上所言关系大体，非皇上英明不能及此。而止殉葬一事，尤高出古今帝王，真是盛德之事。不须润色。"言毕，彭时等人不觉泪下。⑤

牛玉复命，并说彭时尤为悲怆。英宗闻言，亦不觉下泪，说道："且收着，待我去后遵行。"牛玉见这位从来不流泪的君主流下泪来，知道他所侍奉的皇上将不久于人世。⑥

十七日，英宗驾崩，离复位时恰好 7 年整，终年 38 岁。

---

① 《明史》卷一二一《公主列传》云景帝只有一女，而《天顺日录》页 6a 云有两女，可能中途有一女未到封公主之年龄即夭逝。

② 《明史》卷一一六《诸王列传一》。

③ 《明史》卷一一六《诸王列传一》。

④ 英宗遗言，俱见《明英宗实录》卷三六一。

⑤ 《彭文宪公笔记》页 13b—14a。

⑥ 《彭文宪公笔记》页 13b—14a。

二月，上尊谥曰："法天立道仁明诚敬昭文宪武至德广孝睿皇帝"，庙号"英宗"。按照《谥法》的解释，"睿"是"可以作圣"的意思，"英"是"出类拔萃"的意思。[1] 可见朱祁镇故去之后，臣下对他的评价颇为不低。

同年五月，葬于昌平天寿山裕陵。

宪宗遵从其父遗训，废除了祖宗相传以宫人殉葬的恶习。他宾天时，遗命重申前禁，宫人殉葬之事便杜绝了。[2] 在英宗父子的倡导下，这项仁政也惠及勋戚的妾媵。成化以后，虽然朝廷仍存旌奖节妇之典，却很少见勋戚大臣妾媵殉葬之事。[3]

---

① 苏洵:《谥法》卷三。
② 《菽园杂记》卷一〇。
③ 《弇州史料后集》卷六〇《烈妇俱妾媵》。

第十章 朱祁镇及其时代

一、朱明王朝由盛而衰的转折时期

本书行文至此,已近尾声。总结明英宗朱祁镇一生政治得失,是本章的宗旨。要给这位两度登极在位 22 年而又颇受微词的明代帝王以恰如其分的总体评价,不揭示他所处的那个时代的基本面貌是不成的。

英宗所生活的时代,正当 15 世纪中叶,这在有明一代的历史上正处于由盛而衰的转折阶段。

明王朝自 1368 年立国开基,经历了洪武朝 31 年的立纲陈纪,专制主义中央集权的政治体制基本完善,社会经济得到恢复并有所发展。其后历时四年之久的靖难之役,给明朝社会经济造成一定破坏,给明朝社会政治生活蒙上了某种阴影。然而成祖朱棣毕竟雄才大略,绝非平庸无为之辈所能比拟。继位后,铲除政敌的同时,进一步完善专制主义中央集权政治体制,经济上继续推行洪武时期恢复发展经济的政策,经过 20 余年苦心经营,明朝的耕地、人口、两税等主要经济指标都超过了洪武朝。为加强对北元蒙古贵族的防御,显示其入继大统顺天应人的合法性,把国都由南京迁往北京。因永乐朝综合国力的提高,成祖不仅六遣郑和出使西洋,向海外宣示中国之富强,还对时犯塞上的蒙古鞑靼部、瓦剌部实行犁庭扫穴式的以攻为守战略,亲率六师,五征朔漠,赫赫功业,彪炳汗青。太祖、成祖都无愧创业英主的名誉。

降至洪熙、宣德时期，明王朝的情势为之一变。烈烈轰轰的创业阶段已告结束，明王朝的历史已进入守成阶段。仁宗洪熙、宣宗宣德父子，继承洪武、永乐两朝基业，根基是雄厚的。仁宣二帝皆英年绍承大位，继位前又皆有戎行和理政的历练，因此朝政无大的缺失。即或有失，尚有蹇义、夏原吉、三杨等几朝元老重臣谏诤弥补，仁宣二帝基本上也能从谏如流，听取臣下的告诫，择善而行之。洪熙、宣德两朝，政治较为清明，社会经济继续发展，周边形势较为安定，朱明王朝进入了开国以来的巅峰状态，这就是史家笔下的"仁宣之治"。我们的传主英宗朱祁镇正是"仁宣之治"的继往开来者，他若能将"仁宣之治"保持并加以光大，无疑必将获得盛世明君的美誉，如若将大治局面败坏或断送，遭到非议自然在所难逃。

物极必反。"仁宣之治"后的明王朝，很快便开始了由盛而衰的历史转折。当然，转折的促成，也包括洪熙、宣德乃至永乐、洪武朝种下的某些原因。

英宗正统朝政治的腐败、滑坡，主要表现在宦官干政局面的形成，王振权势的膨胀。原来，明朝开国之初，太祖朱元璋有鉴历史上宦官专政给国家带来严重危害的教训，曾下令禁止宦官读书识字。后来，因处理宫中事务的需要，限制稍有松动，允许掌文籍、掌御用图书的宦官"皆仅识字，不明其义"。然则"内臣不得干预政事，预者斩"的法令没有动摇，到了永乐朝，这条法令又遭践踏。明成祖朱棣在靖难之役中多得助于宦官，在他登上皇帝宝座后，便将一些宦官倚为心腹，委以监军、镇守、奉敕出使等重任，甚至在永乐十八年（1420）置东厂，以宦官提督之，专刺臣民隐事，权势在勋臣掌握的锦衣卫之上。宣德元年"设内书堂，选小内侍，令大学士陈山教习之,遂为定制。用是多通文墨,晓古今,逞其智巧,逢君作奸。数传之后,势成积重"。①永乐、洪熙、宣德朝虽然也曾出现过权势较大的宦官,但都没有造成宦官干政的局面,原因何在?这是因为成祖、仁宗、宣宗都是驭下有道的英主,凭个人能力、才干、手段足以慑服企图弄权干政的阉官势力。而英宗朱祁镇不肖其父祖,何啻天壤。

英宗祁镇,生长于钟鸣鼎食的宫廷,继位前不仅毫无临民治事的历练,而且是个不谙世事的孩子。九岁位尊九五,按照朱明王朝的国家政体和祖宗家法,他应该是唯我独尊的一国之神。因为太祖朱元璋在明初罢丞相、废中书省,集民政、军政、财政、司法大权于皇帝一身,但国家政务繁杂,哪里是一个幼年皇帝管得了的,自然要大权旁落。而在封建国家的内廷中,宦官是皇帝身边最亲近的人,也是最容易接近这旁落权力的人。而英宗正统年间,在朱祁镇身旁却真的出现了一位非同普通阉寺的大宦官——王振。

王振原先是位乡村塾师,屡试不第,眼睁睁要受到从军或充吏的发落,为身家功名计,一咬牙,净身入宫做了宦官。由于他通文墨晓古今,与那些头脑木讷的文盲宦官相比,占有得天独厚的优越条件。入宫不久,在宣德年间便被选拔服侍东宫太子朱祁镇,成为贴身跟随。王振的乖巧、圆滑、玲珑,善伺主子意向等本事,很快就博得了太子的欢心和赏识,在一班宦官中脱颖而出。祁镇继承皇位后,王振在英宗面前更加恭顺谦卑,小心谨慎地事奉着幼年的主子。祁镇也真没有辜负王"先生"的一番苦心,登基仅仅八个月,便任命王振为司礼监掌印太监,为其在正统政坛上发迹提供了巨大的可能性和广阔舞台。而正统初年辅政五大臣,张辅乃起起武

---

① 《明史》卷三〇四《宦官列传一》。

夫,胡濙系目光短浅的事务型官僚,杨士奇、杨荣、杨溥久有人望,却年届老迈。五大臣从传统的为臣之道出发处理问题,对王振弄权虽然有所不满,却终不敢与少年天子闹翻而分道扬镳。他们所喋喋叨念的是小皇帝的经筵、日讲教育,而小皇帝对那些安邦济世的先哲著述、圣贤教诲,却根本兴味索然。须发花白的五大臣,虽说低着头、弓着腰,却有些让小皇帝敬而远之。而王振却善解人意,引导祁镇阅武校射、游西苑、巡太液,正投祁镇童心所好,真是可以托付重任的贴心人。

正统初元,虽上承"仁宣之治",但却不是"太平盛世"了。说它不太平,不仅在于朝纲浊乱,王振弄权,还在于边疆危机之日甚一日。这种危机主要来自蒙古。

元顺帝撤离大都,蒙古贵族回到漠北,很快便陷入群龙无首你攘我夺的纷争状态。明初蒙古分裂成鞑靼、瓦剌、兀良哈三部,以鞑靼部最为强大。洪武、永乐时期,明王朝国力强劲,卫所军战斗力很强,对蒙古各部基本上实行一种犁庭扫穴以攻为守的战略,长途奔袭朔漠,逼迫各部首领就范。洪武朝,先后派遣徐达、冯国胜、冯国用、蓝玉等率军北征,蒙古各部几乎无喘息的机会。永乐朝,成祖五次亲统大军出塞,扫荡蒙古势力,鞑靼无可奈何地衰落下去;瓦剌部在遭到几次打击后,部族的三个首领接受了明王朝的封号,恢复了中断已久的对明王朝的朝贡贸易。仁宣时期,国力虽依然强大,但也无力承受永乐朝大规模北征的军力、财力负担,不得不调整了对蒙古的战略,由主动出击以攻为守的战略,转变为慎守边防的单纯防御战略,这就为蒙古势力的复兴创造了外部条件。永乐末年,瓦剌部首领马哈木死去,他的儿子脱欢继位。脱欢是个很有本事的首领,他与明王朝保持朝贡贸易关系,十分恭谨小心,对内逐步消灭了政敌,并把鞑靼部与瓦剌部统一起来,拥立元宗室的后代脱脱不花为可汗，以号召部众，实权却操在自己手中。正统四年（1439），脱欢病死，他的儿子也先袭位，自称太师淮王。也先野心更大，手段也更高明，经他数年经营，瓦剌部势力已控制了辽东，形成了元朝灭亡以后出现的又一个蒙古帝国，开始与明王朝分庭抗礼。

此时的明王朝，天子冲幼，大权旁落到司礼监太监手中。王振为粉饰太平，巩固自己的地位，对一增再增潮水般涌来的瓦剌使臣崇遇有加，赏赐优厚，企图以此求得相安无事。朝贡使者由50人增至500人，又增至2000余人，这种无限膨胀的欲壑，总有一天会超过明王朝的承受能力。这一天正一步步向明王朝走来。王振及其党羽以箭镞等军用物资与瓦剌使臣交易的资敌行为，更助长了瓦剌的气焰。在北部边疆危机日甚一日，迫在眉睫之际，明王朝的当权者又轻重倒置，把注意力倾注于南疆。在王振一伙的影响下，错误决策，兴麓川之师，自正统三年至正统十四年兵燹不息，不仅没能如其所愿地解决思任发的问题，而且以一隅而牵动全局。英宗正统年间，是危机四伏的时代。政治上宦官干政，经济上地荒民逃，军事上武备废弛。这种逆转的情势，是很难改变的。

困扰过明王朝近百年之久的流民问题，在宣德时期已经发端，到正统年间进一步发展。这是多种原因所造成的社会问题。贵族大地产的膨胀，使部分农民失去土地，繁重的徭役、频仍的天灾和永无减免的豪民私债，压迫农民同土地相脱离而趁食四方。正统年间，国内的流民总数就已达百万，阶级矛盾在激化。虽然有于谦这样的地方官员竭诚抚揖没有酿成大患，但明王朝的国库收入却在减少，地方秩序逐日混乱。因明王朝坑冶政策所引发的叶宗留起义和因地主对佃户的超经济强制掠夺所诱发的邓茂七起义，都发生在正统时期。

总而言之,英宗正统年间的明王朝,无论从政治、经济、武备还是从吏治、边防乃至社会秩序上考察,都是今不如昔。在这样由盛转衰的时期,任何一个继往开来的国君都难以力挽颓势,更何况继往开来者还是一个缺少独立意识的孩子呢?

　　我们这样讲,不是有意为英宗开脱某些责任,而是要读者清楚:正统朝的弊政有某种时代的必然性。祁镇有其不可推卸的责任,而祁镇身边的辅政大臣和司礼监太监王振更难辞其咎,这种评价在正统六年英宗亲政前尤为必要。

　　当然,全面公允地评价英宗朱祁镇也必须紧密地结合天顺朝的历史背景。

　　英宗朱祁镇两次践阼,在明代帝王中是唯一的一位。而采取"夺门"方式第二次登基却存在着极大的偶然性。英宗祁镇是个权力欲极强的人,而其御弟景帝祁钰在这方面又毫不逊色于其兄。土木之变后,国家危殆,于谦等人拥郕王继位是明智的选择,使控制在也先手中的祁镇变成空质,才有祁镇的南归。然则祁钰对返回北京的祁镇防嫌太甚,导致了兄弟情谊破裂。更有甚者,景帝不该废掉见深的太子地位,而立己子为东宫。祁钰、祁镇间兄弟情谊的破裂,便给一帮利欲熏心的无耻官僚们提供了"夺门"的机会。而"夺门"成功后,朝章国故、大政方针、人事任用的纷更,有些出自英宗的裁断,有些则是各派官僚政客左右的结果。冤杀于谦,固然是英宗一生最大的失德,宠待曹、石,似乎将祁镇牢牢地钉上了历史的耻辱柱。然而,人们忽略了英宗对这几个问题在有生之年都曾作了反省,尽管羞羞答答遮遮掩掩,不太深刻,不够彻底,但对一个封建专制帝王来说的确是不容易的。评价一个封建帝王不能过分强调道德标准,错杀一人、十人、百人,任何一位所谓的英主都是常有之事。天顺朝的朝政表明,祁镇已经逐渐成熟起来,他是勤政的,也是仁德的,虽然没有能够重振朱明王朝往日之雄风,但也没有把明王朝败坏到正德、万历时期的程度。

二、盖棺论定

天寿山山风呼啸,裕陵巍巍,英宗朱祁镇沉寂在地宫冥府已经500多个年头。怎样全面、公允地评价其一生,是留给后人的一个课题。都说盖棺论定,可对英宗的评价却迄无定论。《明史》的作者评论说:"英宗承仁、宣之业,海内富庶,朝野清晏。大臣如三杨、胡濙、张辅,皆累朝勋旧,受遗辅政,纲纪未弛。独以王振擅权开衅,遂至乘舆播迁。乃复辟而后,犹追念不已,抑何其惑溺之深也。前后在位二十四年,无甚稗政。至于上恭让后谥,释建庶人之系,罢宫妃殉葬,则盛德之事可法后世者矣。"①这一评价可能受明朝给英宗"法天立道仁明诚敬昭文宪武至德孝睿皇帝"的谥号影响较大,评价似偏高。而当代学者则将其评价为"宠佞斥良的明英宗",打入《昏君传》,②似又偏低。那么如何评价英宗祁镇的一生呢?这样几点必须引起注意。

第一,英宗正统六年前,祁镇是个缺少独立意志的孩子,朝政得失基本不该算在他的头上。正统六年至土木之变,这八年间的大政决策的某些失措,祁镇和王振应各负其责。祁镇依赖宦官治理国家造成许多失误,有其个人原因,也有明王朝政治体制上的原因。明王朝宦官势力张大的趋势从永乐初年出现,到宣德年间已成积重,至正统初年王振便权倾朝野了。正统十四年(1449)的土

---

① 《明史》卷一二《英宗后纪》。
② 朱绍侯:《昏君传》(下),河南人民出版社1988年版。

木之变,仅是给明朝君臣提供了一次宦官干政的现实教训,让其迷途知返。没有王振,也会有其他宦官出现,此一朝宦官势力收敛,彼一朝宦官势力膨胀,一盈一缩,是制度使然。

第二,土木之变的出现,从祁镇角度来讲,没有更大的责任。亲征,动机是无可非议的,为社稷,非为巡幸。不能认为天子亲征本身就是错误的。皇帝作为国家元首,肩负着保卫国家领土、人民以及保护社会生产正常进行的义不容辞的职责。那种认为皇帝只能深居九重,养尊处优,而不披坚执锐,亲冒石矢,临敌陷阵的主张至少是不全面的。英宗亲征,身陷北庭的惨败,主要是王振及从征将帅指挥失当所致,以五十万对十万而全军覆没在以大刀长矛为主要兵器的 15 世纪中国简直是不可想象的。明军失败了,不在出征前的准备不足而在于运筹不当。祁镇亲征,虽然结果不佳,但也多少表现了他的某些勇气和对国家负责的精神。

第三,明英宗正统年间,是明王朝由盛转衰的关键时期,这种转折的诸种因素是自永乐、宣德年间就已酿成的,到正统时期已逼近了各种矛盾的总爆发阶段,盛极而衰是一种规律。英宗正是在这各种矛盾总爆发阶段登上皇帝宝座的,而且是个不谙世事的九岁孩子。换了另一个人做皇帝,可能国事不至混乱到如此程度,但是无论谁做皇帝,这种转折的到来都是注定的,只是或迟或早的问题。

第四,夺门之变,是英宗遭到鞭挞指斥较多的原因之一。对夺门之变,在明代皇室内部,尤其在当朝皇帝和太上皇之间,本无是非可言。有是非可论的应该是"夺门"之后英宗所实行的一系列政策。此事单纯从景帝、英宗兄弟之间谁做皇帝更名正言顺的道德标准去衡量是毫无意义的。"夺门"之后,英宗二次践阼,冤杀于谦,专任石、曹等一帮奸佞,是其一生最大的过失。杀于谦,祁镇固然要负主要责任,但徐有贞、曹吉祥、石亨等亦有不可推卸的责任。为什么这样说呢? 夺门成功后,于谦被投入牢狱,当商量对于谦的处理时,祁镇已意识到于谦有大功于国家,不能草率行事。是徐有贞、石亨、曹吉祥等人感到不除于谦,他们就很难专擅朝政,使各自的权力欲得到满足。因此,才罗织了于谦等人阴谋迎立襄王之子当太子的罪名。当英宗对于谦处以极刑仍有顾忌时,徐有贞又提示祁镇:不杀于谦,"夺门"之事师出无名,无法向天下后世交代。英宗才决心杀掉于谦,定谳意欲迎立外藩。于谦之死,天下冤之,后世冤之,祁镇难辞其咎。但某种程度上说,于谦之死,又是官僚政治集团间派系斗争的结果。夺门之变后,英宗颇受责难的另一点是,他无知人之明,吃一堑而不长一智,继续重用宦官曹吉祥及权臣石亨等。以此批评天顺朝政,是正确的。然而。我们更应该用发展变化的眼光看待这件事情。

第五,夺门之变成功后,一时间石亨、曹吉祥、徐有贞之类奸佞之徒跻身高位,占据要职,把持朝政,冒滥"夺门"功斜封墨敕得官者又以数千计,朝政是败坏的。祁镇不辨良莠,对石、曹、徐三人眷顾太隆。然则时过未久,徐有贞便被剔除出权力核心圈,发配边远地区。接着,是位列国公的石亨从权力峰顶跌下,石氏叔侄被英宗除掉。最后,是曹氏集团预感到大难即将临头,孤注一掷发动了一场武装政变,结果被彻底埋葬。

有人可能会说,徐有贞、石亨、曹吉祥集团的垮台,仅是天顺朝最高权力核心内部钩心斗角互相倾轧的结果,并不能说明祁镇对夺门之变及"夺门"后的政事更张有了反省和重新认识,我们以为这是说不通的。阁臣李贤几次向英宗巧妙陈述了"夺门"事件成败利害之后,在祁镇心中是掀起过波澜、引起过震动的。他逐渐疏远和惩处了"夺门"功臣,罢斥了冒滥"夺门"之功人员的职务,其至对"夺门"两字心怀反感，都清晰地表明了他对"夺门"事件及其功臣有了反省、有了重新认识。这说明祁镇这个人，并不是执迷不悟、不听劝告的人。这一点，对一个唯我独尊的封建帝王来说是难能可贵的。

第六，天顺朝国家机器的运转基本是正常的。这主要是得力于英宗的勤政和李贤等人的尽心辅弼。天顺年间的祁镇，在政治上成熟起来了，他敬天勤政是虔诚的，五鼓而起斋洁拜天，旋即亲自批阅司礼监送来的本章，再谒奉先殿朝庙，接着御早朝，退朝后至文华殿，与大臣商议裁决政事，事毕进膳，旋又批阅章奏，然后稍事游息，至申时复阅章奏，午休后又听内政。闲暇时，或读书或阅射。衣着饮食从不挑剔。天顺年间，英宗对李贤为首的内阁，能够尽心委任，基本扭转了因曹、石干政所带来的混乱局面。虽然祁镇对李贤尚有防嫌的一面，但仍称得上君臣相得，像王竑这样的景泰年间的重臣，天顺初被除名，后来经李贤推荐，祁镇批准起复为军中参赞，旋又总督漕运兼抚淮扬。因此我们不能用"崇奸斥良"作为祁镇一生的定评。

第七，英宗在位期间，开释了囚系数十年的"建庶人"，废止帝王宫妃殉死的野蛮制度，尤其是后者，确是仁政、德政，可风千古。《明史》称其"前后在位二十四年，无甚稗政"，我们仔细回顾英宗前后二十四年的政治生涯，前后连续而不变的最重要的、且对国计民生干系最大的就是对流民的以"抚"为主的对策。明代的流民问题，发端于宣德时期，至正统、天顺年间形势已很严峻。英宗在位期间，始终以"抚"为主，并没有像成化年间那样采取强硬的驱逐、押解、勒令返籍的对策。通观英宗的一系列诏书，在处理流民问题上，是没有严重失误的，也不曾人为地激化矛盾，是成功的。

三、结 语

上面我们着重叙述了正统朝以来的时代特征,强调了明王朝由盛而衰的特定背景,同时也指出了全面评价英宗朱祁镇必须注意的七点内容。笔者无意为朱祁镇歌功颂德、隐恶扬善。但是,有一点必须说明,那就是任何一个封建帝王都有恶的一面,也未必就无善的一面可言,朱祁镇也是如此。我们尽量全面地书写其一生功罪,旨在全面反映他所处的那个时代的历史全貌。当然,我们给读者展示的东西可能有以偏概全甚或曲解历史之处。不过,这本小书只要能成为关于这段历史深入研究探讨的一块铺路石,我们也就欣慰了。

作为一本历史人物的传记,我们对明英宗朱祁镇的总体评价是:不是昏君,也不是英主,是处于历史转折关头功罪相抵的守成帝王。如果把英宗朱祁镇同武宗朱厚照、熹宗朱由校的一生详加对比,可能对上述总体认识会更坚定一些。

附录:朱祁镇大事年表

年号 纪年	公元 纪年	祁镇 年龄		记　事
宣德二年	1427	1	正月 二月 十月 十一月十一日	申明屯田法。 交趾镇兵败黎利。 王通与黎利议和,撤交趾布政使司。 祁镇降生
宣德三年	1428	2	二月初六 三月 八月 九月 十月	祁镇被立为太子。 阿鲁台遣使贡马。 宣宗巡边 宣宗败兀良哈于喜峰口外。 命宦官镇守大同。
宣德四年	1429	3	四月 六月 十二月 是年	修济南运河。 初设钞关,征收船税。鞑靼侵开平,掠赤城。 罢中官松花江造船。 复支运法。
宣德五年	1430	4	正月 二月 三月 四月 六月 九月 十月 十一月 是年	《仁宗实录》成。 诏省灾伤、宽马政、招流民、恤工匠。 行兑运法。 发军民三万六千筑赤城。 迁开平卫于独石。 命于谦等巡抚两京、山东、山西、河南、江西、浙江、湖广。 阿鲁台寇辽东 河南招流民十一万五千六百余户复业,免徭役一年。 郑和第七次使南洋(八年回国)。

年号纪年	公元纪年	祁镇年龄		记 事
宣德六年	1431	5	二月 四月 七月 十一月	宁夏、甘肃卫所军官侵占屯田。 屯军饥窘,遣官清理。 大同等地军官侵占屯田,遣官清理。 许兀良哈三卫互市。 复支运法。
宣德七年	1432	6	四月 六月 是年	募商开中边仓。 罢中官入番市马。 减苏州府官田租七十二万石。
宣德八年	1433	7	二月 五月 是年	定勾军之令。 两京、山东、河南、山西、湖广大饥。 重修永宁寺。
宣德九年	1434	8	二月 七月 八月 九月 十二月	赈凤阳、淮安、扬州、徐州饥民。 两畿、山东、山西、河南蝗。 瓦剌脱欢以击杀阿鲁台来告。罢工部采办。 宣宗巡边,至洗马林而回。罢陕西市马。 宣宗病。
宣德十年	1435	9	正月初三 初十 二月 三月 四月 五月 八月 九月 是年	宣宗卒于乾清宫。 祁镇即位。三杨、张辅、胡濙辅政。颁即位诏于天下。 封朱祁钰为郕王。 放教坊司乐工三千八百余人。罢山陵徭役万七千人。 畿南、山东、河南、淮安蝗。 招抚北直、河南、山西流民。 减光禄寺膳夫四千七百余人。 王振掌司礼监。 罢福建、浙江银课。郑和卒。完善经筵制度。

年号 纪年	公元 纪年	祁镇 年龄		记　　事
正统元年	1436	10	正月 五月 六月 闰六月 八月 九月 十月 十二月 是年	发京军三万屯田畿内。 朵儿只伯寇肃州，杀掠官民，劫夺牲畜。 令各府州县造《逃户周知册》。 顺天、真定、保定、济南、开封、彰德六府水灾。 始征金花银。 遣宦官偕大臣督理长芦、两淮、两浙盐政。 瓦剌顺宁王脱欢使来朝贡马。 王振陷兵部尚书王骥于狱，寻释之。 罢坑冶多处。停各处采办。停造下西洋宝船。瓦剌顺宁王脱欢杀贤义、安乐二王，推脱脱不花为可汗。
正统二年	1437	11	二月 三月 五月 八月 九月 十月	开云南、福建、江西银场。 遣官抚缉河南、陕西流民。瓦剌顺宁王脱欢遣使来朝贡马驼、方物。 黄河、淮河泛滥，漂没凤阳、淮安、扬州、徐州、和州、滁州及河南开封等府民居、禾稼。 瓦剌顺宁王脱欢遣使臣阿都赤等267人来朝，贡马驼。 黄河在阳武、原武、荥泽决口。 云南麓川宣慰司思任发攻掠邻境，骚动地方。
正统三年	1438	12	三月 四月 六月 九月 十月 十一月 十二月 是年	瓦剌部使臣来朝贡马，请求合兵夹攻朵儿只伯。敕命只准正、副使3—5人来京。 设大同马市。《宣宗实录》成。 廷推都督方政、都督佥事张荣往云南，协助沐晟讨思任发，以太监吴诚、吉祥监军。 方政率军攻剿思任发。 兵部奏报天下卫所逃军一百二十万余。 瓦剌顺宁王脱欢遣使阿都赤来朝，贡马1583匹。 捕逃匠4000余人。 瓦剌顺宁王脱欢遣使来忽赤来朝贡马。 黄河决阳武，沁水决武陟，漳水决广平，白河决通州。

年号 纪年	公元 纪年	祁镇 年龄		记　　事
正统四年	1439	13	正月	方政于空泥兵败身死。英宗遣使责问沐晟兵败原因,晟暴死军中。
			闰二月	增派官员招抚畿内、山东、山西、陕西、湖广流民。
			四月	倭寇浙东。禁军民与蕃人市易耕牛、铁器。
			五月	京师大水,坏军民庐舍 3300 余区。
			八月	增设沿海卫所备倭官。
			十月	瓦剌脱脱不花可汗遣使阿都赤千余人来朝贡马 3725 匹。
			十一月	瓦剌脱脱不花可汗遣使卯失剌等 644 人来朝,贡马 1674 匹。
			是年	瓦剌顺宁王脱欢死,子也先嗣,自称太师淮王。侵哈密,破兀良哈三卫。
正统五年	1440	14	正月	于谦籍河南、山西流民三万四千余户。招抚真定、太原流民三万六千六百余户。
			二月	遣官赈畿内流民。
			三月	征官军七万余人修北京宫殿。
			五月	顺天、河间、真定、顺德、广平、应天、凤阳、开封、彰德、兖州蝗。英宗派御史督地方官率众捕蝗。
			六月	南京、北京、河南、山东、浙江、江西大水。
			十月	户部核查诸王刍牧地所侵民田。免苏、松、常、镇、嘉、湖水灾田秋粮。
			十一月	
			是年	杨荣卒。

年号纪年	公元纪年	祁镇年龄		记　　事
正统六年	1441	15	正月	以蒋贵为平蛮将军、太监曹吉祥监军、兵部尚书王骥总督军务,发兵15万征麓川思任发。
			五月	刘球上《谏伐麓川疏》。
				命宦官参与三法司录囚事。
				瓦剌太师也先遣使臣扯列巴失来朝贡马驼。
				顺天、保定、真定、顺德、大名、凤阳、淮安蝗。
			六月	泗州水溢,漂没庐舍。
			七月	赈浙江、湖广饥民。
			十月	大同知府栾瑄奏报瓦剌使团今岁2400人。
				瓦剌使臣阿都赤等2190人来朝,贡马2537匹。
			十一月	乾清、坤宁二宫,奉天、华盖、谨身三殿落成。去北京部院行在,改铸各衙门印,英宗亲政,颁诏天下。
			是年	思任发败走缅甸。英宗加王骥靖远伯。
正统七年	1442	16	正月	英宗敕谕瓦剌部,朝贡使团人数不得过300,过者不得入关。
			二月	总督大同等处粮储侍郎沈固奏报:也先遣使脱木思哈等2200余人,在大同逗留,行粮马料共费31万石。
			五月	倭寇浙东。顺天、广平、大名、河间、凤阳、开封、怀庆、河南诸府蝗。英宗大婚。
			七月	赈陕西饥民,代赎民鬻妻女。瓦剌贡使2000余人至大同,续者又100余人,英宗特旨准其来京。
			十月	
			十一月	脱脱不花及也先联合遣使2302人来朝,贡马2537匹。兀良哈犯广宁。
			是年	设建州右卫,以凡察为指挥使。太皇太后张氏卒。
正统八年	1443	17	五月	英宗命蒋贵、王骥率兵再征麓川。
			八月	王振指使马顺杀刘球。
				倭寇犯浙东。
			九月	官军胁缅甸执送思任发不果。
			十二月	诏免流民复二年差徭。

年号 纪年	公元 纪年	祁镇 年龄		记　　事
正统九年	1444	18	正月 二月 四月 六月 七月 闰七月 十月 十一月 是年 	朱勇等四路出师击兀良哈。 王骥平上江寨。撤麓川宣慰司,立陇川宣慰司。 赈沙州及赤斤蒙古饥。 赈湖广、贵州蛮饥。 朱勇等率军二十二万分四路击兀良哈。 英宗命开福建、浙江等处银场。 兀良哈贡马谢罪。 也先遣使失连帖木儿来朝贡马驼。 也先公然宣布建立甘肃行省。 杨士奇卒。
正统十年	1445	19	四月 七月 九月 十月 十二月 是年	遣御史提督浙江、福建银场。 山西、陕西流民就食河南二十余万。 瓦剌使臣皮儿马黑麻来朝贡马800匹。 英宗敕谕瓦剌太师也先,朝贡使者只准大同一路来。 缅甸执送思任发,千户王政斩之首级,驰送京师。 也先裹胁沙州、罕东、赤斤蒙古围哈密,俘忠顺王倒瓦塔失里妻子、母亲。
正统 十一年	1446	20	正月 三月 四月 七月 十月 十一月 是年	英宗赐王振诏书,词极褒,予侄孙世袭锦衣卫指挥。 银矿开后,矿徒不堪银课负担,纷起反抗。 倭寇海宁、乍浦。 增市税。 瓦剌部贡使字端等至大同。 也先败兀良哈三卫。 杨溥卒。
正统 十二年	1447	21	正月 二月 三月 五月 八月 九月	脱脱不花、也先贡使字端等1165人来朝。 颁佛、道两藏于全国。 迁沙州卫蒙古二百余户于山东临清、博平分屯。 也先杀朵颜卫指挥乃儿不花。 禁以瓷器与外番交易。 瓦剌使臣皮儿马黑麻等2472人来朝,贡马4172匹。 叶宗留在浙江起义。

年号纪年	公元纪年	祁镇年龄		记　　事
正统十三年	1448	22	二月	王振重修庆寿寺,役军民万余人,费钱数十万。
			三月	英宗命王骥提督军务、宫聚为总兵官、张枫、田礼为副总兵官率兵十三万征思机发。
			四月	福建马茂七起义,号"铲平王"。南京、北京。山东、河南、湖广旱蝗。陕西、江西、浙江大水。
			七月	黄河改流二道,一决新乡八柳树口由故道入海,一决荥阳孙家渡口南入淮水。
			九月	广东黄萧养起义。
			十一月	叶宗留转战江西。瓦剌使臣完者帖木儿等宋朝贡马驼并方物。
			十二月	脱脱不花、也先等遣使臣来朝,诈称贡使3598名,实际只有2524名。
			是年	禁将弓箭、军器与瓦剌使臣交易,违者论死。
正统十四年	1449	23	二月	邓茂七败亡。
			三月	江西蔡妙光自称"天生帝主东殿国王"。
			四月	福建义军失败。
			七月	也先分路入犯。英宗下令亲征。
			八月十五日	明军兵败土木堡,英宗被俘,王振死。
			二十一日	于谦出任兵部尚书。
			二十三日	群臣于廷陛殴杀马顺、毛贵、王长随。
			九月六日	郕王祁钰即皇帝位。
			十月	于谦等率军保卫北京,击败也先骑兵于北京城下。
景泰元年	1450	24	正月	始命输纳给冠带。
			二月	也先扰宁夏、大同。祁镇用计擒喜宁。
			三月	也先分路扰朔州、宁夏、阳和、大同、偏头关。
			四月	也先军扰大同,明军俘斩其行军尚书虎察。
			五月	阿剌知院遣使豆马请和。
			七月	李实、罗绮出使瓦剌。脱脱不花遣使皮儿马黑麻来京请和。杨菩、赵荣出使瓦剌。
			八月十五日	杨善迎英宗回京,入居延安宫。

年号 纪年	公元 纪年	祁镇 年龄	记　事	
景泰二年	1451	25	八月 十二月 二十八日	在南宫。 指挥金事黄竑杀其庶弟广西思明府致仕土知府黄玱一家四口。初立团营。 也先杀脱脱不花可汗。
景泰三年	1452	26	四月 五月初二 十二月	在南宫。 黄竑上《永固国本疏》，议易储。 册立皇妃杭氏为皇后、长子见济为皇太子，废皇后汪氏，更封太上皇长子见濬为沂王、次子见清为荣王、三子见淳为许王。 更定团营，以太监阮让、都督杨俊等分统之，听于谦、石亨与太监刘永诚、曹吉祥节制。
景泰四年	1453	27	七月 十一月十九日	在南宫。 也先自立为可汗。 皇太子见济薨，谥曰"怀献"。
景泰五年	1454	28	五月十四日， 七月 是年	在南宫。 礼部郎中章纶、御史钟同以请复立沂王为皇太子下狱。 刑科给事中徐正以离间祁钰兄弟谪充铁岭卫军。 也先为知院阿剌所杀。
景泰六年	1455	29	八月十七日	在南宫。南京大理少卿廖庄以请复沂王为皇太子，杖于阙下，并杖章纶、钟同于狱，钟同死杖下。
景泰七年	1456	30	十二月廿八日	在南宫。 景帝不豫，罢明年元旦朝贺。
景泰八年	1457	31	正月初六日 十二日 十三日 十四日 十六日	在南宫。 太子太师武清侯石亨摄享太庙。 景帝舆疾宿南郊斋宫。 石亨摄郊事，知帝委顿，出有异谋。 礼部尚书胡濙等具疏问安，且乞早建太子。 百官复议立沂王为太子。

年号纪年	公元纪年	祁镇年龄	记　　　事
天顺元年	1457	31	正月十七日晨　石亨、徐有贞诸人拥戴祁镇复辟。命徐有贞以原官入阁预机务。执于谦、王文于朝班中。 廿一日　诏改景泰八年为天顺元年。封武清侯石亨为忠国公，都督张軏为太平侯、张靰为文安伯，都御史杨善为兴济伯。 廿二日　杀于谦、王文于市。 廿六日　罢巡抚提督添设官。 二月初一日　废祁钰为郕王。 初九日　吏部右侍郎李贤入阁。涝序请革景泰年号，不允。杀都督范广。 十九日　祁钰崩于西苑，时年三十岁。 三月初六日　复立长子见濡为皇太子，封皇子见潾为德王，见澍为秀王，见泽崇王，见浚吉王。 初十日　封徐有贞武功伯。 十七日　石亨为征虏副将军，御边延绥。 四月廿二日　罢团营。字来知宁夏，参将钟兴战死。 五月　以石亨言下御史杨瑄、张鹏于狱。 六月初二日　下右都御史耿九畴、副都御史罗绮诏狱。 初八日　徐有贞、李贤、罗绮、耿九畴谪外任，杨瑄、张鹏戍边。吕原入阁。 初十日　薛瑄致仕。 十一日　岳正入阁。 十二日　留李贤为吏部侍郎。 十六日　以石亨荐，升兵部侍郎陈汝言为本部尚书。 七月初四日　复下徐有贞于狱。 初九日　李贤复入阁。出岳正为钦州同知，寻下狱，谪戍。 初十日　徐有贞金齿为民。 廿二日　徐有贞金齿为民。 九月初三日　彭时入阁。 十月初七日　赐王振祭葬，立祠曰"旌忠"。 十二日　征吴与弼。 廿六日　释建文帝幼子朱文圭，安置凤阳。 十二月初二日　封曹钦昭武伯。 十一日　安远侯柳溥充总兵官，御字来于甘、凉。

年号 纪年	公元 纪年	祁镇 年龄		记　　事
天顺二年	1458	32	正月初二 初十 四月 五月 七月	禁锢兵部尚书陈汝言。 上孙太后尊号。 复设巡抚官。 送吴与弼还乡。 定远伯石彪为平夷将军,充总兵官,御边宁夏。
天顺三年	1459	33	正月 八月初一 十月十一日 廿一日	定远伯石彪、彰武伯杨信败孛来于安边营,彪以此进侯。 石彪下狱。 幸南海子。 命石亨闲住。诸冒夺门功者,许自首改正。
天顺四年	1460	34	正月廿五日 二月十六日 二十日 四月 八月 十月廿二日 廿六日 十一月廿五日 闰十一月初八 十七日	石亨下狱。 石亨瘐死。 石彪弃市。 襄王朱瞻墡来朝。 孛来三道入寇。 阅射西苑。 幸南海子。 阅随操武臣骑射于西苑。 幸南海子。 幸郑村坝阅甲仗军马。
天顺五年	1461	35	五月廿九日 七月初二晨 初五 十一日 廿日 廿三日 十月廿六日	广东南雄知府刘实瘐死狱中。 总督京营太监曹吉祥及嗣子昭武伯曹钦反,都督孙镗讨平之。 磔曹吉祥于市,夷其族,其党汤序等悉伏诛。 大赦,求直言。 都督冯宗充总兵官率京军御边河西。 孛来上书乞和。 幸南海子。
天顺六年	1462	36	正月十三日, 三月 九月	孛来遣使入贡。 召冯宗等还。 孙大后崩。

年号 纪年	公元 纪年	祁镇 年龄	记　事	
天顺七年	1463	37	二月 四月廿三日 五月初八日 　　廿六日 六月初九 闰七月	陈文入阁。 逮宣大巡按御史李蕃,荷校长安门,寻死。 诛河南裕州知州秦永昌。 辽东巡按御史杨瑄以擅挞军职罪逮治,荷 校长都察院门前。 山西巡按御史韩祺荷校长安门,数日死。 上宣宗废后胡氏谥号。
天顺八年	1644	38	正月初二 　　初六 　　十六日 　　十七日 二月 五月	祁镇不豫,辍朝。 皇太子摄事文华殿。 病危,遗命罢宫妃殉葬。 崩,年三十有八。 上尊谥,庙号"英宗"。 葬于裕陵。

后　记

　　本书旨在通过对朱祁镇一生主要政治、军事活动及宫廷风云的描述反映朱祁镇生活的历史时代的特征,进而全面评价朱祁镇一生的是非功罪,探索朱祁镇那个时代的历史趋向。书名《正统皇帝大传》,自然使人们觉得欠妥。

　　稍有明史常识的读者都知道,明代皇帝多是一个年号,唯独英宗朱祁镇两次登极,有正统、天顺两个年号。而《明代帝王系列传记》的每一部都要求以皇帝的年号命名,如此,便出现了矛盾。使用英宗的任何一个年号命名该书,都有以局部代整体、以偏概全的嫌疑。而以庙号或谥号命名该书,又破坏了整套丛书各部命名的一致性。为保持各部书名的广致性,我们只好服从整体,以明英宗的正统年号来命名此书,而书稿却涵盖了朱祁镇在天顺朝乃至作为太上皇的景泰朝的主要活动,而非局限于正统一朝的朝章国故、政策得失。

　　在书稿出版之际,特此说明,深乞鉴谅。

作　者

二〇一九年七月于东北师大

责任编辑：赵圣涛

封面设计：王欢欢

责任校对：吕　飞

图书在版编目(CIP)数据

明英宗传/赵毅,罗冬阳 著. —北京:人民出版社,2019.7

ISBN 978－7－01－020602－8

Ⅰ.①明…　Ⅱ.①赵…②罗…　Ⅲ.①明英宗(1427—1464)-
传记　Ⅳ.①K827＝48

中国版本图书馆 CIP 数据核字(2019)第 056644 号

明英宗传
MINGYINGZONG ZHUAN

赵　毅　罗冬阳　著

人民出版社 出版发行

(100706　北京市东城区隆福寺街 99 号)

北京中科印刷有限公司印刷　新华书店经销

2019 年 7 月第 1 版　2019 年 7 月北京第 1 次印刷

开本:850 毫米×1168 毫米 1/32　印张:12.25

字数:350 千字

ISBN 978－7－01－020602－8　定价:59.80 元

邮购地址 100706　北京市东城区隆福寺街 99 号

人民东方图书销售中心　电话 (010)65250042　65289539